权威·前沿·原创

皮书系列为
"十二五""十三五""十四五"时期国家重点出版物出版专项规划项目

汽车工业蓝皮书

BLUE BOOK OF AUTOMOTIVE INDUSTRY

中国汽车工业发展报告（2023）

ANNUAL REPORT ON THE DEVELOPMENT OF CHINA AUTOMOTIVE INDUSTRY (2023)

中国汽车工业协会
主　编／中国汽车技术研究中心有限公司
北京汽车集团有限公司

社会科学文献出版社
SOCIAL SCIENCES ACADEMIC PRESS (CHINA)

图书在版编目（CIP）数据

中国汽车工业发展报告.2023／中国汽车工业协会，中国汽车技术研究中心有限公司，北京汽车集团有限公司主编．——北京：社会科学文献出版社，2023.6
　（汽车工业蓝皮书）
　ISBN 978-7-5228-1884-9

Ⅰ.①中… Ⅱ.①中…②中…③北… Ⅲ.①汽车工业-工业发展-研究报告-中国-2023　Ⅳ.①F426.471

中国国家版本馆 CIP 数据核字（2023）第 094499 号

汽车工业蓝皮书
中国汽车工业发展报告（2023）

　　　　　　　　中国汽车工业协会
主　　编／中国汽车技术研究中心有限公司
　　　　　　北京汽车集团有限公司

出 版 人／王利民
组稿编辑／邓泳红
责任编辑／宋　静
责任印制／王京美

出　　版／社会科学文献出版社·皮书出版分社（010）59367127
　　　　　　地址：北京市北三环中路甲29号院华龙大厦　邮编：100029
　　　　　　网址：www.ssap.com.cn

发　　行／社会科学文献出版社（010）59367028
印　　装／天津千鹤文化传播有限公司

规　　格／开　本：787mm×1092mm　1/16
　　　　　　印　张：26.5　字　数：400千字

版　　次／2023年6月第1版　2023年6月第1次印刷
书　　号／ISBN 978-7-5228-1884-9
定　　价／158.00元

读者服务电话：4008918866

▲ 版权所有 翻印必究

《中国汽车工业发展报告（2023）》编委会

编委会主任	付炳锋
编委会副主任	叶盛基　吴志新　张夕勇
主　　　编	叶盛基
副　主　编	许海东
执行副主编	杨　茜　胡俊杰
编　　　委	王昌林　陈德美　周治平　尤　峥　王　俊
	李克强　冯兴亚　项兴初　赵福全　万鑫铭
	巩月琼　李传海　王　琅　胡汉杰　张永伟
	王晓明　王震坡　廉玉波　吴文彬
主要执笔人	罗引辉　杜红兵　张慧雯　金文辉　迟明君
	姚静芳　赵国清　李　锋　梁　彬　柳东威
	褚文博　薛　凯　张　贞　雷　滨　尚　蛟
	李雅静　黄旭弘　李卫立　王　波　黄　兴
	李　康　庞天舒　李　辉　梁思佳　伍丽娜
	蒿继深　孙天成　崔莉莎　李　勋　韩　昭
	邹　朋　王　军　刘　金
参与编写人	胡　腾　葛娜娜　方红兵　曹　阳　王归余
	白　鑫　柏　宁　王一帆　吴相昆　曹　鹏
	刘　宁　韩梦莹　王智明　冯　霞　谢　东
	李　响　冯会健　回　春　范攀攀　刘　洋
	朱云尧　艾　林　孙凤艳　王　艳　董名扬
	卜清政　李雨璇　李维菁　李云伟　殷梦迪

支 持 单 位　中国第一汽车集团有限公司
东风汽车集团有限公司
上海汽车集团股份有限公司
重庆长安汽车股份有限公司
北京汽车集团有限公司
广州汽车集团股份有限公司
奇瑞汽车股份有限公司
安徽江淮汽车集团股份有限公司
中国重型汽车集团有限公司
浙江吉利控股集团有限公司
长城汽车股份有限公司
比亚迪汽车工业有限公司
江铃汽车股份有限公司
中国汽车工程学会
中国汽车工程研究院有限公司
一汽解放汽车有限公司
东风汽车有限公司
宇通客车股份有限公司
厦门金龙汽车集团股份有限公司
东风汽车股份有限公司
北汽福田汽车股份有限公司
上汽依维柯红岩商用车有限公司
陕西汽车控股集团有限公司
东风商用车有限公司
上汽大众汽车有限公司
上海通用汽车有限公司

一汽-大众汽车有限公司

广汽丰田汽车有限公司

一汽丰田汽车有限公司

广汽本田汽车有限公司

北京奔驰汽车有限公司

华晨宝马汽车有限公司

上汽通用五菱汽车股份有限公司

神龙汽车有限公司

广汽埃安新能源汽车股份有限公司

深蓝汽车科技有限公司

北京新能源汽车股份有限公司

上海蔚来汽车有限公司

广州小鹏汽车科技有限公司

北京车和家信息技术有限公司

合众新能源汽车有限公司

浙江零跑科技股份有限公司

宁德时代新能源科技股份有限公司

合肥国轩高科动力能源有限公司

浙江亚太机电股份有限公司

深圳市航盛电子股份有限公司

浙江万安科技股份有限公司

常州腾龙汽车零部件股份有限公司

长春一汽富晟集团有限公司

北京京西重工有限公司

上海重塑能源科技有限公司

安徽明天氢能科技股份有限公司

上海捷氢科技股份有限公司
大连新源动力股份有限公司
国创氢能科技有限公司
襄阳达安汽车检测中心有限公司
华测检测认证集团股份有限公司
亚普汽车部件股份有限公司
广东国鸿氢能科技有限公司
佛山市飞驰汽车科技有限公司
重庆昆凌电子股份有限公司
杭州集智机电股份有限公司
中国信息通信研究院
中汽研汽车检验中心（武汉）有限公司
中国电动汽车充电基础设施促进联盟

摘　要

　　2022年，面对需求收缩、供给冲击、预期转弱三重压力，党中央、国务院坚决部署、果断施策，科学统筹疫情防控和经济社会发展，积极应对国内外各种挑战，稳经济一揽子政策和19项接续政策精准发力，推动我国经济企稳向好，总体运行保持在合理区间。

　　汽车行业同样面临严峻考验，在各方共同努力下，行业克服了疫情散发频发、芯片结构性短缺、原材料价格高位运行、局部地缘政治冲突等诸多不利因素冲击，呈现恢复增长态势，全年汽车产销稳中有增，主要经济指标持续向好，为稳定工业经济增长起到重要作用。其中，中国品牌表现出色，销量占乘用车销售总量的49.9%，市场占有率不断提升；新能源汽车再创新高，全年销售688.7万辆，同比增长93.4%；汽车出口延续良好发展态势，全年汽车生产企业共出口311.1万辆，同比增长54.4%。

　　2023年，我国全面开启了建设中国式现代化新征程，各项工作都出现了新气象。当前国家进一步明确了2023年经济工作总体目标，积极推动经济运行整体好转，实现质的有效提升和量的合理增长，提出大力提振市场信心、实施扩大内需战略，突出做好稳增长、稳就业、稳物价工作等。我们相信，在国家政策调整、宏观经济复苏、拉动内需政策等多重因素的共同影响下，2023年中国汽车市场基本面总体向好，供应链秩序与消费信心将逐步恢复。汽车产业转型升级将持续推进，产业格局将加快重塑，市场竞争将更加激烈。

　　本报告由总报告、乘用车篇、商用车篇、节能与新能源汽车篇、智能网

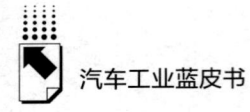

联汽车篇、供应链篇和标准化篇等七部分组成。本报告基于2022年全球和中国汽车工业发展的相关数据，全面介绍了世界汽车工业基本情况，系统总结了中国汽车工业发展现状，分析研判了未来发展态势。

关键词： 汽车产业　汽车市场　汽车产业链　新能源汽车　智能网联汽车

目 录

Ⅰ 总报告

B.1 2022年中国汽车工业发展报告 …………………………………… 001
    一 全球汽车工业发展形势 ……………………………………… 002
    二 中国汽车工业发展情况 ……………………………………… 020
    三 中国汽车产业发展政策 ……………………………………… 027
    四 中国汽车市场形势 …………………………………………… 033
    五 中国汽车产业发展指数 ……………………………………… 050
    六 汽车新技术与新产品 ………………………………………… 056
    七 汽车行业热点简述 …………………………………………… 063
    八 2023年汽车产业发展趋势 …………………………………… 067

Ⅱ 乘用车篇

B.2 2022年中国乘用车行业发展报告 ………………………………… 073

Ⅲ 商用车篇

B.3 2022年中国载货车行业发展报告 ………………………………… 185

001

B.4　2022年中国客车行业发展报告 …………………………… 227

B.5　2022年房车产业发展报告 ………………………………… 258

B.6　2022年中国专用汽车行业发展报告 ……………………… 282

Ⅳ 节能与新能源汽车篇

B.7　2022年中国节能与新能源汽车发展报告 ………………… 306

Ⅴ 智能网联汽车篇

B.8　2022年智能网联汽车发展报告 …………………………… 334

Ⅵ 供应链篇

B.9　2022年汽车供应链发展报告 ……………………………… 364

Ⅶ 标准化篇

B.10　2022年汽车行业标准化发展报告 ………………………… 383

附录　2022年汽车工业大事记 …………………………………… 397

总 报 告

B.1
2022年中国汽车工业发展报告

摘　要： 2022年是中国汽车工业充满挑战的一年，面对新冠疫情、原材料涨价、缺芯少电、物流受阻等，中国汽车工业顶住了各种压力，稳步前行，保持了良好的发展态势，取得了可喜成绩。本报告基于2022年全球和中国汽车工业的相关数据，综合介绍了全球汽车发展情况，剖析了市场供需状况和竞争格局，阐述了中国汽车产业创新、政策发展和行业热点等事项，同时对未来汽车工业的发展态势进行了预判。2023年中国汽车产销规模有望三连涨，新能源汽车持续以正增长发展，中国品牌全球化发展进入新阶段。

关键词： 汽车工业　中国汽车品牌　新能源汽车

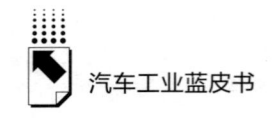

一 全球汽车工业发展形势

（一）国际经济与贸易发展概述

1. 国际经济

2022年，尽管受到新冠疫情、俄乌冲突、通胀升级、债务收紧等因素的严重冲击，然而全球经济规模仍超过100万亿美元，达到101.6万亿美元，较上年增加11.9万亿美元，但各国之间分化更加明显，美欧等主要发达经济体经济增速减缓，新兴市场和发展中经济体经济发展走势有所分化，部分经济体陷入能源、粮食或债务困境，头部国家占比仍在不断扩大。

2022年全球经济呈现四大特点。

一是世界经济复苏疲弱，地区走势有所分化。根据国际货币基金组织（IMF）预测，2022年世界经济增长率由上年的6.0%下滑至3.2%。其中，发达经济体预计增长2.4%，新兴市场和发展中经济体增长3.7%。

二是国际贸易和投资进一步恢复，但节奏显著放缓。2022年全球商品贸易量增长3.5%，但增速远低于上年的9.7%，全球对外直接投资（FDI）反弹势头延续但也有所减弱。

三是通胀压力持续存在，且不断扩大。2022年全球通胀水平将由上年的4.7%上升至8.8%，其中美国、欧元区等多个经济体的通胀水平达到几十年来最高。

四是美联储掀起全球央行"紧缩潮"，加剧新兴市场和发展中经济体金融动荡，为了抑制高通胀，美联储等主要央行大幅收紧货币政策，美联储加息7次，累计加息425个基点，欧央行三次提高关键利率，共加息200个基点。

美国作为世界上最大经济体，2022年国内生产总值增长2.1%，达到25.5万亿美元，较上年增加2.5万亿美元，[①] 增量相当于意大利、加拿大或

[①] 由于数据为四舍五入数据，增加数据为根据原始数据计算得出，故可能与直接用表中数据计算结果有差异，特此说明，全书同。

俄罗斯的 GDP 水平，且人均 GDP 大幅提升至 7.65 万美元。美国经济高增长主要得益于三方面：一是美元升值，促使美国私人消费较高增长，进而拉动了住房、医疗等多个行业的发展；二是美国制造业回归的速度明显加快，对 GDP 增长提供支持；三是美国全年处于高通胀的压力之下，促使美国不断加息，经济增长中通胀发挥了重要的作用。

2022 年，我国统筹疫情防控和经济社会发展，有效应对内外部挑战，国民经济顶住压力持续发展，经济总量再上新台阶。全年国内生产总值为 121.0 万亿元（约 18.3 万亿美元），同比增长 3.0%，中国经济总量在全球占比稳中略升，达到 18%，稳居全球第二大经济体地位。2022 年中国人均 GDP 再创新高，达到 12741 美元，比上年增加了 853.5 美元，全球排名第 60。

2022 年，日本与德国经济总量均在 4 万亿美元以上，但由于美元加息及俄乌冲突等，这两个国家 2022 年都呈现负增长，分别排名全球第三和第四。

近年来，印度成为全球经济增长最快的主要经济体，2022 年印度经济总量达到 3.5 万亿美元，同比增长 6.7%，首次取代英国成为全球第五大经济体，经济增量达到 5200 亿美元，成为增量贡献第三大经济体。

2022 年，英国餐饮、旅游等行业表现较好，健康和教育行业也开始从新冠疫情冲击下逐步恢复，促使其经济总量达到 3.1 万亿美元，同比增长 4.0%，但在七国集团中，英国是唯一经济尚未完全恢复到疫情前水平的经济体。2022 年法国经济总量出现明显下滑，与英国拉开差距，但与排名其后的国家相比仍有较大优势，短期内全球前七的位置仍比较稳定。

经济总量排名全球前十的国家还有加拿大、俄罗斯及意大利，这三国 GDP 均超过 2 万亿美元，其中俄罗斯 2022 年上半年受冲突影响较大，但随着卢布汇率逐步稳定，俄罗斯经济总量也相对有所回升，重回全球前十；意大利近些年经济增长相对缓慢，未来有可能被挤出全球十强。

总体来看，中、美、日、德四国经济总量合计达到 51.7 万亿美元，超过全球总量的一半，加上印、英、法后七国经济总量达到 61.1 万亿美元，

全球占比达到60%，表明主要大国在全球经济中的主导地位更加明显（见表1）。

展望2023年，受地缘政治冲突加剧、全球通胀水平高企、主要央行收紧货币政策等多重因素影响，世界经济不确定性或将更加突出，2022年的低增长态势或将延续至2023年。根据IMF最新预测，2023年全球增长前景将进一步恶化，全球经济增长将由2022年的3.2%下滑至2023年的2.7%。对主要经济体而言，如何在控制高通胀的同时避免陷入经济衰退将成为2023年绕不开的焦点问题。

表1 2021~2022年全球主要经济体GDP情况

单位：万亿美元，%

排名	经济体	2021年	2022年	实际增速	排名	经济体	2021年	2022年	实际增速
1	美国	22.9	25.5	2.1	6	英国	3.1	3.1	4.0
2	中国	16.9	18.3	3.0	7	法国	2.9	2.8	2.5
3	日本	5.1	4.3	1.1	8	加拿大	2.0	2.2	3.4
4	德国	4.2	4.1	1.8	9	俄罗斯	1.7	2.2	-2.1
5	印度	3.0	3.5	6.7	10	意大利	2.1	2.0	3.7

资料来源：国际货币基金组织。

2. 国际贸易

尽管地缘政治紧张局势和全球性通货膨胀对2022年国际贸易产生了较大影响，尤其是下半年国际贸易增速明显放缓，但全年货物和服务贸易均实现强劲增长。联合国贸易和发展会议（UNCTAD）发布的《全球贸易更新》报告表明，2022年全球贸易总额约为32万亿美元，同比增长12.3%，其中货物贸易总额达到近25万亿美元，同比增长10%；服务贸易总额近7万亿美元，同比增长15%。

我国国内市场与国际市场进一步接轨，工业化水平迅速提高，外贸已成为我国经济增长的有力支撑，尤其是"一带一路"倡议的全面实施，促使国际贸易整体发展稳步推进。2022年我国外贸进出口克服了多重超预期因素的冲击，在上年高基数的基础上实现了新的突破，进出口规模、质量、效益同步提升。货物贸易进出口总值首次突破 40 万亿元大关，达到 42.1 万亿元，同比增长 7.7%，占全球贸易总量比重达到 19.3%，作为世界第一外贸大国的地位更加稳固。其中，出口 24.0 万亿元，同比增长 10.5%，出口国际市场份额为 14.7%，已经连续 14 年稳居世界第一大出口国地位；进口 18.1 万亿元，同比增长 4.3%；贸易顺差 5.9 万亿元，同比增长 37.2%。

2022 年我国外贸呈现五大特点：一是进出口韧性强、规模大，我国连续 6 年成为全球货物贸易第一大国；二是贸易伙伴结构优、增势好，外贸市场多元化取得积极进展；三是一般贸易增长快、比重升，进出口总值占比升至 63.7%；四是外贸主体数量增、活力强，民营企业进出口总值占进出口总值比重首次超过 50%；五是主要产品供需稳、优势足，部分绿色低碳产品出口增速超过 60%。

2022 年我国对主要贸易伙伴东盟、欧盟和美国分别进出口 6.5 万亿元、5.7 万亿元和 5.1 万亿元，同比分别增长 15.0%、5.6% 和 3.7%。同时，我国也加快对新兴市场的开拓，对共建"一带一路"国家进出口同比增长 19.4%，占我国外贸总值的 32.9%，较上年提升 3.2 个百分点，其中出口同比增长 20%，拉动整体出口增长 6.1 个百分点。2022 年 1 月 1 日，由东盟十国发起的区域全面经济伙伴关系协定（RCEP）正式生效，我国对 RCEP 其他成员国进出口同比增长 7.5%，对非洲、拉丁美洲出口同比分别增长 14.8% 和 14.1%。但同时我国对欧美市场进出口出现了一定回落，其中有经济增长需求不振的影响，也有贸易保护主义干扰的影响。

2022 年，我国外贸主体规模也在不断扩大，参与实际进出口贸易的企业达到 59.8 万家以上，其中民营企业占据 51 万家，进出口值占进出口总值的 50.9%，较上年提升 2.3 个百分点，对我国外贸增长贡献率达到 80.8%，这也意味着民营企业作为外贸第一大主体的地位更加巩固，外贸"稳定器"作用持续发挥，外贸表现出更强的韧性、潜力和活力。

展望 2023 年，坚定推动外贸稳规模、优结构的信心，我国经济将逐步恢复，只是外部环境动荡不安，世界经济下行的压力不断加大，我国外贸发展面临的困难挑战仍然较多，但我国经济韧性强、潜力大、活力足，长期向好的基本面依然不变，2023年经济有望总体回升。

（二）全球汽车市场发展形势

2022年，全球汽车市场面临疫情冲击、需求不足和芯片短缺三重压力，导致全球汽车产销规模再次下降，出现了欧、美、日车企盈利暴增但销量萎缩的奇特现象。根据MarkLines（全球汽车信息平台）对全球60多个主要国家/地区的统计，2022年全球汽车销量为7978.9万辆，同比微降1.2%，六大洲三增三降。其中，亚洲销售4385.5万辆，同比增长5.0%，全球占比达到55.0%，较上年提升3.3个百分点；北美洲销售1714.5万辆，同比下降6.7%，全球占比21.5%，较上年下降1.3个百分点；欧洲销售1356.4万辆，同比下降12.0%，占比17.0%，较上年下降2.1个百分点，以上三大洲合计销售7456.5万辆，同比下降1.3%，全球占比93.5%。南美洲、大洋洲、非洲销量较低，三者合计占比仅为6.5%（见表2）。

表2 2018~2022年全球六大洲汽车销量变化

单位：万辆，%

大洲	销量					同比增长				
	2018年	2019年	2020年	2021年	2022年	2018年	2019年	2020年	2021年	2022年
亚洲	4553.2	4244.7	3964.4	4175.3	4385.5	-1.4	-6.8	-6.6	5.3	5.0
北美洲	2139.7	2097.3	1763.2	1837.9	1714.5	0.2	-2.0	-15.9	4.2	-6.7
欧洲	1956.1	1972.2	1534.0	1541.1	1356.4	1.3	0.8	-22.2	0.5	-12.0
南美洲	410.3	393.5	289.3	322.8	326.6	8.0	-4.1	-26.5	11.5	1.2
大洋洲	131.5	121.8	103.7	121.5	124.6	-2.5	-7.4	-14.9	17.2	2.6
非洲	74.5	71.8	61.1	75.5	71.2	7.4	-3.6	-14.9	23.4	-5.6
总计	9265.4	8901.3	7715.8	8074.0	7978.9	0.0	-3.9	-13.3	4.6	-1.2

注：由于表中数据为四舍五入后数据，同比增长数据为根据原始数据计算得出，故与直接用表中计算增长率略有差异，特此说明，全书同。

资料来源：MarkLines。

1. 亚洲汽车市场

2022年，亚洲五大区域全部实现了正增长，其中东亚地区销售规模最大，在中国汽车市场拉动下，全年销售3295.7万辆，同比增长0.9%，但在五大区域中增速最小，在亚洲占比由上年的78.2%降至75.1%；南亚地区销售499.7万辆，同比增长24.8%，在亚洲占比11.4%，较上年提升1.8个百分点；东南亚地区销售342.8万辆，同比增长25.3%，占比7.8%，较上年提升1.3个百分点；西亚地区销售202.0万辆，同比微增1.6%；中亚地区销量较低，仅为45.3万辆，但增速较高，同比增长24.9%（见表3）。

表3 2018~2022年亚洲各大区域汽车销量变化

单位：万辆，%

主要区域	销量					同比增长				
	2018年	2019年	2020年	2021年	2022年	2018年	2019年	2020年	2021年	2022年
东亚地区	3539.2	3296.0	3200.7	3266.3	3295.7	-2.1	-6.9	-2.9	2.0	0.9
南亚地区	466.4	401.0	306.6	400.2	499.7	9.3	-14.0	-23.5	30.5	24.8
东南亚地区	344.7	339.9	242.8	273.7	342.8	5.1	-1.4	-28.6	12.7	25.3
西亚地区	176.3	173.4	177.3	198.8	202.0	-23.2	-1.6	2.2	12.2	1.6
中亚地区	26.6	34.4	37.1	36.3	45.3	58.3	29.3	7.7	-2.1	24.9
总计	4553.2	4244.7	3964.4	4175.3	4385.5	-1.4	-6.8	-6.6	5.3	5.0

资料来源：MarkLines。

2022年，在亚洲21个国家中，销量超过百万辆的有5个国家，分别是中国、印度、日本、韩国和印度尼西亚，五者合计销量达到3854.3万辆，同比增长4.1%，占亚洲总销量的87.9%，较上年下降0.8个百分点，占全球总销量的48.3%，较上年提升2.5个百分点。

中国汽车市场面对多重压力，仍呈现较大的韧性，2022年销售2686.4万辆，同比增长2.2%，在亚洲占比高达61.3%，但较上年下降1.7个百分点；在全球占比为33.7%，较上年提升1.1个百分点，连续14年蝉联全球

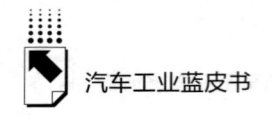

第一大汽车消费市场。

经济的快速增长及庞大的消费人群，促使印度汽车市场正在迅速扩大。2022年汽车销量达到476.4万辆，同比增长26.7%，在全球占比达到6.0%，较上年提升1.3个百分点，超越日本，跃至全球第三大汽车消费市场。截至2022年底，印度的汽车千人保有量仅有36辆，未来仍具有较大的汽车消费增长潜力。

日本是全球的汽车消费大国，汽车销量长期维持在500多万辆规模。最近三年受到新冠疫情、全球半导体不足及零部件调配困难等因素影响，汽车销量快速下滑，2022年销售汽车419.8万辆，同比下降5.6%，降至最近45年来的最低水平，仅略高于1977年的419万辆，在亚洲占比降至9.6%，在全球占比为5.3%，并被印度反超，排名降至全球第四。

韩国受新冠疫情、车用半导体及零部件供应不足困扰，近三年销量持续下滑。2022年销售汽车167.0万辆，同比下降2.2%，销量创下2014年以来的新低，排名亚洲第四、全球第九，但韩国具有高附加值的电动汽车（含混动汽车）销量达到44.8万辆，同比增长63.7%，促使韩国汽车销售均价创下历史新高，达到4381万韩元/辆（约23.5万元/辆）。

近几年，印度尼西亚出台一系列吸引外资和汽车工业发展的政策，促使其汽车销量三连涨。2022年再次突破百万辆，达到104.8万辆，同比增长27.6%，排名亚洲第五，但在全球占比仅为1.3%，全球排名第14。

亚洲销量在50万~100万辆的国家有4个，分别是泰国、土耳其、马来西亚和沙特阿拉伯。其中，泰国在2019年汽车销量达到历史高峰后，近三年在80万辆规模徘徊，2022年销售汽车88.7万辆，同比增长14.4%。2022年土耳其销售汽车78.3万辆，同比增长6.2%，在亚洲占比1.8%，菲亚特、雷诺、标致等法系车在土耳其的销量最多，占比达到38.1%。马来西亚为东盟第三大汽车制造商，也是东盟第三大汽车市场，规模仅次于泰国和印度尼西亚，2022年销售汽车72.0万辆，同比增长41.6%；马来西亚有两大本土品牌Perodua和Proton，均为国内乘用车市场主力，但国际竞争力较弱。2022年沙特阿拉伯销售汽车58.8万辆，与上年基本持平，以丰田和现代汽车为主。

亚洲其他国家和地区汽车销量规模普遍较小。其中菲律宾、越南、乌兹别克斯坦、以色列、巴基斯坦、中国台湾和阿拉伯联合酋长国2022年销量在20万~50万辆。哈萨克斯坦、科威特、阿曼、新加坡和缅甸销量均在15万辆以下（见表4）。

表4 2018~2022年亚洲主要国家和地区汽车销量变化

单位：万辆，%

排名	主要国家和地区	销量 2018年	销量 2019年	销量 2020年	销量 2021年	销量 2022年	同比增长 2018年	同比增长 2019年	同比增长 2020年	同比增长 2021年	同比增长 2022年
1	中国大陆	2808.1	2576.9	2531.1	2627.5	2686.4	-2.8	-8.2	-1.8	3.8	2.2
2	印度	440.0	381.7	293.8	376.0	476.4	9.5	-13.3	-23.0	28.0	26.7
3	日本	526.4	519.1	459.5	444.5	419.8	0.7	-1.4	-11.5	-3.3	-5.6
4	韩国	181.3	178.1	187.4	170.8	167.0	1.1	-1.8	5.2	-8.8	-2.2
5	印度尼西亚	105.1	94.8	49.5	82.1	104.8	4.8	-9.8	-47.8	66.1	27.6
6	泰国	101.7	102.9	80.4	77.5	88.7	16.7	1.2	-21.8	-3.7	14.4
7	土耳其	62.1	47.9	77.3	73.7	78.3	-35.1	-22.8	61.3	-4.6	6.2
8	马来西亚	59.9	60.4	52.9	50.9	72.0	3.8	0.9	-12.4	-3.9	41.6
9	沙特阿拉伯	41.8	55.0	46.8	58.1	58.8	-22.1	31.5	-15.0	24.2	1.1
10	菲律宾	39.1	40.2	24.3	28.7	36.6	-14.2	2.9	-39.6	18.3	27.3
11	越南	27.7	30.6	28.4	27.7	35.8	10.5	10.6	-7.2	-2.4	29.2
12	乌兹别克斯坦	20.4	26.8	27.6	24.2	32.8	71.3	31.5	3.1	-12.6	35.9
13	以色列	26.7	25.5	21.7	29.1	27.0	-5.3	-4.4	-15.0	34.0	-7.3
14	巴基斯坦	26.4	19.3	12.8	24.3	23.3	6.0	-27.0	-33.6	89.9	-4.2
15	中国台湾	23.5	21.9	22.7	23.5	22.6	-8.3	-6.6	3.6	3.5	-3.8
16	阿拉伯联合酋长国	22.5	22.2	15.3	19.8	20.2	-17.1	-1.2	-31.3	29.6	1.8
17	哈萨克斯坦	6.2	7.6	9.4	12.1	12.5	26.7	22.1	23.8	28.4	3.1
18	科威特	10.4	11.3	8.7	10.5	10.1	1.8	9.0	-23.4	20.8	-3.3
19	阿曼	12.8	11.4	7.5	7.6	7.6	-12.1	-10.9	-34.2	0.7	0.7
20	新加坡	9.4	8.7	5.5	5.8	4.2	-17.2	-7.4	-36.8	5.1	-27.2
21	缅甸	1.8	2.2	1.8	0.9	0.7	116.2	23.3	-19.2	-47.2	-24.4

资料来源：MarkLines。

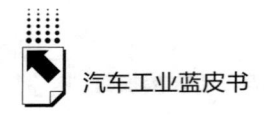

2. 欧洲汽车市场

2022年，高涨的通货膨胀、持续的芯片短缺以及不少国家卷入俄乌冲突，对欧洲汽车市场造成很大影响，欧洲全年销售汽车1356.4万辆，同比下降12.0%。

欧洲五大区域全线下滑，西欧全年销售474.1万辆，同比下降7.3%，占欧洲总销量的35.0%，较上年提升1.8个百分点；中欧销售428.1万辆，同比下降2.2%，虽出现连续三年下滑，但在欧洲占比由上年的28.4%提升至31.6%；南欧销售297.2万辆，同比下降7.3%，占比21.9%；北欧销售81.2万辆，同比下降9.1%，占比6.0%；东欧销售75.9万辆，同比暴跌58.3%（见表5），占比5.6%，较上年下降6.2个百分点。

表5　2018~2022年欧洲各大区域汽车销量变化

单位：万辆，%

主要区域	销量					同比增长				
	2018年	2019年	2020年	2021年	2022年	2018年	2019年	2020年	2021年	2022年
西欧	669.4	671.0	505.2	511.5	474.1	-0.9	0.2	-24.7	1.3	-7.3
中欧	554.7	577.9	463.9	437.9	428.1	0.8	4.2	-19.7	-5.6	-2.2
南欧	437.8	433.6	307.1	320.5	297.2	2.4	-1.0	-29.2	4.4	-7.3
北欧	101.0	100.0	85.3	89.3	81.2	-3.5	-1.0	-14.7	4.7	-9.1
东欧	193.2	189.8	172.6	182.0	75.9	12.0	-1.8	-9.1	5.5	-58.3
总计	1956.1	1972.2	1534.0	1541.1	1356.4	1.3	0.8	-22.2	0.5	-12.0

资料来源：MarkLines。

欧洲国家普遍国土面积小、人口数量少，汽车销售规模不大，2022年销量超过100万辆的国家仅有4个。

德国在欧洲虽仍保持一家独大，但近几年汽车销量持续下滑，2022年销售汽车291.0万辆，同比微降0.4%，销量跌至近十年最低水平，约占欧洲总销量的21.5%，较上年提升2.5个百分点，在全球占比3.6%，与上年持平，排名全球第五。

英法是欧洲仅次于德国的两个汽车消费大国，2022年二者合计销售

382.8万辆,同比下降7.8%,占欧洲总销量的28.2%。其中,法国作为欧洲第二、全球第七大汽车市场,全年销售192.7万辆,同比下降10.1%,自2016年以来首次跌至200万辆以下。2022年英国销售汽车190.1万辆,同比下降5.4%,连续四年被法国反超。

近三年,意大利汽车销售规模跌至150万辆级平台,2022年销售汽车146.5万辆,同比下降10.1%,占欧洲总销量的10.8%,在全球占比1.8%,排名第11。

西班牙和俄罗斯销量在60万~100万辆。其中,西班牙2022年销售汽车94.2万辆,同比下降7.6%,占欧洲总销量的6.9%,较上年提升0.3个百分点。俄罗斯在东欧虽然仍保持一枝独秀,但在全球对比来看规模并不大,2022年受俄乌冲突影响,汽车销量由上年的166.7万辆锐减至68.7万辆,同比下降58.8%;冲突另一方乌克兰销量也暴跌69.4%至3.7万辆。

波兰、比利时、瑞典和荷兰四国汽车销量维持在30万~50万辆。其中,波兰是中欧第二大汽车市场,2022年销售汽车45.6万辆,同比增长2.0%,在欧洲占比3.4%。比利时近几年销量不断下滑,2022年跌至42.2万辆,同比下降7.1%,在欧洲占比3.1%。2022年瑞典销售汽车33.0万辆,同比下降4.1%,其中销售新能源汽车16.2万辆,占其总销量的49.1%。

其他国家销量均不足30万辆(见表6),其中挪威总销量虽然不高(21万辆),但挪威是全球新能源汽车渗透率最高的国家,2022年销售新能源汽车15.4万辆,占其总销量的73.3%。

表6　2018~2022年欧洲主要国家汽车销量变化

单位:万辆,%

排名	主要国家	销量					同比增长				
		2018年	2019年	2020年	2021年	2022年	2018年	2019年	2020年	2021年	2022年
1	德国	376.4	395.7	321.9	292.2	291.0	0.3	5.1	-18.7	-9.2	-0.4
2	法国	267.9	274.3	210.0	214.2	192.7	3.4	2.4	-23.4	2.0	-10.1
3	英国	273.3	268.6	193.0	200.9	190.1	-6.1	-1.7	-28.1	4.0	-5.4
4	意大利	208.3	209.7	153.3	163.0	146.5	-3.2	0.7	-26.9	6.3	-10.1

续表

排名	主要国家	销量 2018年	2019年	2020年	2021年	2022年	同比增长 2018年	2019年	2020年	2021年	2022年
5	西班牙	156.3	148.5	101.8	102.0	94.2	6.9	-5.0	-31.5	0.2	-7.6
6	俄罗斯	180.1	176.0	159.9	166.7	68.7	12.8	-2.3	-9.1	4.3	-58.8
7	波兰	53.2	55.6	42.8	44.7	45.6	9.3	4.4	-22.9	4.3	2.0
8	比利时	62.5	62.9	50.2	45.5	42.2	0.8	0.6	-20.2	-9.5	-7.1
9	瑞典	41.8	41.8	33.0	34.4	33.0	-5.6	0.1	-21.2	4.3	-4.1
10	荷兰	44.4	44.6	35.6	32.3	31.2	7.1	0.5	-20.2	-9.3	-3.3
11	瑞士	34.1	35.6	27.5	28.0	26.1	-3.9	4.3	-22.7	1.6	-6.6
12	奥地利	38.4	37.4	28.6	29.9	23.7	-2.4	-2.6	-23.6	4.5	-20.6
13	捷克	28.1	27.3	22.0	22.6	21.8	-3.2	-3.0	-19.3	2.7	-3.2
14	挪威	19.3	19.0	18.1	21.7	21.0	-4.3	-1.8	-4.7	20.2	-3.5
15	葡萄牙	26.7	26.2	17.3	17.5	18.0	3.3	-2.0	-33.8	1.3	2.5
16	丹麦	25.9	25.9	22.9	21.7	17.5	-2.0	0.0	-11.4	-5.5	-19.0
17	罗马尼亚	18.7	20.1	14.6	14.5	15.2	19.6	7.3	-27.1	-0.7	4.5
18	爱尔兰	15.4	14.5	11.2	13.6	13.1	-2.8	-5.6	-22.7	21.6	-3.7
19	希腊	11.0	12.2	8.8	11.1	11.5	16.5	10.6	-28.0	26.7	3.2
20	匈牙利	13.7	15.8	12.8	12.2	11.2	17.5	15.6	-18.9	-4.8	-8.5
21	芬兰	14.0	13.4	11.3	11.5	9.7	1.7	-4.9	-15.4	2.1	-16.2
22	斯洛伐克	10.7	11.0	8.3	8.4	8.7	3.4	2.6	-24.8	1.5	3.3
23	卢森堡	5.9	6.1	5.1	5.0	4.7	0.0	2.8	-16.1	-1.1	-5.5
24	斯洛文尼亚	7.3	7.3	5.4	5.4	4.6	2.9	0.1	-26.6	0.5	-14.2
25	克罗地亚	6.0	6.3	3.6	4.5	4.3	18.7	5.2	-42.8	24.7	-4.4
26	乌克兰	9.6	10.3	9.9	12.2	3.7	1.1	6.5	-3.5	23.0	-69.4
27	保加利亚	3.4	3.5	2.2	2.5	2.9	9.9	3.0	-36.8	9.7	17.0
28	爱沙尼亚	2.6	2.8	1.9	2.3	2.6	2.7	4.8	-30.1	17.3	13.0
29	白俄罗斯	0.9	0.8	0.8	0.9	0.8	11.7	-12.3	5.4	0.4	-1.1

资料来源：MarkLines。

3. 北美洲汽车市场

北美洲，美国一家独大，2022年销售1438.4万辆，同比下降7.5%，是全球第二大汽车产销国，也是全球汽车千人保有量最高的国家（850辆/千人），汽车消费趋于饱和，以增换购为主；加拿大国土面积虽大，但人口数量过少，汽车消费规模相对较低，全年销售汽车156.7万辆，同比下降8.2%；墨西哥销售108.6万辆，同比增长7.0%。波多黎各销量不大，仅10.8万辆（见表7）。

表7 2018~2022年北美洲主要国家汽车销量变化

单位：万辆，%

主要国家	销量					同比增长				
	2018年	2019年	2020年	2021年	2022年	2018年	2019年	2020年	2021年	2022年
美国	1782.5	1757.6	1499.2	1554.6	1438.4	1.0	-1.4	-14.7	3.7	-7.5
加拿大	204.0	197.3	158.6	170.6	156.7	-1.7	-3.3	-19.6	7.5	-8.2
墨西哥	142.1	131.8	95.0	101.5	108.6	-7.1	-7.3	-27.9	6.8	7.0
波多黎各	11.0	10.7	10.4	11.2	10.8	28.5	-3.3	-2.2	7.9	-3.6
总计	2139.7	2097.3	1763.2	1837.9	1714.5	0.2	-2.0	-15.9	4.2	-6.7

资料来源：MarkLines。

4. 南美洲汽车市场

2022年，南美洲5个国家合计销售326.6万辆，同比增长1.2%，占全球汽车销量的4.1%，较上年提升0.1个百分点。其中，巴西销量一枝独秀，全年销售210.4万辆，同比微降0.7%，占南美洲总销量的64.4%，较上年下降1.2个百分点，排名全球第六；智利销售汽车44.6万辆，同比增长2.7%；阿根廷销售39.7万辆，同比增长7.1%；哥伦比亚销售26.3万辆，同比增长4.8%；乌拉圭销量仅有5.6万辆（见表8）。

表8 2018~2022年南美洲主要国家汽车销量变化

单位：万辆，%

主要国家	销量					同比增长				
	2018年	2019年	2020年	2021年	2022年	2018年	2019年	2020年	2021年	2022年
巴西	256.6	278.8	205.8	212.0	210.4	14.6	8.6	-26.2	3.0	-0.7
智利	43.4	38.9	27.2	43.4	44.6	15.2	-10.3	-30.1	59.6	2.7
阿根廷	80.1	45.2	33.8	37.1	39.7	-10.1	-43.5	-25.4	9.7	7.1
哥伦比亚	25.7	26.4	18.9	25.0	26.3	8.1	2.7	-28.4	32.3	4.8
乌拉圭	4.6	4.2	3.6	5.2	5.6	-18.8	-7.2	-14.3	43.8	7.2
总计	410.3	393.5	289.3	322.8	326.6	8.0	-4.1	-26.5	11.5	1.2

资料来源：MarkLines。

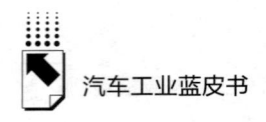

5. 非洲汽车市场

非洲经济发展相对落后,在各大洲中汽车销量也最低。2022年非洲总销量为71.2万辆,同比下降5.6%。其中,南非销售汽车52.7万辆,同比增长13.7%;埃及汽车销量大跌36.4%至18.5万辆(见表9)。

表9 2018~2022年非洲主要国家汽车销量变化

单位:万辆,%

主要国家	销量					同比增长				
	2018年	2019年	2020年	2021年	2022年	2018年	2019年	2020年	2021年	2022年
南非	55.1	53.5	38.0	46.4	52.7	-1.2	-2.8	-29.0	22.0	13.7
埃及	19.4	18.3	23.1	29.1	18.5	42.9	-5.8	26.6	25.8	-36.4
总计	74.5	71.8	61.1	75.5	71.2	7.4	-3.6	-14.9	23.4	-5.6

资料来源:MarkLines。

6. 大洋洲汽车市场

2022年,大洋洲销售汽车124.6万辆,同比增长2.6%。其中,澳大利亚维持在百万辆以上,全年销售108.1万辆,同比增长3.0%;新西兰销售16.4万辆,同比微降0.3%(见表10)。

表10 2018~2022年大洋洲主要国家汽车销量变化

单位:万辆,%

主要国家	销量					同比增长				
	2018年	2019年	2020年	2021年	2022年	2018年	2019年	2020年	2021年	2022年
澳大利亚	115.3	106.3	91.7	105.0	108.1	-3.0	-7.8	-13.7	14.5	3.0
新西兰	16.2	15.5	12.0	16.5	16.4	1.0	-4.3	-22.7	37.9	-0.3
总计	131.5	121.8	103.7	121.5	124.6	-2.5	-7.4	-14.9	17.2	2.6

资料来源:MarkLines。

(三)全球新能源汽车市场发展形势

近年来,在节能减排和碳中和目标推动下,各国新能源汽车政策支持力度持续加大，全球新能源汽车产业高速发展，产销规模逐年上升。2022年全球包括纯电动、插电混动和燃料电池在内的新能源汽车销售1087.9万辆，同比增长63.3%，新能源汽车销量在整体汽车市场销量中的占比（新能源汽车渗透率）达到13.6%，较上年提升5.3个百分点。截至2022年底，全球新能源汽车保有量达到2600万辆，占全球汽车保有量（14.46亿辆）的1.8%。

亚洲是新能源汽车增长最快、规模最大的消费市场。2022年新能源汽车销量高达723.0万辆，同比大涨94.9%，占全球新能源汽车总销量的63.3%，较上年提升10.4个百分点，新能源汽车渗透率为16.5%，较上年提升7.6个百分点。以德、英、法为代表的欧洲国家近年出台了一系列促进新能源汽车发展的刺激政策，部分国家也宣布了禁售燃油车时间表，加快了欧洲新能源汽车销量规模提升，2022年欧洲新能源汽车继续保持增长态势，但增速有所放缓，全年销售252.2万辆，同比增长14.1%，新能源汽车渗透率达到18.6%，较上年提升4.3个百分点，但欧洲全球新能源汽车占比有所下降，由上年的33.2%降至23.2%。2022年北美洲新能源汽车销量突破百万辆，达到108.4万辆，同比增长48.3%，全球新能源汽车占比为15.0%，较上年下降4.7个百分点，新能源汽车渗透率为6.3%，较上年提升2.3个百分点（见表11）。大洋洲、南美洲、非洲新能源汽车销量都很低。

表11　2018~2022年主要大洲新能源汽车销量变化

单位：万辆，%

主要大洲	销量					渗透率				
	2018年	2019年	2020年	2021年	2022年	2018年	2019年	2020年	2021年	2022年
亚洲	135.5	129.9	146.0	371.0	723.0	3.0	3.1	3.7	8.9	16.5
欧洲	40.3	55.3	127.6	221.0	252.2	2.1	2.8	8.3	14.3	18.6
北美洲	39.0	35.8	36.6	73.1	108.4	1.8	1.7	2.1	4.0	6.3
其他	0.1	0.4	0.3	1.0	4.3	0.0	0.1	0.1	0.2	0.8
全球总计	214.8	221.4	310.6	666.1	1087.9	2.3	2.5	4.0	8.3	13.6

资料来源：MarkLines。

在《巴黎协定》大框架下，各国都制定了节能减排目标，加快新能源汽车推广。2022年中国新能源汽车销售688.7万辆，同比增长95.6%，连续八年排名全球第一。近年来，美国也加大了新能源汽车市场布局，2022年新能源汽车首次突破百万辆（100.1万辆），同比增长49.4%，占其汽车总销量的7.0%，较上年提升2.7个百分点，占全球新能源汽车总量的9.5%。德国政府从2016年开始不断加大新能源汽车补贴之后，其新能源汽车销量连续多年快速增长，2022年达到82.0万辆，同比大涨21.9%，占其汽车总销量的28.2%，较上年提升5.2个百分点；自2023年1月1日起，德国政府对新能源汽车的补贴将减弱，混合动力汽车将不再获得补贴，纯电动和燃料电池汽车的补贴标准也将下降。英国和法国近几年新能源汽车销量也有一定增长，但总规模仍不大，以30多万辆排名第四和第五（见表12）。虽然有些国家新能源汽车销售规模不大，但其新能源汽车渗透率很高，如挪威（73.5%）、瑞典（49.1%）、荷兰（34.3%）等。

表12　2018~2022年全球新能源汽车销量排名前五国家

单位：万辆，%

主要国家	销量					渗透率				
	2018年	2019年	2020年	2021年	2022年	2018年	2019年	2020年	2021年	2022年
中国	125.6	120.6	136.7	352.1	688.7	4.5	4.7	5.4	13.4	25.6
美国	35.8	32.2	33.3	67.0	100.1	2.0	1.8	2.2	4.3	7.0
德国	7.0	10.7	40.5	67.3	82.0	1.9	2.7	12.6	23.0	28.2
英国	6.1	8.2	18.0	33.2	38.6	2.2	3.1	9.3	16.5	20.3
法国	5.3	6.7	18.8	30.8	33.3	2.0	2.5	9.0	14.4	17.3

资料来源：MarkLines。

2022年，全球新能源汽车销量超过50万辆的企业共有5家。其中，中国品牌比亚迪和吉利（含沃尔沃）榜上有名。比亚迪以186.2万辆，排名全球第一。特斯拉（Tesla）销售新能源汽车153.9万辆，同比增长47.3%，其中，Model Y销售86.5万辆，同比增长98.8%，Model 3销售60.0万辆，同比增长6.2%。大众集团销售新能源汽车79.5万辆，同比增长12.1%，排名第三，其中，ID.4系列销量最高，达到17.1万辆，其次是ID.3（7.9万辆）、Audi Q4 e-tron（5.5万辆）、Enyaq iV（5.3万辆）。通用汽车销售72.6万辆，同比增长40.9%，排名第四，其中，五菱宏光MINI销售57.3万辆，占其总销量的78.8%。吉利（含沃尔沃）销售60.1万辆，同比增长103.8%，排名全球第五（见表13），其中，极氪销售7.2万辆，沃尔沃XC40销售6.4万辆，几何销售5.3万辆，XC40销售5.0万辆。丰田主要发展混动车型，2022年全球混动车型销量达到205万辆，但新能源汽车销量仅有10.2万辆，排名未进全球前20。

表13 2018~2022年全球新能源汽车销量排名前五企业

单位：万辆，%

主要品牌	销量					同比增长				
	2018年	2019年	2020年	2021年	2022年	2018年	2019年	2020年	2021年	2022年
比亚迪	22.9	23.0	19.3	60.6	186.2	101.6	0.4	-16.2	214.6	207.2
特斯拉	22.7	30.4	45.8	104.5	153.9	179.8	34.0	50.6	128.0	47.3
大众	7.1	12.3	38.5	70.9	79.5	14.8	74.2	212.3	84.2	12.1
通用	8.3	9.5	22.2	51.6	72.6	24.2	14.2	134.1	132.1	40.9
吉利(含沃尔沃)	11.0	12.7	16.0	29.5	60.1	8.1	15.8	25.9	84.3	103.8

资料来源：MarkLines。

（四）世界主要汽车集团产销情况

2022年全球前十汽车集团合计销售5701万辆，同比下降2.7%，在全球占比为71.5%，较上年下降1.1个百分点，前十集团中没有中国品牌企业，但吉利（含沃尔沃）、比亚迪、长安进入前十五名。

2022年，丰田集团在印度尼西亚、泰国、菲律宾等东南亚国家的销量大幅增长，在全球销售汽车1048万辆，和上年基本持平，在全球占比达到13.1%，连续三年蝉联全球销量第一，进一步拉大了与其最大竞争对手德国大众相比的领先优势。美国是丰田第一大市场。2022年，丰田在美国销售

211.3万辆,同比下降9.5%;在日本国内销售190.6万辆,同比下降9.6%,连续三年同比下降;在中国市场过去五年销量持续上升,2022年达到184万辆,同比增长9.4%。

2022年,大众集团全球销量为830万辆,同比下滑6.7%,是11年来新低,位居第二,这与疫情及俄乌冲突对大众供应链造成影响有关,下半年虽然供应情况有所改善促使销量同比增长12%,但仍然无法弥补上半年同比下降22%的损失。2022年,大众在中国市场连跌四年后触底反弹,全年销售312.2万辆,同比增长2.6%;在德国本土销售103.4万辆,同比微增1.5%;在美国销售62.6万辆,同比下降3.2%。

2022年,韩系车虽在中国市场表现一般,但在全球范围却逆势增长,现代汽车集团全年销售684.8万辆,仅次于丰田、大众,超越雷诺-日产-三菱联盟,排名跃居全球第三,其中,现代销售394.5万辆,同比增长1.4%,起亚销售290.4万辆,同比增长4.6%。在电动化领域,2022年,现代纯电车型IONIQ 5和IONIQ 6全球销量超过10万辆,进一步推动现代汽车的电动化转型进程。

2021年,菲亚特克莱斯勒(FCA)和标致雪铁龙(PSA)正式合并成立新公司Stellantis(斯特兰蒂斯)。2022年全球销售634万辆,排名第四。近年来,Stellantis在华走轻资产路线,投入不断收缩,目前在中国仅剩神龙汽车一家合资公司。在欧洲市场,2022年Stellantis销售205万辆,同比下降13.7%,仅次于大众,旗下五大品牌标致、欧宝、菲亚特、雪铁龙和吉普均出现了两位数的下滑。

过去5年,雷诺-日产-三菱联盟全球销量持续下降,2022年销售汽车615.7万辆,同比下降19.8%,在全球销量上被现代集团反超,排名降至第五。雷诺和日产的销量均出现了明显下滑,其中雷诺同比下降5.9%至205万辆,连续第四年下降;日产同比下降20.7%至323万辆。

排名第六的通用汽车,2022年全球销售594万辆,同比微降1.0%。中国是通用最大的海外市场,但2017年以来通用汽车在中国的销量持续下滑,2022年销售247.3万辆,同比下降4.8%,其中五菱品牌销售130.2万辆,逆势增长2.9%；美国是通用第二大市场，2022年销售227.4万辆，同比增长2.5%。二者合计销售474.9万辆，占通用全球总销量的80%。

2022年，本田汽车全球销售387万辆，同比下降13.6%。中国是本田最大的市场，但近几年本田在中国的销量不佳，2022年销售140.3万辆，同比下降9.0%，其中，广汽本田销售74.2万辆，同比下降4.9%，东风本田销售66.1万辆，同比下降13.2%。2022年，本田在美国销售98.4万辆，同比大跌32.9%；在日本销售56.8万辆，同比微降0.2%。

2022年，福特全球销售367万辆，同比微降1.3%，其前三大市场美国、中国和加拿大均出现下降，其中在美国大本营销售192.1万辆，同比下降2.8%，占福特全球销量的52.4%；2016年以来，福特在中国销量断崖式下跌，由2016年的95.1万辆下降至2022年的32.5万辆。

铃木尽管退出了中国市场，但在全球的表现依然可圈可点，2022年全球销售297万辆，逆势增长7.6%，全球排名第九。铃木主要市场集中在印度和日本本土，其中铃木在印度表现突出，全年销售161.4万辆，同比增长15.5%，占其全球总销量的54.3%。印度是铃木最大的单一市场；其次是日本，全年销售60.3万辆，同比微降0.9%。

2022年，宝马全球销售240万辆，同比下降4.8%，排名全球第十。其中，宝马品牌销售210万辆，较上年减少10万辆。宝马在中国市场销售69.5万辆，同比增长3.2%（见表14）。

表14 2021~2022年前十大汽车集团销量

排名		集团	销量			份额		
2021年	2022年		2021年（万辆）	2022年（万辆）	同比增长（%）	2021年（%）	2022年（%）	变化（百分点）
1	1	丰田	1050	1048	-0.2	13.0	13.1	0.1
2	2	大众	890	830	-6.7	11.0	10.4	-0.6
4	3	现代	666	684.8	2.8	8.2	8.6	0.3
6	4	Stellantis	538	634	17.8	6.7	7.9	1.3
3	5	雷诺-日产-三菱	768	615.7	-19.8	9.5	7.7	-1.8

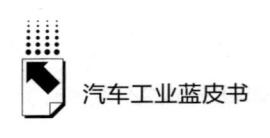

续表

排名		集团	销量			份额		
2021年	2022年		2021年（万辆）	2022年（万辆）	同比增长（%）	2021年（%）	2022年（%）	变化（百分点）
5	6	通用	600.2	594	-1.0	7.4	7.4	0.0
7	7	本田	448	387	-13.6	5.5	4.9	-0.7
8	8	福特	372	367	-1.3	4.6	4.6	0.0
9	9	铃木	276	297	7.6	3.4	3.7	0.3
10	10	宝马	252.2	240	-4.8	3.1	3.0	-0.1

资料来源：MarkLines。

二 中国汽车工业发展情况

2022年，我国经济持续恢复，逐步进入稳定发展阶段，高质量发展取得新成效。面对新冠疫情反复、芯片短缺、电池原材料价格上涨等严峻困难形势，中国汽车人攻坚克难、努力拼搏，再次实现了汽车产销"双增"，为我国工业经济持续恢复发展、稳定宏观经济增长贡献了重要力量。

（一）汽车工业总体规模

1.汽车产销规模

2022年，中国汽车产销分别完成2702.1万辆和2686.4万辆，同比分别增长3.4%和2.1%，连续两年实现正增长。需求结构上，乘用车和商用车分化明显，呈现乘用车强、商用车弱的态势，与2021年相同。2022年全年乘用车产销分别完成2383.6万辆和2356.3万辆，同比分别增长11.2%和9.5%，其中，轿车、SUV、MPV和交叉型四大类出现分化，轿车和SUV保持正增长，MPV和交叉型同比下滑。商用车产销分别完成318.5万辆和330万辆，同比分别下降31.9%和31.2%，已连续两年下降,且四大细分市场全线下滑。新能源汽车超预期增长,产销分别完成705.8万辆和688.7万辆,同比分别增长96.9%和93.4%,市场占有率达到25.6%。[1]

2. 汽车零售额

2022年,我国国内大循环主体作用进一步增强,扩大内需战略深入实施,国内循环对经济发展的带动作用明显增强,但受疫情反复的巨大冲击,全年社会消费品零售总额为44.0万亿元,同比微降0.2%。汽车类零售额为4.6万亿元,较上年增加0.2万亿元,同比增长0.7%,占全社会消费品零售总额的10.4%,较上年提升0.5个百分点。[2]

3. 汽车商品进出口

（1）汽车整车出口情况分析

海外供给不足,中国车企出口竞争力的大幅增强。2022年中国汽车出口再创新高,突破300万辆,达到311.1万辆,同比增长54.4%（见表15）,超过德国,成为全球第二大汽车出口国,出口量也正在逼近日本（350万辆）。分车型看,乘用车出口252.9万辆,同比增长56.7%,商用车出口58.2万辆,同比增长44.9%,其中新能源汽车出口67.9万辆,同比增长1.2倍,均实现了跨越式突破。不断增长的汽车出口规模,对外展示了中国制造的能力,中国品牌"出海"进入高速成长期。

表15 2015~2022年汽车出口量

单位:万辆,%

出口情况	2015年	2016年	2017年	2018年	2019年	2020年	2021年	2022年
出口量	70.9	72.9	89.6	104.1	102.4	99.5	201.5	311.1
同比增长	-23.5	2.9	22.9	16.1	-1.6	-2.9	101.1	54.4

资料来源:根据中国汽车工业协会数据整理。

---

[1] 根据中国汽车工业协会数据整理。
[2] 国家统计局。

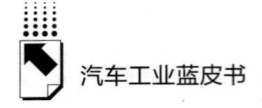

自2009年以来，中国一直是全球最大的汽车市场，但中国汽车消费市场长期被大众、丰田、通用、宝马和奔驰等国外品牌主导。近两年，随着国产车的全面崛起，中国车企也开始加速海外扩张。2022年绝大部分企业出口实现了正增长，且增幅普遍较大，出口TOP10企业合计销售279.9万辆，同比增长54.4%，占总出口量的90.0%，其中上汽一枝独秀，以90.6万辆、29.1%份额的绝对优势排名第一；奇瑞以45.2万辆、14.5%份额紧随其后，二者出口占比高达43.7%；特斯拉国产两年来，出口量大幅增长，2022年出口27.1万辆，排名第三；长安、东风均销售24万多辆，均同比增长57%左右；吉利、长城、江汽、北汽以10万~20万辆排名第六至第九，重汽出口8.3万辆，排名第十。比亚迪虽未进入前十，但随着比亚迪在国内市场的火爆，从第四季度开始，海外出口也同步大幅增长，接连登陆欧洲、东南亚、日本等市场，并且获得了德国租车公司10万辆大单。

从出口区域看，我国汽车出口区域主要包括非洲的埃及、南非，亚洲的沙特阿拉伯、印度、泰国、越南，欧洲的俄罗斯、英国，北美洲的美国、墨西哥、加勒比海地区以及南美的巴西、智利、秘鲁等。其中，中国品牌新能源汽车主要出口欧洲和南亚市场，包括比利时、英国、德国、法国、挪威等国，反映出在全球汽车产业向新能源领域深度转型的风口下，中国汽车正逐步被国外消费者所认可和接受。

（2）汽车整车进口情况分析

2001年在我国加入世界贸易组织（WTO）之后，汽车进口量逐年上升，2011年汽车进口量首次跃上百万辆级规模，但自2017年以来汽车进口量进入下行通道，尤其是近三年，随着中国品牌的崛起及国际品牌加速在中国市场布局，汽车进口量快速下降，2022年我国乘用车进口77.0万辆，同比下降18.1%；其中，轿车进口35.1万辆，同比下降15.3%，占乘用车进口总量的45.7%，较上年提升1.5个百分点；SUV进口38.9万辆，同比下降21.1%，占乘用车进口总量的50.6%，较上年下降1.9个百分点；MPV进口2.9万辆（见表16），同比下降9.0%，占乘用车进口总量的3.8%，较上年提升0.4个百分点。商用车进口量很小，约1万辆。

表 16 2016~2022 年乘用车进口量变化

单位：万辆

乘用车类型	2016年	2017年	2018年	2019年	2020年	2021年	2022年
轿车	40.9	43.1	45.2	45.4	40.4	41.5	35.1
SUV	64.9	65.5	61.7	62.3	55.7	49.3	38.9
MPV	5.0	5.3	4.5	4.1	3.8	3.2	2.9
乘用车总体	110.7	113.8	111.5	111.8	100.0	94.0	77.0

资料来源：中国汽车保险数据。

2022年，乘用车进口量排名前十品牌合计进口71.3万辆，同比下降16.9%，占进口总量的92.6%，较上年提升1.4个百分点。其中，雷克萨斯进口18.4万辆，同比下降16.1%，连续四年排名第一；奔驰进口14.9万辆，同比下降9.6%，宝马进口11.2万辆，同比下降32.4%，保时捷进口9.5万辆，同比增长1.3%，排名第二至第四，以上四者合计占比达到70.1%，较上年下降1.7个百分点。奥迪、路虎、迷你、丰田、沃尔沃和迈巴赫分列第五至十位，但进口量均不足5万辆。

从进口国来看，从德国进口45.7万辆，同比下降10.5%，占乘用车进口总量的59.4%；从日本进口22.4万辆，同比下降38.6%，占比29.1%；从印度进口3.9万辆，同比下降11.9%；从瑞典进口2.1万辆，同比下降0.3%；从美国进口1.4万辆，同比下降70.6%。

4. 二手车交易情况

2022年，全国二手车累计交易1602.8万辆，同比下降8.9%，较上年减少155.7万辆，累计交易金额为1.06万亿元。其中，轿车交易952.4万辆，同比下降10.1%；SUV交易203.8万辆，同比增长3.1%；MPV交易96.9万辆，同比下降3.9%；交叉型乘用车交易35.1万辆，同比下降12.8%；载货车交易129.6万辆，同比下降10.9%；客车交易104.0万辆，同比下降21.2%。

从车龄结构看，2022年，二手车使用年限在3~6年的交易量最多，占比40.2%，较上年增加6.4个百分点；使用年限在3年内车型占比为

30.0%，较上年增加6.4个百分点；车龄在7~10年的车型占19.7%，较上年减少4.4个百分点；车龄在10年以上的车型占比为10.1%，较上年减少6.1个百分点。

从交易区域看，全国六大区域较上年均呈现不同程度下降。华东地区二手车交易量为536.5万辆，同比下降8.7%，较上年减少50.9万辆，其中安徽、福建、山东、上海四个省市同比均呈现两位数的降幅；江苏是华东地区唯一正增长的省份，同比增长6.7%，较上年增加6.6万辆。中南地区交易量为457.3万辆，同比下降8.0%，较上年减少39.7万辆，河南、湖北下降最为明显，分别下降了16.4%和10.0%。华北地区交易量为193.5万辆，同比下降10.6%，较上年减少23万辆。西南地区与上年基本持平，交易量为250.3万辆，其中西藏大降33.0%，但四川、贵州两省分别实现8.3%和5.0%的增长。北部地区受疫情影响较为严重，东北地区同比下降19.0%，交易量为93.9万辆；西北地区同比下降21.9%，交易量为71.4万辆。[①]

5. 机动车保有量

2022年全国新注册登记机动车3478万辆，新注册登记汽车2323万辆。截至2022年底，全国机动车保有量达4.17亿辆，扣除报废注销量比2021年增加2129万辆，同比增长5.4%；汽车保有量达3.2亿辆，占机动车总量的76.6%，比2021年增加1752万辆，同比增长5.8%。

截至2022年底，全国有84个城市的汽车保有量超过百万辆，较上年增加了5个，39个城市超过200万辆，21个城市超过300万辆，其中北京、成都、重庆、上海超过500万辆，苏州、郑州、西安、武汉超过400万辆，深圳、东莞、天津、杭州、青岛、广州、佛山、宁波、石家庄、临沂、长沙、济南、南京等13个城市超过300万辆。

截至2022年底，全国新能源汽车保有量达到1310万辆，占汽车总量的4.1%，扣除报废注销量比2021年增加526万辆，同比增长67.1%。其中，

---

① 根据中国汽车流通协会数据整理。

纯电动汽车保有量 1045 万辆，占新能源汽车总保有量的 79.8%。[①]

6. 机动车驾驶人数

随着汽车市场需求不断增长，加之城市化进程持续推进，城镇人口占比逐年上升，我国机动车驾驶人数量持续增长。根据公安部数据，我国驾驶人数量过去十年稳步增长，截至 2022 年底，全国机动车驾驶人数量已达 5.0 亿人，其中汽车驾驶人 4.6 亿人，占驾驶人总数的 92.5%。

2022 年，全国新领证驾驶人 2923 万人。2022 年 4 月 1 日起实施的《机动车驾驶证申领和使用规定》（公安部令第 162 号）新增"轻型牵引挂车"准驾车型（C6），目前已取得 C6 准驾车型驾驶人数量达 44 万人，更好地满足群众驾驶小型旅居挂车出行需求，促进房车旅游新业态发展。

目前，我国机动车驾驶人仍以男性为主，男性驾驶人达 3.2 亿人，占 66.3%；女性驾驶人 1.6 亿人，占 33.7%。从驾驶人年龄看，26~50 岁的驾驶人 3.4 亿人，占 70.7%；51~60 岁的驾驶人 6966 万人，占 14.5%。[②]

（二）汽车工业经济运行态势

2022 年，我国工业经济运行总体平稳，工业生产销售持续增长，全国规模以上工业企业营业收入虽有增长，但受多重超预期因素影响，叠加上年同期基数较高，企业利润下降。汽车工业展现出强大的韧性，营业收入和利润总额实现双增长，汽车强国建设迈出坚实步伐。

1. 汽车制造业企业数量连续六年增加

2022 年，全国共有工业企业 45.1 万家，较上年增加 4.3 万家，同比增长 10.4%，其中，汽车制造业企业 1.8 万家，较上年增加 1103 家，同比增长 6.7%，占全国工业企业总数的 3.9%，较同期微降 0.1 个百分点。

2. 汽车制造业亏损企业数量持续增加

2022 年，全国工业企业亏损企业 7.2 万家，较上年增加 1.9 万家，同

---

① 根据公安部数据整理。
② 根据公安部数据整理。

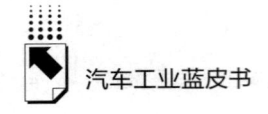

比增长27.1%。其中，汽车制造业亏损企业4469家，较上年增加696家，同比增长18.4%，占亏损工业企业总数的4.9%，较上年下降0.4个百分点。

3. 汽车制造业流动资产总额上升

2022年，全国工业企业流动资产80.8万亿元，较上年增加7.1万亿元，同比增长9.7%。其中，汽车制造业流动资产6.0万亿元，较上年增加6392.2亿元，同比增长11.9%，占全国工业企业流动资产总额的7.4%，较上年微增0.2个百分点。

4. 汽车制造业应收账款大幅增长

2022年，规模以上工业企业应收账款21.6万亿元，比上年增加2.4万亿元，同比增长12.3%，应收账款平均回收期为49.5天，比上年减少2.0天。其中，汽车制造业应收账款1.9万亿元，比上年末增加3241.6亿元，同比增长21.1%，占工业企业应收账款总额的8.6%，较上年增加0.6个百分点。

5. 汽车制造业产成品存货总额上升

2022年，全国规模以上工业企业产成品存货6.0万亿元，比上年增加5451.3亿元，同比增长9.9%。其中，汽车制造业产成品存货3979.2亿元，较上年增加298.8亿元，同比增长8.1%，占工业企业产成品存货总额的6.6%，较上年微降0.1个百分点。

6. 汽车制造业营业收入跑赢大盘

2022年，规模以上工业企业实现营业收入137.9万亿元，较上年增加7.7万亿元，同比增长5.9%。其中，汽车制造业营业收入9.3万亿元，较上年增加5939.4亿元，同比增长6.8%，高于行业总体增速，占规模以上工业企业总营业收入的6.7%，较上年提升0.1个百分点，在41个工业大类行业中仅次于计算机、通信和其他电子设备制造业及电气机械和器材制造业，排名第三。

7. 汽车制造业营业成本明显上升

2022年，规模以上工业企业发生营业成本116.8万亿元，较上年增加7.7万亿元，同比增长7.1%；每百元营业收入中的成本为84.7元，比上年增加1元。其中，汽车制造业主营业务成本8.0万亿元，较上年增加5502.4

亿元,同比增长7.4%,占工业企业营业成本的6.8%,与上年持平,在41个工业大类行业中排名第五。

8. 汽车行业利润总额逆势增长

2022年,国内外不稳定、不确定因素仍然较多,企业经营压力较大,全年规模以上工业企业实现营业利润8.3万亿元,比上年减少3491.2亿元,同比下降4.0%,虽然利润有所下降,但工业企业利润上下游结构持续改善。在41个工业大类行业中,21个行业利润总额比上年增长,19个行业下降,1个行业由亏转盈。汽车制造业全年实现利润总额5319.6亿元,较上年微增34.1亿元,逆势增长0.6%,但远高于行业整体,占行业总体的6.4%,较上年提升0.3个百分点,在41个工业大类行业中排名上升至第五。

9. 汽车制造业亏损金额增加

2022年,全国工业企业亏损总额1.6万亿元,较上年增加3438.1亿元,同比增长28.3%。其中,汽车制造业亏损总额1223.9亿元,较上年增亏178.3亿元,同比增长17.1%,占工业企业亏损总额的7.9%,较上年下降0.8个百分点。

10. 汽车制造业增加值增长

2022年,全国规模以上工业企业增加值同比增长3.6%,明显低于上年的9.6%。其中,汽车制造业工业增加值同比增长6.3%,高于上年5.5%。[①]

三 中国汽车产业发展政策

2022年,为了进一步推进汽车产业转型升级和高质量发展,国家部委、地方政府围绕促进汽车消费、新能源汽车、智能网联、节能减排、产业标准化和二手车发展等方面出台了一系列汽车产业发展政策。

---

① 国家统计局。

（一）多措并举，提振汽车消费信心

2022年2月，国家发改委等12个部门联合下发《关于促进工业经济平稳增长的若干政策的通知》，继续实施新能源汽车购置补贴、充电设施奖补、车船税减免优惠政策。

2022年4月，国务院印发《关于进一步释放消费潜力促进消费持续恢复的意见》，通过破除消费限制障碍壁垒，因地制宜逐步取消汽车限购，进一步提高公共领域电动化，开展新能源下乡等政策"组合拳"，继续稳定和增加汽车消费，随后各地方政府通过发放汽车消费券、开展汽车促销活动，实施以旧换新、购置补贴、优化购买管理等一系列措施促进汽车消费。

2022年5月，国务院发布《国务院关于印发扎实稳住经济一揽子政策措施的通知》，强调各地区不得新增汽车限购措施、全面取消二手车限迁、支持汽车整车进口口岸地区开展平行进口业务、优化新能源汽车充电桩（站）投资建设运营模式等。

2022年5月，财政部和国家税务总局发布关于减征部分乘用车车辆购置税的公告，对购置日期在2022年6月1日至2022年12月31日期间内且单车价格（不含增值税）不超过30万元的2.0升及以下排量乘用车，减半征收车辆购置税。据权威机构测算，燃油车购置税优惠政策拉动约150万辆汽车消费，也对2023年汽车市场造成一定的透支。

2022年7月，商务部等17个部门印发《关于搞活汽车流通扩大汽车消费若干措施的通知》，聚焦支持新能源汽车购买使用、活跃二手车市场、促进汽车更新消费、支持汽车平行进口、研究免征新能源汽车车辆购置税政策到期后延期问题。

（二）政策支持，助推新能源汽车发展

2022年5月，工信部等四部门联合发布《关于开展2022新能源汽车下乡活动的通知》，时间为2022年5~12月，四部门将联合组织开展新一轮新能源汽车下乡活动，在山西、吉林、江苏、浙江、河南、山东、湖北、湖

南、海南、四川、甘肃等地，选择三、四线城市和县区举办若干场专场、巡展、企业活动。鼓励各地出台更多新能源汽车下乡支持政策，改善新能源汽车使用环境，推动农村充换电基础设施建设。

2022年7月，工信部提出新"双积分"管理办法（征求意见稿），或将设立积分池，根据市场供需情况对企业自愿申请的新能源汽车正积分进行存储释放，保障积分供需基本平衡，稳定企业预期；后续工信部还将根据产业发展和碳排放管理工作需要，适时研究建立与其他碳减排体系的衔接机制。

2022年8月，交通运输部联合国家能源局、国家电网、南方电网印发《加快推进公路沿线充电基础设施建设行动方案》，方案结合我国新能源汽车增长情况，以及我国公路沿线充电基础设施建设现状，提出了"桩站先行、以供促需、因地制宜、分类推进、广泛覆盖、适度超前、通用开放、智能高效"的工作原则，加快健全完善公路沿线充电基础设施，将进一步优化我国新能源汽车推广应用环境。

2022年9月，财政部、国家税务总局、工信部发布关于延续新能源汽车免征车辆购置税政策的公告，明确对购置日期在2023年1月1日至12月31日内的新能源汽车，包括纯电动汽车、插电式混合动力（含增程式）汽车、燃料电池汽车，继续免征车辆购置税。新能源汽车购置补贴全面取消，势必会影响消费者购买热情，此次购置税减免延续政策及时出台，使新能源汽车在价格上依然具备一定优势，有助于新能源汽车市场保持持续高增长态势。

（三）加强顶层设计，加快智能网联布局

2022年4月，工信部发布《关于开展汽车软件在线升级备案的通知》，规定获得道路机动车辆生产准入许可的汽车整车生产企业及其生产的具备OTA升级功能的汽车整车产品和实施的OTA升级活动，应进行备案，要求不涉及产品安全、环保、节能、防盗等技术性能变化的相关升级活动，企业在备案后可直接开展升级。涉及产品安全、环保、节能、防盗等技术性能变

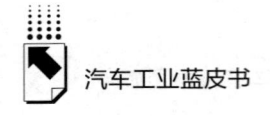

化的相关升级活动，应提交验证材料，保障产品符合国家法律法规、技术标准及技术规范等相关要求。其中，涉及汽车自动驾驶功能（驾驶自动化分级的3级及以上）的相关升级活动，应经工信部批准。

2022年8月，交通运输部公开对《自动驾驶汽车运输安全服务指南（试行）》（征求意见稿）征求意见，明确了自动驾驶车辆可用于运输经营，并围绕适用范围、发展导向、车辆、保险、人员要求及安全保障等提出了具体要求，是一份面向自动驾驶汽车未来发展的政策，有利于推动自动驾驶技术创新和落地应用。

2022年11月，工信部提出《关于开展智能网联汽车准入和上路通行试点工作的通知（征求意见稿）》，重点包括试点内容和目标、试点申报条件、组织实施、保障措施等四个部分，作为国内首部将智能网联汽车准入和上路通行试点工作相结合的管理指导文件，将加速推进智能网联汽车法律法规、技术标准的完善及商业化应用进程。

（四）协同创新，进一步加强产业标准建设

2022年3月，国家市场监督管理总局发布的国家标准《汽车驾驶自动化分级》正式实施。该国标综合考虑动态驾驶任务、最小风险策略、设计运行范围等多个维度，将车辆驾驶自动化等级划分为0~5级，并明确了各级驾驶员的驾驶责任。从3级自动驾驶开始，目标和事件检测与响应的对象已经从驾驶员变成系统，动态驾驶任务备份也从驾驶员变成动态驾驶任务备份用户。这意味着，在有条件自动驾驶的情况下，已经允许驾驶员接管，只需要在必要时接管驾驶。

2022年9月，工信部公开征求对《国家车联网产业标准体系建设指南（智能网联汽车）（2022年版）》的意见，2022年版指南提出要分阶段建立适应我国国情并与国际接轨的智能网联汽车标准体系，到2025年，系统形成能够支撑组合驾驶辅助和自动驾驶通用功能的智能网联汽车标准体系，制定/修订100项以上智能网联汽车相关标准，涵盖组合驾驶辅助、自动驾驶关键系统、网联基础功能及操作系统、高性能计算芯片及数据应用等标准，

并贯穿功能安全、预期功能安全、网络安全和数据安全等安全标准，满足智能网联汽车技术、产业发展和政府管理对标准化的需求。

2022年12月，中国银保监会就《汽车金融公司管理办法（征求意见稿）》公开征求意见。内容包括以风险为本加强监管，适应汽车行业高质量发展的市场需求，加强公司治理和内部控制，贯彻落实对外开放政策等，同时规定汽车金融公司名称中应标明"汽车金融"字样，未经中国银保监会批准，任何单位和个人不得在机构名称中使用"汽车金融""汽车信贷""汽车贷款"等字样，旨在进一步提升汽车金融公司专业金融服务能力，防范金融风险，促进行业高质量发展。

（五）推进节能减排，引领绿色出行

2022年1月，国务院印发《"十四五"节能减排综合工作方案》，方案面向"十四五"时期，提出了2025年节能减排能耗目标和污染防治排放目标，全国单位国内生产总值能源消耗比2020年下降13.5%，化学需氧量、氨氮、氮氧化物、挥发性有机物排放总量比2020年分别下降8%、8%、10%以上、10%以上，其中能耗目标与国家碳达峰碳中和目标保持一致；同时部署了十大重点工程，其中交通物流节能减排工程与汽车行业密切相关。

2022年2月，国家发改委、国家能源局发布《关于完善能源绿色低碳转型体制机制和政策措施的意见》，意见要求，"十四五"时期，基本建立推进能源绿色低碳发展的制度框架，形成比较完善的政策、标准、市场和监管体系，构建以能耗"双控"和非化石能源目标制度为引领的能源绿色低碳转型推进机制。到2030年，基本建立完整的能源绿色低碳发展基本制度和政策体系，形成非化石能源既基本满足能源需求增量又规模化替代化石能源存量、能源安全保障能力得到全面增强的能源生产消费格局。意见推进了交通运输绿色低碳转型，优化交通运输结构，对交通供能场站布局和建设在土地空间等方面予以支持，推进新能源汽车与电网能量互动试点示范，推动车桩协同发展。

2022年6月，国家发改委等九部门联合印发《"十四五"可再生能源发

展规划》，规划提出发展方向，一是大规模推动可再生能源与电动汽车融合发展，利用大数据和智能控制等新技术，将波动性可再生能源与电动汽车充放电互动匹配，实现车电互联，采用现代信息技术与智能管理技术，整合分散的电动汽车充电设施，通过电力市场交易等促进可再生能源与电动汽车互动发展。二是积极引导绿色能源消费，加大对使用可再生能源的企业等消费主体和消费行为的认证力度，加大绿色能源消费产品认证力度，鼓励汽车等领域的企业提高绿色能源使用比例，生产绿色产品。三是推动在汽车充电领域的综合应用，推动光伏在新能源汽车充电桩、高速公路沿线等交通领域应用，建设满足电动汽车下乡等发展需要的县域内城乡互联配电网，建设具备电动汽车充换电服务等能力的乡村能源站。

2022年10月，国家市场监督管理总局等九部门联合印发《建立健全碳达峰碳中和标准计量体系实施方案》，坚持系统观念，突出计量、标准的基础引领与源头把控作用，统筹推进碳达峰碳中和标准计量体系建设和总体部署，为相关行业、领域、地方和企业开展碳达峰碳中和标准计量体系建设工作起到指导作用。

（六）多重利好，推动二手汽车市场发展

2022年7月，商务部等17部门联合发布《关于搞活汽车流通扩大汽车消费若干措施的通知》，内容包括取消对开展二手车经销的不合理限制，明确登记注册住所和经营场所在二手车交易市场以外的企业可以开展二手车销售业务。一是自2022年10月1日起，对已备案汽车销售企业从自然人处购进二手车的，允许企业反向开具二手车销售统一发票并凭此办理转移登记手续。二是促进二手车商品化流通，自2022年10月1日起，已备案汽车销售企业申请办理小型非营运二手车转移登记时，公安机关实行单独签注管理，核发临时号牌，对汽车限购城市，明确汽车销售企业购入并用于销售的二手车不占用号牌指标。三是支持二手车流通规模化发展，各地区严格落实全面取消二手车限迁政策，自2022年8月1日起，在全国范围（含国家明确的大气污染防治重点区域）取消对符合国V排放标准的小型非营运二手车的

迁入限制，促进二手车自由流通和企业跨区域经营。四是自 2023 年 1 月 1 日起，对自然人在一个自然年度内出售持有时间少于 1 年的二手车达到 3 辆及以上的，汽车销售企业、二手车交易市场、拍卖企业等不得为其开具二手车销售统一发票，不予办理交易登记手续。

2022 年 9 月，商务部会同公安部印发《关于完善二手车市场主体备案和车辆交易登记管理的通知》，推出了系列便利二手车交易登记新措施，进一步降低二手车交易登记成本，更好地促进汽车梯次消费和二手车市场持续健康发展，包括完善二手车市场主体备案，加强部门信息共享；便利办理二手车交易登记，促进汽车梯次消费；强化事中事后监管，规范二手车经营行为。

2022 年 12 月，商务部、公安部、海关总署发布《关于进一步扩大开展二手车出口业务地区范围的通知》，提出为贯彻落实国务院关于二手车出口工作的决策部署，积极有序扩大二手车出口，推动外贸保稳提质，决定新增辽宁省、福建省、河南省、河北省（石家庄市）等 14 个地区开展二手车出口业务。

四 中国汽车市场形势

2022 年，尽管受到疫情反复、芯片短缺、原材料价格高涨等诸多不利因素影响，中国汽车工业仍呈现较为强劲的韧性和活力，产业生态变革升级，新能源汽车和出口规模再创新高，智能化技术推陈出新，后市场新模式不断探索等，呈现诸多产业亮点。

（一）中国汽车市场发展

2022 年，中国汽车延续了上年小幅增长态势，全年实现销售 2686.4 万辆，同比增长 2.2%，较上年增加 58.8 万辆，距离 2017 年的最高峰（2887.9 万辆）仍有 201.5 万辆差距，需求结构呈现乘用车强、商用车弱的态势。

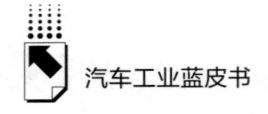

1.乘用车市场

2022年,乘用车市场在购置税减半政策刺激下,车市仍保持增长态势,并呈现四大特点。

一是行业主导地位更加凸显。2022年乘用车市场整体表现远好于商用车,全年累计销售2356.3万辆,同比增长9.7%,行业占比实现三连升,达到87.7%,较上年提升6个百分点。

二是批发与零售反差较大。行业批发虽然达到近10%的正增长,但终端零售却出现较大下滑,按照保险数据统计,2022年乘用车终端零售(内需)2070.2万辆,同比下降3.0%,低于批发286.1万辆。

三是四大细分市场分化明显,呈现两增两降态势。其中,轿车在新能源汽车带动下,再次突破千万辆大关,全年销售1111.6万辆,同比增长11.9%,行业占比47.2%;SUV保持连续四年的增长势头,全年销售1118.7万辆,同比增长10.8%,行业占比达到47.5%,连续三年成为需求规模最大的细分市场;MPV和交叉型乘用车再次步入下滑趋势,全年分别销售93.7万辆和32.3万辆,同比分别下降11.2%和17.4%,行业占比持续下滑。

四是新能源汽车销售和乘用车出口均创新高。新能源乘用车销售654.8万辆,同比增长94.3%,占乘用车销售总量的27.8%;乘用车出口252.9万辆,同比增长56.7%,占乘用车销售总量的10.7%,二者成为拉动乘用车销量整体增长的关键。

2.商用车市场

2022年商用车市场总体形势严峻,在低位徘徊中艰难前行,但仍不乏亮点。主要表现在如下四点。

一是需求规模大幅下滑。2022年商用车市场受到疫情反复、基建投资放缓,叠加周期性低谷以及2018~2021年的国Ⅲ淘汰、国Ⅵ升级、合规性管理带来的需求透支等因素影响,需求规模跌入2009年以来最低谷,全年累计销售330.0万辆,同比下降31.2%,较2021年减少149.3万辆。

二是四大细分市场全线下滑。2022年中重卡销售76.8万辆,同比下降51.2%,成为跌幅最大的细分市场,传统中重卡企业生产经营受到严峻挑战；轻卡销售161.8万辆，同比下降23.3%，但相对于传统轻卡销量剧烈下降，皮卡销量总体走势相对平稳，全年销售达到51.3万辆，同比小幅下降5.8%；微型货车延续了3年的下滑趋势，2022年销售50.7万辆，同比下降16.2%；客车销售40.8万辆，同比下降19.2%。

三是新能源商用车表现突出。2022年新能源商用车销售34.2万辆，同比增长81.5%，其中货车销售23.9万辆，同比增长123.8%；客车销售10.3万辆，同比增长26.2%。总体来看，新能源商用车已从"以客车为主"进入"百花齐放"阶段。

四是商用车出口再创新高。2022年国内企业依靠稳定可靠的供应链和持续提升的品牌接受度加大出口力度，全年出口58.2万辆，同比增长44.9%，其中货车出口51.9万辆，同比增长48.3%，占比89.1%，是商用车出口主力。

3. 新能源汽车市场

2022年我国新能源汽车产业继续保持快速发展势头，已全面进入市场拓展期，主要体现在四个方面。

一是市场规模全球领先。全年新能源汽车销售688.7万辆，同比增长93.4%，新能源汽车销量占汽车销售总量的比重达到25.6%，连续8年保持全球第一。

二是关键技术有效突破。量产动力电池单体能量密度达到300瓦时/公斤，处于国际领先水平；驱动电机峰值功率密度超过4.8千瓦/公斤，最高转速达到1.6万转/分钟，关键组件部件水平得到了大幅提升，尤其是在激光雷达、人工智能芯片、智能座舱等方面，均取得了较大突破。

三是品牌竞争力大幅提升。2022年自主品牌新能源乘用车占比达到了79.9%，较上年提升5.4个百分点；新能源汽车出口67.9万辆，同比增长1.2倍，全球新能源汽车销量排名前10的企业中我国占了3席，动力电池装机量排名前10的企业中我国占6席，我国新能源产品竞争力和品牌效应逐步显现。

四是配套设施环境日益优化。截至2022年底，全国累计建成充电桩521万个、换电站1973座，其中2022年新增充电桩259.3万个、换电站

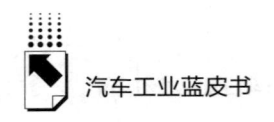

675座，充换电基础设施建设速度明显加快，同时累计建立动力电池回收服务网点超过1万个，基本实现就近回收。[①]

（二）汽车市场发展月度情况

总体来看，2022年全年汽车销售市场月度呈现M形走势。1~2月汽车行业开局良好，延续了上年四季度较强走势，但3~5月受吉林、上海疫情冲击，产销严重受阻，部分地区汽车产业链受到巨大冲击，汽车销量出现下降；6月开始，乘用车购置税优惠落地、厂商促销叠加上年同期因缺芯问题基数较低，乘用车销量迅速恢复并实现较高的同比增速，商用车降幅也有所收窄；进入四季度，受疫情冲击，终端消费市场增长乏力，消费者购车需求释放受阻，汽车产销增速回落，与过去两年相比，产量销量并未出现年底翘尾现象，最后两个月乘用车销量再次进入下滑态势，商用车销量跌幅也再次扩大（见表17）。

表17 2022年汽车销售整体月度信息

单位：万辆，%

类别	1月	2月	3月	4月	5月	6月	7月	8月	9月	10月	11月	12月
乘用车	219	149	186	97	162	222	217	213	233	223	207	227
同比增长	6.9	28.7	-0.5	-43.2	-1.4	41.6	40.2	36.9	33.2	11.2	-5.3	-6.5
商用车	34	25	37	22	24	28	25	26	28	27	25	29
同比增长	-24.9	-16.4	-43.3	-60.6	-50.4	-37.1	-21.3	4.6	-12.0	-16.1	-23.3	-20.1
行业合计	253	174	223	118	186	250	242	238	261	250	233	256
同比增长	1.1	19.4	-11.6	-47.4	-12.5	24.2	29.9	32.5	26.3	7.4	-7.7	-8.2

资料来源：根据中国汽车工业协会数据整理。

（三）中国汽车市场竞争态势

1. 行业整体情况

行业集中度略有下滑。2022年，随着特斯拉、"蔚小理"等造车新势力

[①] 根据中国汽车工业协会及网络公开数据整理。

的进一步崛起，TOP10集团的行业集中度再次出现了小幅下滑。TOP3集团合计销售1123.3万辆，同比下降7.4%，较上年净减89.5万辆，行业占比41.8%，较上年下降4.3个百分点；TOP5集团合计销售1601.6万辆，同比下降3.4%，较上年净减55.8万辆，行业占比59.6%，较上年下降3.5个百分点；TOP10集团合计销售2308.7万辆，同比增长1.4%，较上年增加32.1万辆，行业占比85.9%，较上年微降0.7个百分点。

企业竞争分化加剧。2022年TOP10集团市场表现差异较大，涨跌各半，传统头部企业增长乏力，二线企业强势崛起。上汽、一汽、东风、北汽全部下滑，市场份额降幅均超过1个百分点；比亚迪、广汽、奇瑞、吉利表现较好，实现同比正增长，尤其是比亚迪表现最为突出，一方面同比增速高达1.5倍，份额提升4.1个百分点，行业排名上升4位，另一方面也是汽车行业首个实现全面电动化的企业；长城汽车是TOP10集团中下滑幅度最大的企业，份额较上年下降0.9个百分点，排名下降2位（见表18）。

表18 2021~2022年销量TOP10集团销量、份额及变化

排名 2021年	排名 2022年	集团	销量 2021年（万辆）	销量 2022年（万辆）	同比增长（%）	增量（万辆）	份额 2021年（%）	份额 2022年（%）	增加幅度（百分点）
1	1	上汽	536.5	519.2	-3.2	-17.3	20.4	19.3	-1.1
2	2	一汽	350.1	320.4	-8.5	-29.7	13.3	11.9	-1.4
3	3	东风	326.4	283.9	-13.0	-42.5	12.4	10.6	-1.9
5	4	广汽	214.4	243.5	13.6	29.1	8.2	9.1	0.9
4	5	长安	230.1	234.6	2.0	4.5	8.8	8.7	0.0
10	6	比亚迪	74.5	186.9	150.9	112.4	2.8	7.0	4.1
6	7	北汽	172.7	145.3	-15.8	-27.4	6.6	5.4	-1.2
7	8	吉利	134.3	145.3	8.2	11	5.1	5.4	0.3
9	9	奇瑞	95.9	123.0	28.2	27.1	3.7	4.6	0.9
8	10	长城	128.1	106.8	-16.7	-21.3	4.9	4.0	-0.9

资料来源：根据中国汽车工业协会数据整理。

2. 细分市场情况

（1）乘用车市场情况

2022年，乘用车行业发展迎来了百家争鸣式的多元化"高光时刻"，乘用车市场竞争更加激烈，竞争格局不断重构，TOP20企业中，15家企业实现正增长，其中5家同比增速超过20%，其中"蔚小理"等造车新势力产销规模均在15万辆以下，未进入乘用车行业TOP20。

合资品牌方面，2022年德系双雄仍呈现明显的分化走势，二者份额均出现下降，其中，一汽-大众增长乏力，奥迪和捷达品牌均出现下滑，全年销售180.2万辆，与上年同期基本持平，被比亚迪反超，排名行业第二；上汽大众斯柯达表现不佳，但大众品牌探底回升，全年累计销售132.1万辆，连续三年缩小与一汽-大众的差距。

美系品牌在华表现一升两降，其中，特斯拉国产化三年来，市场表现节节攀升，2022年销售71.1万辆，同比大增46.8%；上汽通用连续六年下滑，全年销售117.0万辆，同比下滑12.1%，主要是别克品牌持续下滑造成；长安福特2019~2021年产销规模连续回升，但2022年下跌，已跌出行业TOP20。

日系品牌8个主要企业中，仅有丰田系实现了正增长。一汽丰田全年销售83.5万辆，同比微增0.3%，其中卡罗拉、RAV4表现突出，二者合计占比超过60%；广汽丰田首次超过百万辆，并反超一汽丰田，其中新品锋兰达、赛那、威飒功不可没，三者合计净增20万辆。本田系已连续三年下滑，其中广汽本田销售74.2万辆，同比下降4.9%，新品型格虽带来近8万辆增量，但无法抵消主力车型皓影和缤智的大幅下滑；东风本田销售66.1万辆，同比下降13.2%，已连续2年被广汽本田超越，2022年主力车型XR-V近乎腰斩。作为日系车的代表，东风日产2021年销量跌破百万辆，2022年继续下降，全年销售81.6万辆，同比下滑17.2%，其中轩逸占其销量比重超过50%。长安马自达、一汽马自达和三菱持续下滑，尤其是后两者已明显边缘化。

豪华品牌中，华晨宝马销售69.5万辆，同比增长3.2%，其中新品宝马X5是增长主力；北京奔驰销售59.2万辆，同比增长5.5%，奔驰GLC、奔驰 E、奔驰 C、奔驰 GLB 均实现正增长。

中国品牌方面，比亚迪成为 2022 年汽车市场最大的黑马，全年销售 185.3 万辆，同比增长 153.8%，份额较上年同期提升 4.5 个百分点，一举夺得乘用车市场销售冠军，实现了中国品牌"领头羊"的地位。

长安汽车销售 140.6 万辆，同比增长 15.0%，其中新品 UNI-V、Lumin 和欧尚 Z6 功不可没，行业排名上升至第三。

近四年，吉利汽车维持在 130 万辆左右，2022 年星越 L 和极氪 001 表现较好，但主力车型博越下滑 33.5%。

上汽通用五菱（以下简称"上通五菱"）销售 130.2 万辆，同比小幅增长 2.9%，行业排名下滑至第六，其中五菱宏光 MINI 电动车紧紧抓住新能源汽车爆发的机遇，销量达到 55 万辆。

奇瑞汽车表现突出，销量首次突破百万辆大关，全年销售 111.1 万辆，同比增长 31.1%，其中出口 45 万辆，占其总销量的 40.5%。

长城汽车在 2021 年销量突破百万辆之后，2022 年跌至 88.1 万辆，同比下降 16.0%，成为跌幅最大的中国品牌，行业排名降至第十。

上汽乘用车销售 80.3 万辆，同比增长 3.5%，其中新品名爵 MULAN 净增 3.8 万辆。

广汽乘用车销售 65.3 万辆，同比大增 45.9%，其中埃安 AION、影酷表现不俗。

一汽红旗在明星车型 HS5 和 H5 的拉动下，全年实现销售 31.0 万辆，排名行业第 20（见表 19）。

表 19　2021~2022 年中国乘用车销量 TOP20 企业销量、份额及变化

排名 2021 年	排名 2022 年	集团	销量 2021 年（万辆）	销量 2022 年（万辆）	同比增长（%）	增量（万辆）	份额 2021 年（%）	份额 2022 年（%）	增加幅度（百分点）
15	1	比亚迪	73.0	185.3	153.8	112.3	3.4	7.9	4.5
1	2	一汽-大众	180.1	180.2	0.0	0.1	8.4	7.6	-0.7
6	3	长安汽车	122.2	140.6	15.0	18.4	5.7	6.0	0.3

续表

排名 2021年	排名 2022年	集团	销量 2021年（万辆）	销量 2022年（万辆）	同比增长（%）	增量（万辆）	份额 2021年（%）	份额 2022年（%）	增加幅度（百分点）
3	4	吉利汽车	132.8	137.7	3.7	4.9	6.2	5.8	-0.3
5	5	上汽大众	124.2	132.1	6.3	7.9	5.8	5.6	-0.2
4	6	上通五菱	126.6	130.2	2.9	3.6	5.9	5.5	-0.4
2	7	上汽通用	133.2	117.0	-12.1	-16.2	6.2	5.0	-1.2
9	8	奇瑞汽车	84.8	111.1	31.1	26.3	3.9	4.7	0.8
11	9	广汽丰田	82.8	100.5	21.4	17.7	3.9	4.3	0.4
7	10	长城汽车	104.8	88.1	-16.0	-16.7	4.9	3.7	-1.1
10	11	一汽丰田	83.2	83.5	0.3	0.3	3.9	3.5	-0.3
8	12	东风日产	98.6	81.6	-17.2	-17	4.6	3.5	-1.1
13	13	上汽乘用车	77.6	80.3	3.5	2.7	3.6	3.4	-0.2
12	14	广汽本田	78.0	74.2	-4.9	-3.8	3.6	3.1	-0.5
18	15	特斯拉	48.4	71.1	46.8	22.7	2.3	3.0	0.8
16	16	华晨宝马	67.4	69.5	3.2	2.1	3.1	2.9	-0.2
14	17	东风本田	76.2	66.1	-13.2	-10.1	3.5	2.8	-0.7
19	18	广汽乘用车	44.7	65.3	45.9	20.6	2.1	2.8	0.7
17	19	北京奔驰	56.1	59.2	5.5	3.1	2.6	2.5	-0.1
20	20	一汽红旗	30.1	31.0	3.1	0.9	1.4	1.3	-0.1

资料来源：根据中国汽车工业协会数据整理。

(2) 商用车市场情况

2022年商用车市场承受了前所未有的巨大压力，所有的细分市场全面下滑，市场竞争更加激烈，TOP10企业无一增长，其中四家同比降幅超过30%。上汽以50.5万辆排名第一，同比下降24.4%；长安、北汽、东风均销售40多万辆，其中长安销量仅下降13.6%，远低于行业均值（下降31.2%），促使其市场份额提升3.1个百分点；重汽以23.2万辆，排名行业第五；江汽、长城、一汽以近20万辆排名第六至第八，其中一汽下降幅度高达60.0%，导致其市场份额下降4个百分点；陕汽销售11.4万辆，同比下降43.1%；金龙以4.7万辆首次进入TOP10（见表20）。

表20 2021~2022年中国乘用车销量TOP10企业销量、份额及变化

排名 2021年	排名 2022年	集团	销量 2021年（万辆）	销量 2022年（万辆）	同比增长（%）	增量（万辆）	份额 2021年（%）	份额 2022年（%）	增加幅度（百分点）
2	1	上汽	66.8	50.5	-24.4	-16.3	13.9	15.3	1.4
4	2	长安	57.6	49.7	-13.6	-7.9	12.0	15.1	3.1
3	3	北汽	64.9	46.0	-29.1	-18.9	13.5	13.9	0.4
1	4	东风	69.8	44.8	-35.9	-25	14.6	13.6	-1.0
6	5	重汽	40.0	23.2	-41.9	-16.8	8.3	7.0	-1.3
7	6	江汽	27.2	19.8	-27.0	-7.4	5.7	6.0	0.3
8	7	长城	23.3	18.7	-19.9	-4.6	4.9	5.7	0.8
5	8	一汽	45.5	18.2	-60.0	-27.3	9.5	5.5	-4.0
9	9	陕汽	20.0	11.4	-43.1	-8.6	4.2	3.5	-0.7
13	10	金龙	5.1	4.7	-9.4	-0.4	1.1	1.4	0.3

资料来源：根据中国汽车工业协会数据整理。

（3）新能源汽车市场情况

2022年新能源汽车市场再一次超预期发展，各车企加快在新能源市场的布局和争夺，几乎所有的企业均实现了高增长。TOP10集团中，比亚迪以186.2万辆夺得行业冠军，行业占比高达27.0%，较上年提升9.8个百分点；上汽经过多年的耕耘，2022年一举突破百万辆，达到105.8万辆，同比增长45.3%，行业占比15.4%，较上年下降5.3个百分点；特斯拉以71.1万辆排名第三，其中Model Y实现销售45.5万辆，同比大涨127.4%，远超Model 3的25.5万辆；东风全年销售46.0万辆，同比增长176.6%，行业占比6.7%，较上年提升2.0个百分点，排名行业第四；吉利和广汽处于30万辆级，其中吉利成为新能源行业增长最快的企业，排名升至第五；长安、奇瑞处于20万辆级，其中长安行业排名升至第七；一汽和合众不足20万辆（见表21），理想、蔚来、小鹏、零跑等造车新势力虽未进入前十，但整体表现较好。

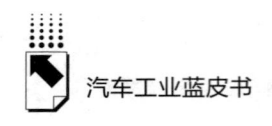

表21　2021~2022年中国新能源汽车销量TOP10集团销量、份额及变化

排名 2021年	排名 2022年	集团	销量 2021年（万辆）	销量 2022年（万辆）	同比增长（%）	增量（万辆）	份额 2021年（%）	份额 2022年（%）	增加幅度（百分点）
2	1	比亚迪	60.6	186.2	207.2	125.6	17.2	27.0	9.8
1	2	上汽	72.8	105.8	45.3	33	20.7	15.4	-5.3
3	3	特斯拉	48.4	71.1	46.8	22.7	13.8	10.3	-3.4
4	4	东风	16.6	46.0	176.6	29.4	4.7	6.7	2.0
10	5	吉利	8.2	33.8	310.3	25.6	2.3	4.9	2.6
5	6	广汽	14.3	31.1	117.9	16.8	4.1	4.5	0.5
9	7	长安	11.2	28.9	158.2	17.7	3.2	4.2	1.0
8	8	奇瑞	11.4	24.7	117.5	13.3	3.2	3.6	0.4
7	9	一汽	11.5	17.2	49.4	5.7	3.3	2.5	-0.8
11	10	合众	7.0	15.2	118.3	8.2	2.0	2.2	0.2

资料来源：根据中国汽车工业协会数据整理。

（四）中国品牌市场表现

1. 中国品牌市场需求

2020~2022年，中国品牌凭借自身竞争力的持续提升，积极抢抓新能源汽车市场爆发机遇，产销规模和行业占比均呈现快速上升态势。2022年足以成为中国自主品牌发展史上的一个重要里程碑，全年中国品牌乘用车累计销售1176.6万辆，同比增长22.8%，较上年净增218.6万辆，占乘用车总销量的49.9%，较上年同期提升5.3个百分点（见图1）。

从月度走势来看，中国品牌借助在新能源汽车市场的先发优势，在乘用车总销量中占比持续攀升，9月开始，连续四个月不低于50%，12月高达56.8%，并且全年所有月份占比都高于上年（见图2）。

2022年，中国品牌轿车累计销售462.5万辆，同比增长45.1%，较上年净增143.7万辆，占轿车市场总体的41.6%，较上年提升9.5个百分点。在轿车市场，中国品牌凭借新能源汽车优势，强势崛起，三年时间实现占比翻番，2022年比亚迪海豚、比亚迪汉、比亚迪秦、宏光MINI、长安UNI-V 5个车型

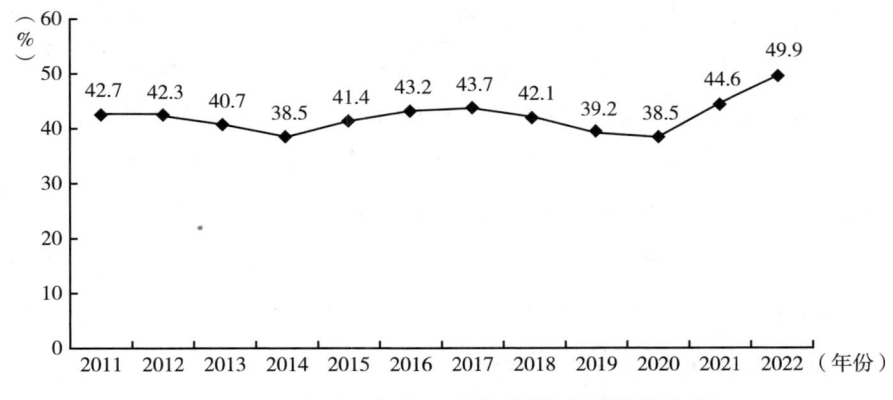

图 1　2011~2022 年中国品牌乘用车销量份额变化

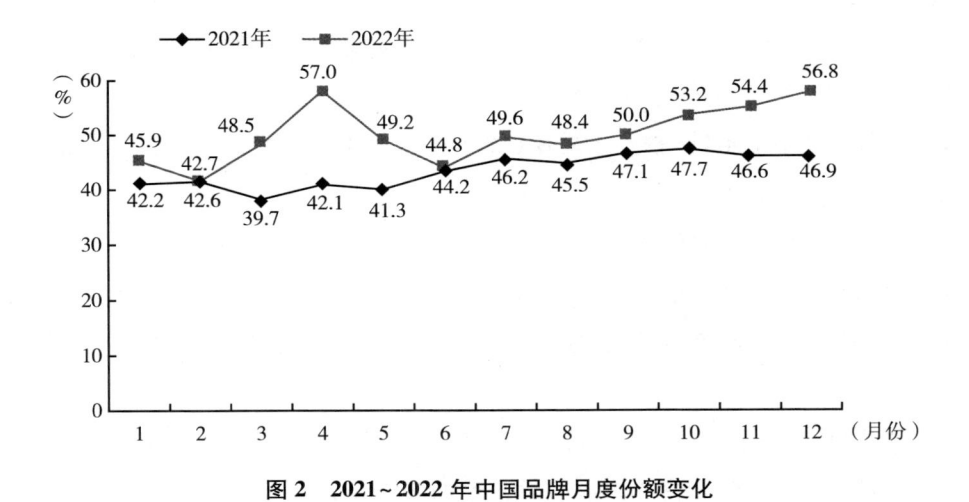

图 2　2021~2022 年中国品牌月度份额变化

净增 72.3 万辆，占总净增量的 50.3%。

2022 年，中国品牌 SUV 累计销售 625.0 万辆，同比增长 18.4%，较上年净增 97.0 万辆，占 SUV 市场总体的 55.9%，较上年提升 3.6 个百分点。其中比亚迪元、比亚迪宋、比亚迪唐、传祺 Aion Y、吉利星越 L 5 个车型净增 65.1 万辆，占总净增量的 67.1%。过去 10 年，随着中国用户消费偏好的变化，SUV 市场保持高速增长，中国品牌抓住了这一难得的机遇期，推出大量适应市场需求的 SUV 产品，迅速占领市场，并带动整个中国品牌份额

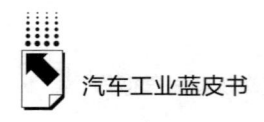

的上升，但随着合资品牌SUV车型的不断推出，未来双方将进入胶着状态。

2022年，中国品牌MPV累计销售56.8万辆，同比下降21.2%，较上年减少15.3万辆，占MPV市场总体的60.6%，较上年下降7.7个百分点。总体来看，随着微客型MPV销量的下滑，2011年之后，MPV市场整体开始下滑，且幅度较大，2022年总销量已不足2011年的15%。中国品牌在MPV市场虽然整体处于优势，但受消费升级、用户需求转移、合资品牌不断推出家用MPV产品占领家用MPV市场等因素的影响，中国品牌的优势快速下降，2022年占比较2017年已下降超过20个百分点。

交叉型乘用车一直以来是中国品牌的天下，以前仅有少量合资品牌产品，2015年之后随着昌河铃木浪迪退出，交叉型乘用车市场形成中国品牌一家独大的局面。但随着消费升级的加快，交叉型乘用车在2010年达到248.6万辆高峰之后开始一路下滑，2022年延续这一趋势，仅销售32.3万辆，同比下降17.4%，较上年减少6.8万辆，其中五菱荣光一家独大，市场份额高达53.3%。[①]

2.中国品牌市场竞争状况

2022年，中国品牌汽车销售1493.7万辆，同比增长5.3%，较上年增加74.7万辆，在汽车行业整体销量中占比54.0%，较上年提升1.6个百分点。

中国品牌销量TOP10集团合计销售1299.1万辆，同比增长8.7%，较上年增加99.5万辆，占中国品牌总销量的87.0%，较上年提升2.4个百分点，占行业总销量（2686.4万辆）的48.4%，较上年提升2.7个百分点。

2022年，中国品牌销量TOP10中，涨跌各半。其中，上汽是唯一销量超过200万辆规模的企业；销量在100万~200万辆的企业有6家，分别为长安（187.5万辆）、比亚迪（186.9万辆）、吉利（143.3万辆）、奇瑞（115.0万辆）、东风（112.6万辆）、长城（106.8万辆），其中新增的比亚迪和奇瑞表现不俗，分别实现了150.9%和31.9%的高增长；年销量在55

---

① 根据中国汽车工业协会数据整理。

万~70万辆的企业有3家，分别是广汽（65.7万辆）、北汽（57.8万辆）、一汽（56.6万辆），其中广汽增速最高，达到43.9%，较上年净增20万辆，北汽和一汽下滑较大。

从排名情况看，2022年TOP10集团只有前两位排名未发生变化，比亚迪表现亮眼，排名直接从上年的第九上升至第三；广汽从第十升至第八；奇瑞从第六升至第五；长城和一汽各下跌三位，分别排名第七和第十；吉利、东风和北汽各下跌一位，分别排名第四、第六和第九（见表22）；江汽跌出前十。

表22　2021~2022年中国品牌销量TOP10集团销量、份额及变化

排名 2021年	排名 2022年	集团	销量 2021年（万辆）	销量 2022年（万辆）	同比增长（%）	增量（万辆）	份额 2021年（%）	份额 2022年（%）	增加幅度（百分点）
1	1	上汽	275.7	267.1	-3.1	-8.5	19.4	17.9	-1.5
2	2	长安	175.5	187.5	6.8	12.0	12.4	12.5	0.2
9	3	比亚迪	74.5	186.9	150.9	112.4	5.2	12.5	7.3
3	4	吉利	132.8	143.3	7.9	10.5	9.4	9.6	0.2
6	5	奇瑞	87.2	115.0	31.9	27.8	6.1	7.7	1.6
5	6	东风	120.5	112.6	-6.6	-7.9	8.5	7.5	-1.0
4	7	长城	128.1	106.8	-16.7	-21.3	9.0	7.1	-1.9
10	8	广汽	45.6	65.7	43.9	20.0	3.2	4.4	1.2
8	9	北汽	76.4	57.8	-24.4	-18.6	5.4	3.9	-1.5
7	10	一汽	83.3	56.6	-32.1	-26.7	5.9	3.8	-2.1

资料来源：根据中国汽车工业协会数据整理。

2022年，中国品牌乘用车累计销售1176.6万辆，同比增长22.8%，较上年净增218.6万辆，在中国品牌总体销量中占比达到78.8%，较上年大幅提升11.3个百分点；在乘用车总体销量中占比达到49.9%，较上年提升5.3个百分点。

中国品牌乘用车销量TOP10合计销售1082.1万辆，同比增长22.6%，较上年净增199.1万辆，占中国品牌乘用车总销量的92.0%，较上年微降

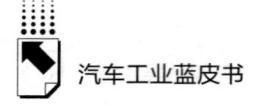

0.2个百分点，占乘用车行业总销量的45.9%，较上年上升4.8个百分点。

2022年，销量TOP10的中国品牌乘用车企业中，仅有长城出现下滑，其他企业均实现正增长。其中，上汽连续两年突破200万辆，排名行业第一；比亚迪、吉利、长安、奇瑞达到百万辆规模，分别以186.3万辆、143.3万辆、141.9万辆和115.0万辆排名第二至五位，其中比亚迪增量高达112.8万辆；长城由于主力车型哈弗H6出现较大幅度下滑，导致整体销量同比下降16.0%，跌出百万辆阵营，排名降至第六；东风和广汽表现较好，同比增长均超过30%，分别销售68.5万辆和65.7万辆，分列第七位和第八位；一汽销售38.6万辆，同比微增1.2%；江汽销售15.3万辆，排名第十（见表23）。

表23　2021~2022年中国品牌乘用车销量TOP10销量、份额及变化

排名 2021年	排名 2022年	集团	销量 2021年（万辆）	销量 2022年（万辆）	同比增长（%）	增量（万辆）	份额 2021年（%）	份额 2022年（%）	增加幅度（百分点）
1	1	上汽	212.3	219.5	3.4	7.3	22.2	18.7	-3.5
6	2	比亚迪	73.5	186.3	153.5	112.8	7.7	15.8	8.2
2	3	吉利	132.8	143.3	7.9	10.5	13.9	12.2	-1.7
3	4	长安	123.3	141.9	15.1	18.6	12.9	12.1	-0.8
5	5	奇瑞	87.2	115.0	31.9	27.8	9.1	9.8	0.7
4	6	长城	104.8	88.1	-16.0	-16.7	10.9	7.5	-3.5
7	7	东风	51.7	68.5	32.4	16.8	5.4	5.8	0.4
8	8	广汽	45.6	65.7	43.9	20.0	4.8	5.6	0.8
9	9	一汽	38.1	38.6	1.2	0.4	4.0	3.3	-0.7
10	10	江汽	13.6	15.3	12.3	1.7	1.4	1.3	-0.1

资料来源：根据中国汽车工业协会数据整理。

2022年，中国品牌商用车销售317.1万辆，同比下降31.2%，较上年减少143.9万辆，在商用车行业总销量中占比96.1%，较上年微降0.1个百分点，中国品牌仍占据商用车的绝对主导地位。

中国品牌商用车销量TOP10合计销售商用车279.7万辆，同比下降

31.9%，较上年减少131.0万辆，占中国品牌商用车总销量的88.2%，较上年下降0.9个百分点，占商用车行业总销量（330.0万辆）的84.7%，较上年下降0.9个百分点，行业集中度下降。

2022年，中国品牌商用车销量TOP10企业全线下滑，无一增长。上汽、北汽、长安、东风四家维持40万辆以上的销量，排名前四，其中东风排名由上年的第一下降至第四，上汽升至第一位；重汽销售24.0万辆，同比下降41.0%，排名第五；江汽、长城、一汽均销售近20万辆，排名第六至八，其中一汽降幅高达60.1%，排名由上年第五降至第八；陕汽以11.4万辆排名第九；金龙首次进入前十，但销量仅有4.7万辆（见表24）。

表24　2021~2022年中国品牌商用车销量TOP10销量、份额及变化

排名 2021年	排名 2022年	集团	销量 2021年（万辆）	销量 2022年（万辆）	同比增长（%）	增量（万辆）	份额 2021年（%）	份额 2022年（%）	增加幅度（百分点）
3	1	上汽	63.4	47.6	-25.0	-15.8	13.8	15.0	1.3
2	2	北汽	64.9	46.0	-29.1	-18.9	14.1	14.5	0.4
4	3	长安	52.1	45.5	-12.7	-6.6	11.3	14.4	3.0
1	4	东风	68.7	44.0	-35.9	-24.7	14.9	13.9	-1.0
6	5	重汽	40.7	24.0	-41.0	-16.7	8.8	7.6	-1.3
7	6	江汽	27.2	19.8	-27.0	-7.3	5.9	6.3	0.4
8	7	长城	23.3	18.7	-19.9	-4.6	5.1	5.9	0.8
5	8	一汽	45.2	18.0	-60.1	-27.2	9.8	5.7	-4.1
9	9	陕汽	20.0	11.4	-43.1	-8.6	4.3	3.6	-0.8
12	10	金龙	5.1	4.7	-9.4	-0.5	1.1	1.5	0.4

资料来源：根据中国汽车工业协会数据整理。

3. 中国品牌质量表现

《2022年中国新车质量研究》（IQS）报告显示，中国新车质量问题数为213个PP100（每百辆车问题数），较2021年上升2.8个PP100。在豪华品牌、国际品牌、中国品牌三大类别中，豪华品牌平均质量问题数最少，为192个PP100，较2021年减少了24个PP100，质量表现进步显著，主要得

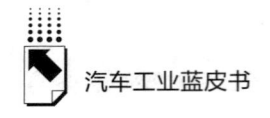

益于豪华品牌在推进智能化配置渗透的同时，也积极改善了作为智能化基础的信息娱乐系统的质量。中国品牌质量问题数最多，达到225个PP100，中国品牌在驾驶体验、动力总成方面表现不佳，其中用户对新车油耗抱怨较大，突出体现在官方公布油耗指标与实际油耗指标出入较大。

2022年新车质量抱怨的增长主要来源于设计缺陷类问题，达到143个PP100，较上年增加了4.2个PP100。设计类问题中抱怨数增加最多的是驾驶体验、动力总成等。

2022年车身外观继2020年之后再次成为抱怨最多的问题类别，较2021年上升了2.7个PP100，该问题类别在整体质量问题中的占比由2021年的13%上升至15%。

车内异味和胎噪过大依然是质量问题"高发区"，其中车内有令人不愉快的气味以9.4个PP100位列质量问题榜首，胎噪过大以9.1个PP100排名第二，这两大问题均已连续三年入围质量问题榜前三，成为引发消费者抱怨的重点问题。此外，制动过于灵敏和座椅非常不舒适为近三年中首次出现在质量抱怨的前二十大问题中，反映出用户对车辆驾驶和乘坐体验的要求提高。

在质量问题中，较上年改善最多的三个问题类别为信息娱乐系统、驾驶辅助和空调，分别下降4.1个、2.2个和1.5个PP100，而它们的改善主要来自设计类问题减少，设计类问题已成为影响汽车质量表现的关键因素。

随着汽车智能化发展程度的提高，与之相关的质量问题也逐步浮出水面。研究发现，与传统质量领域的问题相比，智能化产品的质量问题更多的是由设计不良而导致的体验不佳，这就要求汽车企业对软件的使用体验给予更高重视，建立一套行之有效的软件质量验证和跟踪管理体系，更好地应对软件定义汽车时代的各项挑战。

总体来看，整车质量的提升绝非一朝一夕的事，从产品设计之初，到质量管理体系的落实、生产工艺的优化，以及供应链上下游的协作，每一个环节都需要精益求精，这样才能实现最终的质量稳定和可靠性提升。随着智能化时代到来以及消费趋势的变化，由设计类缺陷问题引发的质量抱怨占比不断上升，对于中国车企而言，提升新车质量，亟须在产品研发和设计阶段下功夫。①

（五）合资品牌市场表现

1. 合资品牌市场需求

2022年，合资品牌乘用车累计销售1179.8万辆，同比下降0.9%，较上年减少10.4万辆，占乘用车销售总量的50.1%，较上年下降5.3个百分点，其中，轿车销售649.1万辆，同比下降3.8%，较上年减少25.5万辆，占轿车销售总量的58.4%，较上年下降9.5个百分点；SUV销售493.7万辆，同比增长2.4%，较上年净增11.7万辆，占SUV销售总量的44.1%，较上年下降3.6个百分点；MPV销售36.9万辆，同比增长10.3%，较上年增加3.4万辆，占MPV销售总量的39.4%，较上年上升7.7个百分点。

整体来看，近些年，合资品牌整体开始走下坡路，随着中国品牌在新能源汽车市场的快速崛起，合资品牌行业占比持续下滑，尤其是在轿车市场三年时间下滑幅度超过20个百分点。②

2. 合资品牌市场竞争

2022年，合资品牌乘用车销量TOP15合计销售1115.9万辆，同比下降1.0%，较上年减少11.3万辆，占合资品牌总销量的95.5%，较上年提升0.3个百分点，占乘用车销售总量的47.4%，较上年下降5.1个百分点。

TOP15企业中有8家实现了正增长。其中，前四家企业一汽-大众、上汽大众、上汽通用和广汽丰田销量均超过百万辆，其中广汽丰田增长最快，同比增长21.8%，净增18.0万辆，首次跨入百万辆行列，市场份额提升1.6个百分点，上汽通用同比下降12.1%，市场份额下降1.2个百分点，排名降至第三；一汽丰田和东风日产以80多万辆排名第五、六位；广汽本田和特斯拉以70多万辆排名第七、八位；华晨宝马和东风本田以60多万辆排

---

① J. D. Power：《2022年中国新车质量研究》（IQS），报告只涉及燃油车型。
② 根据中国汽车工业协会数据整理。

名第九、十位；北京奔驰以59.2万辆，排名第11；后四家销量均不足30万辆（见表25）。

表25 2021~2022年合资品牌乘用车销量TOP15企业

排名		集团	销量				份额		
2021年	2022年		2021年（万辆）	2022年（万辆）	同比增长（%）	增量（万辆）	2021年（%）	2022年（%）	增加幅度（百分点）
1	1	一汽-大众	180.1	180.2	0.04	0.1	15.2	15.4	0.2
3	2	上汽大众	124.2	132.1	6.3	7.9	10.5	11.3	0.8
2	3	上汽通用	133.2	117.0	-12.1	-16.1	11.3	10.0	-1.2
6	4	广汽丰田	82.4	100.4	21.8	18.0	7.0	8.6	1.6
5	5	一汽丰田	83.2	83.5	0.3	0.3	7.0	7.1	0.1
4	6	东风日产	98.6	81.6	-17.2	-17.0	8.3	7.0	-1.3
7	7	广汽本田	77.5	73.9	-4.7	-3.6	6.5	6.3	-0.2
11	8	特斯拉	48.4	71.1	46.8	22.7	4.1	6.1	2.0
9	9	华晨宝马	67.4	69.5	3.2	2.1	5.7	5.9	0.3
8	10	东风本田	76.1	66.1	-13.1	-10.0	6.4	5.7	-0.8
10	11	北京奔驰	56.1	59.2	5.5	3.1	4.7	5.1	0.3
13	12	长安福特	30.5	25.1	-17.6	-5.4	2.6	2.1	-0.4
12	13	北京现代	36.1	25.0	-30.5	-11.0	3.0	2.1	-0.9
14	14	沃尔沃	17.2	18.2	5.5	0.9	1.5	1.6	0.1
15	15	悦达起亚	16.3	13.1	-20.0	-3.3	1.4	1.1	-0.3

资料来源：根据中国汽车工业协会数据整理。

五 中国汽车产业发展指数

（一）汽车产业景气指数

1.汽车产业景气指数介绍

景气指数由一致合成指数、先行合成指数与滞后合成指数三个指数构成。指数的动态变化展示汽车产业运行状态。汽车产业景气指数（ACI）主要涵盖9个具体指标：汽车工业固定资产、汽车工业管理费用、社会商品零售总额、货币和准货币（M2）供应量、汽车工业总产值、汽车工业增加值、汽车工业利润总额、汽车产量和汽车工业营业收入。为直观体现，共划分5个区间，分别为过热（红灯区）、趋热（黄灯区）、正常（绿灯区）、趋冷（浅蓝灯区）、过冷（蓝灯区）。

2. 2022年汽车产业发展景气指数

（1）第一季度汽车产业景气指数

2022年第一季度，汽车产业景气指数ACI为42，较2021年第四季度回升18点，处于绿灯区。

2022年第一季度在正常区间运行，但未来汽车产业运行存在一定的下行压力。其中，汽车产业一致合成指数为88.77（2010年=100），较2021年第四季度提高3.57点；先行合成指数为79.05（2010年=100），较上一季度降低2.43点。

（2）第二季度汽车产业景气指数

2022年第二季度，汽车产业景气指数ACI为12，较第一季度降低18点，跌入蓝灯区，汽车产业在过冷区间运行。

2022年第二季度，汽车产业在过冷区间低位运行，且未来仍然存在一定的下行压力。其中，汽车产业一致合成指数为82.42（2010年=100），较第一季度降低3.55点；先行合成指数为74.92（2010年=100），较第一季度降低3.21点。

（3）第三季度汽车产业景气指数

2022年第三季度，汽车产业景气指数ACI为70，较第二季度提高34点，回升至绿灯区，汽车产业处于正常区间运行。

2022年第三季度，汽车产业运行显著回升，且未来持续向好。其中，汽车产业一致合成指数为98.44（2010年=100），较第二季度提高7.94点；先行合成指数为81.49（2010年=100），较第二季度提高3.5点。

（4）第四季度汽车产业景气指数

2022年第四季度，汽车产业景气指数ACI为59，较第三季度降低8个点，位于绿灯区，汽车产业处于正常区间运行。

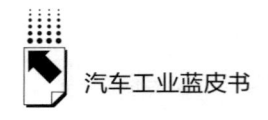

2022年第四季度，汽车产业处于正常区间运行，未来汽车产业运行持续向好。其中，汽车产业一致合成指数为95.76（2010年=100），较第三季度降低1.52点；先行合成指数为80.14（2010年=100），较第三季度提高0.35点。

（二）汽车价格指数

汽车价格指数分为两类：一类是汽车行业价格指数，另一类是汽车产品价格指数。

1. 汽车行业价格指数

汽车行业价格指数是反映一定时期内汽车产品价格变动的综合指数，分为指导价指数和成交价指数，价格指数＝当月加权指导价＆成交价/基期加权指导价＆成交价，当月价格＝Σ每个监测车型各车款的价格×对应的MIX，一般将上一年12月作为基期（100%）。

2022年，通过对92家汽车企业753个车型的价格走势监测，乘用车行业整体及细分市场价格均呈现下降趋势，且降幅较上年有所扩大，主要是因为上年受"缺芯"影响价格相对坚挺。其中，整体价格指数较年初下降4个百分点，在三大细分市场中，轿车市场下降4.9个百分点，SUV级市场下降3.1个百分点，降幅最大，MPV级市场下降3个百分点（见表26）。

表26　2022年乘用车行业价格指数（整体及细分市场）

单位：%

市场	1月	2月	3月	4月	5月	6月	7月	8月	9月	10月	11月	12月
行业	100.9	100.6	99.9	99.4	98.8	98.1	97.6	97.4	97.0	96.8	96.3	96.0
轿车	100.3	100.1	99.5	98.7	97.9	97.1	96.6	96.4	95.8	95.7	95.2	95.1
SUV	101.5	101.1	100.4	100.1	99.5	99.1	98.5	98.3	98.1	97.8	97.3	96.9
MPV	100.5	100.1	99.8	99.2	99.0	98.5	98.4	98.2	97.8	97.8	97.4	97.0

资料来源：威尔森信息科技有限公司。

2022年，各类别价格指数（不含新能源汽车）均呈现下降趋势，但仍出现一定的分化，其中，自主品牌降幅最小，全年降幅仅为1.8个百分点；

合资品牌和进口品牌降幅较大，分别较年初下降 5.6 个和 5.3 个百分点，豪华品牌下降 3.2 个百分点，主要是奔驰降幅较大所致（见表 27）。

表 27　2022 年乘用车行业价格指数（分类别）

单位：%

类别	1月	2月	3月	4月	5月	6月	7月	8月	9月	10月	11月	12月
合资品牌	100.5	100.2	99.4	98.5	97.9	96.9	96.4	96.0	95.5	95.3	94.7	94.4
自主品牌	101.8	101.7	101.3	101.2	100.9	100.6	100.0	99.8	99.5	99.1	98.5	98.2
豪华品牌	100.1	99.5	98.9	98.4	97.9	97.5	97.1	97.6	97.5	97.8	97.5	96.8
进口品牌	98.9	98.4	97.8	97.4	96.9	96.3	95.8	95.4	95.5	95.3	95.5	94.7

注：分类价格指数不包含新能源汽车。
资料来源：威尔森信息科技有限公司。

从车系看，自主品牌价格指数逆势增长，全年保持在高位，主要得益于新能源汽车的价格相对稳定；德系和韩系降幅在 5 个百分点以内；日系和美系降幅在 6.7 个百分点左右（见表 28）。

表 28　2022 年乘用车行业价格指数（分车系）

单位：%

车系	1月	2月	3月	4月	5月	6月	7月	8月	9月	10月	11月	12月
德系	100.2	99.7	99.0	98.2	97.9	97.1	96.7	96.7	95.9	95.9	95.8	95.8
日系	100.6	100.2	99.0	98.0	97.3	96.4	96.0	95.8	95.8	95.3	94.3	93.3
美系	100.8	100.6	101.8	103.2	99.9	100.0	102.1	97.5	97.0	96.5	95.3	93.4
韩系	102.3	102.4	102.5	102.5	102.3	100.2	99.0	98.0	97.1	96.9	95.6	95.4
自主	101.4	101.5	102.8	103.4	103.6	102.2	102.4	102.4	102.2	101.9	101.3	100.8

资料来源：威尔森信息科技有限公司。

主流合资企业价格指数均出现下降趋势，且多数降幅在 5 个百分点左右，其中一汽丰田和东风日产降幅较大，一汽丰田较年初下降 7.2 个百分点，其中卡罗拉、亚洲龙和 RAV4 荣放价格指数均出现较大下降；东风日产下降 8.5 个百分点，主要是轩逸价格下滑较大所致。三大豪华品牌中，奥迪和宝马价格降幅相对较小,分别下降1.8个和2.7个百分点,奔驰价格降幅达到5.2个百分点(见表29)。

表29　2022年主要乘用车合资品牌价格指数

单位:%

品牌	1月	2月	3月	4月	5月	6月	7月	8月	9月	10月	11月	12月
一汽-大众	98.7	98.0	97.0	96.1	95.5	94.7	94.5	94.2	93.6	93.5	93.9	94.9
上汽大众	100.7	100.7	100.0	99.3	99.9	98.5	97.7	97.0	95.8	95.4	95.4	95.8
上汽通用	99.7	99.6	99.7	99.8	98.8	98.2	97.2	96.3	95.7	95.7	94.8	94.3
一汽丰田	101.2	101.0	100.1	99.2	97.8	96.5	95.8	96.5	96.3	95.4	94.4	92.8
广汽丰田	100.9	100.5	99.6	98.4	97.5	96.3	96.1	96.0	96.1	96.0	94.9	94.1
东风本田	100.6	99.3	97.3	96.8	96.4	96.5	95.7	95.4	95.9	95.4	94.7	94.0
广汽本田	102.6	102.2	100.1	99.1	98.8	98.7	98.4	98.2	98.5	97.6	95.9	94.8
东风日产	99.3	99.1	98.7	97.8	97.3	95.6	95.4	94.5	93.5	93.2	92.6	91.5
奔驰	98.5	98.2	97.5	97.2	96.5	96.0	95.5	95.9	95.6	95.4	94.8	94.8
奥迪	100.9	100.9	100.9	100.6	100.4	99.7	98.7	98.3	98.4	98.7	98.3	98.2
宝马	100.6	100.5	100.3	100.2	100.0	100.3	99.4	98.8	98.6	98.1	98.6	97.3

资料来源:威尔森信息科技有限公司。

主流中国品牌中,整体价格波动不大,其中五菱、奇瑞价格全年基本稳定;吉利、长安、上汽价格微降1~2个百分点;长城、广汽降幅在3个百分点内(见表30)。

表30　2022年主要乘用车自主品牌价格指数

单位:%

品牌	1月	2月	3月	4月	5月	6月	7月	8月	9月	10月	11月	12月
吉利	101.7	101.4	101.6	100.7	101.0	101.1	100.3	100.0	100.2	99.8	99.0	98.9
五菱	99.9	100.1	104.3	105.4	104.6	102.8	102.9	103.8	103.1	103.1	102.9	101.5
长安	101.0	101.2	101.1	101.0	101.2	101.2	101.2	100.4	99.9	100.2	100.3	98.4
长城	102.1	102.0	101.9	102.6	102.0	101.9	102.0	101.3	100.8	99.7	97.7	97.2
奇瑞	102.4	102.4	102.3	102.2	101.9	101.1	100.9	100.9	100.9	100.9	100.5	100.6
上汽	102.1	102.1	101.8	101.7	100.4	100.4	100.3	99.7	99.5	98.7	98.6	98.6
广汽	100.8	100.9	100.3	99.8	100.1	99.7	99.2	98.7	98.2	98.6	98.1	97.6

资料来源:威尔森信息科技有限公司。

新能源汽车领域，蔚来、小鹏、理想、威马等造车新势力，价格均有不同程度的下降，降幅在5个百分点以内；比亚迪、埃安价格逆势增长；特斯拉年内多次降价，导致价格指数大降14.5个百分点（见表31）。

表31　2022年主要新能源汽车品牌价格指数

单位：%

品牌	1月	2月	3月	4月	5月	6月	7月	8月	9月	10月	11月	12月
蔚来	100.6	100.7	100.7	100.7	102.5	102.3	99.3	99.4	100.8	100.5	98.9	98.9
小鹏	100.6	100.0	106.7	107.5	108.6	104.0	100.1	99.1	98.0	95.5	96.0	95.3
理想	100.0	100.0	100.0	103.5	103.5	103.5	101.7	101.4	97.8	99.7	99.8	99.8
威马	100.4	99.6	98.5	110.9	105.9	102.7	101.9	101.1	101.2	99.8	102.0	97.5
比亚迪	101.4	103.7	106.0	105.5	105.8	104.9	105.2	105.5	105.5	105.1	105.1	104.7
埃安	100.7	100.7	104.1	109.2	108.2	107.0	107.4	107.3	106.3	105.9	104.4	102.7
特斯拉	95.4	95.4	100.6	100.8	100.0	100.6	102.0	100.8	95.8	90.6	86.1	85.4

资料来源：威尔森信息科技有限公司。

2. 汽车产品价格指数

汽车产品价格指数（Price Index）是一个商品和市场分析工具，是用来反映某一产品在一定时期内价格变化的综合指数，一般使用成交价指数，价格指数=当月成交价/基期成交价，当月价格=Σ监测车型各车款的价格×对应的 MIX，一般将上一年12月作为基期（100%）。

主流中国品牌多数车型价格相对坚挺，宏光 MINI、比亚迪宋、比亚迪秦、海豚价格不降反增；哈弗 H6、长安 CS75、逸动、瑞虎7价格降幅在3个百分点以内；红旗 HS5 和名爵 MGZS 价格降幅相对较大，在5个百分点左右（见表32）。

表32　2022年主要自主车型价格指数

单位：%

车型	1月	2月	3月	4月	5月	6月	7月	8月	9月	10月	11月	12月
宏光 MINI	100.8	100.8	100.9	100.4	100.4	100.5	100.5	100.6	100.6	100.4	100.3	100.2
比亚迪宋	102.6	103.0	102.4	102.3	102.3	102.0	101.6	101.4	102.3	102.1	101.6	101.4
比亚迪秦	101.0	100.6	100.6	100.6	100.5	100.2	100.2	100.2	100.2	100.4	100.1	100.0

续表

车型	1月	2月	3月	4月	5月	6月	7月	8月	9月	10月	11月	12月
哈弗 H6	106.2	106.2	106.0	106.1	105.5	105.5	104.8	104.7	103.8	101.1	99.5	98.2
红旗 HS5	100.5	99.9	98.9	98.4	97.7	97.2	96.5	96.4	96.3	96.0	95.4	94.7
长安 CS75	100.5	100.6	101.0	101.1	100.8	100.6	100.5	100.1	100.0	100.0	98.1	97.6
海豚	100.0	102.7	108.3	108.2	108.2	108.2	108.2	108.2	108.3	108.3	108.2	108.2
名爵 MGZS	99.9	100.1	100.2	100.1	100.0	100.0	100.4	99.8	99.7	98.0	95.3	95.3
逸动	100.1	100.0	100.2	100.3	100.2	100.3	100.1	99.8	99.9	99.8	99.9	99.8
瑞虎 7	100.4	100.4	100.1	99.3	99.1	98.1	98.0	97.9	98.0	97.9	97.4	97.5

资料来源：威尔森信息科技有限公司。

六 汽车新技术与新产品

2022年是汽车技术，尤其是新能源智能汽车技术大步向前的一年，不管是前瞻课题的技术研发还是实用体验的技术优化，均取得明显进步，虽说部分技术还处在萌芽阶段，在量产产品上应用量还达不到普及的标准，但其为汽车产品带来的进阶效果已经初显，在行业和资本的大力支持下，这些新技术或许很快便会完成大规模的普及和应用。

（一）新能源技术与新产品

随着全球新能源汽车市场爆发式增长，各车企也加快了新能源汽车相关技术的突破与应用。2022年，汽车行业在电池安全技术、底盘技术、能量密度、成本降低、充电桩、电池回收利用等方面均取得较大突破，并开始在新产品上推广应用。

电池底盘一体化技术（CTC）：2022年特斯拉CTC电池底盘一体化车身架构取得重大突破，该技术将电池包设计为车身结构件，将电池包和车身前后部一体化成型，通过系统性的组合创新（CTC+一体化成型+4680电池），整体结构减重10%，每千瓦时电池成本降低56%，续航里程提升54%。

2022年国内已有几家车企实现车身一体化量产，比亚迪海豹首次搭载了CTB电池车身一体化技术，将电池上盖与车身地板合二为一，从原来的"电池三明治结构"进化为"整车三明治结构"，动力电池既是能量体也是结构件，简化了车身结构和生产工艺。零跑C01采用CTC技术，使得车身垂直方向增加了10mm，电池布置空间增加14.5%，同时提高了驾乘舒适性。

超大续航里程氢燃料电池：大众汽车与德国Kraftwerk Tubes公司正合作开发一种新的氢燃料电池，续航里程达2000公里，采用低成本无铂陶瓷膜是该燃料电池堆的最大差异化特点。陶瓷膜在操作过程中无须润湿，减轻了人们对冬季结冰、高湿度环境中吸引霉菌、高温干燥的担忧。同时，产生可用于运行汽车供暖和空调的热量，提高整体能源效率。

新型电池薄膜技术：超材料公司、杜邦帝人薄膜和三菱电机三家公司基于PLASMAFusion平台和聚酯基板开发电池薄膜技术，将专有的大容量卷到卷制造系统拓展至基于薄膜的涂层铜集流器。通过使薄薄的铜层沉积在聚酯基板的两侧，可将集流器的重量减少高达80%，从而增加能量密度，并延长车辆的续航里程，而且聚酯内层就像保险丝一样，有助于抑制热失控，提高能源效率和安全性。

新型锂离子电池：POSi Energy公司研发了一种基于锂硅合金的新型廉价电池，该电池采用了锂硅合金阳极电池技术，在使用比例上分离了阳极与阴极，让下一代锂离子电池更加灵活，可以预先确定电池包的能量总量，充电功率是原来的两倍。传统的石墨阳极电池的充电功率限制为$4\sim5mAh/cm^2$，新电池充电功率超过$10mAh/cm^2$。电池包原型通过采用高于行业标准的阴极负载，在电流密度高达$6mAh/cm^2$的300次以上充放电循环（4小时充放电循环）后，容量损失不到0.04%。

续航提高30%的新型锂离子电池：BMW Gen6电池组采用圆柱形电池替代目前配置在模块中的棱柱形电池。BMW未来的Neue Klasse电动汽车将允许电池组直接安装到车架中，提高底盘刚度和行驶质量，节省50%的电池组成本，同时该电池从10%充电到80%所需时间也比BMW目前的EV车型

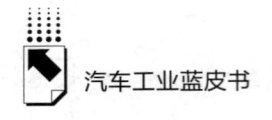

快30%，可将续航里程提高30%。

防爆燃的超高盐度电解液：斯坦福大学研发名为"LiFSI"的电解液，该电解液含有63%锂盐，具有类似于传统电解液的黏性形式，可以与现有电池部件集成。新电池经过测试能够从室温一直安全工作到212℉（100℃），证明新电池没有过热的风险，因此可提高电池的能量密度，适用于更大的工作温度范围。

高安全动力电池系统：蜂巢能源发布高安全动力电池系统化解决方案——龙鳞甲电池。龙鳞甲电池减少了20%的结构件，减重10~20kg。电池采用底部防爆阀设计，单个电芯热失控可实现定向泄压。通过"热-电分离"电池包层级设计方案，实现热失控泄压区和电源传送区各自独立，降低热失控时内部高压拉弧、打火的失效概率。

新型电池组隔离系统：德国NVH专家威巴克为皮卡、越野车、大型SUV和轻型商用车等采用非承载式车身结构的车辆开发出电池组隔离系统。该系统由冲压钢外壳、弹性体阻尼器和挤压铝芯组成的多个支架构成，可应对重量在500~800公斤的电池组在冲击中所承受的峰值载荷，以此解决刚性安装电池组时可能会潜在地破坏车辆底盘内的扭转弯曲力的风险。

第三代功率半导体SiC+800V技术逐步应用：相比于IGBT，第三代功率半导体SiC最大的优势在于其更高的耐压能力、更好的高温环境适应性以及更低的开关损耗，进一步提升电驱动系统功率密度和转化效率，其中SiC是800V高压上车的关键技术，可以进一步提升电池充放电功率，降低整车线束成本和热管理成本等。2022年800V高压平台逐渐被国内厂商应用。

四枪超快充电桩：Zerova Technologies公司将在2023年发布480kW四枪充电桩原型，可支持四辆车同时充电，可将电动汽车充电时间缩短至10分钟。

（二）智能网联技术与新产品

新能源汽车智能化、网联化是汽车产业科技革命的下一个风口，中国汽车产业在政策+技术+产业链变革驱动下，市场空间大幅扩展，国内外众多科技公司加大了智能网联技术的研发和应用，并取得了众多成果，智能网联渗透率在 2025 年有望达到 75%。

车规级芯片算力提升+新 E/E 架构：2022 年自主国产车规级芯片算力实现重大突破，并已完成装车，可支持包括自动泊车在内的诸多辅助驾驶功能，完成了对英伟达等跨国品牌 AI 芯片限制的突破。而伴随芯片算力不断升级的还有全新电子电气架构的上车，其以域控制器体系、车载以太网、高度集成控制体系等为技术核心，实现在控制系统上的进一步升级。

人工智能语音服务：丰田将下一代音频多媒体系统与谷歌云基于人工智能的语音服务相结合，并增加谷歌云的 Speech On-Device（语音设备）。这将实现直接由车辆的多媒体系统处理器提供服务，而无须互联网连接，从而响应语音请求。新系统将搭载在卡罗拉、坦途和红杉以及雷克萨斯 NX、RX 和纯电动 RZ 等车型上。

动态激光巡航控制系统：丰田和雷克萨斯部分车型将搭载动态激光巡航控制（DLCC）系统，旨在根据行驶车道、前方行驶车辆和车速来帮助控制车辆与前方车辆之间的距离。该系统包含传动巡航模式和自适应巡航模式，自适应巡航模式下，采用激光雷达检测前方车辆速度与距离。DLCC 作为一种车速控制装置，无防撞功能，仅适用于交通量较小或中等的高速公路或道路。

新型汽车芯片封装技术：三星公司、Electron、NCD 和 LT Metal 合作开发一种三氧化二铝涂层引线焊接技术。在用作连接线的金属上涂覆纳米厚度的三氧化二铝，可以将焊接框架或打印电路板与 I/O 芯片连接在一起，而且用于涂覆氧化铝的前体相对成本较低，并具有更高的可靠性和绝缘性。

端到端 5G 汽车解决方案：半导体公司思佳讯与联发科技合作提供完整的从调制解调器到天线的车规级 5G New Radio Sky5A 射频（RF）前端解决方案，以满足下一代汽车对带宽和高级互联性不断增长的需求。该解决方案专为汽车应用而设计，支持 3GPP R15 和 R16 标准，带宽超过 100MHz，并具有灵活的天线架构。此外，该方案具有区域优化功能，还支持未来频段添加的辅助端口，以及符合完整的车规级可靠性认证。

新兴传感技术 SEDAR 平台：TriEye 推出新兴传感技术"光谱增强型探测与测距（SEDAR）平台"。SEDAR 基于 TriEye CMOS（互补金属氧化物半导体）高清 SWIR（短波红外）传感器打造，可实现 2D 成像和 3D 深度确定传感，可与现有的 ISP 和 AI 算法无缝集成在一起，无须训练以及研发新型物体分类算法，不受太阳光及其他设备和迎面而来的车辆光线等其他照明源的影响。SEDAR 与激光雷达相比，成本降至其不到 1/10，具有 200m 以上的探测能力。

新型入侵探测系统：为保护汽车在网联、自动驾驶、共享、电动化环境中免受网络攻击，盖瑞特网联汽车软件团队研发入侵探测系统（IDS）及其安全操作中心（SOC）云解决方案，能够监控汽车网络，持续扫描车辆网络的物理连接或远程触发异常警报，采用 50 种先进算法来探测和阻止恶意信息，通过专门的 SOC 不断更新攻击文件，分析警报的根本原因、管理事件恶化升级并提供补救支持。

V2X 解决方案：日本村田制作所与 Autotalks 为促进协同安全和更高水平自动驾驶出行的发展，合作推出支持车到车、车到基础设施直接通信的 V2X 解决方案。该方案配备基于 Autotalks 的 CRATON2 和 SECTON V2X 芯片组打造的无线模块，具有很高的鲁棒性和可靠性，支持不同供应商的 V2X 软件堆栈。

锑基传感器：Phlux Technology 公司采用了半金属元素锑研发了红外传感器，该传感器是全球首个锑基激光雷达传感器芯片，与硅基传感器相比，其架构的灵敏度提高了 10 倍，探测范围扩大了 50%，大大降低了激光雷达传感器的制造成本。

综合低级融合和感知的软件堆栈：传感技术公司 LeddarTech 宣布推出两款综合低级融合和感知的软件堆栈——LeddarVision Front-View-E（LVF-E）和 LeddarVision Front-View-H（LVF-H）。LVF-E 将传感器的有效测距扩大了 1 倍，并首次实现在单个 1V2R 配置中采用单个 1.2 兆像素 120 度前置摄像头和两个短程前角雷达。LVF-H 凭借在扩展的单个 1V5R 传感器配置中采用单个 3 兆像素 120 度摄像头、单个前置中距雷达和四个短距转角雷达，该堆栈将感知支持扩展到高速公路辅助应用，包括 160 公里/小时自适应巡航控制、200 米测距和半自动变道。

零跑最新 OTA 将支持多种驾驶辅助：零跑 C11 最新推送了 OTA 升级，新增 ALC（自动变道辅助）以及 HWA（高速辅助驾驶）。ALC 功能根据驾驶员开启左/右转向灯判断其变道意图，在满足车速的情况下判断道路环境后辅助驾驶员驶入对应车道。在高速路况下，HWA 功能可实现车道居中、自适应巡航、自动变道辅助。零跑还新增了 FaceID 智能驾驶辅助功能记忆，系统可根据人脸识别直接匹配个人驾车习惯，自动调整记忆座椅、后视镜位置。

加特兰毫米波雷达芯片全新产品：加特兰发布了毫米波雷达 SoC 芯片全新系列产品。搭载 Alps-Pro 芯片的前向雷达可实现 240 米的探测距离，角度精度为±0.1°，最高水平分辨率可达 3°，让 L2+级自动驾驶雷达更加普及；Andes 系列则能实现 4D 高端雷达和成像雷达，促进 L3+级自动驾驶发展。

新型软件定位引擎与自动驾驶集成：Hexagon 宣布与采埃孚合作推进其软件定位引擎、GNSS 校正服务与自动驾驶系统的集成。将 Hexagon 软件定位引擎和校正服务集成到采埃孚的 ProConnect 连接平台中，可利用双频和多星座 GNSS 信号以及紧密耦合的惯性能力实现全车通信。这些集成对于提供采埃孚汽车远程信息处理平台所需的必要功能安全、车道级定位精度和 ASIL 评级至关重要，可确保其 ADAS 和各级自动驾驶解决方案的准确性和定位可靠性。

人机界面控制车用触控传感器：UltraSense Systems 研发出能够在智能平面或汽车 A 级曲面上实现多模态传感与人机界面控制的触控传感器。该传感器能够通过电容性塑料和玻璃等各种材料，支持所有类型的智能表面 HMI 交互。其表面厚度达到毫米级，具有全固态 HMI 控制器功能，可以实现多模态传感器以及对灯光、音频和触觉的反馈控制。该项技术适用于汽车内外饰、工业和消费应用的 HMI 体验。

1000 TOPS 级自动驾驶解决方案：基于人工智能的自动驾驶汽车感知技术公司 Recogni 宣布推出全球首个 1000 TOPS（Peta-Op）级自动驾驶解决方

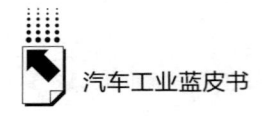

案 Recogni Scorpio。Recogni 的专用架构采用的是一种独特的 AI 感知方法，算力可以实现 1000 TOPS，能以每秒 30 帧的速度处理多个 8 兆像素流，用时不到 10 毫秒，功率仅为 25 瓦，在各种道路和环境条件下实时实现高达 300 米的目标检测精度。

（三）轻量化技术与应用

多材料混合轻量化板弹簧：Rassini 推出 1+C 混合板弹簧，拥有一个抛物线型的钢主板和一个平的玻纤复合材料辅助板，长 100mm、宽 70mm、厚 30mm，用于福特 F-150 皮卡后轮悬架。其中，钢主板具有抛物线锥度，能够优化材料性能，并提供所需的大部分承载能力；玻纤增强塑料辅助板能在重载情况下发挥作用，可承受 6 个维度的载荷和力矩，包括垂直、纵向和横向的载荷，以及滚动、倾斜和偏航引起的力矩。虽然厚度大约是之前的钢辅助板的 1.7 倍，但减轻了 53% 的质量，结合优化主板设计所带来的减重，Rassini 帮助福特将 F-150 皮卡总质量减轻了大约 16kg。

集成执行器和传感器的纤维复合材料：德国德累斯大学研发了一种名为"弹性体复合材料"的交互式纤维，将执行器和传感器直接集成至柔性纤维复合材料中实现自适应功能，消除了后续放置执行器的需要，显著提高了整体系统的鲁棒性。该材料可在机械与车辆工程、机器人、建筑、矫形和假肢等众多领域中用于精确抓取、运输等系统。

高柔性底涂新型工艺技术：其基于自身在汽车领域里的多年积累，以及自适应机器人的高精度、高响应的力位复合控制能力，非夕科技推出高柔性底涂工艺。该方案能有效容忍多种误差（位置误差、配合误差、工件加工误差等），自主施加恒力贴合玻璃边缘及大曲率的转角曲面，保证在宽度要求范围内的连续、完整、均匀的底涂效果。同时，底涂轨迹连续完整，良率可达 97% 及以上。

热效率 52.28% 柴油机和 54.16% 天然气发动机：潍柴发布的柴油机本体热效率突破 52.28%，创造全球新纪录，连续三次走向世界行业巅峰。同时，天然气发动机本体热效率全球首次突破 54.16%，是对内燃机行业的一次革命性颠覆，天然气发动机热效率首次超越柴油机，成为热效率最高的热力机械。

圆柱形电池的铜箔：韩国 SK Nexilis 研发出行业首创的用于圆柱形电池（直径 46mm、高度 80m）的高伸长率铜箔产品，其"V"形铜箔的延伸率为 30%，可以弥补充放电时负极材料膨胀带来的问题，将于 2023 年开始量产这种铜箔。

七　汽车行业热点简述

（一）促进汽车消费政策效果显著

2022 年中国经济面对供给冲击、需求收缩、预期转弱等多重压力，经济下行压力持续加大，尤其是受到疫情多点散发影响，汽车产业也面临巨大挑战和困难。为了促进经济发展和汽车消费，国家从年初开始陆续出台了一系列稳增长、促消费政策，汽车行业相关部门也相继推出包括对部分乘用车减半征收车辆购置税、全面取消二手车限迁、放宽汽车限购、深入开展新能源汽车下乡活动和促进汽车更新消费等促进消费措施。部分地方政府结合本地实际，也出台了一系列各具特色的促进汽车消费政策，诸如发放新车消费补贴、支持新能源汽车消费、实施"以旧换新"补贴、促进二手车交易流通、优化"皮卡"使用环境、支持农村汽车消费、鼓励开展汽车展销活动、支持汽车外贸新业态发展等。这些政策有效地提振了市场信心，促进了汽车消费为 2022 年汽车市场发展发挥了重要的强心剂和助推器作用。

（二）汽车供应链面临前所未有的考验

新冠疫情、半导体结构性短缺、原材料及能源价格上涨等因素对汽车供应链造成前所未有的考验。一是芯片仍然面临结构性短缺，部分芯片厂缺芯，小众芯片型号缺芯和全球分货的一级供应商缺芯，芯片成本仍面临上涨压力。二是大宗原材料价格在 2022 年底再度反弹，价格可能再次出现冲高回落的走势，整车生产成本控制仍然存在不确定性。三是镍、钴、锰、六氟

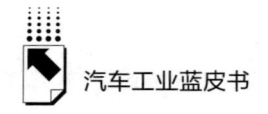

磷酸锂、碳酸锂、氢氧化锂等动力电池主要原材料暴涨高位，导致整车成本控制难度进一步增大。四是增加了供应商可持续发展、技术创新、财务负担等挑战。五是随着新能源智能网联汽车的快速发展，传统零部件供应商面临新进入者的威胁，同时还要应对与整车企业的业务边界重新划分的挑战。六是面对美国对中国芯片产业打压的持续升级，跨国芯片龙头企业短期内难以在华扩大业务布局，国产先进制程芯片产品的产业化突破难度将进一步加大。

（三）智能网联汽车示范测试取得新进展

2022年，中国牵头制定的首个自动驾驶测试场景国际标准ISO34501《道路车辆自动驾驶系统测试场景词汇》正式发布，住建部和工信部联合开展智慧城市基础设施与智能网联汽车试点工作，"聪明的车+智慧的路+协同的云"成为"双智"城市发展榜样，上海、北京、广州、武汉等16个城市入围，智能网联汽车示范测试加快推进，多场景示范应用有序开展。北京加快推进"多杆合一"的智能基础设施建设；上海示范应用覆盖智能出租、智慧车列、智能零售、智能配送、智能清扫等场景；武汉各类智能网联测试道路突破750公里，覆盖区域面积突破530平方公里；无锡成为全国首个智能网联全域测试、示范城市，进入规模化部署及落地新阶段。截至2022年底，全国已开放测试道路里程超过5000公里，安全测试里程超过1000万公里，带动智能化道路改造升级超过3500公里。

（四）我国新能源汽车产销继续领跑全球

2022年，疫情、缺芯等因素对汽车市场造成很大冲击，终端市场表现疲软，但新能源汽车产销规模继续保持高增长，成为行业最大的亮点。2022年各车企新能源汽车产品层出不穷，覆盖了大多数的应用场景，供应链资源优先向新能源汽车集中，产销规模超预期发展，全年新能源汽车累计销售688.7万辆，同比增长93.4%，市场占有率达到25.6%，全球新能源占比达到63.3%，连续8年位居全球第一。截至2022年底，全国新能源汽车保有量达到 1310 万辆，占汽车总保有量的 4.1%。此外，在政策引导、市场需求等多重因素驱动下，二、三线城市新能源汽车市场渗透率加速提升，尤其是南方的城市新区，新能源汽车的使用及补能优势明显，推动新能源汽车产销规模远超预期。中国新能源汽车进入快速发展的新时代，新能源汽车与燃油车开始直面竞争。

（五）中国汽车海外出口取得新突破

全球化发展是企业做大做强的必由之路，在构建"双循环"新发展格局战略指引下，中国汽车品牌加速实现全球化发展。2022 年，我国汽车出口成为新亮点，并取得新突破。全年汽车出口首次突破 300 万辆大关，达到 311.1 万辆，同比增长 54.5%，行业占比达到 11.6%，较上年提升 3.9 个百分点。中国汽车出口规模仅次于日本，成为世界第二大汽车出口国，这里既有外部环境的机遇，也体现了中国汽车产业的内生强劲动力。从出口结构来看，乘用车出口 252.9 万辆，同比增长 56.7%；商用车出口 58.2 万辆，同比增长 44.9%。其中新能源汽车出口规模再创新高，达到 67.9 万辆，同比增长 1.2 倍，占出口总量的 21.8%，较上年提升 3.9 个百分点。中国汽车出口规模连续两年高增长，一方面得益于中国品牌几十年的培育和积累，另一方面也是近几年疫情反复、芯片短缺导致全球产能降低，为我国提供了抢占海外市场的契机，同时我国汽车产业链的完整性也发挥了重要作用，继敲开东南亚、非洲等发展中国家大门之后，也逐渐实现了在欧美日韩等发达国家和地区的突破。

（六）中国品牌向上发展再上新台阶

实施品牌向上战略，是中国汽车产业在"十四五"期间的重点任务之一，也是我国提升供给体系适配性、畅通国内大循环、推动形成强大国内市场、构建新发展格局的重要支撑。2022 年合资股比全面放开，汽车产业进入更加激烈的竞争环境，中国品牌多年来的积累和沉淀迎来厚积薄发，新能源和智能网联汽车快速发展也为中国品牌加速向上发展提供机会，并取得了

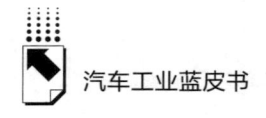

良好的效果。一是品牌价值提升。二是品牌高端化突破。三是市场份额持续扩大。近三年，中国品牌逐渐掌握了市场竞争的主动权，2022年在乘用车市场占比达到49.9%，实现了与合资品牌平分秋色。四是引领新能源汽车市场，在"新四化"大潮推动下，以比亚迪为代表的中国品牌积极抢占新能源汽车新赛道，一定程度上实现了"弯道超车"。

（七）全行业关注商用车市场大幅下滑

2022年，商用车市场波动非常明显，市场需求跌入2007年以来的最低谷。全年商用车市场累计销售330万辆，同比下降31.2%，四大类细分市场全线下滑，尤其是中重卡跌幅高达51.2%；原因主要是商用车市场前期国Ⅲ淘汰、国Ⅵ升级、合规性管理等带来的需求透支，叠加疫情反复导致的生产生活受限，包括油价持续处于高位等因素。但商用车市场也有亮点。其中，一是新能源商用车发展创新高，新能源商用车全年销售34.2万辆，同比增长81.5%，占商用车销售总量的比重为10.2%，其中，新能源中重卡和新能源轻卡领涨。二是海外市场进一步突破，2022年商用车累计出口58.2万辆，同比增长44.9%。其中，新能源商用车出口2.7万辆，同比增长1.3倍，中国商用车品牌的海外影响力得到提升。

（八）汽车数据安全管理问题愈发紧迫

智能网联汽车正处于技术快速演进、产业加速布局的商业化前期阶段，同时，产业发展也产生了未经授权的个人信息和重要数据采集、利用等数据安全问题。为推动智能网联汽车产业高质量发展，2021年8月，工信部发布了《关于加强智能网联汽车生产企业及产品准入管理的意见》，要求加强汽车数据安全管理，明确建立健全汽车数据安全管理制度，依法履行数据安全保护义务；建设数据安全保护技术措施，确保数据持续处于有效保护和合法利用的状态，依法依规落实数据安全风险评估、数据安全事件报告等要求。同时规定，在中华人民共和国境内运营中收集和产生的个人信息与重要数据应当按照有关法律法规规定在境内存储，需要向境外提供数据的，应当通过数据出境安全评估。同时强调，企业应当建立数据资产管理台账，实施数据分类分级管理，加强个人信息与重要数据保护。

（九）主要国家加强芯片产业布局

近年来，全球性的"缺芯"促使汽车企业充分认识到产业链供应链安全可控的重要性，不稳定的地缘政治因素导致各国都希望将芯片设计和制造技术掌握在自己手里。为了掌控芯片产业竞争制高点，以美国为代表的世界半导体强国一方面不断扩大对中国企业出售芯片原材料、技术、软件、制造设备的制裁，另一方面通过提供巨额补贴和激励措施，吸引工厂和研发中心，促进本国产业发展。2021年5月，韩国发布K-半导体战略，将投资510万亿韩元建立全球最大的芯片制造基地，打通材料和设备环节；2021年6月，日本发布半导体战略，将投资1.4万亿日元用于半导体生产；2022年2月，美国通过《美国竞争法》，拨款520亿美元用于发展半导体行业，未来6年投入450亿美元支持高科技产品相关供应链建设；2022年2月，欧盟委员会公布《芯片法案》，旨在通过增加投入，加强芯片的设计、生产、封装等，提振欧洲芯片产业，希望到2030年将其在全球芯片市场的份额由2021年的10%提高到20%；2023年1月，美国和日本、荷兰进一步联合限制向中国出口制造先进半导体所需的设备，使我国不能获得最先进的芯片和人工智能等技术。在此背景下，全球半导体产业将加速重构，对汽车产业产生了极其深远的影响，给中国汽车企业转型升级带来巨大的挑战。

八 2023年汽车产业发展趋势

2023年，我国将继续坚持稳中求进总基调，大力提振市场信心，实施扩大内需战略，积极推动经济运行整体好转，实现质的有效提升和量的合理增长，汽车产业转型升级将持续推进，产业格局将加快重塑，市场竞争将更加激烈。

（一）汽车产销规模有望三连涨

在国家疫情政策调整、宏观经济复苏、拉动内需政策等多重因素的共同影响下，2023年中国汽车市场基本面总体向好，后续供应链秩序与消费信心将逐步恢复，但同时汽车市场又面临新能源购车补贴及燃油车购置税减半政策取消和地缘政治对汽车供应链稳定带来不确定性。2023年中国汽车市场将呈现先抑后扬、曲折复苏的态势，预计全年总销量将达到2780万辆左右，同比增长3.5%，其中乘用车销量2430万辆，同比增长3%；商用车有望触底反弹，销量或将达到380万~400万辆，同比增长超过15%。新能源汽车有望实现20%~30%的增长或将加速对燃油乘用车的取代。

（二）新能源汽车将持续快速发展

2023年，一方面，新能源购置税减免政策延续、部分城市对燃油车上牌和路权的限制、车企加速新能源产品的投放、油价高位运行等因素，将进一步推动新能源汽车市场持续增长。但另一方面，2022年补贴退出透支、原材料价格高涨、部分新能源产品涨价、基础设施相对滞后、核心技术瓶颈影响新能源汽车在部分地区普及等也成为阻碍新能源汽车发展的不利因素。预计2023年将是中国新能源汽车百花齐放的一年，市场需求将继续保持增长态势，但增速有所放缓，全年销量有望达到900万辆左右，同比增长30%左右；市场渗透率有望从2022年的25.6%提升至30%左右。

（三）插电混动（含增程式电动车）成为最大增长动能

2022年，插电式混合动力汽车（含增程式电动车）迎来了爆发，全年销量达到151.8万辆，同比增长1.5倍，远超新能源汽车市场平均增速。预计2023年将继续保持高速增长，有望贡献40%甚至更高的新能源汽车增量。其中10万~20万元的PHEV车型销量有望接近BEV车型，成为主要的增量来源。其中，10万~15万元的PHEV产品主要替代中国品牌的燃油车产品，竞争要点在于价格和能耗等；15万~20万元的PHEV产品主要替代合资品牌的燃油车产品，竞争要点在于动力性和驾乘体验等。插电式混合动力汽车的增长动力主要来自两方面，一是供给端得益于插电式混合动力车型的密集推出；二是需求端用户对较低成本且无里程焦虑的插电式混合动力车型需求旺盛，尤其在补贴退坡、电池涨价、充电基础设施不足等情况下更是如此。

（四）智能驾驶将向城区场景拓展

经过多年的发展，智能网联汽车已逐步成为智能移动空间和应用终端，智能驾驶的竞争已从泊车、高速、港口等场景逐渐转移至城市场景，城市领航辅助将是下一阶段的发展重点，也是智能驾驶技术产业化发展的必由之路。城区场景更贴近全无人驾驶，该场景下的智能驾驶是迈向无人驾驶的门槛和基石，并且兼顾了技术创新积累与商业化赢利的需求。因此，城区场景将是下一阶段各类型玩家展开智驾竞争的关键领域，很多车企及自动驾驶企业均已公布了城市领航辅助在2023年实现落地的方案，希望通过规模化量产来提高盈利能力，并收集海量的城区场景数据为L4技术迭代提供有力支撑，旨在打通碎片化的场景以提供更安全、更连贯、更舒适的完整驾驶体验。

（五）中国品牌全球化发展进入新阶段

经过十余年的培育，中国品牌海外发展迎来重大转机，2021年和2022年分别突破200万辆和300万辆大关，实现了历史性跨越。国内领先中国品牌车企多年积累的全球化运营探索经验、用户运营与服务创新能力等成为海外市场持续突破并实现全球化经营的关键。2023年，在政经动荡、技术迭代、低碳加速、消费价值观演变等共同推动下，中国汽车产业将开启新一轮全球化窗口期，中国车企和零部件企业出口将会取得更大成就，更多的中国车企和零部件企业也将站上世界舞台。预计全年出口规模将向400万辆冲刺，其中新能源汽车出口有望突破100万辆。中国车企将凭借在电动化和智能化方面的先发能力优势和产品优势，加快向欧美中高端市场渗透，中国汽车产业将全面迈入全球化发展新阶段。

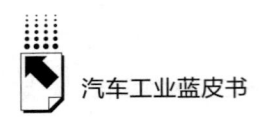

（六）绿色发展、碳减排成为行业基本取向

绿色低碳发展已成共识，加快推进汽车行业绿色低碳转型不仅是满足国家"双碳"战略目标的基本要求，也是企业锻造新竞争优势的历史机遇。国家"1+N"的双碳政策体系框架顶层设计已搭建完成，正从目标明确向落地实施推进，从而对汽车行业的绿色低碳发展提出了总体要求。未来，企业的低碳化水平将直接关乎产品成本和市场准入。在国际市场上，以碳足迹为核心的贸易壁垒正在构筑，也将成为中国品牌能否顺利拓展海外业务的重要因素。2023年汽车行业低碳化发展举措将加快落地，碳减排目标、路径、评估方法和核算边界都将进一步明确，低碳技术也将成为企业最重要的竞争力之一，汽车企业将加快低碳化产品与技术布局。

（七）全球竞相抢占新能源智能主导权

汽车是品牌规模效应强、技术资本劳动密集、产业链全球分布的战略支柱性产业，正成为新一轮科技革命促进产业转型升级的最佳场景、全球先进国家的必争之地，近些年，美、日、欧都在谋划抢占未来新能源智能汽车产业发展的主导权，预计2023年抢夺将更加激烈。美国以创新作为战略支点，重新聚焦实体经济，发布《重建：美国新产业政策的工具箱》《先进制造业国家战略》，强调保持先进制造业领导地位，建立独立和强大的本土产业链供应链，意在聚焦基础产业领域谋求产业霸权。日本实施规模大、力度强、范围广的新产业政策，加快推进碳中和战略，成立绿色转型联盟，启动碳交易市场，拟在国际上提出日本动力电池标准，投资固态电池产业链，意在全球绿色转型中抢占规则主导地位。欧盟依托既有产业基础寻求加强战略自主权，推出长期产业政策力保供应链安全，发布《Fit for 55》《芯片法案》，制定碳边境税调节机制，意在提高欧洲的战略自主性，保护本土产业，提高外国企业进入门槛。

（八）国产芯片全面替代尚需时日

近几年，芯片短缺对汽车产业带来了巨大的冲击和压力，预计2023年车用芯片仍将处于短缺状态，芯片产能扩张滞后将造成新车生产步伐放缓。一方面，成熟制程芯片迎来投资热潮，但新增产能扩张需要在 18~32 个月之后才能显现出效果。另一方面，主流芯片制造商虽然宣布了现有产能的增产计划，但整体上也需要 6~9 个月的时间才能提高产量。同时，当前缺芯困境将进一步驱动芯片国产化进程加速，汽车行业将与半导体行业加强协同，通过战略投资、自主研发、联合开发等手段加大对国产芯片装车量产的支持。不过，当前国产芯片在汽车产品上的搭载比例还不高，在产能、性能、质量与成本上仍有不足，部分芯片替代尚处于空白状态，国产替代供应的现实情况还很严峻。预计低端芯片将随着产能的进一步提升而恢复供需平衡，中端芯片产能建设与调整仍需 2~3 年，而高端芯片如与自动驾驶、智能座舱相关的 AI 计算芯片或系统芯片面临从设计到制造全产业链的掣肘，亟待实现技术突破。

（九）中国品牌向上发展稳步前行

经过数十年的不懈努力，中国品牌已具备与合资品牌同台竞技的实力。一方面，用户对中国品牌认可度持续提升，促使中国品牌行业占比快速提升，预计 2023 年中国品牌在乘用车市场占比将达到 55% 左右。另一方面，新能源汽车市场的快速渗透及其纺锤形的市场结构催生了高端市场机会，中国品牌借势新能源汽车的先发优势和技术突破，在品牌上不断跃升，并通过商业模式创新、生态体系打造、新物种产品推出等打破中国品牌"天花板"。但我们也要清醒地认识到中国品牌目前还存在品牌力较弱、溢价能力低等问题，品牌向上之路并不是坦途，需要持续的积累与沉淀，坚定信心，稳健推进。

（十）汽车产业竞争格局加速重塑

当前汽车产业变革已进入新阶段，企业的核心竞争要素逐步由长板效应转变为体系化能力。新能源汽车市场培育期，企业可以通过在品牌、产品、技术、服务等某一方面打造出亮点，即可获得部分用户的认可。随着产业变

革持续深入，优质产品越来越丰富，消费者也越来越理性，更加注重产品、服务甚至情感等的综合体验。用户需求的升级将加快企业的优胜劣汰，未来具备全方位体系化竞争力的企业才有望实现进阶，而综合能力弱尤其是存在明显短板的企业，或将被加速淘汰。为此，企业应围绕品牌、产品、技术、营销、产业链供应链等打造完整的体系化能力，确保可持续的长期竞争力。

2023年，中国汽车产业仍将面临更加复杂严峻的外部环境，但我国经济长期向好的基本面和汽车产业加速转型的竞争力将极大地推动汽车行业发展。新能源智能网联汽车产业作为国家战略性新兴产业，将在创新、高质、低碳等方面作出新的贡献，同时，中国汽车产业也将进一步提速智能电动化和商业模式革新，加快核心产业链布局与创新，进一步增强全球供应链体系中的中国影响力，推动中国汽车产业高质量发展。

乘用车篇

B.2
2022年中国乘用车行业发展报告

摘　要： 本报告综合描述了2022年中国乘用车市场产销情况，分析了轿车、SUV、MPV、交叉型乘用车等类型车辆2022年度的发展情况和变化趋势，剖析了乘用车市场运行存在的问题和挑战，研判了未来市场发展态势，提出了发展对策措施和建议。总体来看，2022年乘用车市场产销两旺，增速创6年新高，新能源市场持续高涨，燃油车市场竞争更趋"白热化"。预计2023年汽车市场竞争将加剧，"价格战"一触即发。

关键词： 乘用车行业　轿车　SUV　MPV　交叉型车

一　2022年乘用车市场发展概况

（一）乘用车市场整体产销情况

1. 乘用车市场产销两旺，增速创近6年新高

2022年，中国乘用车市场产销分别为2384万辆和2356万辆，同比增长 11.35%和 9.69%，均实现了快速增长。2022 年，国际形势剧烈动荡，地缘政治对抗升级，俄乌冲突全面爆发，对国内经济造成一定影响；国内经济虽受疫情防控、房地产不景气等多重因素影响，但仍表现出足够韧性，在新的组合式税费支持政策、稳经济一揽子政策等宏观政策跨周期和逆周期调节下，全年国内生产总值实现 3.0%增长，有效支撑了居民收入增长，为汽车消费创造了良好的经济环境。在国家、地方政府先后出台"加大新能源汽车支持力度""限购城市增发购车指标""600 亿元汽车购置税优惠"等各项政策促进下，乘用车产销均突破 2300 万辆，增速创近 6 年新高（见表1）。

表 1　2009~2022 年中国乘用车产销量统计

单位：万辆，%

年份	产量	同比增长	销量	同比增长
2009	1038	54.11	1033	52.93
2010	1390	33.83	1376	33.17
2011	1449	4.23	1447	5.19
2012	1552	7.17	1550	7.07
2013	1808	16.49	1793	15.71
2014	1993	10.23	1971	9.93
2015	2108	5.77	2115	7.31
2016	2442	15.84	2438	15.27
2017	2481	1.58	2472	1.40
2018	2353	-5.16	2371	-4.08
2019	2136	-9.22	2147	-9.44
2020	1999	-6.50	2018	-6.03
2021	2141	7.10	2148	6.46
2022	2384	11.35	2356	9.69

资料来源：表中和文中数据如无特殊说明均在参考中国汽车工业协会数据的基础上进行了适当整理，同时参考了同期上险数、公告数等数据，因而与中国汽车工业协会对外发布的数据略有出入，下同。

2. 乘用车市场月度销量呈现"M"形走势

2022 年，在疫情和政策双向影响下，乘用车市场"震荡前行"。1

月，上年同期基数虽较高，但受春节提前销量释放影响，市场规模达219万辆，同比增长6.92%；3月，市场节奏恢复至正常规律，需求基本与上年同期相当，实现规模186万辆，同比增长-0.53%；4月，受全国疫情多点爆发影响，市场需求出现大幅下滑，销售规模仅97万辆，同比增长-43.36%；5月，疫情基本得到控制，市场节奏恢复至正常水平，实现规模162万辆，同比增长-1.41%；6月，购置税减半政策发布，需求快速释放，市场规模维持在200万辆以上高水平，两位数同比高增长一直维持到10月；11~12月，主要受疫情影响，市场并未出现年底集中提前购买的"翘尾"情况，规模反而出现了小幅下滑，但仍维持在200万辆以上高水平（见图1）。

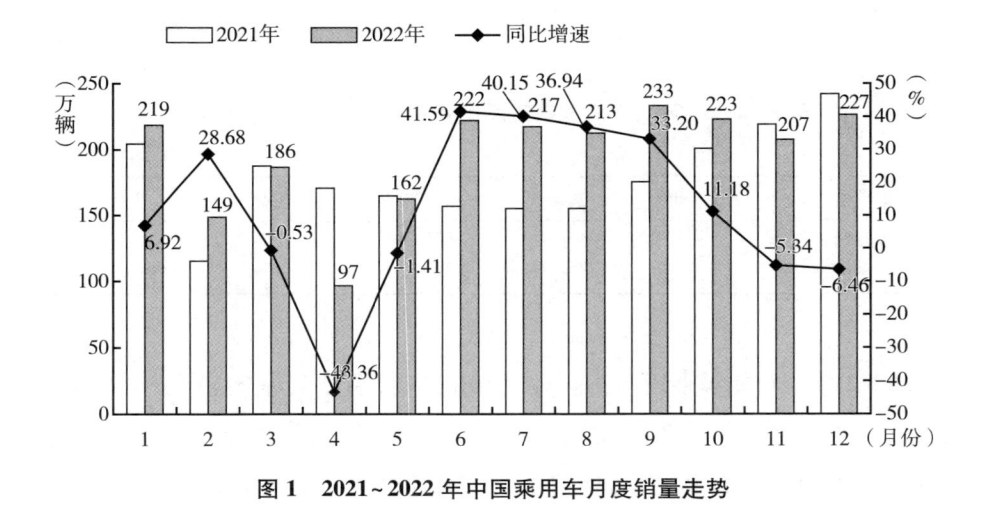

图1 2021~2022年中国乘用车月度销量走势

3.新能源市场持续高增长，百万辆量级品牌出现

新能源市场已完全进入市场化运营，在产品供给增加和用户认知提升的情况下，成为拉动市场增长的唯一动力，对乘用车市场贡献进一步增强。2022年，新能源乘用车销售647万辆，同比增长95.50%，和传统燃油车（同比增长-5.94%）形成鲜明对比，占比27.47%，较2021年增长12.06个百分点；插电混动和纯电动双双大幅增长，其中插电混动汽车主要得益于

比亚迪DM-i、赛力斯问界等车型热销,实现销量149万辆,同比增长149.39%,占新能源总量的23.03%,较2021年增加4.98个百分点;纯电动汽车呈现"百家争鸣"的局面,以比亚迪、特斯拉、五菱、蔚来等为代表的新能源品牌销量均实现了增长,最终实现498万辆,同比增长83.62%,占新能源总量的76.97%,较2021年下降4.98个百分点(见表2)。

表2　2022年中国新能源乘用车市场销量统计

动力类型	销量(万辆)	同比增速(%)	占比(%)	占比变化(百分点)
传统燃料	1709	-5.94	72.53	-12.06
新能源	647	95.50	27.47	12.06
插电混动	149	149.39	23.03	4.98
纯电动	498	83.62	76.97	-4.98

表3　2018~2022年汽车销量百万辆、十万辆新能源品牌数量

单位:款

年销量	2018年	2019年	2020年	2021年	2022年
百万辆	—	—	—	—	1
十万辆	2	2	3	7	17

2022年,新能源乘用车销量TOP10品牌排名格局基本未变,"新旧"势力"同台竞技",以特斯拉、蔚来、理想为代表的新势力,和以比亚迪、传祺、长安为代表的传统车企,均取得了不错的市场表现。比亚迪、特斯拉和五菱"三足鼎立"的局面得以延续,比亚迪坐稳新能源市场第一位置,在DM-i三电技术、刀片电池加持下,汉、宋PLUS、海豚等全系车型热销,比亚迪成为新能源市场年销量唯一突破百万辆的品牌;特斯拉上海工厂产能逐步释放,Model 3和Model Y持续热销,特斯拉的新能源第二市场地位不变;五菱保持了新能源市场第三位置,但增长动能不足,TOP10品牌中同比增速最低;长安、哪吒和蔚来通过补足新能源产品谱系,品牌竞争力进一步提升,成功挤进新能源品牌销量TOP10位置(见图2)。

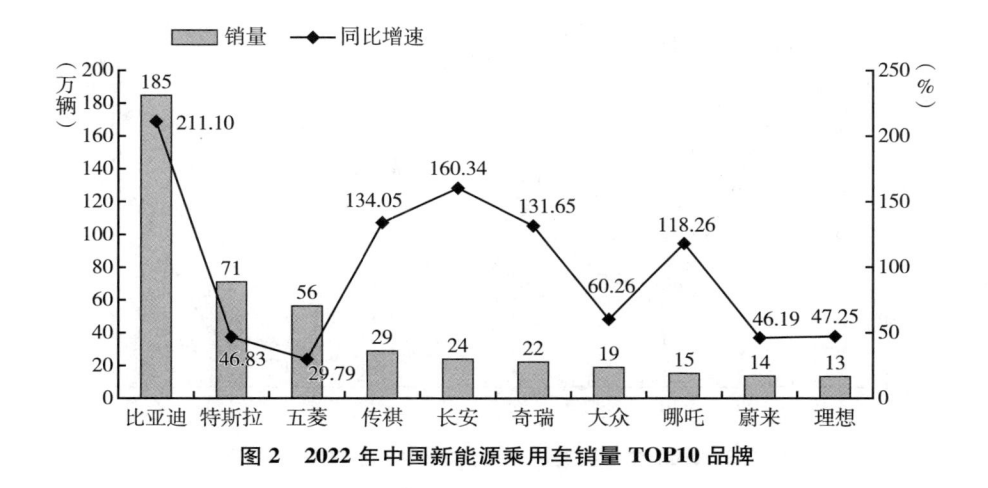

图 2　2022 年中国新能源乘用车销量 TOP10 品牌

具体来看，新能源销量 TOP10 品牌排名依次为比亚迪、特斯拉、五菱、传祺、长安、奇瑞、大众、哪吒、蔚来和理想，实现销量分别为 185 万辆、71 万辆、56 万辆、29 万辆、24 万辆、22 万辆、19 万辆、15 万辆、14 万辆和 13 万辆，同比增长分别为 211.10%、46.83%、29.79%、134.05%、160.34%、131.65%、60.26%、118.26%、46.19%和 47.25%。

4. 燃油车市场竞争"白热化"，二线品牌面临出局风险

新能源产品依靠静谧的驾乘体验、高阶智能化和年轻、科技造型，进一步挤压传统燃油车生存空间，同时燃油车内部竞争更加激烈，别克和哈弗等品牌，同比下滑幅度在 20%左右。相较 2021 年，2022 年传统燃料市场竞争格局基本未变，品牌排名依次为大众、丰田、本田、吉利、长安、日产、奇瑞、别克、哈弗和宝马，销量分别为 214 万辆、182 万辆、136 万辆、95 万辆、90 万辆、82 万辆、66 万辆、64 万辆、61 万辆和 60 万辆，同比增速分别为 4.68%、11.25%、-9.65%、-8.55%、2.88%、-17.99%、18.49%、-20.64%、-21.27%和-0.42%（见图 3）。其中奇瑞表现最为突出，主要得益于瑞虎和艾瑞泽系列产品更新换代后产品力提升，瑞虎 7、瑞虎 8、艾瑞泽 7 等产品均实现了销量增长。

5. 轿车、SUV 同步增长，新能源发展贡献大

轿车和 SUV 共同增长，势必挤压 MPV 和交叉型乘用车所在市场，其热

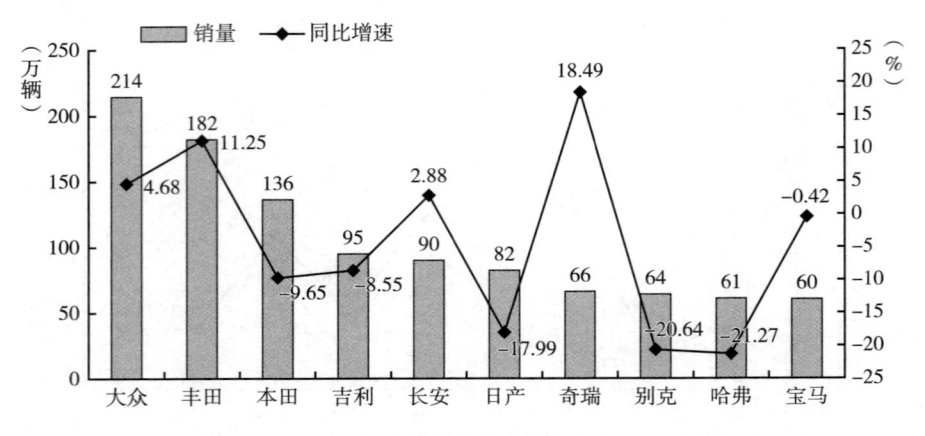

图 3　2022 年中国乘用车传统燃料销量 TOP10 品牌

销的动力源为新能源。2022 年，SUV 销量 1139 万辆，同比增长 11.54%，占比增加 0.80 个百分点至 48.32%，其中新能源汽车销量占比增加 6.25 个百分点；轿车销量 1090 万辆，同比增长 11.01%，占比增加 0.55 个百分点至 46.24%，其中新能源汽车销量占比增加 5.70 个百分点；MPV 和交叉型乘用车销量同比增速和占比均下降（见表4）。

表 4　2022 年中国乘用车细分市场销量统计

车型类别	销量（万辆）	同比增速（%）	占比（%）	占比变化（百分点）
SUV	1139	11.54	48.32	0.80
传统燃料	853	-4.66	36.21	-5.45
新能源	285	126.77	12.11	6.25
轿车	1090	11.01	46.24	0.55
传统燃料	737	-5.82	31.29	-5.15
新能源	352	77.36	14.95	5.70
MPV	107	-8.94	4.54	-0.93
交叉型乘用车	21	-25.54	0.89	-0.42

新能源轿车和 SUV 市场增长，体现在乘用车整体市场销量 TOP20 车型销量中：TOP20 车型中新能源产品数量和单车规模均增长。整体市场轿车

和 SUV 销量第一车型均为新能源车型，TOP20 车型中新能源车型轿车有宏光 MINI、秦 PLUS、汉、Model 3、海豚，SUV 有 Model Y、宋、元、唐，单车规模大部分在 20 万辆左右，宏光 MINI 和 Model Y 在 50 万辆左右，明显领先同级别燃油车（见表5）。

表5 2022 年中国乘用车销量 TOP20 品牌销量统计

单位：万辆，%

轿车				SUV			
排名	车型	销量	同比增速	排名	车型	销量	同比增速
1	宏光MINI	55	29.92	1	特斯拉Model Y	46	127.40
2	轩逸	42	-15.37	2	宋	35	72.95
3	朗逸	38	-4.29	3	哈弗H6	29	-22.23
4	秦PLUS	32	85.67	4	本田CR-V	23	7.36
5	汉	27	132.88	5	元	23	453.16
6	特斯拉Model 3	26	-9.94	6	长安CS75plus	19	-9.88
7	凯美瑞	25	15.26	7	缤越	18	25.15
8	速腾	24	0.19	8	宝马X3	18	1.85
9	雅阁	23	16.19	9	MGZS	17	23.00
10	卡罗拉	23	-18.12	10	昂科威	17	17.75
11	雷凌	21	-6.85	11	丰田RAV4	17	-14.22
12	宝来	21	-15.02	12	逍客	15	-1.55
13	比亚迪海豚	21	594.02	13	瑞虎7	15	68.37
14	帕萨特	19	52.92	14	途观L	15	-2.55
15	帝豪	19	-10.24	15	长安CS55PLUS	15	10.00
16	宝马5系	17	0.68	16	唐	15	178.27
17	逸动	17	3.64	17	奔驰GLC级	15	7.11
18	宝马3系	16	-6.48	18	奥迪Q3	15	-2.65
19	思域	16	-1.72	19	威兰达	14	11.34
20	奔驰E级	15	6.69	20	奥迪Q5	14	-5.22

6. 自主品牌销量首次突破千万辆

2022 年，自主、欧系、日系、美系、合资自主和韩系的乘用车市场竞争格局未变，但分化进一步加剧，自主的强势增长和韩系的持续下跌形成鲜明对比（见表6）。

表6　2022年中国乘用车分车系销量统计

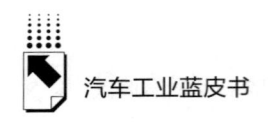

车系	销量（万辆）	同比增速（%）	占比（%）	占比变化（百分点）
自主	1033	26.46	43.85	5.81
欧系	487	4.02	20.65	-1.13
日系	420	-5.38	17.81	-2.84
美系	219	0.63	9.37	-0.84
合资自主	148	6.77	6.70	-0.18
韩系	52	-27.26	1.62	-0.82

自主品牌延续了近两年领跑态势，年销量突破1000万辆，达1033万辆，同比增长26.46%，大幅领先整体市场及外资品牌，市场份额增加5.81个百分点至43.85%。自主品牌的高速增长来源于两个方面，一方面，长安、吉利、奇瑞等传统燃料企业，燃油车销量迈上新台阶；另一方面，比亚迪、哪吒、理想等新能源企业，新能源产品持续热销。

欧系品牌实现销量487万辆，同比增长4.02%，不及整体市场增速，市场份额下降1.13个百分点至20.65%。以BBA为代表的豪华品牌，及以大众为代表的一线品牌，均依靠完善的产品谱系取得了不错的市场表现；但以捷达、斯柯达和路虎为代表的二线品牌，在品牌力和产品力较弱的情况下，同比下滑幅度均在两位数。

不同于以往的强劲表现，日系品牌全年销量420万辆，同比增长-5.38%，市场份额下降2.84个百分点至17.81%。日系品牌三巨头"丰田、本田和日产"，仅丰田实现两位数增长，本田和日产下滑幅度均较大，马自达、三菱、英菲尼迪等二线品牌下滑幅度更是逼近50%。

美系品牌凭借特斯拉维持住了市场份额。美系品牌全年销量219万辆，同比增长0.63%，市场份额下降0.84个百分点至9.37%，而特斯拉凭借71万辆销量，对美系的贡献超过32%；其他美系品牌除雪佛兰基本维持外，别克、福特和凯迪拉克均出现了大幅下滑。

合资自主凭借这一轮的新能源产品供给，实现销量148万辆，同比增长6.77%，市场份额小幅下降0.18个百分点至6.70%。五菱和宝骏占到合资市场份额的82.5%，可谓"一家独大"，思皓和启辰年销量也维持在10万辆以上，腾势、理念等年销量不足1万辆。

（二）乘用车区域市场表现

不同于批售市场，零售市场表现出明显需求疲软迹象。2022年全年零售跌破2000万辆，仅为1993万辆，同比增长-2.11%。四大区域仅东部实现增长，东部全年零售1048万辆，同比增长1.76%，占比增加2.10个百分点至52.56%，东部作为全国经济中心，也是乘用车市场的"半壁江山"。西部、中部和东北市场出现了不同程度的下滑，销量分别为427万辆、421万辆和98万辆，同比增速分别为-7.54%、-4.96%和-2.31%，市场占比分别为21.41%、21.14%和4.90%，市场份额的变化分别为-1.21个、-0.59个和-0.30个百分点，其中东北销量首次跌破100万辆（见表7）。

表7　2022年中国乘用车分区域销量统计

区域	销量（万辆）	同比增速（%）	占比（%）	占比变化（百分点）
东部	1048	1.76	52.56	2.10
西部	427	-7.54	21.41	-1.21
中部	421	-4.96	21.14	-0.59
东北	98	-2.31	4.90	-0.30
总计	1993	-2.11	—	—

注：东北地区为黑龙江、吉林和辽宁；东部地区为北京、天津、河北、上海、江苏、浙江、福建、山东、广东和海南；中部地区为山西、安徽、江西、河南、湖北、湖南；其他划归西部地区。下同。
资料来源：根据狭义乘用车上险数据整理。

从具体省（区、市）看，2022年年销量超过200万辆的只有广东，年销量在100万~200万辆的省（区、市）有：东部的浙江、江苏和山东，中部的河南，东部的河北、西部的四川年销量跌破100万辆。从市场增速看，东部的广东、浙江、江苏、上海、福建和中部的安徽、湖北实现增长，其余省（区、市）均出现不同幅度的下滑（见表8）。

表8 2022年中国乘用车按区域、省（区、市）销量统计

四大区域	省（区、市）	2021年销量（万辆）	2022年销量（万辆）	同比增速（%）	占比（%）	占比变化（百分点）
东部	广东	226	242	7.20	12.15	1.08
	浙江	156	175	12.30	8.80	1.14
	江苏	161	167	3.82	8.39	0.49
	山东	156	146	−6.59	7.31	−0.34
	河北	103	92	−10.57	4.62	−0.43
	上海	68	70	2.43	3.49	0.16
	福建	52	56	6.92	2.79	0.24
	北京	53	52	−2.38	2.58	0.00
	天津	36	33	−9.24	1.65	−0.13
	海南	19	16	−15.93	0.78	−0.13
西部	四川	103	99	−3.86	4.98	−0.08
	陕西	58	55	−4.53	2.77	−0.06
	云南	55	52	−5.71	2.60	−0.09
	广西	50	50	−0.25	2.50	0.05
	贵州	44	42	−4.69	2.12	−0.05
	重庆	44	39	−12.71	1.95	−0.23
	内蒙古	30	26	−12.01	1.31	−0.14
	新疆	34	26	−23.90	1.30	−0.37
	甘肃	24	22	−10.89	1.09	−0.10
	宁夏	8	8	−0.10	0.40	0.01
	青海	7	5	−27.42	0.24	−0.08
	西藏	4	3	−25.27	0.15	−0.04
中部	河南	135	114	−15.40	5.74	−0.89
	安徽	70	74	6.01	3.72	0.29
	湖北	73	73	0.90	3.67	0.12
	湖南	73	71	−3.10	3.56	−0.03
	江西	48	47	−1.53	2.36	0.02
	山西	45	42	−6.75	2.09	−0.10
东北	辽宁	49	46	−6.62	2.29	−0.11
	吉林	29	27	−9.52	1.34	−0.11
	黑龙江	28	25	−8.73	1.27	−0.09

资料来源：根据狭义乘用车上险数据整理。

从具体城市级别来看,城市级别越高,市场表现越好,一级和二级城市实现了增长,三至六级城市下滑幅度较大(见图4),与2022年城市级别经济发展水平强相关。

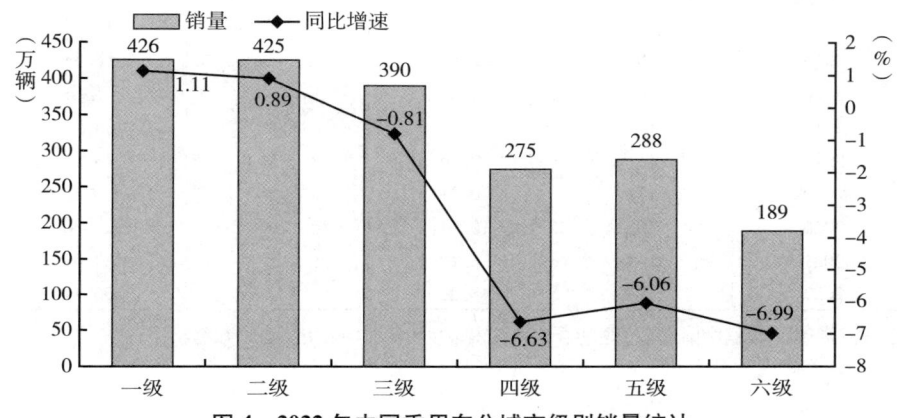

图4　2022年中国乘用车分城市级别销量统计

资料来源:根据狭义乘用车上险数据整理。

(三)乘用车进出口分析

2022年,乘用车出口市场延续高增长趋势,全年出口量突破200万辆,达253万辆,同比增长56.71%,创历史新高。得益于国内汽车产业链日益成熟,几乎所有的出口品牌均实现了销量增长,名爵、奇瑞和特斯拉"三足鼎立"局面不变,但年销量成倍增加,其中名爵和奇瑞出口量突破40万辆,是典型的出口型品牌。反观乘用车进口,进口量持续下跌至77万辆,同比下降18.20%(见表9)。

表9　2009~2022年中国乘用车进出口数量

单位:万辆,%

年份	进口	同比增速	出口	同比增速
2009	41	3.46	14	-52.82
2010	78	90.24	26	85.71
2011	100	28.21	48	84.62

续表

年份	进口	同比增速	出口	同比增速
2012	108	8.00	66	37.50
2013	116	7.41	60	-9.09
2014	140	20.69	53	-11.67
2015	108	-22.86	43	-18.87
2016	104	-3.61	48	11.63
2017	120	15.30	64	34.00
2018	111	-9.16	76	18.52
2019	112	0.31	73	-4.30
2020	100	-10.61	76	4.80
2021	94	-6.10	161	114.67
2022	77	-18.20	253	56.71

资料来源：根据中国汽车工业协会、中国汽车技术研究中心有限公司数据整理。

（四）中国品牌乘用车发展情况

1. 中国品牌迎来难得发展机遇，市场份额首超合资品牌

2022年，中国品牌销量突破1000万辆，达1191万辆，同比大幅增长23.44%，市场份额超过50%，达50.54%，较2021年增加5.63个百分点，创造了乘用车最好历史成绩（见图5），市场份额首次超过合资品牌，中国品牌迎来最好发展机遇。

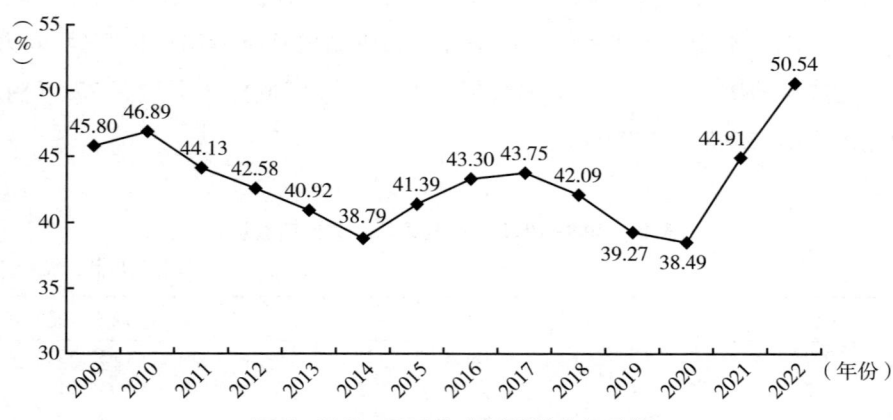

图5 2009~2022年中国品牌市场份额

中国品牌乘用车销量TOP10表现出了明显分化，比亚迪、长安、奇瑞等品牌同比增速均为两位数及以上，而哈弗和荣威等品牌同比降速均为两位数。具体TOP10排名为比亚迪、长安、五菱、吉利、奇瑞、传祺、哈弗、名爵、红旗和荣威，销量依次为185万辆、114万辆、108万辆、100万辆、88万辆、65万辆、62万辆、55万辆、31万辆、29万辆，同比增速依次为153.75%、17.89%、2.83%、-6.43%、35.12%、45.68%、-19.93%、23.59%、3.15%、-18.98%（见图6）。

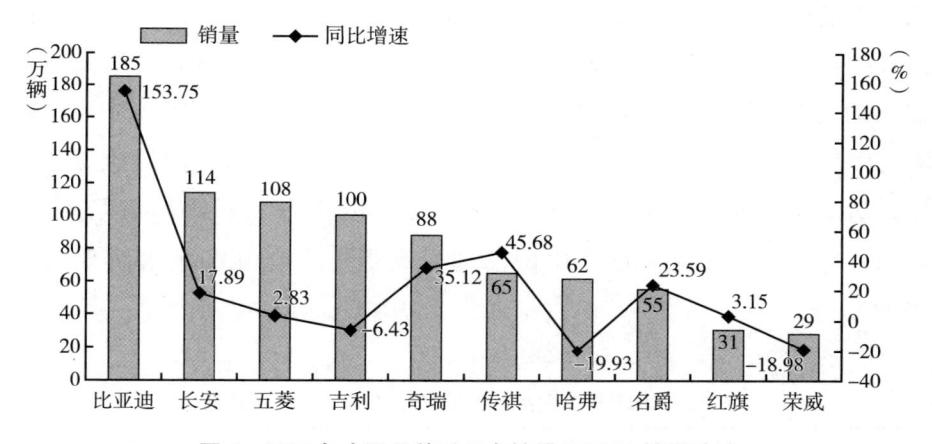

图6 2022年中国品牌乘用车销量TOP10销量统计

2. 传统燃料汽车对中国品牌贡献持续下降

2022年，传统燃料汽车对中国品牌乘用车市场贡献进一步下降，全年销量670万辆，同比增长-6.49%，市场份额下降18.01个百分点至56.26%；新能源汽车销量521万辆，同比增长109.84%，占比增加18.10个百分点至43.74%（见表10）。中国品牌抓住了新能源发展机遇，在产品谱系逐渐完善的情况下，市场销量快速增加，其增长分为两个方面：一方面，蔚来、小鹏、理想等造车新势力，年销量均在10万辆以上；另一方面，比亚迪、长安、五菱等传统车企，尤其是比亚迪仅靠新能源产品，就达到了足以抗衡燃油车的地位。

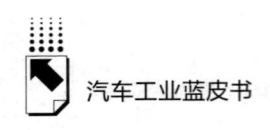

表 10　2022 年中国品牌乘用车分动力销量统计

燃料类型	销量（万辆）	同比增速（%）	占比（%）	占比变化（百分点）
传统燃料	670	-6.49	56.26	-18.01
新能源	521	109.84	43.74	18.1

3. 多元化动力路线，促进众多中国品牌快速发展

不同于行业主流纯电动和插电混动的新能源动力发展路线，增程路线也逐渐得到中国品牌的青睐，理想、赛力斯和长安深蓝等中国品牌，另辟蹊径专注发展增程式动力，理想 L7、问界 M5 和长安深蓝 SL03 等增程式动力车型，凭借独特的技术路线，一方面满足了用户对纯电驾乘的体验，另一方面满足了用户对于燃油经济性的要求，同时也满足了用户对于插电混动车高续航的需求，所以均获得了不错的市场表现，而动力路线的多元化，也为中国品牌发展提供了全新的发展道路（见表 11）。

表 11　2022 年中国品牌新能源动力多元化发展路线

燃料类型	代表品牌	代表车型
纯电动	蔚来、小鹏、五菱	蔚来 ES6、小鹏 P7、宏光 MINI EV
插电混动	比亚迪	宋 PLUS、秦 PLUS
增程混动	理想、赛力斯、长安深蓝	理想 L7、问界 M5、长安深蓝 SL03

4. 中国品牌向上突破取得阶段性成果

随着低端市场需求的持续萎缩，中国品牌一直在寻求向上突破，市场核心由 5 万~10 万元价格带成功转移至 10 万~15 万元，15 万~20 万元市场份额达 8.44%（见图 7）。而中国品牌向上突破的步伐从未停歇，蔚来、理想和小鹏等造车新势力，从品牌定位层面就深耕 20 万元以上市场；同时，极氪、智己等中国高端品牌，也在 20 万元以上市场探索。

□ 5万元以下　□ 5万~10万元　□ 10万~15万元
■ 15万~20万元　□ 20万元及以上

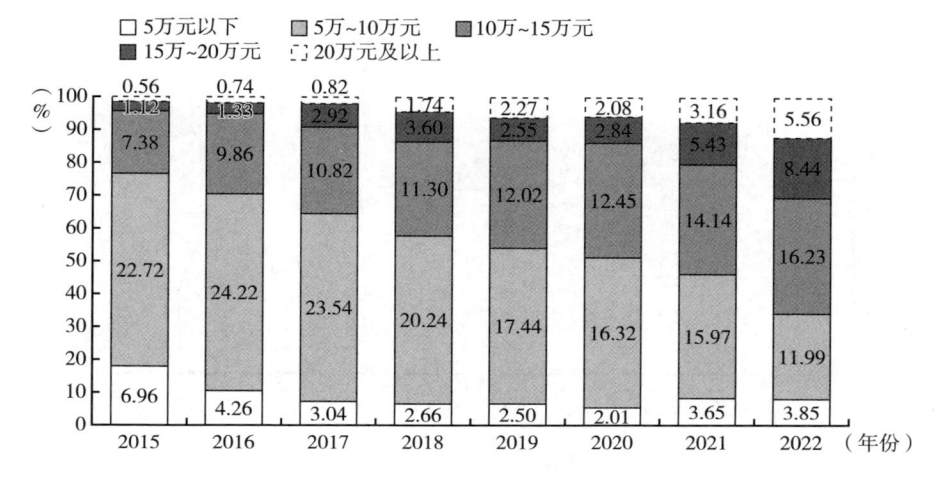

图 7　2015~2022 年中国品牌乘用车价格区间走势

资料来源：根据狭义乘用车上险数据整理。

（五）2023年乘用车发展趋势预测

1. 2023年影响乘用车发展的因素分析

（1）国内外经济形势

受俄乌冲突、全球经济面临衰退等因素影响，"稳经济，促发展，强消费"成为 2023 年中国经济发展的首要任务。随着国内疫情政策的调整，放开后的国内经济呈现全面复苏的迹象，叠加扩大和恢复消费相关政策，预计我国经济增速将会向潜在增速回归，呈现明显复苏态势，经济运行整体好转，预计全年 GDP 增速在 5.5% 左右（见图 8），经济形势好转为汽车消费打下了坚实基础。

（2）汽车行业政策环境

政策将对汽车消费产生至关重要的作用。2023 年新能源汽车积分比例要求提升至 18%（见表 12），进一步促进了新能源汽车的发展；同时，中央和地方均发布了促进消费的相关政策，进一步扩大潜在汽车需求。

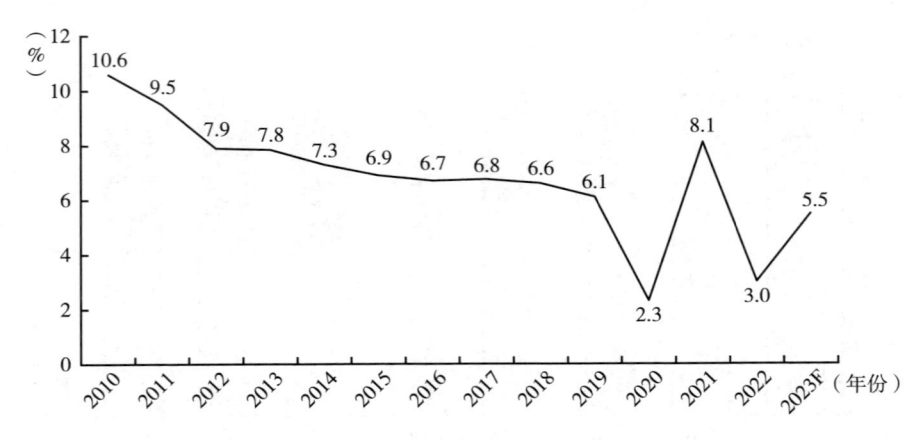

图 8　2010~2023 年我国 GDP 增速

注：2023 年为预测值。
资料来源：根据国家统计局数据整理。

表 12　2019~2023 年中国新能源汽车积分比例要求

单位：%

项目	2019 年	2020 年	2021 年	2022 年	2023 年
比例要求	10	12	14	16	18

资料来源：根据工业和信息化部数据整理。

（3）汽车供给环境

新能源汽车作为市场增长的动能（见表13），不管是比亚迪、长安、吉利等传统车企，还是蔚来、小鹏、理想等造车新势力，2023 年产能和缺芯将不是限制其上量的原因，考验它们的将是产品力，尤其是在特斯拉、比亚迪价格下压的情况下，提供富有竞争力的产品将是所有车企奋斗的目标。

总体来看，中国汽车市场持续增长动力未变，我国汽车消费千人保有量为 200 辆，与发达国家 400 辆以上的水平存在差距，整体增换购水平较低，为未来汽车消费增长提供潜在动力。

表13　2023年中国主要汽车品牌产能情况

品牌	产能情况
比亚迪	八大工厂规划产能350万辆,实现400万辆销量目标
特斯拉	上海工厂产能超过75万辆,未来2个月仍将大幅提升产能
大众	大众MEB安徽工厂2022年底投产,最大产能35万辆,计划2023年底提升至90万辆
理想	常州基地10万辆2022年底已投产,北京绿色基地10万辆产能2023年底投产
小鹏	2023年交付目标20万辆,2022年第三季度投产的广东10万辆产能基地,将有效解决产能不足情况
蔚来	2023年第三季度产能有望达到60万辆

资料来源：根据公开数据整理。

2. 2023年汽车市场消费趋势

(1) 市场竞争加剧,"价格战"一触即发

2023年1月6日,特斯拉官宣降价,单车降价幅度为2万~4.8万元;2月10日,比亚迪秦PLUS官宣降价,起步价由11.38万元下降至9.98万元;这将倒逼其他企业降价,才有可能获得市场认可。已有小鹏、问界等品牌选择跟随性降价,未来或将有更多的企业加入"价格战",市场竞争进一步加剧在所难免（见表14）。

表14　2023年中国主要汽车品牌降价情况

品牌	降价详情
特斯拉	1月6日,特斯拉官宣降价,单车降价幅度为2万~4.8万元
问界	1月13日,问界官宣降价,单车降价幅度为2.88万~3万元
小鹏	1月17日,小鹏官宣降价,单车降价幅度为2万~3.6万元
比亚迪	2月10日,比亚迪秦PLUS官宣降价,起步价由11.38万元下降至9.98万元
丰田	2月9日,广汽丰田bZ4X官宣降价3万元

资料来源：根据公开数据整理。

(2) "她经济"崛起为市场带来新的活力

市场除了坦克300这样的男性车,还有宏光MINI EV、欧拉好猫、特斯

拉 Model 3 这样的女性车，女性对汽车消费市场的贡献日益增强。2021 年，女性机动车驾驶人员 1.62 亿，占比 33.68%，对汽车市场贡献日益增强，女性也要握起方向盘来掌握方向，她们更偏好新能源车、偏好中国品牌，这将为市场带来新的发展机遇（见图 9）。

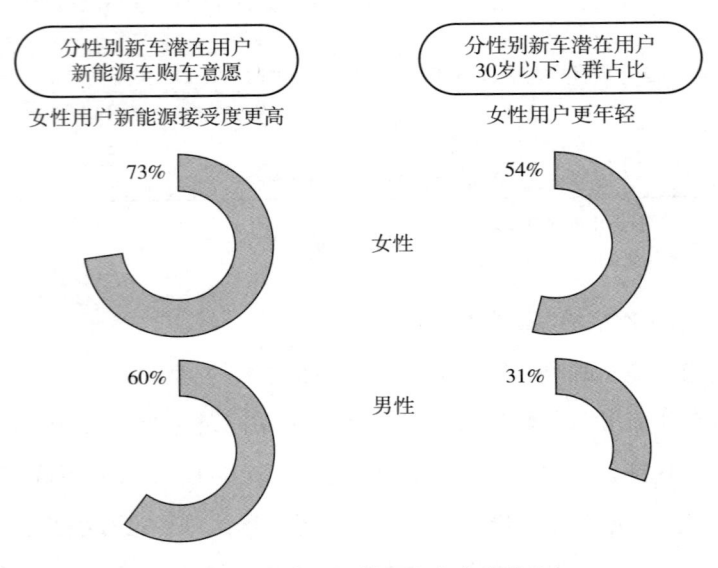

分性别新车潜在用户新能源车购车意愿

女性用户新能源接受度更高

女性 73%
男性 60%

分性别新车潜在用户30岁以下人群占比

女性用户更年轻

女性 54%
男性 31%

图 9 2022 年中国女性用户汽车消费偏好

资料来源：汽车之家研究院。

（3）新能源汽车将由成长期向成熟期过渡

特斯拉和比亚迪上下两端价格下压，将加快新能源汽车普及进程；比亚迪 400 万辆销量目标的实现，也将从供给端促进需求释放；而制约新能源普及的唯一因素电池价格，在供给大于需求的情况下，极有可能得到初步缓解；同时，主机厂商也将从需求端倒逼电池厂商供应端价格下降。2023 年，预计新能源销量 900 万辆，对市场贡献或将达到 40%，新能源市场将迈入成熟期，当然不同厂商存在发展阶段的不同，以比亚迪、特斯拉等为代表的新能源品牌率先进入成熟期；而以理想、五菱等为代表的新能源企业仍将在发展期徘徊（见表 15）。

表15 2023年中国主要机构对原材料价格的判断

主要机构	原材料价格判断
乘联会	特斯拉降价,需求可能增加,锂价将逐步趋稳,2023年预计为40万~50万元/吨
SMM(上海有色金属网)	春节后锂盐厂库存增多,或存在出货压力,但盐厂挺价意愿较强,预计市场会有回暖迹象,碳酸锂价格短期内持稳或以小幅下跌
川财证券	未来新增产能释放将在一定程度上缓解供给紧张的局面,同时在下游需求高增长的支撑下,碳酸锂价格下跌幅度有限
平安证券	2022~2023年全球锂资源有较为确定的供需缺口,受开发环境限制、当地采矿政策收紧等多重因素干扰,相对低品位锂矿和盐湖提锂的建设进程或将不及预期,部分项目实际投产时点可能延后,供给侧不确定性较大
生意社	逐渐进入生产销售恢复阶段,价格大多以平稳为主,碳酸锂价格可能持续弱势震荡

资料来源:根据公开数据整理。

3. 2023年乘用车销量预测

预计2023年乘用车销量为2500万辆,同比增长6.10%。从细分市场看,预计轿车销售1164万辆,同比增长6.79%,市场份额46.54%,份额增加0.30个百分点;SUV销售1218万辆,同比增长6.98%,市场份额48.72%,份额增加0.40个百分点;MPV销售101万辆,同比增长-5.58%,市场份额4.04%,份额下降0.50个百分点;交叉型乘用车销售17万辆,同比下降17.71%,市场份额0.69%,份额下降0.20个百分点(见表16)。

表16 2023年中国乘用车车型类别销量统计

车型类别	销量(万辆)	同比增速(%)	占比(%)	占比变化(百分点)
轿车	1164	6.79	46.54	0.30
SUV	1218	6.98	48.72	0.40
MPV	101	-5.58	4.04	-0.50
交叉型乘用车	17	-17.71	0.69	-0.20
总计	2500	6.10	—	—

资料来源:中国汽车工业协会预测数据。

从动力结构看,传统燃料汽车仍为第一大细分市场,预计2023年销售1329万辆,同比下降22.22%,市场份额59.00%,份额下降13.53个百分点;

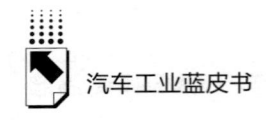

新能源销量924万辆，同比增长42.72%，市场份额为41.00%，份额增加13.53个百分点，其中，纯电动和插电混动汽车均实现销量增长（见表17）。

表17 2023年中国乘用车动力类型销量统计

车型类别	销量（万辆）	同比增速（%）	占比（%）	占比变化（百分点）
传统燃料	1329	-22.22	59.00	-13.53
新能源	924	42.72	41.00	13.53
纯电动	674	35.36	73.00	-3.97
插电混动	249	67.31	27.00	3.97

资料来源：中国汽车工业协会预测数据。

二 2022年轿车发展情况

（一）轿车市场发展

1. 轿车市场产销量情况

2022年，轿车实现销售1090万辆，同比增长9.9%，销量较2021年增加98万辆（见图10）；占狭义乘用车市场比重为46.7%，较2021年下降0.1个百分点（见图11）。轿车市场规模连续第二年回升。

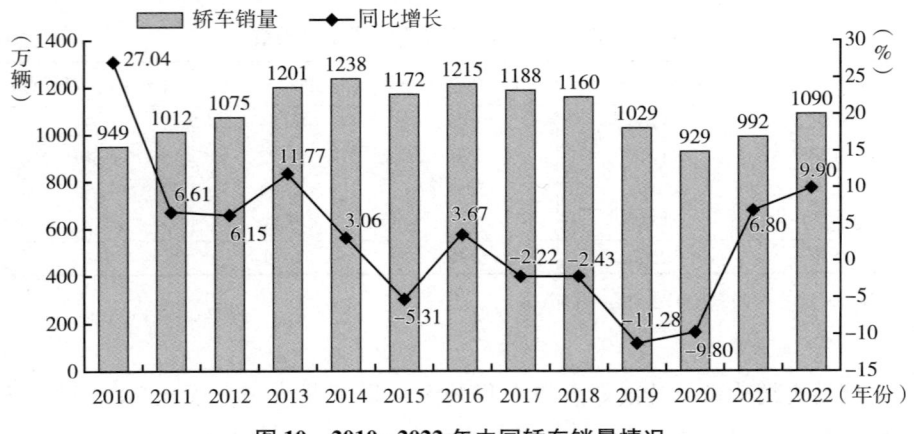

图10 2010~2022年中国轿车销量情况

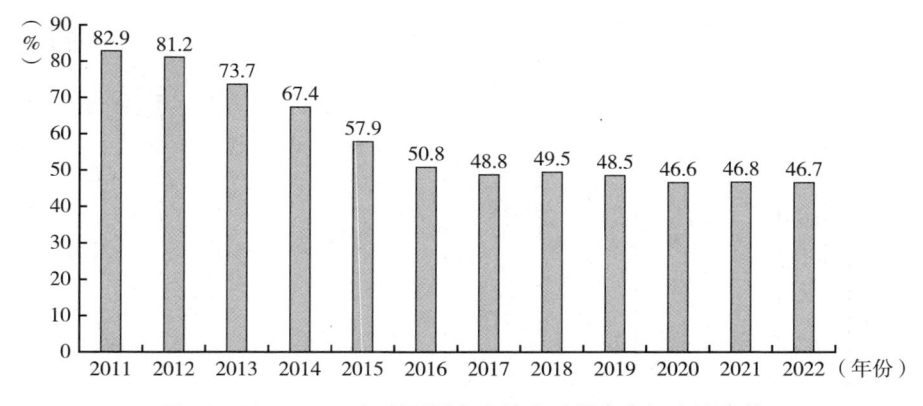

图 11　2011~2022 年中国轿车在狭义乘用车市场占比走势

从轿车动力细分来看，ICE 同比下降 5.97%，增量下降 45.12 万辆，EV 同比增长 71.78%，增量为 125.55 万辆，PHEV 同比增长 118.54%，增量为 28.12 万辆，HEV 同比下降 1.66%，销量下降 0.44 万辆（见表 18）。综合来看，2022 年轿车市场的增长主要是新能源产品的拉动。

表 18　2022 年中国轿车动力细分市场销量增长情况

单位：万辆，%

轿车动力	2022 年	2021 年	2022 年同比增长	2022 年同比增量
ICE	711.31	756.44	-5.97	-45.12
EV	300.46	174.91	71.78	125.55
PHEV	51.84	23.72	118.54	28.12
HEV	26.06	26.50	-1.66	-0.44
总计	1089.67	981.57	11.01	108.11

注：ICE：传统燃料汽车。EV：纯电动汽车。PHEV：插电式混合动力汽车。HEV：混合动力汽车。

从轿车动力细分结构来看，新能源占比为 29.9%，较 2021 年的 18.8% 上升 11.1 个百分点，新能源在轿车市场呈快速扩张态势（见图 12）。

从轿车细分市场来看，轿车市场中仅豪华轿车下降（规模下降 4.53 万辆），其他细分市场均增长。其中，微型轿车增速最高，达到 43.46%，增

汽车工业蓝皮书

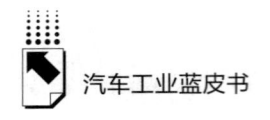

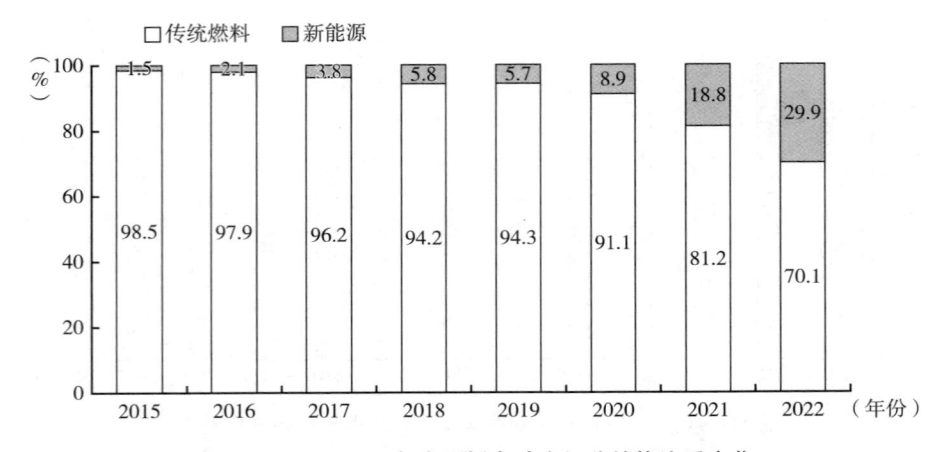

□ 传统燃料　■ 新能源

年份	传统燃料	新能源
2015	98.5	1.5
2016	97.9	2.1
2017	96.2	3.8
2018	94.2	5.8
2019	94.3	5.7
2020	91.1	8.9
2021	81.2	18.8
2022	70.1	29.9

图12　2015~2022年中国轿车动力细分结构比重变化

资料来源：根据上险数据整理。

量为36.27万辆。其次为中型轿车，增速为23.05%，增量为40.99万辆，增量贡献位居第一。排名第三的是小型轿车，增速为14.38%，增量为7.82万辆。紧凑型轿车和大型轿车也实现了个位数增长（见表19）。

表19　2022年中国轿车细分市场销量增长情况

单位：万辆，%

细分市场	2022年	2021年	2022年同比增长	2022年同比增量
微型轿车	119.75	83.48	43.46	36.27
小型轿车	62.18	54.36	14.38	7.82
紧凑型轿车	537.18	509.78	5.37	27.40
中型轿车	218.85	177.85	23.05	40.99
大型轿车	9.19	9.04	1.70	0.15
豪华轿车	142.53	147.06	-3.08	-4.53
总计	1089.67	981.57	11.01	108.10

从轿车细分市场结构占比来看，微型轿车、中型轿车、小型轿车结构比重上升，分别上升了2.5个、2.0个、0.2个百分点。微型轿车市场连续4年占比上升，占比上升至两位数，继续创2009年以来新高，规模近120万辆水

平；中型轿车市场占比连续6年上升，同样创了2009年以来的新高，目前占比达到20.1%，稳居轿车第二大市场地位，规模接近220万辆；小型轿车占比连续2年回升，规模升至62万辆。紧凑型轿车、大型轿车、豪华轿车市场占比均呈下降态势，分别下降2.6个、0.1个、1.9个百分点。紧凑型轿车连续3年下跌，为占比下降最大的细分市场，目前规模为537万辆，较2021年略有回升，依然稳居轿车最大细分市场地位，基本维持半壁江山；大型轿车规模依然没有大的突破，不到10万辆；豪华轿车占比连续2年下降，位居轿车市场占比下降第二大细分市场（见图13），规模近143万辆，较2021年略有下降。

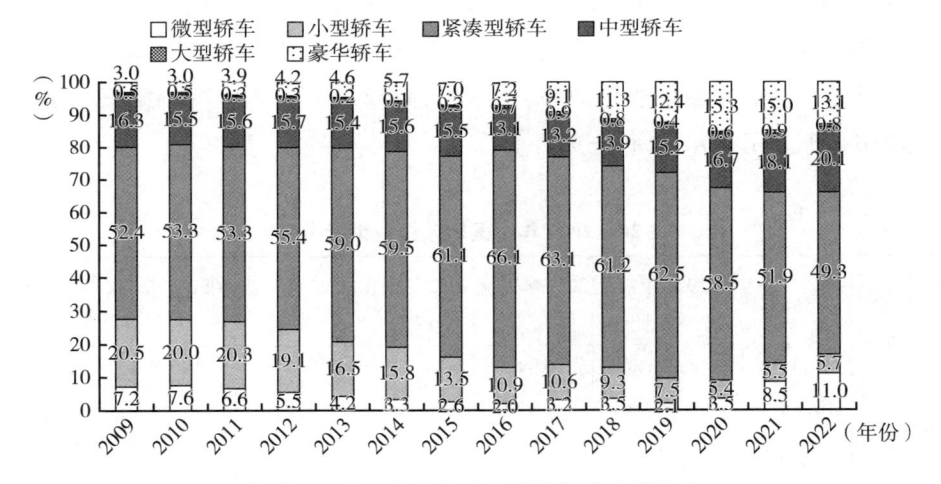

图13 2009~2022年中国轿车细分市场结构

从轿车市场企业销量排名来看，轿车市场销量TOP10的企业依次为一汽-大众、比亚迪汽车、上汽大众、上汽通用、上汽通用五菱、东风日产、吉利汽车、广汽丰田、长安汽车、一汽丰田。其中，长安汽车为新晋十强车企，上汽乘用车退出前十。前三名车企中，一汽-大众继续排名第一；第二名比亚迪从2021年排名第十跃居第二；上汽大众下降一位排名第三；上汽通用从第三降至第四；上汽通用五菱从上年第八跃至第五；东风日产从第四降至第六；吉利汽车与上年排名相同，位居第七；广汽丰田下降两位位居第八；长安汽车新晋居第九；一汽丰田下降五位排名第十（见表20）。

从增速来看，TOP10车企中有4家下降、6家增长，下降4家均为合资车企。增速最高的是比亚迪汽车，增速高达135.73%，实现翻倍增长，销量净增56万辆；其次为长安汽车，增速高达76.28%，销量净增23万辆；增速第三的是上汽通用五菱，实现增速34.64%，销量净增16万辆。增速下降排名首位的是一汽丰田，增速为-18.05%，销量下降10万辆；其次为东风日产，增速为-14.83%，销量下降11万辆左右，降幅第三的是上汽通用，增速为-11.73%，销量下降9万辆。

从占比变化来看，上升最明显的比亚迪汽车，较2021年上升了4.77个百分点，其次为长安汽车，占比上升了1.86个百分点，上汽通用五菱上升了1.07个百分点，居占比上升第三位。东风日产占比下降最明显，下降了1.63个百分点；其次为上汽通用，下降了1.52个百分点，降幅第三的是一汽丰田，下降了1.42个百分点。

表20 2022年中国轿车企业销量排名

序号	企业名称	2022年销量（万辆）	2021年销量（万辆）	2022年同比增长（%）	2022年占比（%）	2021年占比（%）	占比变化（百分点）
1	一汽-大众	104.26	105.89	-1.54	9.57	10.68	-1.11
2	比亚迪汽车	97.30	41.28	135.73	8.93	4.16	4.77
3	上汽大众	86.76	79.03	9.78	7.96	7.97	-0.01
4	上汽通用	67.66	76.65	-11.73	6.21	7.73	-1.52
5	上汽通用五菱	63.71	47.32	34.64	5.85	4.77	1.07
6	东风日产	61.29	71.97	-14.83	5.62	7.26	-1.63
7	吉利汽车	56.85	51.05	11.36	5.22	5.15	0.07
8	广汽丰田	54.87	54.30	1.07	5.04	5.48	-0.44
9	长安汽车	53.95	30.61	76.28	4.95	3.09	1.86
10	一汽丰田	45.29	55.27	-18.05	4.16	5.57	-1.42

从轿车产品销量排名来看，轿车市场车型销量TOP10依次为宏光MINI、轩逸、朗逸、秦PLUS、汉、特斯拉Model 3、凯美瑞、速腾、雅阁、卡罗拉。其中，秦PLUS、汉为新晋品，雅阁为重返前十产品；英朗GT、宝

来、雷凌退出了前十。宏光 MINI 继续呈快速增长，销量超越轩逸，跃居第一，继续呈强势表现；轩逸两位数下滑，退居次席；朗逸个位数下滑，仍保持了第三地位。

TOP10 产品中，6 个销量同比增长，4 个销量同比下降。比亚迪汉同比增长 132.9%，呈翻倍增长，增速位居第一，销量净增 15.64 万辆；其次为比亚迪秦 PLUS，同比增长 85.7%，呈现强劲增长态势，销量增加 14.55 万辆；增速排名第三的是五菱宏光 MINI，增速为 29.9%，继续保持快速扩张态势，销量净增 12.76 万辆。4 个下降产品均为外资品牌，按照增速下滑排名分别是：卡罗拉增速为 -18.1%，销量下降 5.00 万辆；轩逸增速为 -15.4%，销量下滑 7.59 万辆；特斯拉 Model 3 增速为 -9.9%，销量下降 2.82 万辆；朗逸增速为 -4.3%，销量下滑 1.69 万辆（见图 14）。

总体来看，比亚迪汉、秦 PLUS 的强势切入，新能源产品在前十中已经有 4 款产品，轿车市场中传统能源产品面临新能源产品的严峻挑战。

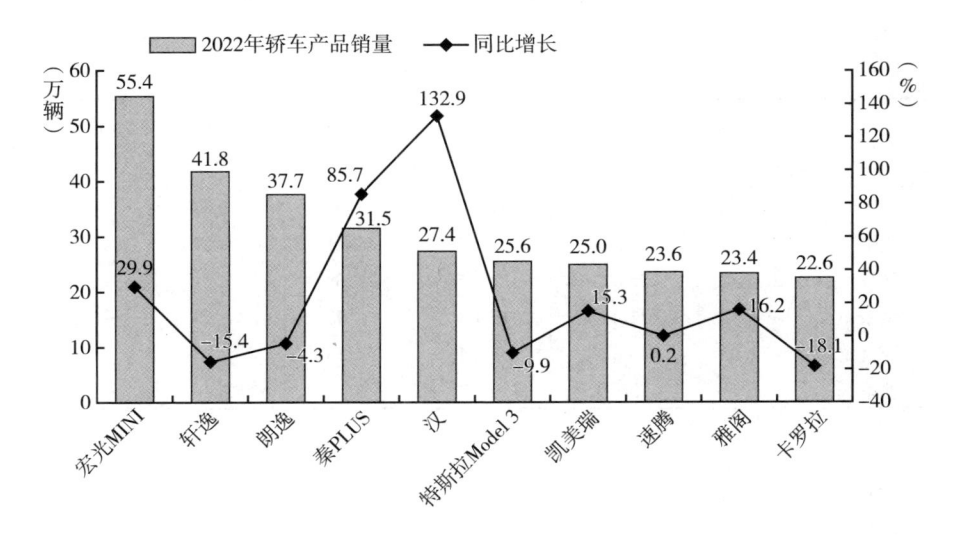

图 14　2022 年中国轿车畅销车型 TOP10

从轿车市场系列来看，中国品牌在比亚迪与长安汽车的表现下实现了强势增长，同比增长 49.46%，销量净增 126.95 万辆，占比上升 11.05 个百分点，超越欧系品牌销量位居第一；欧系品牌同比增长3.28%，净增8.84万辆，占比下降0.96个百分点，从2021年的第一退居次席；排名第三的是日系品牌，虽然保住了第三位置，但同比下滑7.75%，销量下降19.73万辆，占比减少3.73个百分点，销量、占比下降均排名第一，日系品牌竞争力下降也非常明显；美系品牌排名第四，同比下滑15.68%，呈两位数下滑，销量下降18.33万辆，仅低于日系品牌，占比减少2.65个百分点，占比下降排名第二，2022年对美系品牌来说，同样面临较大的竞争压力；合资自主品牌在上汽通用五菱的较好表现下，销量同比增长35.94%，销量净增19.28万辆，占比上升1.58个百分点，表现仅次于自主品牌；韩系品牌继续垫底，销量同比增长-29.69%，销量下滑8.91万辆，占比下降1.10个百分点，市场占比仅为2.13%，规模仅21万辆。

总体来看，2022年轿车市场，自主品牌表现突出，实现了竞争突破；合资品牌基本呈集体走低态势，面临较大的竞争压力（见表21）。

表21　2022年轿车分系别销量统计

系别	2022年销量（万辆）	2021年销量（万辆）	2022年同比增长(%)	2022年占比(%)	2021年占比(%)	占比变化（百分点）
自主	383.62	256.67	49.46	38.69	27.64	11.05
欧系	278.74	269.90	3.28	28.11	29.07	-0.96
日系	234.77	254.50	-7.75	23.68	27.41	-3.73
美系	98.50	116.83	-15.68	9.93	12.58	-2.65
合资自主	72.93	53.64	35.94	7.35	5.78	1.58
韩系	21.11	30.02	-29.69	2.13	3.23	-1.10

2022年全年31个区域市场中，轿车销量同比增长区域有14个，下降区域为17个。轿车区域实销TOP10分别是广东、江苏、浙江、山东、河南、四川、河北、安徽、湖南、湖北（见表22），TOP10湖北超越上海，成功晋级前十，上海退出前十。广东继续领跑，保持唯一的100万辆级规模轿车市场。前十区域中，七大区域同比增长，三大区域下降。安徽、浙江呈两

位数增长，表现相对强势，河南、河北、山东三大市场同比下降，河南降幅在两位数（见表22）。

表22　2022年中国轿车区域实销情况

单位：万辆，%

销量排序	区域	2022年销量	2021年销量	同比增长	销量排序	区域	2022年销量	2021年销量	同比增长
1	广东	123.47	116.54	5.95	17	贵州	22.84	22.25	2.65
2	江苏	90.31	84.15	7.32	18	云南	22.48	21.06	6.76
3	浙江	89.82	79.10	13.55	19	辽宁	20.86	22.36	-6.73
4	山东	76.85	77.86	-1.30	20	山西	19.13	20.21	-5.37
5	河南	61.99	69.05	-10.23	21	重庆	17.63	18.88	-6.62
6	四川	47.17	47.16	0.02	22	天津	17.30	19.35	-10.59
7	河北	46.83	50.25	-6.80	23	吉林	12.65	12.70	-0.42
8	安徽	39.95	34.20	16.80	24	黑龙江	10.13	11.06	-8.42
9	湖南	35.90	34.52	4.02	25	内蒙古	9.76	11.28	-13.49
10	湖北	33.34	30.44	9.55	26	新疆	7.72	9.88	-21.91
11	广西	30.91	28.52	8.36	27	甘肃	7.04	7.03	0.07
12	上海	30.47	31.01	-1.75	28	海南	6.29	7.96	-20.98
13	福建	29.08	26.36	10.32	29	宁夏	2.74	2.53	8.33
14	江西	25.92	24.78	4.57	30	青海	1.35	1.78	-24.13
15	陕西	23.43	24.44	-4.11	31	西藏	0.47	0.61	-21.54
16	北京	23.25	24.14	-3.68	总计		987.06	971.46	1.61

资料来源：根据上险数据整理。

2.轿车各细分市场发展情况

（1）微型轿车市场

2022年，微型轿车销量119.75万辆，同比增长43.5%，销量较2021年上升36.27万辆，规模继续创新高（见图15）。

从市场占比来看，微型轿车在轿车市场占比上升至11.0%，较上年上升了2.6个百分点，占比继续创新高（见图16）。

099

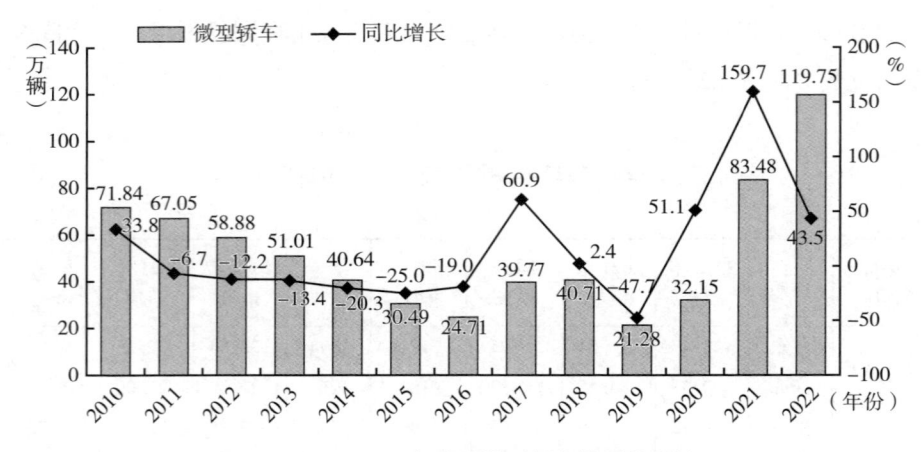

图15 2010~2022年中国微型轿车销量增长情况

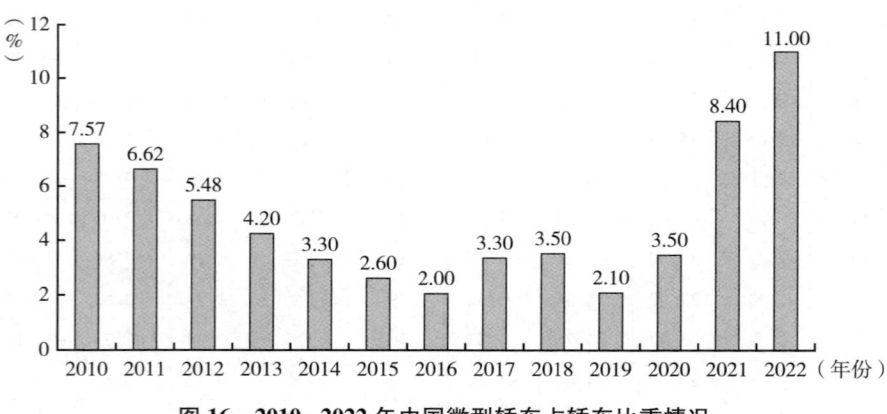

图16 2010~2022年中国微型轿车占轿车比重情况

从能源结构占比来看，2022年纯电动微型轿车占据99.93%，较2021年99.89%又上升了0.04个百分点，微型轿车产品基本实现了新能源全覆盖（见图17）。

从微型轿车市场车企销量排名来看（见表23），TOP10分别为上汽通用五菱、奇瑞汽车、长安汽车、零跑汽车、上汽乘用车、易捷特新能源、吉麦新能源、长城汽车、东风小康、河北御捷。其中，东风小康和河北御捷为新晋前十车企，上年前十的江淮汽车与四川野马退出前十。前三车企中，上汽通用五菱

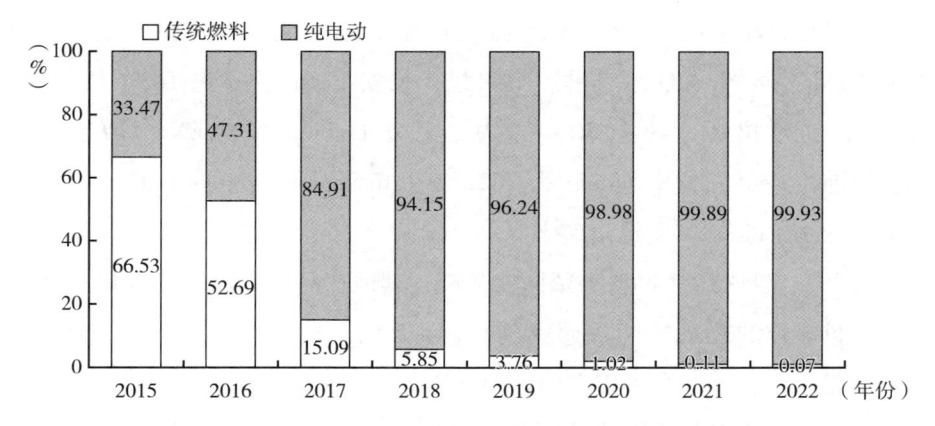

图 17 2015～2022 年中国微型轿车动力细分结构比重变化

资料来源：根据上险数据整理。

微型轿车销量同比增长 31.6%，销量净增 13.96 万辆，稳居销量排名第一；奇瑞汽车微型轿车销量同比增长 113.1%，实现翻倍增长，销量净增 10.32 万辆，确保了第二的市场地位；长安汽车微型轿车销量同比增长 120.7%，在 TOP10 车企增速最高，销量净增 9.24 万辆，跃居前三。长城汽车下降最明显，由于欧拉黑猫、白猫产品基本呈退出状态，销量同比下降 69.3%，销量下滑 5.83 万辆，排名从 2021 年的第三降至第八。另外，零跑汽车、易捷特新能源表现也较为突出。

表 23 2022 年中国微型轿车销量 TOP10 企业销量情况

单位：万辆，%

序号	企业名称	2022 年销量	2021 年销量	同比增长
1	上汽通用五菱	58.12	44.15	31.6
2	奇瑞汽车	19.45	9.13	113.1
3	长安汽车	16.89	7.65	120.7
4	零跑汽车	6.19	3.94	57.1
5	上汽乘用车	4.52	4.68	-3.5
6	易捷特新能源	3.57	1.03	247.4
7	吉麦新能源	3.02	1.62	85.9
8	长城汽车	2.58	8.41	-69.3
9	东风小康	1.28	0.09	1284.3
10	河北御捷	0.92	0.00	—

从微型轿车市场产品车型销量排名来看（见表 24），TOP10 车型依次为宏光 MINI、奔奔、QQ 冰淇淋、小蚂蚁、长安 Lumin、零跑 T03、科莱威、风神 EX1、欧拉 R1、凌宝 BOX。其中，长安 Lumin、风神 EX1、凌宝 BOX 为新晋前十产品，长安 Lumin 为 2022 年上市新品。上年排名前十的思皓 E10X、欧拉白猫、雷丁退出前十。

TOP10 仅欧拉 R1 和科莱威同比下滑，其他产品均以两位数及以上增速增长，排首位的宏光 MINI 销量达到 55.41 万辆，同比增长 29.92%，继续呈强势扩张态势；长安奔奔以 29.03% 的增速跃居次席排位，奇瑞次新品 QQ 冰淇淋以 661.41% 的超高增速跃居销量第三位，2021 年排名第二的小蚂蚁虽然也有 24.01% 的增速，但排名仍退居第四；长安 Lumin 新品表现出较强竞争力，2022 年 5 月上市，全年销量就突破 7 万辆，月均销量稳居万辆，排名第五；欧拉 R1 大幅下滑，从月度销量走势来看，不排除退市的可能。总体来看，2022 年主要微型轿车产品表现依然亮眼。

表 24　2022 年中国微型轿车销量 TOP10 车型产品销量情况

单位：万辆，%

序号	车型名称	2022 年	2021 年	同比增长
1	宏光 MINI	55.41	42.65	29.92
2	奔奔	9.86	7.64	29.03
3	QQ 冰淇淋	9.65	1.27	661.41
4	小蚂蚁	9.57	7.71	24.01
5	长安 Lumin	7.03	0.00	—
6	零跑 T03	6.19	3.94	57.11
7	科莱威	4.52	4.68	-3.54
8	风神 EX1	3.57	1.03	247.49
9	欧拉 R1	2.16	6.35	-65.93
10	凌宝 BOX	2.07	1.26	63.89

（2）小型轿车市场

2022 年小型轿车市场销量 62.18 万辆，同比增长 14.4%，销量同比增加7.82万辆，销量继续反弹（见图18），在轿车市场占比为5.7%，较上年上升0.2个百分点，市场占比继续回升（见图19）。

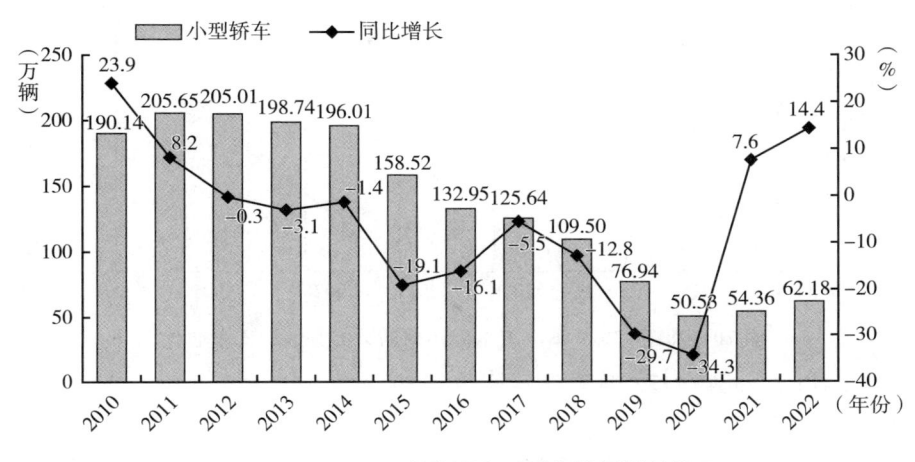

图18 2010~2022年中国小型轿车销量增长情况

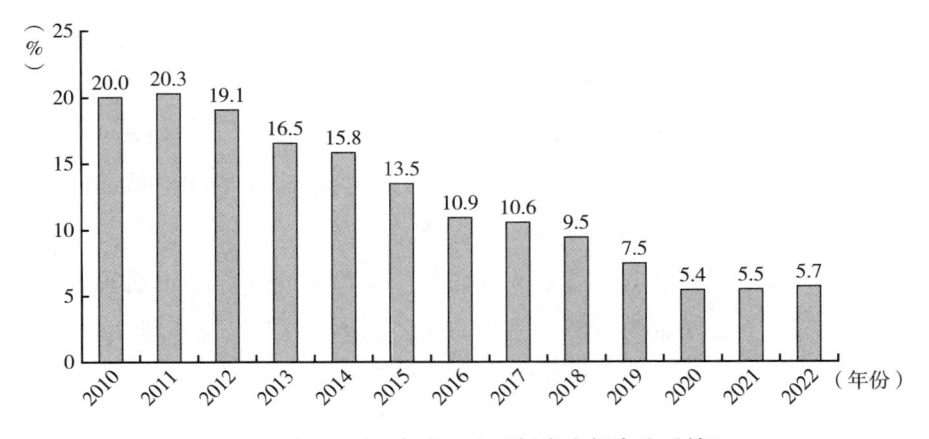

图19 2010~2022年中国小型轿车占轿车比重情况

从能源结构占比来看，2022年小型轿车新能源占比达到42.7%，较2021年的5.2%上升了37.5个百分点，新能源在小型轿车市场实现了强势突破（见图20）。

从小型轿车市场车企销量排名来看，TOP10车企分别为比亚迪汽车、

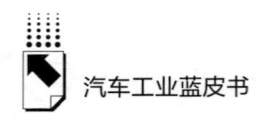

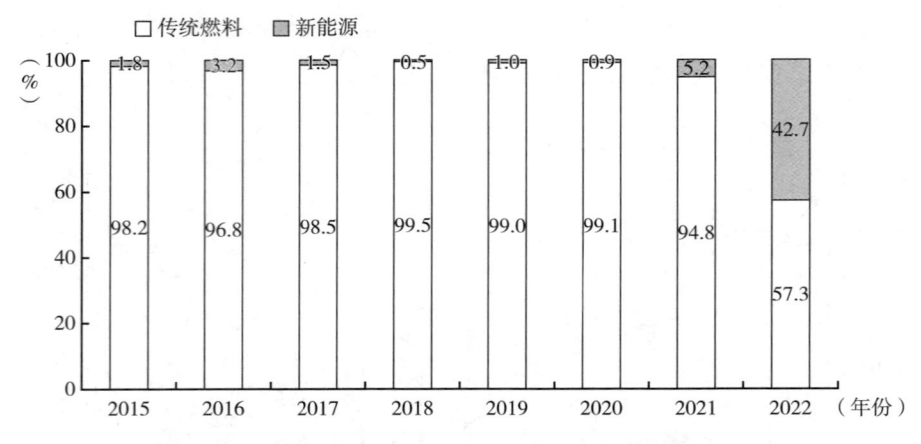

图20 2015~2022年中国小型轿车动力细分结构比重变化

年份	传统燃料	新能源
2015	98.2	1.8
2016	96.8	3.2
2017	98.5	1.5
2018	99.5	0.5
2019	99.0	1.0
2020	99.1	0.9
2021	94.8	5.2
2022	57.3	42.7

资料来源：根据上险数据整理。

广汽丰田、广汽本田、一汽丰田、上汽通用、东风悦达、上汽大众、上汽乘用车、长安汽车、上汽通用五菱。其中，上汽乘用车、上汽通用五菱为新晋车企，上年排名前十车企中北京现代退出前十，长城汽车由于欧拉好猫产品被纳入小型SUV市场也退出前十。

比亚迪汽车凭借海豚产品，在小型轿车市场实现了爆发式增长，居销量第一位，占比高达48%，几乎占据半壁江山。广汽丰田以相对低的降速跃居次席；广汽本田从2021年排名第一降至第三。

TOP10车企仅比亚迪汽车、东风悦达、上汽乘用车、上汽通用五菱同比增长，其余6家车企均下降（见表25），主要合资车企基本呈明显下滑，合资车企在小型轿车中的主导地位面临严峻挑战。

表25 2022年中国小型轿车销量TOP10企业销量情况

单位：万辆，%

序号	企业名称	2022年	2021年	同比增长
1	比亚迪汽车	20.54	2.96	594.02
2	广汽丰田	8.42	9.32	-9.62
3	广汽本田	6.55	9.63	-31.96

续表

序号	企业名称	2022年	2021年	同比增长
4	一汽丰田	5.77	7.44	-22.43
5	上汽通用	4.13	5.04	-17.99
6	东风悦达	4.05	3.87	4.60
7	上汽大众	3.22	3.96	-18.57
8	上汽乘用车	3.19	2.74	16.53
9	长安汽车	2.24	3.26	-31.28
10	上汽通用五菱	2.18	0.24	818.01

从小型轿车市场产品车型销量排名来看，TOP10分别是比亚迪海豚、致炫、飞度、威驰、赛欧、焕驰、Polo、MG3、第三代悦翔、宝骏310。排名第一的比亚迪海豚以594.02%的增速，实现了数倍的爆发式增长，销量高达20.54万辆；致炫以0.54%的微弱增速维持了第二；飞度以31.96%的降速从2021年排名第一跌至第三，飞度受比亚迪海豚冲击最为明显。另外，威驰、赛欧、Polo等合资产品也呈现明显下滑。总体来看，小型轿车市场主要合资产品面临严峻挑战（见表26）。

表26 2022年中国小型轿车销量TOP10车型产品销量情况

单位：万辆，%

序号	车型名称	2022年	2021年	同比增长
1	比亚迪海豚	20.54	2.96	594.02
2	致炫	8.13	8.09	0.54
3	飞度	6.55	9.63	-31.96
4	威驰	5.77	7.44	-22.43
5	赛欧	4.09	5.04	-18.72
6	焕驰	4.05	3.87	4.60
7	Polo	3.22	3.96	-18.57
8	MG3	3.19	2.74	16.53
9	第三代悦翔	2.24	3.26	-31.28
10	宝骏310	2.18	0.24	818.01

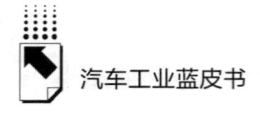

（3）紧凑型轿车市场

2022年紧凑型轿车销量537.18万辆，同比增长5.4%，销量增加27.40万辆，连续5年下滑后终于止跌回升（见图21）。

从市场占比来看，2022年紧凑型轿车在轿车市场的占比为49.3%，较2021年下降2.1个百分点，占比连续3年下降，继续创新低（见图22）。

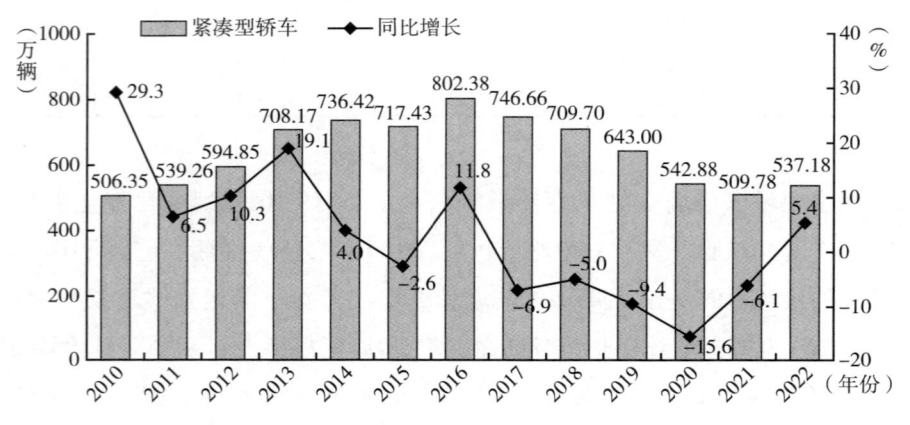

图21　2010~2022年中国紧凑型轿车销量增长情况

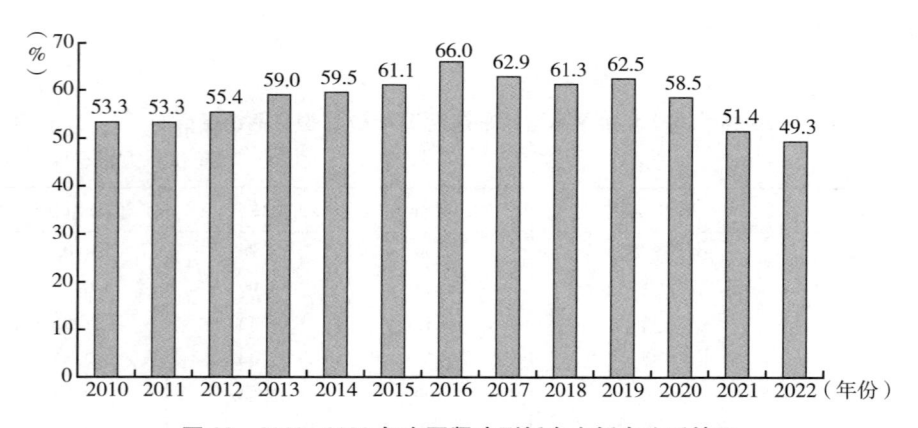

图22　2010~2022年中国紧凑型轿车占轿车比重情况

从能源结构占比来看，2022年紧凑型轿车新能源汽车占比达到16.1%，较2021年8.5%上升了7.6个百分点，新能源汽车在紧凑型轿车市场也开启了快速扩张步伐（见图23）。

□ 传统燃料　■ 新能源

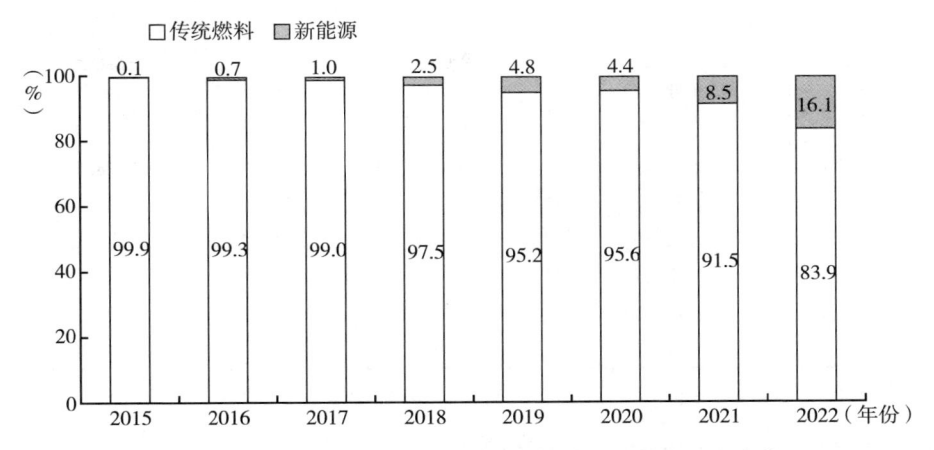

年份	传统燃料	新能源
2015	99.9	0.1
2016	99.3	0.7
2017	99.0	1.0
2018	97.5	2.5
2019	95.2	4.8
2020	95.6	4.4
2021	91.5	8.5
2022	83.9	16.1

图23　2015~2022年中国紧凑型轿车动力细分结构比重变化

资料来源：根据上险数据整理。

从紧凑型轿车市场车企销量排名来看，TOP10分别为上汽大众、一汽-大众、东风日产、比亚迪汽车、上汽通用、吉利汽车、上汽乘用车、长安汽车、一汽丰田、广汽丰田。前十车企与2021年一致，前三位次基本没有变化，但排名第三的东风日产继续呈两位数下降，在紧凑型轿车市场，从2020年的65.10万辆降至2022年的46.59万辆，将近20万辆规模下滑。另外，一汽丰田销量降速排名第一，排名从2021年的第六降至第九。比亚迪取得了较大进步，销量增速高达65.92%，销量净增17.34万辆，排名从2021年第八跃居第四，规模直逼东风日产，呈高成长发展态势。长安汽车在该市场也取得不俗成绩，实现了49.88%的销量增速，销量净增9.82万辆，排名从2021年的第十跃至第八，超越丰田两家合资车企（见表27）。

表27　2022年中国紧凑型轿车销量TOP10企业销量情况

单位：万辆，%

序号	企业名称	2022年	2021年	同比增长
1	上汽大众	63.36	61.69	2.70
2	一汽-大众	58.15	60.19	-3.39
3	东风日产	46.59	55.77	-16.45

续表

序号	企业名称	2022年	2021年	同比增长
4	比亚迪汽车	43.64	26.30	65.92
5	上汽通用	38.76	42.39	-8.56
6	吉利汽车	38.19	35.38	7.94
7	上汽乘用车	35.94	36.02	-0.23
8	长安汽车	29.52	19.70	49.88
9	一汽丰田	28.32	35.67	-20.62
10	广汽丰田	21.47	23.30	-7.86

从紧凑型轿车市场产品车型销量来看，2022年TOP10分别为轩逸、朗逸、秦PLUS、速腾、卡罗拉、雷凌、宝来、帝豪、逸动、思域。其中，思域重返前十产品，英朗GT退出前十。轩逸虽然保住了第一，但15.37%的降速也反映了轩逸产品的竞争力已经面临严峻挑战；朗逸有4.29%的下滑，相对稳健，确保第二；新能源产品秦PLUS实现了85.67%的增长，销量净增14.55万辆，呈强势增长，销量排名从2021年的第九跃升至第三；速腾销量增长0.19%，与2021年基本持平，销量排名从第六跃升至第四；卡罗拉销量增长-18.12%，继续呈两位数下降，销量排名从第三降至第五，另外，雷凌、宝来、帝豪均同比下降，逸动以3.64%的增速从第十升至第九。

总体来看，紧凑型轿车TOP10有7款产品销量下滑，3款上升。合资品牌产品基本呈全线下跌，在该市场的竞争优势面临严峻挑战。新能源产品秦PLUS已经彻底撬动了该市场的竞争格局（见表28）。

表28 2022年中国紧凑型轿车销量TOP10车型产品销量情况

单位：万辆，%

序号	车型名称	2022年	2021年	同比增长
1	轩逸	41.79	49.39	-15.37
2	朗逸	37.66	39.35	-4.29
3	秦PLUS	31.53	16.98	85.67

续表

序号	车型名称	2022年	2021年	同比增长
4	速腾	23.61	23.57	0.19
5	卡罗拉	22.59	27.59	-18.12
6	雷凌	21.34	22.91	-6.85
7	宝来	21.11	24.84	-15.02
8	帝豪	18.80	20.95	-10.24
9	逸动	16.93	16.33	3.64
10	思域	15.63	15.90	-1.72

（4）中型轿车市场

2022年中型轿车销量218.85万辆，同比增长23.0%，继续呈两位数上升，较2021年增加40.99万辆（见图24），市场规模创新高。在轿车市场占比20.1%，较2021年上升2.2个百分点，市占率继续创新高（见图25）。

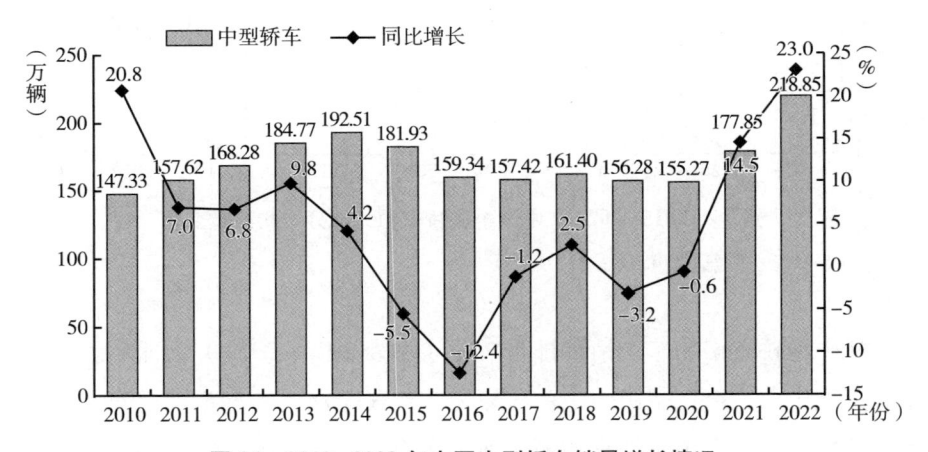

图24 2010~2022年中国中型轿车销量增长情况

从能源结构占比来看，2022年中型轿车新能源占比达到23.9%，较2021年的13.1%上升了10.8个百分点，新能源在中型轿车市场也开启了快速扩张步伐（见图26）。

109

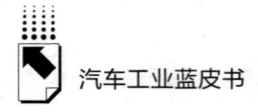

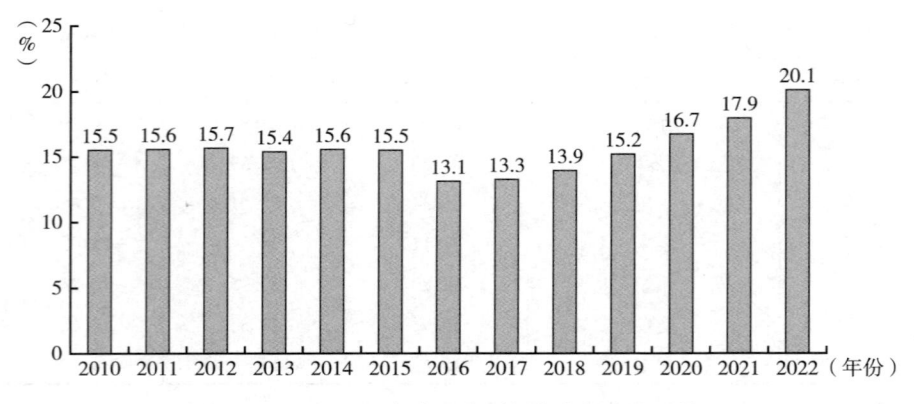

图 25　2010~2022 年中国中型轿车占轿车比重情况

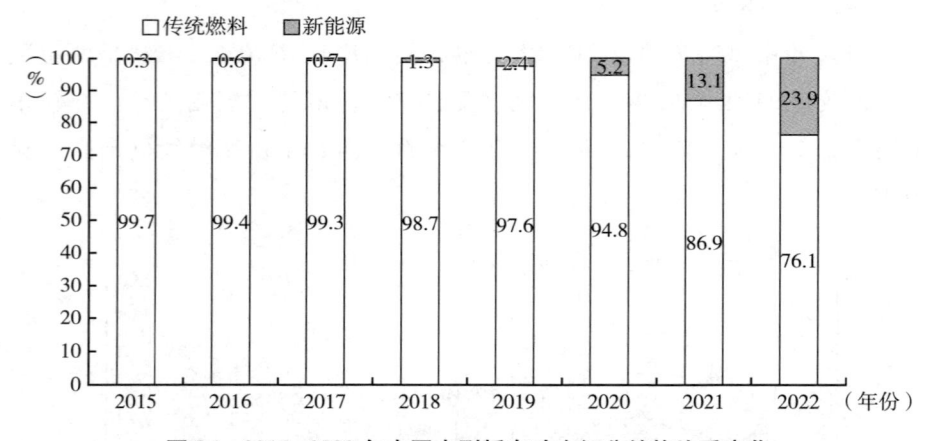

图 26　2015~2022 年中国中型轿车动力细分结构比重变化

资料来源：根据上险数据整理。

从中型轿车市场车企销量排名来看（见表29），TOP10分别为比亚迪汽车、广汽丰田、广汽本田、一汽-大众、上汽大众、吉利汽车、东风日产、上汽通用、一汽丰田、一汽集团。前十车企与2021年一致，但排名有较大变化，比亚迪销量同比增长高达176.24%，呈翻倍增长，从2021年排名第九强势挺进，位居第一；广汽丰田、广汽本田虽然都有两位数增长，两家车企从2021年的第一、第二依次降至第二、第三；一汽-大众以两位数增长稳住了第四；上汽大众销量同比增长52.58%，增速排名第二，排名从2021年的第七升至第五，表现也相对强劲；吉利汽车的新能源产品极氪001的突出表现，奠定了吉利汽车19.09%的增速，稳住了第六。另外，东风日产、上汽通用、一汽丰田、一汽集团均为负增长。上汽通用降幅高达25.61%，君威、君越、迈锐宝三大产品销量均大幅下降，竞争力呈明显走弱态势，排名从2021年季军降至第八，上汽通用下滑最明显。

表29 2022年中国中型轿车销量TOP10企业销量情况

单位：万辆，%

序号	企业名称	2022年	2021年	同比增长
1	比亚迪汽车	33.12	11.99	176.24
2	广汽丰田	24.98	21.68	15.26
3	广汽本田	23.39	20.13	16.19
4	一汽-大众	19.55	16.84	16.07
5	上汽大众	19.35	12.68	52.58
6	吉利汽车	18.66	15.67	19.09
7	东风日产	14.70	16.20	-9.26
8	上汽通用	14.70	19.76	-25.61
9	一汽丰田	11.20	12.15	-7.82
10	一汽集团	9.72	9.98	-2.65

从中型轿车市场车型销量排名来看（见表30），TOP10依次为比亚迪汉、凯美瑞、雅阁、帕萨特、迈腾、天籁、亚洲龙、星瑞、红旗H5、君威。前十产品与2021年一致，但排名也发生了较大变化。比亚迪汉销量同比增长132.88%，实现了翻倍增长，从2021年的第八跃升至第一，呈强势增长；凯美瑞、雅阁销量分别增长15.26%、16.19%，从2021年的排名第一、二依次降至第二、三；帕萨特销量同比增长52.92%，在TOP10中位居增速第二高品牌，表现也相对强势，从2021年第六升至第四；迈腾以9.36%的增速降至第五；天籁、亚洲龙、星瑞、君威分别下降9.26%、7.82%、17.10%、18.07%，排名均有所下降；红旗H5增长15.88%，排名升至第九。

总体来看，2022年比亚迪汉是中型轿车市场的亮点产品，新能源在中

型轿车市场已经实现突破，轿车产品在中高端市场已经赢得消费者认可，合资品牌产品在中型轿车的市场优势正面临冲击。

表30 2022年中国中型轿车销量TOP10车型产品销量情况

单位：万辆，%

序号	车型名称	2022年	2021年	同比增长
1	比亚迪汉	27.40	11.77	132.88
2	凯美瑞	24.98	21.68	15.26
3	雅阁	23.39	20.13	16.19
4	帕萨特	19.06	12.47	52.92
5	迈腾	14.99	13.71	9.36
6	天籁	14.70	16.20	-9.26
7	亚洲龙	11.20	12.15	-7.82
8	星瑞	11.07	13.36	-17.10
9	红旗H5	9.72	8.39	15.88
10	君威	7.91	9.66	-18.07

（5）大型轿车市场

2022年大型轿车销量9.19万辆，同比增长1.7%，市场小幅增长，增量上升0.15万辆（见图27），在轿车市场占比0.8%，比上年下降0.1个百分点（见图28）。

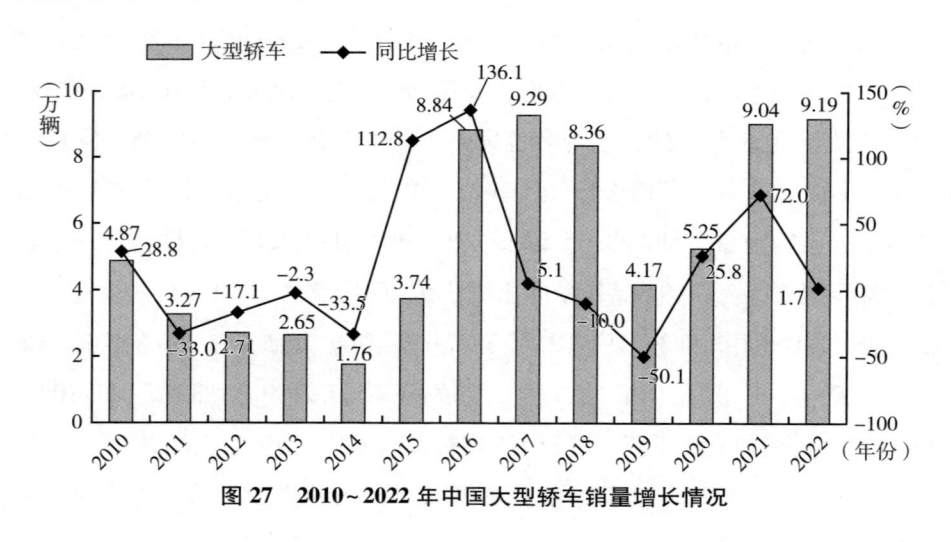

图27 2010~2022年中国大型轿车销量增长情况

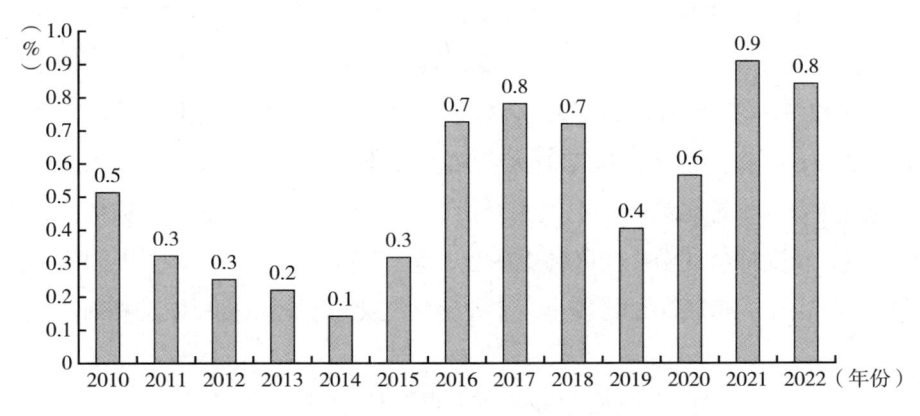

图28 2010~2022年中国大型轿车占轿车比重情况

注：如2011年与2012年均为0.3%，但图中柱图大小不一样，是因为柱图表示的为原始数据大小，显示的数据为四舍五入后的数据，特此说明，其他处类似情况同此。

从能源结构占比来看，2022年大型轿车新能源占比达到65.6%，较2021年的9.1%上升了56.5个百分点，新能源产品占据了主导地位（见图29）。

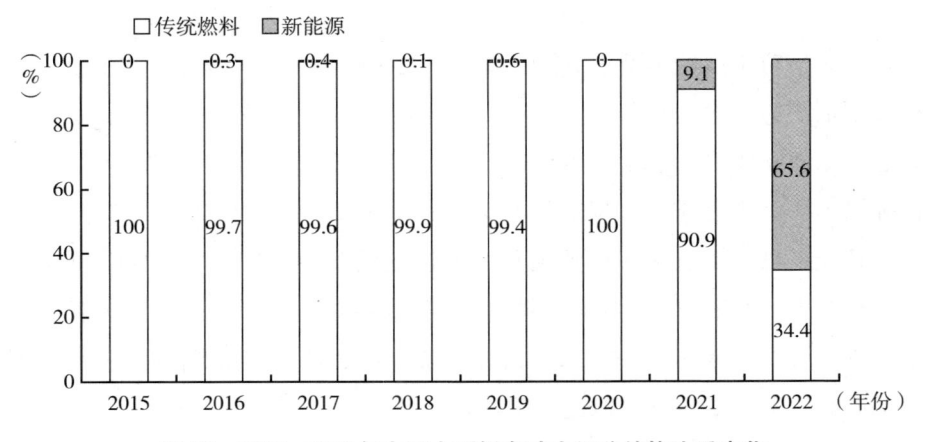

图29 2015~2022年中国大型轿车动力细分结构比重变化

资料来源：根据上险数据整理。

113

从大型轿车市场车企销量排名来看，TOP5企业依次为一汽集团、江淮汽车、上汽乘用车、上汽大众、长安福特（见表31）。一汽集团虽然销量同比下降17.31%，仍有较大优势排名第一，占比为55.1%；江淮汽车由于代工生产蔚来ET7产品上量，从2021年的第五升至第二；上汽乘用车导入新能源高端品牌智己，排名第三，上汽大众由于辉昂产品的大幅下滑，从第三位降至第四，长安福特的金牛座降幅更明显，呈腰斩式下跌，从2021年的第二降至第五。由于大型轿车市场较小，企业销量变化也明显，排序波动相对较大。

表31 2022年中国大型轿车销量TOP5企业销量情况

单位：万辆，%

序号	企业名称	2022年	2021年	同比增长
1	一汽集团	5.27	6.37	-17.31
2	江淮汽车	2.65	0.01	22347.46
3	上汽乘用车	0.48	—	
4	上汽大众	0.45	0.70	-35.65
5	长安福特	0.30	1.86	-83.95

从大型轿车市场车型销量排名来看，目前该市场共有9款产品，前三位的车型依次为红旗E-QM5、蔚来ET7、红旗H9（见表32）。红旗E-QM5产品是一款新能源产品，实现84.8%的增长，从2021年的第三跃升至第一，也确保了一汽集团在该市场的领头地位；蔚来ET7由于2021年末刚上市，基数较低，虽然实现了5位数增长，但销量仍落后于红旗E-QM5，排名第二；红旗H9由于2021年排名第一，销量基数相对较高，虽然大幅下降58.6%，仍排名第三。红旗H7、辉昂、金牛座、传祺GA8等4款燃油产品均呈大幅下滑；新品岚图追光开始导入市场。

大型轿车市场9款产品中有4款新能源、5款燃油车，新能源产品销量已经占据主导地位，从目前市场走势来看，新能源产品有望在该市场强势崛起，加速替代燃油产品，不排除燃油产品将从该市场快速退出的情况。

表32 2022年中国大型轿车9款车型产品销量情况

单位：辆，%

序号	车型名称	2022年	2021年	同比增长
1	红旗E-QM5	30745	16641	84.8
2	蔚来ET7	26488	118	22347.5
3	红旗H9	16721	40343	-58.6
4	红旗H7	5187	6688	-22.4
5	智己L7	4811	—	—
6	辉昂	4527	7035	-35.7
7	金牛座	2984	18588	-83.9
8	传祺GA8	409	949	-56.9
9	岚图追光	2	—	—

（6）豪华轿车市场

2022年豪华轿车销量142.53万辆，同比下降3.1%，销量下降4.53万辆（见图30），规模小幅下降。在轿车市场中占比为13.1%（见图31），较上年下降1.7个百分点，连续两年下降。

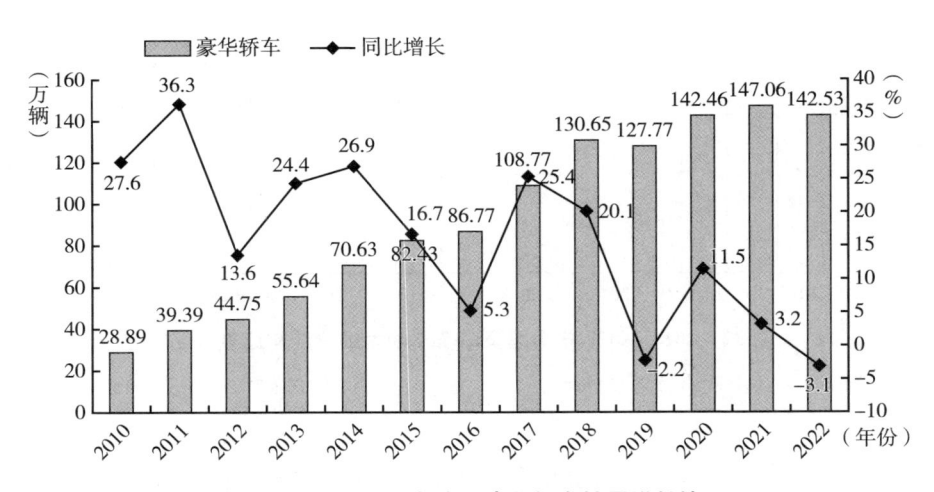

图30 2010~2022年中国豪华轿车销量增长情况

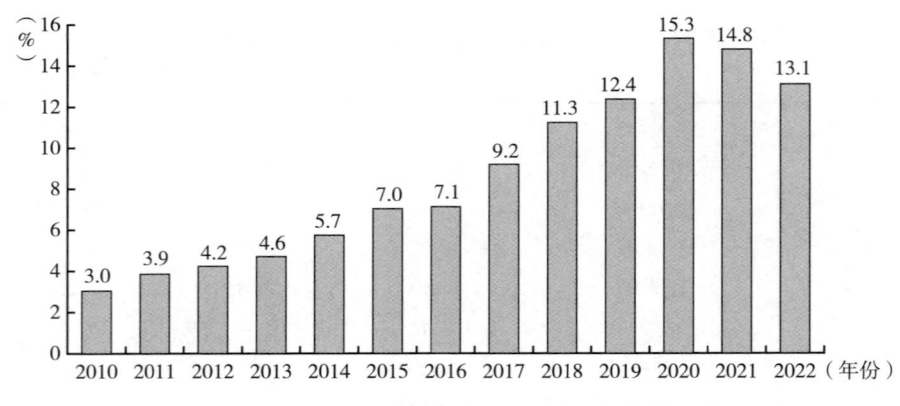

图31 2010~2022年中国豪华轿车占轿车比重情况

从能源结构占比来看，2022年豪华轿车市场新能源占比为14.1%，较2021年的13.8%上升了0.3个百分点，豪华轿车在新能源市场发展相对缓慢（见图32）。

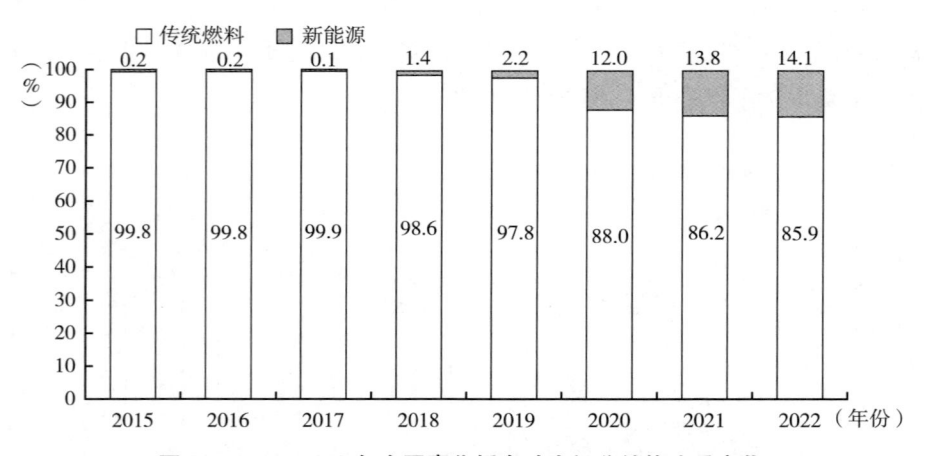

图32 2015~2022年中国豪华轿车动力细分结构比重变化

资料来源：根据上险数据整理。

从豪华轿车市场车企销量排名来看，TOP10分别是华晨宝马、北京奔驰、一汽-大众、特斯拉、上汽通用、大庆沃尔沃、奇瑞捷豹路虎、上汽大众、深圳PSA、英菲尼迪。华晨宝马虽然有5.80%的小幅下降，但仍保住了第一；北京奔驰以5.65%的增速确保了第二的位置；一汽-大众下降7.96%，但保住了第三；由于产能因素，特斯拉在该市场呈现9.94%的下降；上汽大众由于引进奥迪A7L产品，进入第八，总体来看，豪华轿车品牌车企排名变化不大，BBA仅奔驰同比增长，豪华品牌呈现疲软态势（见表33）。

表33　2021~2022年中国豪华轿车销量TOP10企业销量情况

单位：万辆，%

序号	企业名称	2022年	2021年	同比增长
1	华晨宝马	35.99	38.21	-5.80
2	北京奔驰	34.56	32.71	5.65
3	一汽-大众	26.56	28.86	-7.96
4	特斯拉	25.58	28.40	-9.94
5	上汽通用	10.06	9.46	6.34
6	大庆沃尔沃	7.01	7.16	-2.02
7	奇瑞捷豹路虎	2.08	1.75	18.51
8	上汽大众	0.38	—	—
9	深圳PSA	0.18	0.25	-28.34
10	英菲尼迪	0.13	0.26	-51.21

从豪华轿车市场车型销量排名来看，TOP10依次为特斯拉Model 3、宝马5系、宝马3系、奔驰E级、奔驰C级、奥迪A4、奥迪A6L、凯迪拉克CT5、奔驰A级、沃尔沃S90。特斯拉Model 3销量同比下降9.94%，虽然有近两位数的下降，但仍居第一；宝马5系销量增长0.68%，基本与上年持平，超越宝马3系，从第三升至第二；宝马3系销量同比下降6.48%，排名从第二降至第三；另外，奔驰E级和奔驰C级以6.69%和14.20%的增速，从第五升至第四和从第七升至第五；奥迪A6L以22.44%的降速从第四降至第七，成为豪华轿车降幅最大的产品，总体来看，2022年豪华轿车市场中，奔驰品牌产品表现略好（见表34）。

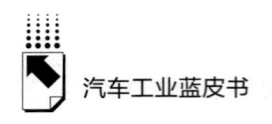

表34 2022年中国豪华轿车销量TOP10车型产品销量情况

单位：万辆，%

序号	车型名称	2022年	2021年	同比增长
1	特斯拉 Model 3	25.58	28.40	-9.94
2	宝马5系	17.40	17.28	0.68
3	宝马3系	16.17	17.29	-6.48
4	奔驰E级	15.17	14.22	6.69
5	奔驰C级	14.39	12.60	14.20
6	奥迪A4	13.60	13.03	4.42
7	奥迪A6L	11.13	14.35	-22.44
8	凯迪拉克CT5	7.51	6.21	20.94
9	奔驰A级	5.00	5.89	-15.15
10	沃尔沃S90	4.42	4.37	1.11

3. 轿车市场发展特点及趋势

2022年轿车市场销售1090万辆，同比增长9.9%，轿车年销量连续两年回升，总体来看，2022年轿车市场呈以下特点。

豪华轿车下降，其他车型均实现了增长。微型轿车、中型轿车以及小型轿车，市场表现相对较好；中型轿车、微型轿车和紧凑型轿车，三大市场对轿车市场规模扩张贡献相对较大。总体来看，新能源轿车渗透率有所提升，其中，小型轿车、大型轿车渗透率上升明显，紧凑型轿车、中型轿车市场也有较快提升。新能源产品正成为改变轿车细分市场竞争格局的重要力量。

微型轿车市场继续呈现高增长，新能源渗透率持续提升，市场规模不断扩大。宏光MINI、奔奔、小蚂蚁等老产品继续保持了快速增长态势，QQ冰淇淋、长安Lumin等新产品（次新产品）呈强势进入，微型轿车产品继续呈现全面开花态势，新品效应也非常明显，反映微型轿车市场依然是一个非常活跃的市场，市场竞争空间依然存在。

2022年小型轿车市场呈两位数增长，市场呈现企稳回升态势；新能源渗透率已经接近50%。目前，该市场依然面临产品供给不足及新能源产品数量不多的情况，如后续产品不能有效跟进，短期看，市场规模扩张依然不会很大。

紧凑型轿车市场比重有所萎缩，但规模有企稳回升态势。自主品牌对合资品牌的市场主导竞争地位冲击已经显现，比亚迪、吉利汽车、长安汽车在该市场的竞争排位均呈上升态势，尤其是比亚迪凭借新能源产品秦PLUS强势表现，已具备挑战前三名合资车企实力。紧凑型轿车在消费升级的大趋势下，预计市场占比仍会有所下降。

中型轿车市场持续增长，消费升级有效助力该市场发展。主要车企基本呈现了较好增长态势，比亚迪汉销量排名已经跃居第一，新能源产品已经立足，呈强势扩张态势。随着消费升级，中型轿车市场的不断扩张，更多车企的产品布局投放尤其是新能源产品的拉动，中型轿车市场将继续保持良好表现。

新能源产品的投放并没有带来大型轿车市场规模的突破，从产品表现来看，更多的是新能源产品销量与传统燃油产品的此消彼长。目前来看，该市场依然没有具备较强竞争力的引导产品，市场规模依然难有突破。

豪华轿车呈小幅下滑，市场占比继续回落。在消费升级的大背景下，豪华轿车市场表现似乎背离走势。中高端新能源产品的快速发展，已经对传统燃油豪华轿车产品形成了冲击，目前豪华轿车品牌新能源转型缓慢，良好的市场扩张态势面临较大压力，尽快解决新能源产品切换问题成为当务之急。

（二）新产品发展情况

2022年轿车全新产品投放总计42款，较2021年的49款下降了7款。其中微型轿车8款（8款BEV）、小型轿车1款（1款ICE）、紧凑型轿车13款（6款BEV、2款ICE、2款HEV、3款PHEV）、中型轿车11款（7款BEV、2款ICE、1款HEV、1款PHEV）、大型轿车3款（2款BEV、1款PHEV）、豪华轿车6款（3款BEV、1款ICE、2款PHEV），紧凑型轿车和中型轿车市场新品投放相对较多。

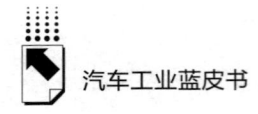

2023年，预计轿车市场将有28款新品投放市场，其中微型轿车5款（5款BEV）、小型轿车2款（2款BEV）、紧凑型轿车11款（5款BEV、1款PHEV、1款HEV、4款ICE）、中型轿车6款（3款BEV、1款PHEV、1款REEV、1款ICE）、大型轿车3款（2款BEV、1款REEV）、豪华轿车1款（1款PHEV）（见表35）。总体来看，2023年轿车市场新品投放仍聚焦于新能源产品。

表35　2019~2023年轿车上市及预计上市新品

单位：款

细分市场	2019年	2020年	2021年	2022年	2023年F
微型轿车	12	8	11	8	5
小型轿车	1	2	1	1	2
紧凑型轿车	18	17	27	13	11
中型轿车	6	8	6	11	6
大型轿车	0	1	2	3	3
豪华轿车	3	2	2	6	1
合计	40	38	49	42	28

注：同一产品不同动力分别算为新品。

（三）轿车产品进出口分析

1. 轿车进口分析

2022年轿车进口40.3万辆，同比下降25.6%，呈较大幅度下滑（见图33）。

2. 轿车出口分析

2022年轿车出口62.29万辆，同比增长45.6%，规模增加19.52万辆，轿车出口量继续呈强势增长（见图34）。

从出口产品能源结构占比来看，2022年轿车出口新能源占比为30.0%，较2021年的31.5%下降了1.5个百分点，主要是特斯拉Model 3出口表现不

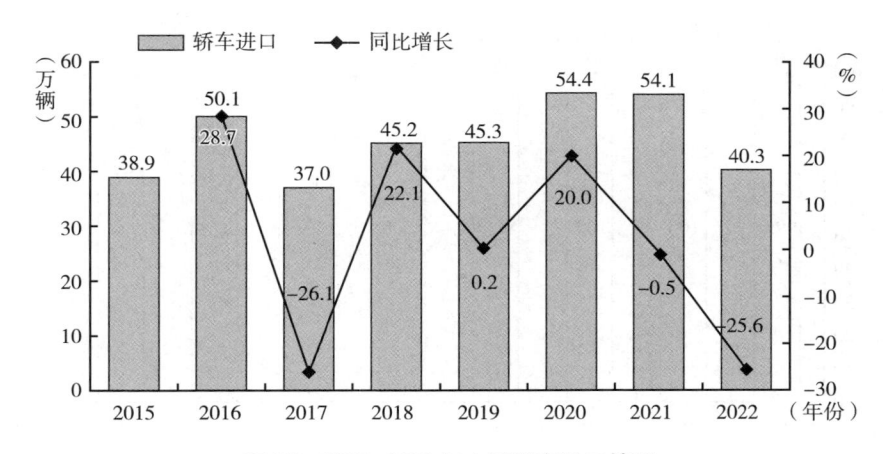

图 33　2015~2022 年中国轿车进口情况

资料来源：根据上险数据整理。

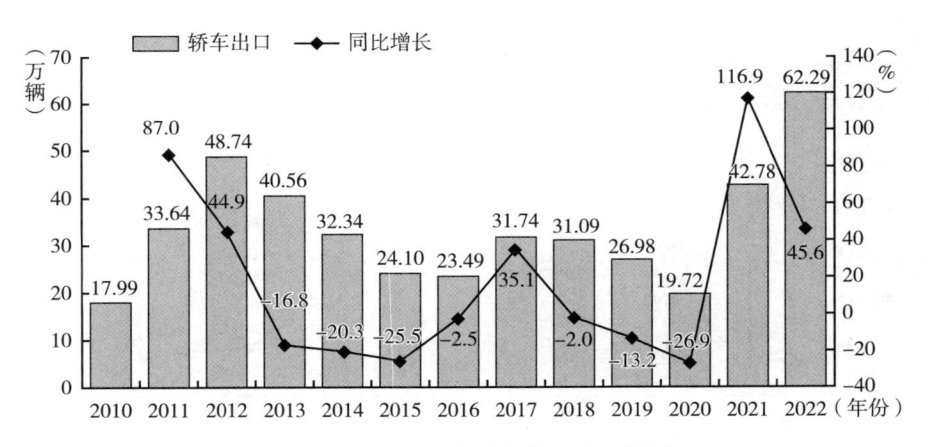

图 34　2010~2022 年中国轿车出口情况

佳（见图35）。

从细分市场看，中型轿车、微型轿车、紧凑型轿车呈倍数级增长。紧凑型轿车占轿车出口量的比重为49.3%，几乎占据半壁江山；大型轿车下滑较明显，其次为小型轿车和豪华中型轿车（见图36）。

车企轿车出口排名TOP10是上汽乘用车、特斯拉、上汽通用、奇瑞汽车、东风悦达、长安汽车、神龙汽车、上汽通用五菱、长安福特、江淮汽

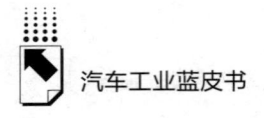

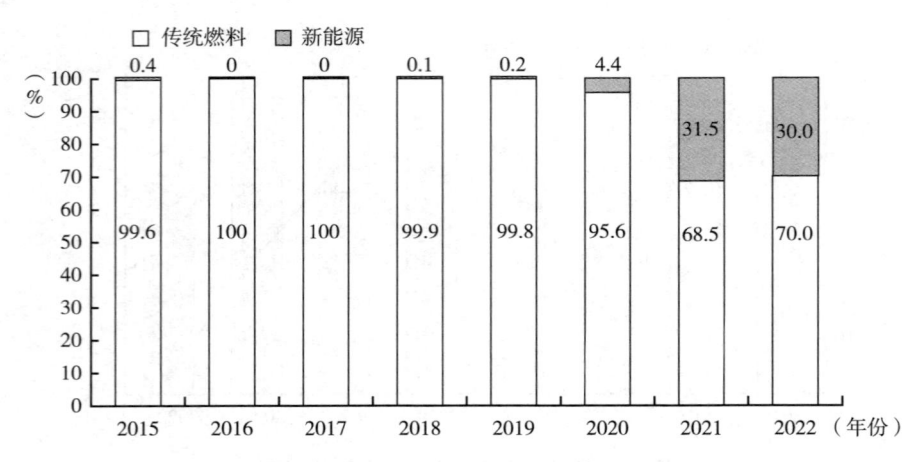

图35 2015~2022年中国轿车出口动力细分结构比重变化

资料来源：根据上险数据整理。

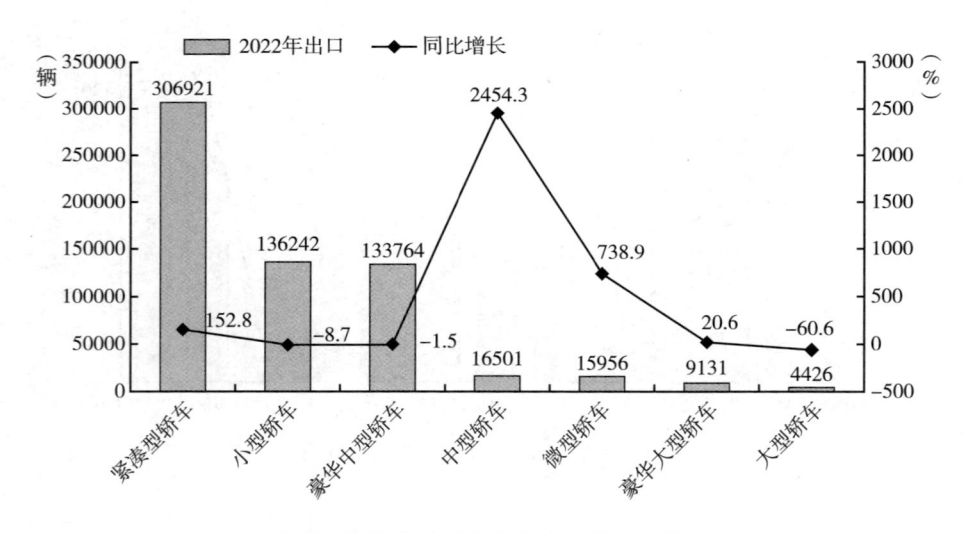

图36 2022年中国轿车细分市场出口情况

车。其中，神龙汽车、江淮汽车为新晋车企，北京现代和比亚迪退出前十；上汽乘用车呈倍数增长，超越特斯拉跃居销量排名第一；特斯拉受到产能不足加上疫情因素下出口运输的影响，出口略有下降，排名降至第二；上汽通用保持了第三；奇瑞汽车出口也表现抢眼，从第六升至第四；

长安汽车、上汽通用五菱、长安福特分别下降一位；神龙汽车表现强势，新晋就排名第七；江淮汽车也呈倍数级增长，排名第十。总体来看，TOP10车企除特斯拉为负增长，其余均实现了两位数及以上的增长，表现较好（见表36）。

表36　2022年中国轿车出口车企销量TOP10

单位：辆，%

排序	企业	2022年	2021年	同比增长
1	上汽乘用车	197817	83026	138.3
2	特斯拉	131318	133109	-1.3
3	上汽通用	71693	55303	29.6
4	奇瑞汽车	41651	27433	51.8
5	东风悦达	39315	35033	12.2
6	长安汽车	32777	28274	15.9
7	神龙汽车	18096	1240	1359.4
8	上汽通用五菱	16922	11140	51.9
9	长安福特	16366	10355	58.0
10	江淮汽车	15275	5261	190.3

（四）部分重点生产企业

1. 比亚迪

2022年比亚迪实现轿车销售97.30万辆，同比增长135.7%，销量同比增加56.02万辆（见图37），呈倍数级增长，销量逼近100万辆。从产品表现来看，比亚迪完成了对燃油产品的切换，比亚迪秦PLUS、汉、海豚三款产品贡献了近80万辆销量，合计占比达到81.7%，名副其实的三款爆品为比亚迪轿车快速上量作出了较大贡献，另外，比亚迪海豹、驱逐舰05两款新品也呈现爆款潜质。比亚迪新能源技术的成功转型为比亚迪轿车发展"插上腾飞的翅膀"（见图38）。

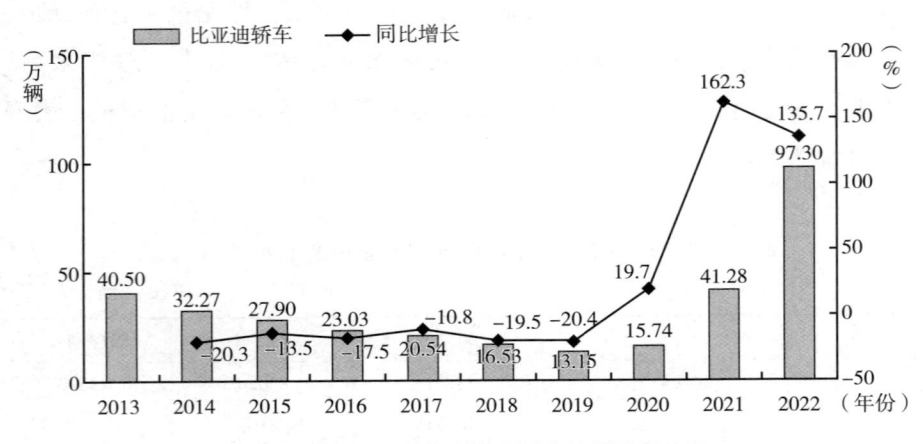

图 37 2013~2022 年比亚迪轿车销量增长情况

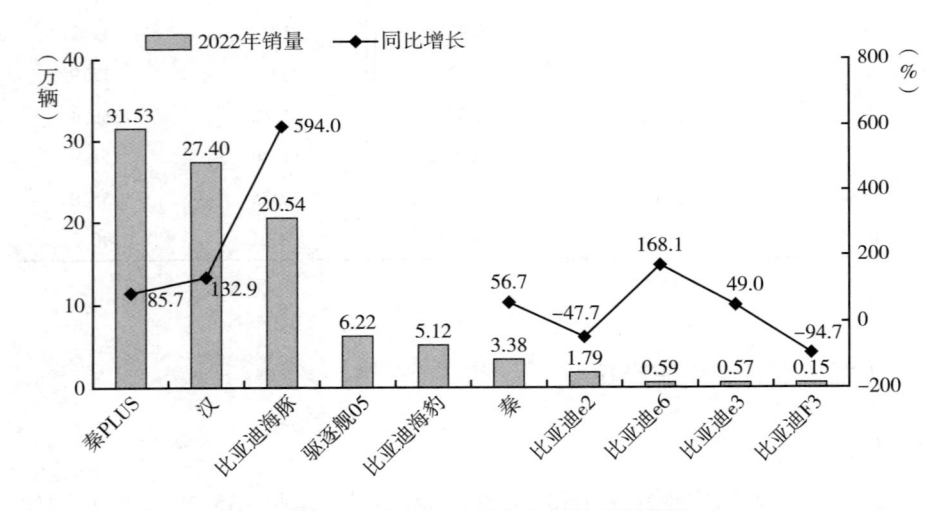

图 38 2022 年比亚迪轿车产品销量增长情况

从比亚迪产品结构变化来看，2022 年轿车产品结构占比同比下降了 3.7 个百分点，SUV 产品结构比重上升 5.4 个百分点，MPV 产品结构比重下降 1.7 个百分点，比亚迪轿车、SUV 均实现了爆发式增长（见图 39）。

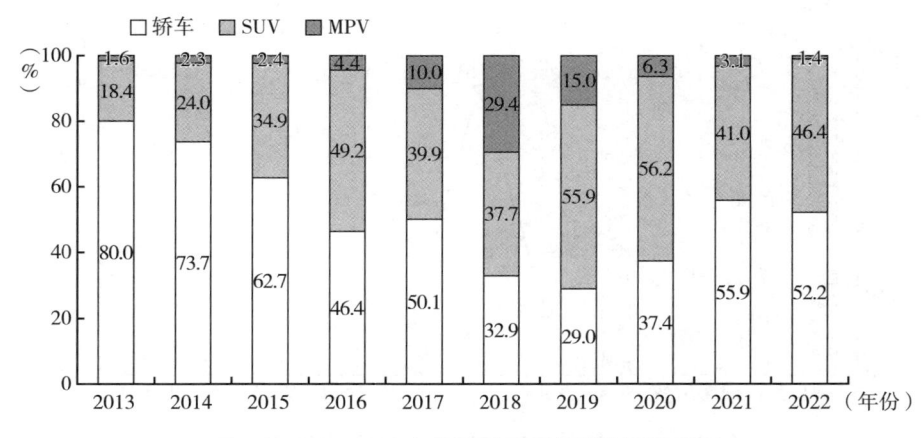

图39 2013~2022年比亚迪乘用车结构比重情况

2. 上汽大众

2022年上汽大众实现轿车销售86.76万辆,同比增长9.8%,较上年增加7.73万辆,销量连续5年下降后止跌回升(见图40)。主力产品中帕萨特、凌渡表现较好,分别实现了52.9%、84.2%的增长;次新品大众ID.3虽然实现倍数级增长,但主要是2021年销量基数较低;上汽大众引进了奥迪品牌,新品奥迪A7L实现销售,销量表现一般;拳头产品朗逸继续下滑,桑塔纳继续呈两位数下降,总体来看,上汽大众轿车产品依然面临较大的竞争压力(见图41)。

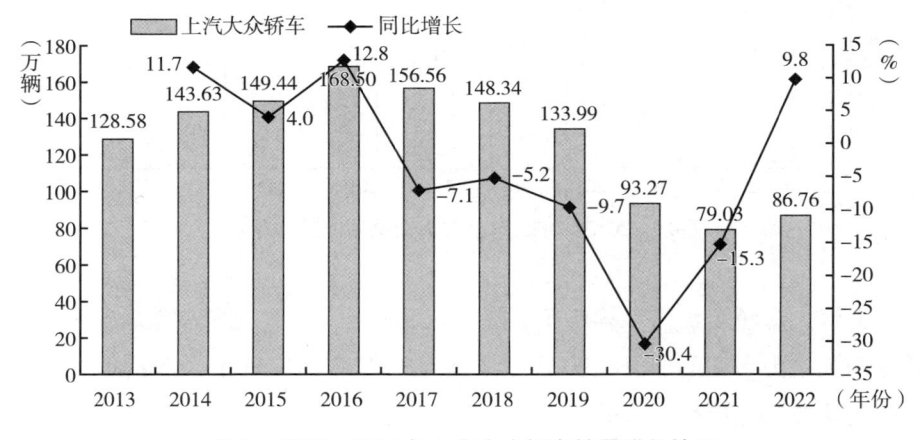

图40 2013~2022年上汽大众轿车销量增长情况

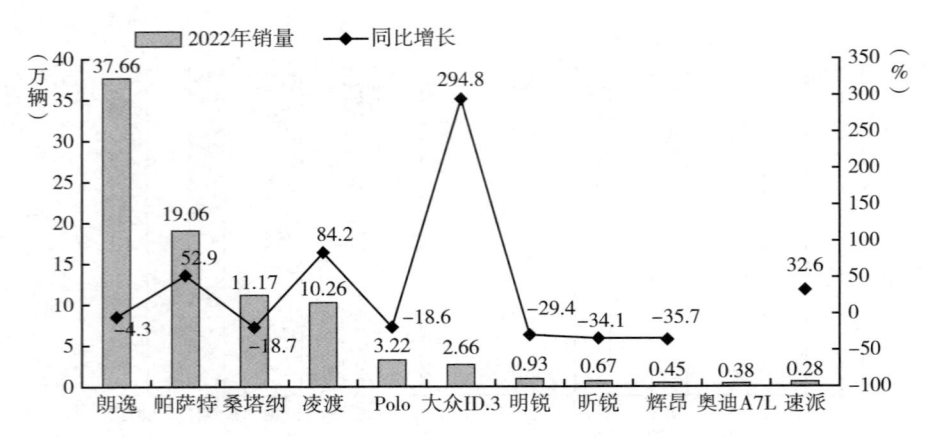

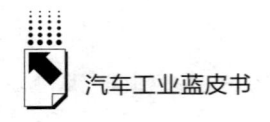

图 41　2022年上汽大众轿车主要产品销量增长情况

从上汽大众乘用车产品结构变化来看，2022年，轿车产品占比同比上升2.1个百分点，SUV产品比重下降2.9个百分点，MPV上升0.8个百分点（见图42），轿车比重连续两年回升，轿车依然是上汽大众的主力市场。

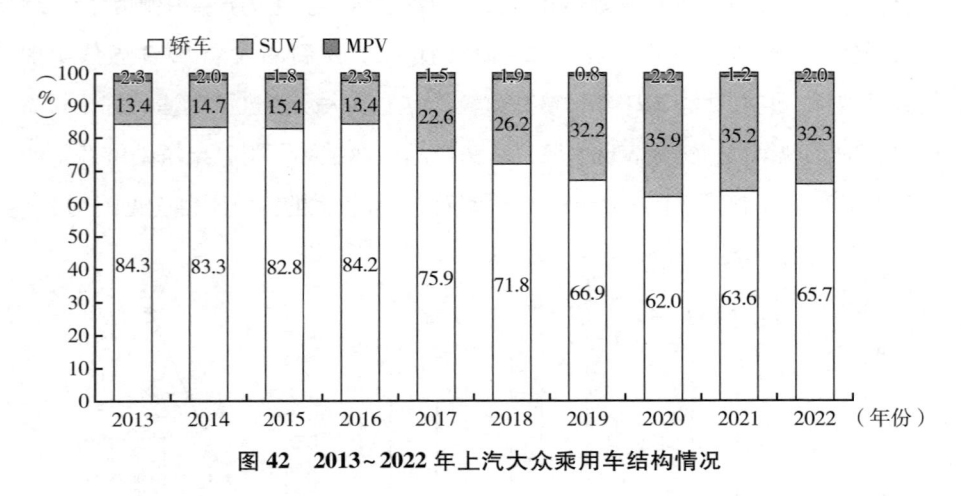

图 42　2013~2022年上汽大众乘用车结构情况

上汽大众轿车销量连续5年下降后止跌回升，主要是紧凑型轿车和中型轿车两大主力市场的回升，2022年紧凑型轿车市场实现了2.7%的微增长，主要是凌渡产品换代，提升了产品竞争力，得到市场认可，获得了一个快速的增长，另外就是次新品大众ID.3贡献了2万辆的增量；帕萨特产品改款相对成功，产品竞争力得到了一定提升，加上中型轿车市场属于消费升级主要市场，帕萨特获得了一个快速增长。总体来看，上汽大众在轿车市场产品的新能源步伐相对缓慢，目前，无论是紧凑型轿车市场还是中型轿车市场，新能源产品均实现突破，对两大市场的争夺会更加激烈，要维持在两大市场的竞争地位会越来越艰难。提升传统燃油产品竞争力和快速切入新能源产品是上汽大众需要解决的问题。

3. 东风日产

2022年东风日产实现轿车销售61.29万辆，同比下降14.8%，较上年规模下降10.67万辆（见图43），主力产品轩逸销量41.79万辆，同比下降15.4%，销量下降7.59万辆，连续两年规模下降12万辆，爆款产品面临严峻挑战；2021年表现不错的天籁也有近两位数下降；2021年12月上市的电气化混动产品新轩逸e-Power成为唯一增长产品，但其表现远不如预期（见图44）。

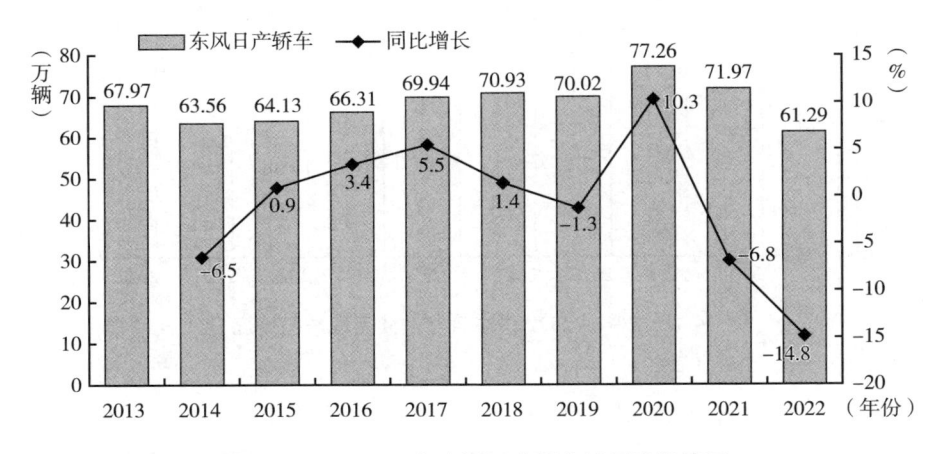

图43　2013~2022年东风日产轿车销量增长情况

从东风日产乘用车产品结构变化来看，2022年轿车产品占比同比上升了2.3个百分点，轿车结构比重继续回升（见图45）。在轿车销量两位数下降的情况下，轿车比重依然上升，轿车相对SUV表现更好，反映了东风日产在两大市场均处于大幅下滑态势。东风日产面临较大的竞争危机。

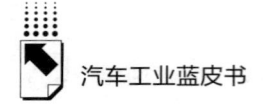

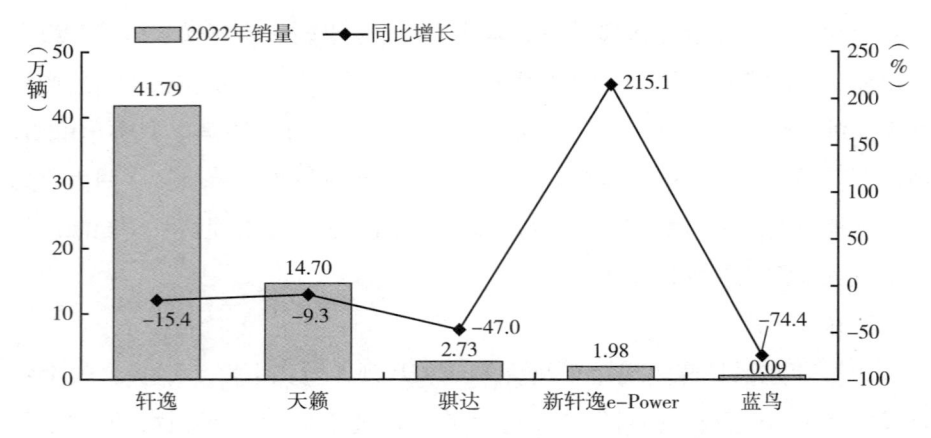

图44 2022年东风日产轿车主要产品销量增长情况

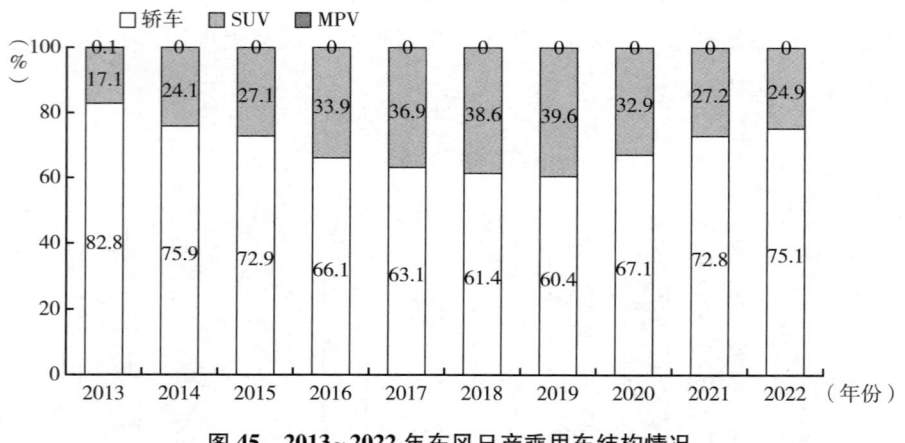

图45 2013~2022年东风日产乘用车结构情况

东风日产轿车产品相对单一，上量产品仅轩逸和天籁，一旦上量产品受到较强的竞争冲击，对其整体轿车市场销量影响就相对较大，2022年轩逸和天籁产品均未推出改进产品，以老产品参与市场竞争是其销量下滑的原因之一。另外，新能源产品在紧凑型轿车和中型轿车市场的突破，也对轩逸和天籁形成了一定冲击，从而导致东风日产轿车市场呈两位数下滑。

4. 吉利汽车

2022年吉利汽车实现轿车销售56.85万辆，同比增长11.4%，销量较上年增加5.80万辆（见图46），吉利轿车销量连续两年回升。主力产品帝豪销量继续呈两位数下降；2021年的次新品星瑞也昙花一现，呈现两位数下滑，燃油产品仅缤瑞增长；新能源产品表现较好，极氪001呈强势表现，增量贡献近6.6万辆，几何A也有不错表现，实现倍数级增长，增量贡献3.8万辆，PHEV新品帝豪L也贡献了2万多辆增量；总体来看，2022年吉利汽车轿车产品的增长主要是新能源产品的贡献，反映了吉利汽车在轿车市场实现了新能源的突破（见图47）。

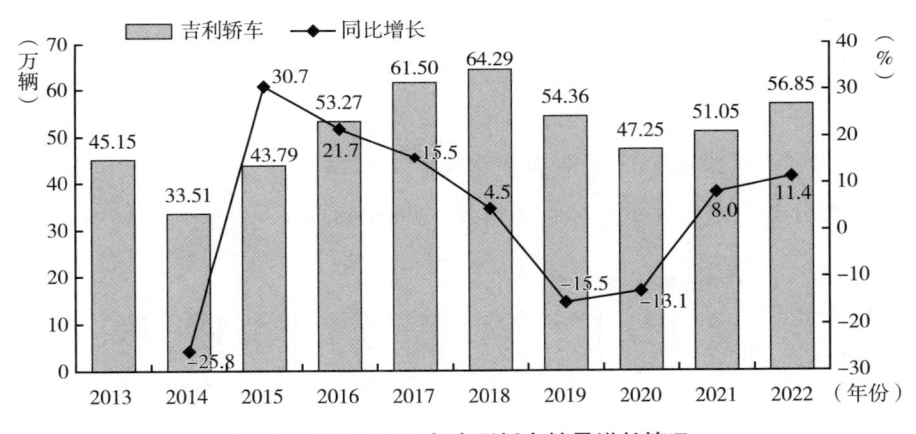

图46 2013~2022年吉利轿车销量增长情况

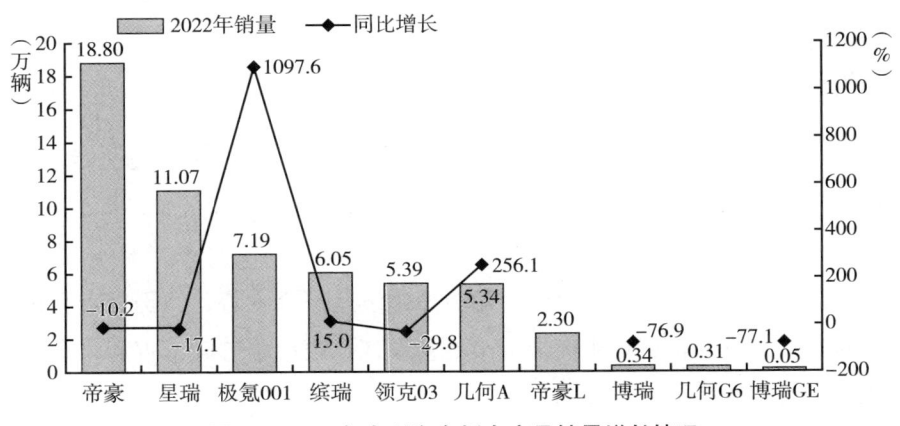

图47 2022年吉利汽车轿车产品销量增长情况

从吉利汽车动力细分轿车产品销量增长来看，2022年吉利汽车轿车的增长主要是新能源产品的贡献（见表37）。

表37 2022年吉利汽车动力细分轿车产品销量增长

单位：辆，%

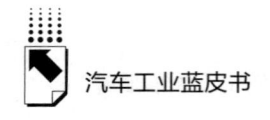

轿车动力细分	2022年销量	2021年销量	同比增长
ICE	387588	461310	-16.0
EV	156542	46911	233.7
PHEV	23498	2303	920.3
HEV	890	—	—
总计	568518	510524	11.4

从吉利汽车乘用车产品结构变化来看，2022年轿车产品占比同比上升2.8个百分点，轿车比重连续两年回升（见图48）。

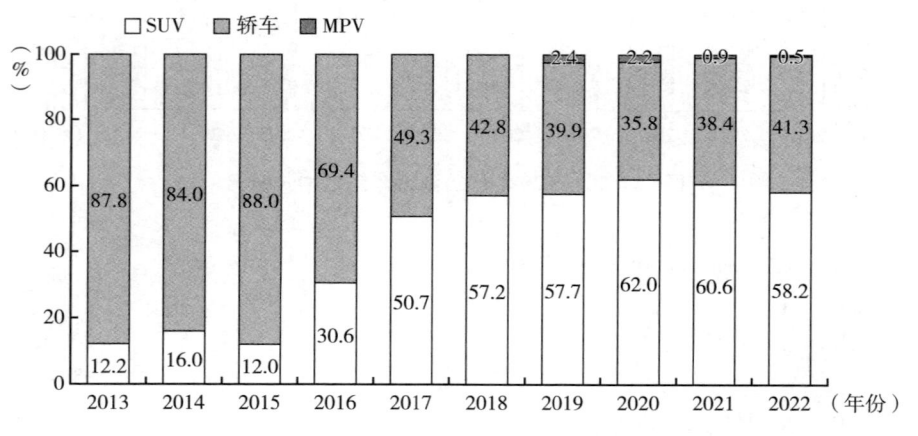

图48 2013~2022年吉利汽车乘用车结构情况

从吉利轿车产品来看，帝豪产品虽然继续呈下降走势，但仍是吉利轿车产品的中坚力量，吉利轿车向上突破的星瑞产品也面临考验，吉利轿车产品在新能源市场的突破，可谓2022年吉利轿车市场的亮点。

5. 长安汽车

2022 年长安汽车实现轿车销售 53.95 万辆，同比增长 76.3%，销量同比增加 23.35 万辆（见图 49），连续三年快速增长。从产品表现来看，主力产品逸动同比增长 3.64%，呈稳步上升态势，奔奔继续保持较强的竞争力，长安 Lumin 新品月度销量也稳定在万辆之上，与奔奔构成了长安在微轿市场的双子星，另外，深蓝 SL03 产品上市量产，且取得不错的销量，也开启了长安新能源产品向上突破的步伐（见图 50）。

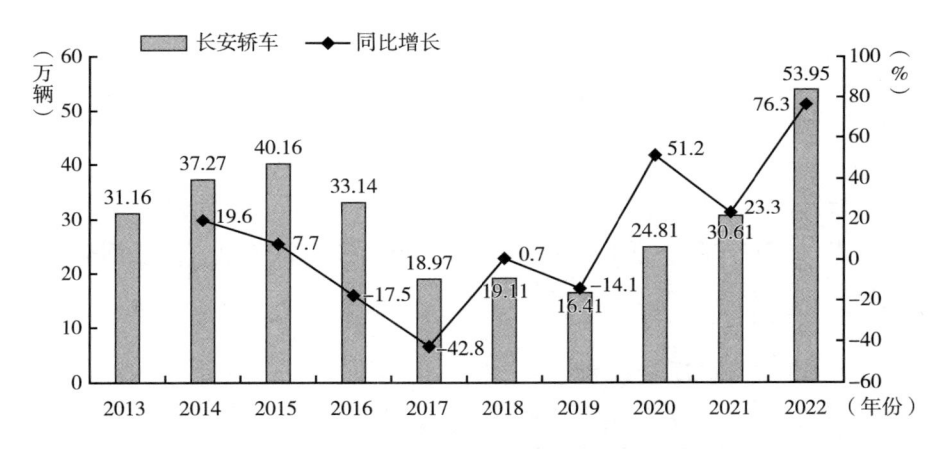

图 49 2013~2022 年长安汽车轿车销量增长情况

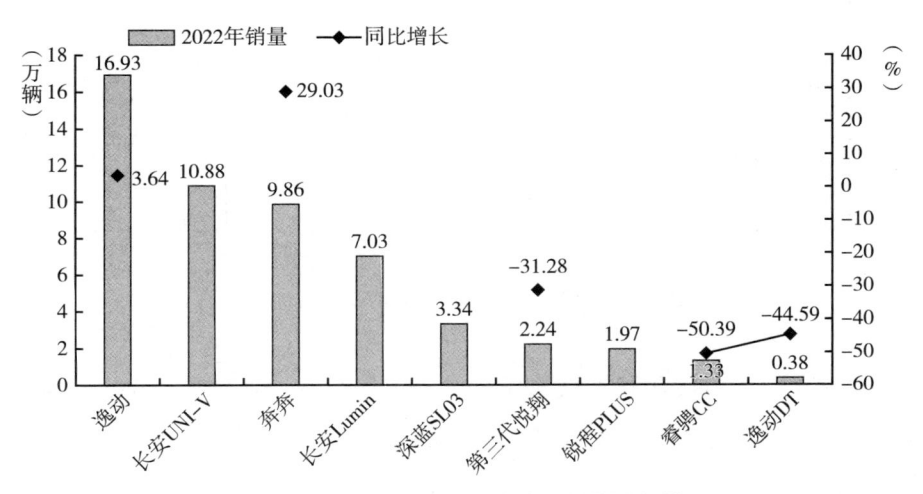

图 50 2022 年长安汽车轿车产品销量增长情况

从长安汽车动力细分轿车产品销量增长来看，2022年长安汽车轿车的增长是燃油产品和新能源产品的双轮驱动，新能源产品表现相对更抢眼（见表38）。

表38　2022年长安轿车动力细分轿车产品销量增长

单位：辆，%

轿车动力细分	2022年销量	2021年销量	同比增长
ICE	315258	215885	46.0
EV	224225	90180	148.6
PHEV	59	0	—
总计	539542	306065	76.3

从长安汽车产品结构变化来看，2022年轿车产品占比同比上升了13.5个百分点，SUV产品比重下降13.3个百分点，长安轿车呈进一步回升的发展态势（见图51）。

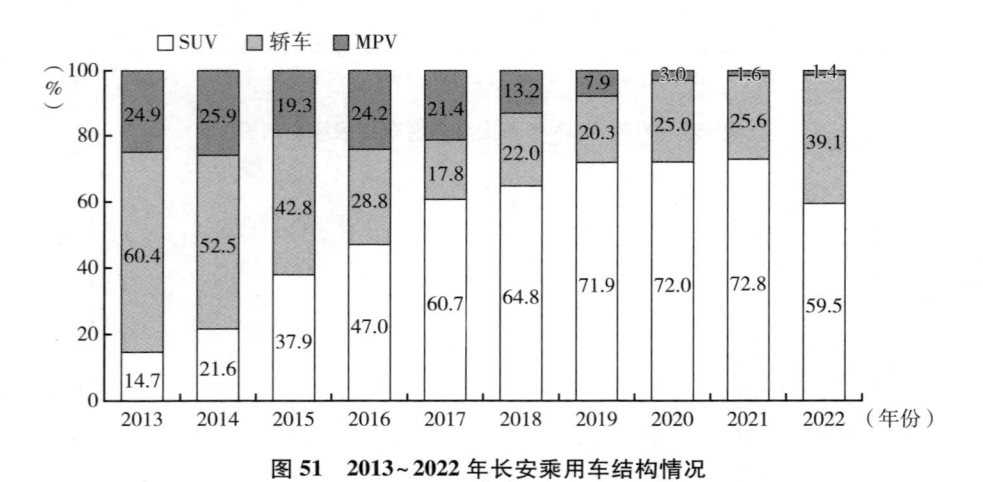

图51　2013～2022年长安乘用车结构情况

总体来看，2022年长安汽车轿车产品市场呈现快速发展态势，得益于老产品与新品的齐头并进，同时，打造爆款产品仍将是长安轿车良性发展的必由之路。

（五）轿车发展存在的问题和建议

2022年，轿车市场呈止跌回升态势，总体来看，主要还是新能源产品的拉动，传统燃油产品表现不够理想。豪华品牌新能源产品转型相对缓慢导致豪华轿车市场连续下滑；合资品牌轿车面临燃油产品老化、更新换代缓慢、新能源产品导入迟缓等问题，产品竞争力明显下降。

2022年新能源市场继续快速发展，新能源产品对传统燃油产品冲击全面呈现，新能源产品发展速度直接影响行业竞争格局。在轿车市场，车企应当积极布局新能源产品，提升新能源产品竞争力，谁走在前列，谁将赢得竞争先机。当然，未来一段时期，燃油轿车依然处于主导地位，加快产品转型升级是确保燃油轿车竞争力的关键所在。

三 2022年SUV发展情况

（一）SUV市场发展分析

1. SUV市场销量情况

由于轿车具有重心低、整备质量小、风阻系数小的先天优势，新能源市场前期以轿车产品投放为主，其在新能源市场中呈垄断地位；随着新能源技术的不断进步，SUV成为不少车企新能源战略的重要发力点，车企努力实现"轿车+SUV"双线平衡发展。2022年SUV市场的新能源开始发力，SUV新能源产品投放数量已远超轿车。

2022年SUV销售1138.6万辆，同比增长12.67%，为狭义乘用车三大类中增幅最高的市场（轿车市场2022年同比增长9.9%，MPV市场同比下滑9.11%）；在狭义乘用车中的比重仍持续增长，且增幅最高，占狭义乘用车的比重由2021年的47.67%上升到48.75%，上升1.09个百分点。

从排量细分国内销量来看，2022年，2.0L以上大排量和新能源为增长市场，其余排量市场下滑。新能源市场为最大增量市场，增量为64.84万辆，同比增长89.07%，市场占比为15.32%，占比提升7.59个百分点；其次为2.5L<排量≤3.0L市场，增量为2.48万辆，同比增长98.67%，市场占比为0.56%，占比提升0.29个百分点；2.0L<排量≤2.5L和排量3.0L以上两个市场基盘较小，基本保持稳定（见表39）。

表39　2022年运动型多用途乘用车（SUV）按排量划分国内销量

排量细分	2022年销量（万辆）	2021年销量（万辆）	同比增长（%）	增量（万辆）	增量贡献度（%）	2022年占比（%）	2021年占比（%）	占比变化（百分点）
0.0L（新能源）	137.63	72.79	89.07	64.84	151.13	15.32	7.73	7.59
1.0L<排量≤1.6L	426.22	517.27	-17.60	-91.05	-212.21	47.44	54.95	-7.51
1.6L<排量≤2.0L	305.53	325.65	-6.18	-20.12	-46.88	34.01	34.59	-0.59
2.0L<排量≤2.5L	24.03	23.10	4.05	0.94	2.18	2.67	2.45	0.22
2.5L<排量≤3.0L	4.99	2.51	98.67	2.48	5.77	0.56	0.27	0.29
3.0L以上	0.02	0.02	28.88	0.01	0.01	0.00	0.00	0.00
SUV总量	898.43	941.34	-4.56	-42.91	100.00	100.00	100.00	0.00

资料来源：根据乘用车上险数据整理。

从各系别表现来看，除日系、韩系外，其余系别均同比增长。自主SUV靠不断完善产品谱系，多元化产品布局，新能源加速渗透，同比增长19.01%，增量为96.42万辆，为SUV中表现最好的系别，贡献度为81.85%；美系在特斯拉Model Y的带动下，同比增长28.47%，增量为24.15万辆，贡献度为20.50%；欧系ABB豪华品牌SUV产品相对坚挺，以及大众ID系列新能源产品，市场相对平稳，同比仅增长4.78%，增量为9.21万辆，贡献度为7.82%；合资自主同比增长13.39%，增量仅为4.67万辆，贡献度为3.97%。

日系、韩系SUV市场占比下滑，2022年销量分别为168.97万辆、15.39万辆，占比分别下滑2.76个、0.74个百分点（见表40）。

中国品牌中，比亚迪汽车靠宋、元等新能源产品优势全面领先，由2021年的自主品牌第六名，跃居为第一名，销量规模达86.35万辆，市场占比为13.42%；长城汽车由2021年的第一名下滑至第二名，销量规模84.51万辆，市场占比为13.14%；长安汽车仅以2.46万辆的差距位居第三，销量规模为82.05万辆，市场占比为12.76%。奇瑞汽车、上汽乘用车、广汽乘用车、上汽通用五菱、合众新能源表现相对较好，增速超过行业平均水平，分别为23.91%、12.12%、80.92%、10.86%、115.10%（见表41）。

表40 2022年SUV车系细分市场表现

车系细分	2022年销量（万辆）	2021年销量（万辆）	同比增长（%）	增量（万辆）	贡献度（%）	2022年占比（%）	2021年占比（%）	占比变化（百分点）
自主	603.71	507.30	19.01	96.42	81.85	53.02	49.70	3.33
日系	168.97	179.64	-5.94	-10.68	-9.06	14.84	17.60	-2.76
欧系	201.97	192.76	4.78	9.21	7.82	17.74	18.88	-1.14
美系	108.97	84.82	28.47	24.15	20.50	9.57	8.31	1.26
合资自主	39.56	34.89	13.39	4.67	3.97	3.47	3.42	0.06
韩系	15.39	21.37	-27.98	-5.98	-5.08	1.35	2.09	-0.74
SVU总量	1138.56	1020.77	11.54	117.79	100.00	100.00	100.00	0.00

表41 2022年中国品牌SUV销量TOP10企业表现

单位：万辆，%

序号	企业简称	2022年销量	2021年销量	同比增速	2022年占比
1	比亚迪汽车	86.35	30.13	186.62	13.42
2	长城汽车	84.51	96.39	-12.32	13.14
3	长安汽车	82.05	86.85	-5.53	12.76
4	奇瑞汽车	81.59	65.85	23.91	12.68
5	吉利汽车	80.14	80.53	-0.49	12.46
6	上汽乘用车	39.51	35.24	12.12	6.14
7	广汽乘用车	38.23	21.13	80.92	5.94
8	上汽通用五菱	22.19	20.01	10.86	3.45
9	一汽集团	18.26	19.60	-6.83	2.84
10	合众新能源	14.99	6.97	115.10	2.33

从企业销量排名来看，2022年SUV销量TOP10企业中，自主品牌由2021年的5家增长至7家，TOP5均为自主品牌，分别为比亚迪汽车、长城汽车、长安汽车、奇瑞汽车、吉利汽车，市场份额分别为7.58%、7.42%、7.21%、7.17%、7.04%，比亚迪、奇瑞汽车市占率增长，分别增长4.63个、0.72个百分点，长城汽车、长安汽车、吉利汽车市占率下滑，分别下滑2.02个、1.30个、0.85个百分点；2家进入TOP10的合资品牌为一汽-大众、上汽大众，2家企业市占率分别为6.67%、3.75%，与2021年相比市占率均呈下滑趋势，分别下滑0.60个、0.53个百分点（见表42）。

表42 2022年中国SUV销量TOP10车企销售情况

车企	2022年销量（万辆）	2021年销量（万辆）	同比增长（%）	2022年占有率(%)	2021年占有率(%)	占比变化（百分点）
比亚迪汽车	86.35	30.13	186.62	7.58	2.95	4.63
长城汽车	84.51	96.39	-12.32	7.42	9.44	-2.02
长安汽车	82.05	86.85	-5.53	7.21	8.51	-1.30
奇瑞汽车	81.59	65.85	23.91	7.17	6.45	0.72
吉利汽车	80.14	80.53	-0.49	7.04	7.89	-0.85
一汽-大众	75.90	74.19	2.31	6.67	7.27	-0.60
特斯拉	45.51	20.01	127.40	4.00	1.96	2.04
上汽大众	42.69	43.69	-2.30	3.75	4.28	-0.53
上汽乘用车	39.51	35.24	12.12	3.47	3.45	0.02
广汽乘用车	38.23	21.13	80.92	3.36	2.07	1.29
SUV总计	1138.56	1020.77	11.54	100.00	100.00	0.00

从SUV产品销量来看，2022年SUV产品销量TOP15产品中，中国品牌产品数量由2021年的4款增加至8款，也首次超过合资产品数量。2021年排名靠前的5款产品中，博越退出TOP15，其余四款产品哈弗H6、本田CR-V、CS75 PLUS、宋仍保持在TOP15行列；元、缤越、MG ZS、长安CS55 PLUS四款产品2022年新进入TOP15产品行列。合资品牌TOP15产品变化较大，昂科威入围TOP15（见图52），丰田XR-V、缤智小型SUV、皓影紧凑型SUV、奥迪Q3、奥迪Q5共5款产品退出TOP15行列。

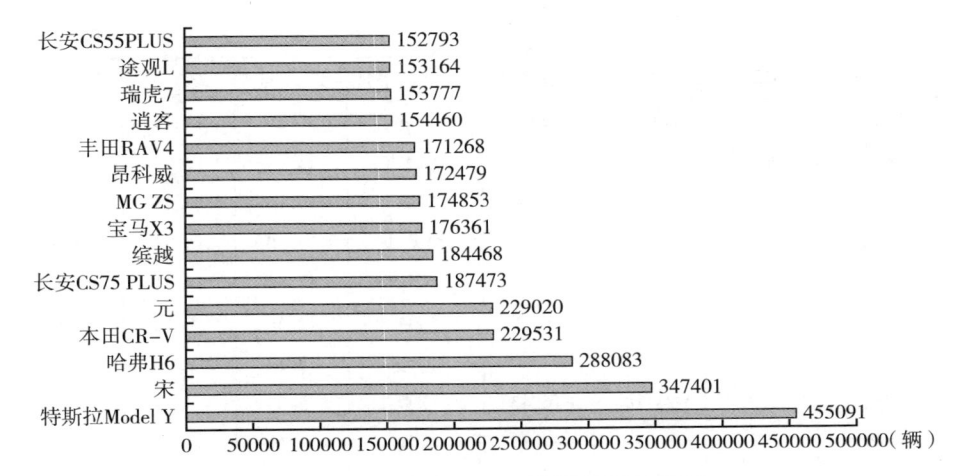

```
长安CS55PLUS    152793
途观L           153164
瑞虎7           153777
逍客            154460
丰田RAV4        171268
昂科威          172479
MG ZS          174853
宝马X3          176361
缤越            184468
长安CS75 PLUS   187473
元              229020
本田CR-V         229531
哈弗H6          288083
宋              347401
特斯拉Model Y   455091
```

图 52　2022 年中国 SUV 产品销量 TOP15

从 2022 年上险数据来看，有 9 个省级市场 SUV 上险增速高于全国 SUV 平均增速，SUV 上险量 TOP10 区域市场排名变化不大，广东仍居第一，同比增幅仅次于浙江，增速为 10.62%；浙江由上年的第三名跃居至第二名，增幅最高，为 14.72%；江苏由上年的第四名跃居第三名，增速为 3.02%；上海由第十名上升至第九名，增速仅次于浙江、广东，为 10.06%；安徽、陕西、北京排名均未发生变化，增速分别为 -2.76%、-3.98%、1.05%；福建由第 16 名跃居至第 15 名，同比增长 3.55%；宁夏位居第 29 名无变化，同比下滑 4.24%（见表 43）。

表 43　中国 SUV 区域市场上险情况

单位：万辆，%

省（区、市）	2022 年	2021 年	同比增长	省（区、市）	2022 年	2021 年	同比增长
广东	107.12	96.84	10.62	河南	45.80	56.75	-19.30
浙江	76.01	66.26	14.72	河北	39.23	45.38	-13.55
江苏	66.90	64.94	3.02	湖北	36.54	38.34	-4.70
山东	59.41	66.90	-11.20	上海	35.53	32.29	10.06
四川	47.93	51.27	-6.52	湖南	32.14	35.21	-8.71

续表

省（区、市）	2022年	2021年	同比增长	省（区、市）	2022年	2021年	同比增长
安徽	29.99	30.84	-2.76	新疆	16.56	22.13	-25.19
陕西	28.93	30.13	-3.98	内蒙古	15.04	17.01	-11.61
云南	26.10	30.00	-13.00	甘肃	13.80	16.28	-15.22
北京	24.36	24.10	1.05	黑龙江	13.69	14.99	-8.64
福建	24.10	23.28	3.55	天津	13.50	14.44	-6.48
辽宁	22.06	23.47	-6.00	吉林	12.56	15.12	-16.98
山西	20.01	21.63	-7.47	海南	8.13	8.99	-9.62
重庆	19.37	23.18	-16.43	宁夏	5.05	5.27	-4.24
江西	19.24	20.77	-7.39	青海	3.29	4.57	-28.14
贵州	17.11	19.45	-12.06	西藏	2.36	3.19	-26.01
广西	16.57	18.30	-9.46	合计	898.43	941.34	-4.56

资料来源：根据上险数据整理。

2. SUV各细分市场发展情况

（1）小型SUV市场

2022年，小型SUV销量182.85万辆，同比下滑5.86%，销量较2021年下滑11.38万辆，规模创历年新低（见图53）。

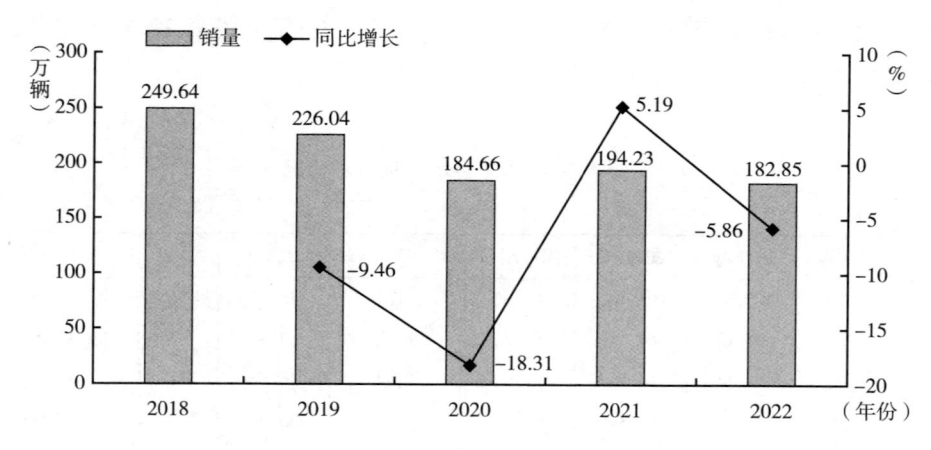

图53 2018~2022年中国小型SUV销量增长情况

从市场占比来看，小型SUV在SUV市场占比下滑至16.06%，较上年下降了2.97个百分点，占比也创历年新低（见图54）。

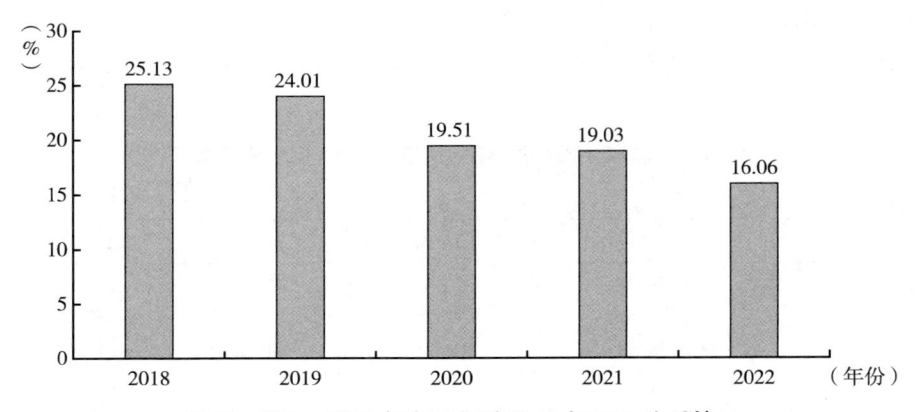

图54 2018~2022年中国小型SUV占SUV比重情况

从能源结构占比来看，2022年新能源占比24.24%，较2021年的13.86%又上升了10.38个百分点，新能源快速扩张（见图55）。

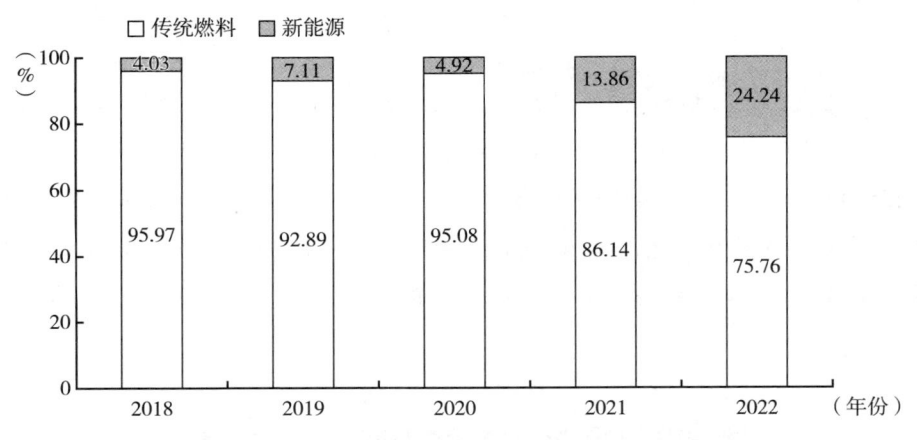

图55 2018~2022年中国小型SUV动力细分结构比重变化

从小型SUV市场车企销量排名来看（见表44），TOP10分别为吉利汽车、奇瑞汽车、上汽乘用车、东风日产、东风本田、一汽大众、广汽本田、合众新能源、长安汽车、长城汽车。合资品牌下滑幅度较大，东风本田2022年销售

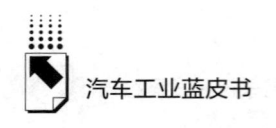

11.16万辆，同比下滑达42.43%，市场排名由第三下滑至第五；其次为广汽本田，2022年销售10.47万辆，同比下滑达40.63%，市场排名由第四下滑至第七。排名第一的吉利汽车主要靠燃油车缤越增量和新能源几何E新车拉动增长，2022年销售27.75万辆，同比增长7.97%，较排名第二的奇瑞汽车高8.21万辆。

表44 2022年中国小型SUV销量TOP10企业销量情况

单位：万辆，%

序号	企业名称	2022年	2021年	同比增长
1	吉利汽车	27.75	25.70	7.97
2	奇瑞汽车	19.54	19.61	-0.36
3	上汽乘用车	18.06	14.22	27.03
4	东风日产	16.33	17.57	-7.08
5	东风本田	11.16	19.38	-42.43
6	一汽大众	11.09	9.88	12.22
7	广汽本田	10.47	17.64	-40.63
8	合众新能源	9.88	4.96	99.10
9	长安汽车	8.80	9.76	-9.89
10	长城汽车	6.83	5.39	26.65

从小型SUV市场产品车型销量排名来看（见表45），TOP10车型依次为缤越、MG ZS、逍客、瑞虎5X、缤智、哪吒V、本田XR-V、探歌、长安CS35PLUS、瑞虎3X。新能源产品哪吒V靠性价比、燃油产品瑞虎3X靠出口成为新晋TOP10产品，上年TOP10的瑞虎3、领克06退出前十。排名首位的缤越靠升级产品缤越COOL销量出现突破，2022年销售18.45万辆，同比增长25.1%。

表45 2022年中国小型SUV销量TOP10车型产品销量情况

单位：万辆，%

序号	车型名称	2022年	2021年	同比增长
1	缤越	18.45	14.74	25.1
2	MG ZS	17.49	14.22	23.0
3	逍客	15.45	15.69	-1.5

续表

序号	车型名称	2022年	2021年	同比增长
4	瑞虎5X	11.49	9.70	18.5
5	缤智	9.91	17.39	-43.0
6	哪吒V	9.88	4.96	99.1
7	本田XR-V	9.42	18.78	-49.8
8	探歌	8.65	6.73	28.5
9	长安CS35PLUS	7.70	8.01	-3.9
10	瑞虎3X	7.36	1.15	541.9

（2）紧凑型SUV市场

2022年紧凑型SUV市场销量579.87万辆，同比增长10.23%，销量同比增加53.81万辆（见图56），销量止跌回升，在SUV市场占比为50.93%，较上年下降0.61个百分点（见图57），在中大型及豪华市场挤压下占比持续下滑，但仍保持一半份额。

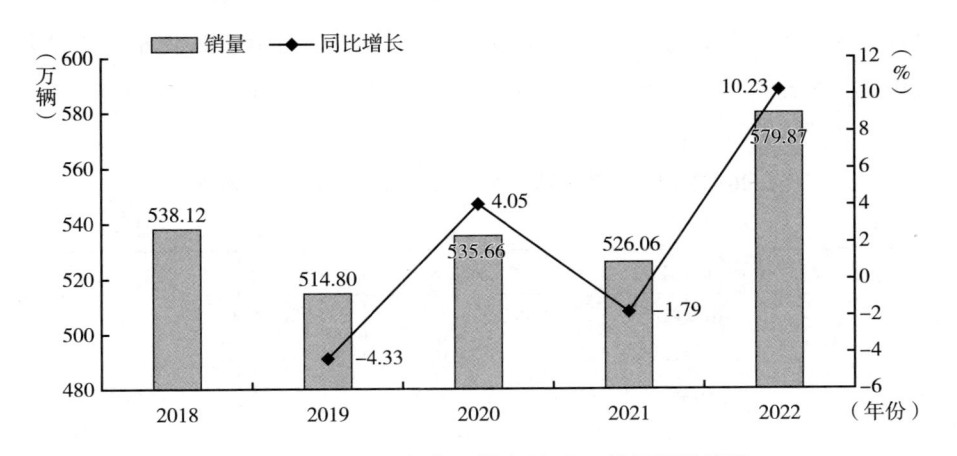

图56 2018~2022年中国紧凑型SUV销量增长情况

从紧凑型SUV市场车企销量排名来看，TOP10分别为比亚迪汽车、长安汽车、长城汽车、奇瑞汽车、吉利汽车、一汽丰田、广汽乘用车、广汽丰田、一汽大众、东风本田。比亚迪汽车凭借王朝、军舰、海洋系列新能源产品快

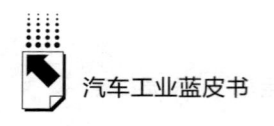

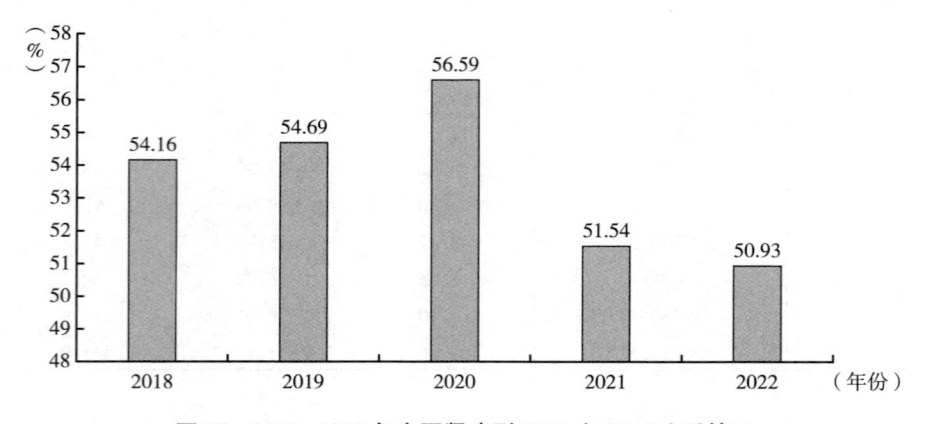

图 57　2018~2022 年中国紧凑型 SUV 占 SUV 比重情况

速布局，抢占市场份额，由上年的第八名提升至第一名，销量为 68.37 万辆，同比增幅达 240.36%。长城汽车以哈弗 H6 为首的产品，在合资 ICE 及自主新能源产品挤压下，均出现不同程度的下滑，长城汽车销量排名由上年的第一下滑至第三，销量为 57.61 万辆，同比下滑 25.00%。广汽丰田靠燃油车新产品锋兰达、威飒和新能源新产品 bZ4X，销量增幅仅次于比亚迪汽车，2022 年销售 27.25 万辆，同比增长 112.71%，为新晋 TOP10 企业（见表 46）。

表 46　2022 年中国紧凑型 SUV 销量 TOP10 企业销量情况

单位：万辆，%

序号	企业名称	2022 年	2021 年	同比增长
1	比亚迪汽车	68.37	20.09	240.36
2	长安汽车	68.15	71.77	-5.04
3	长城汽车	57.61	76.81	-25.00
4	奇瑞汽车	55.30	41.24	34.10
5	吉利汽车	33.42	45.28	-26.18
6	一汽丰田	30.59	19.97	53.23
7	广汽乘用车	28.92	15.77	83.43
8	广汽丰田	27.25	12.81	112.71
9	一汽大众	25.96	26.15	-0.72
10	东风本田	22.95	21.38	7.36

从紧凑型SUV市场产品车型销量排名来看，TOP10分别是宋、哈弗H6、本田CR-V、元、长安CS75PLUS、昂科威、丰田RAV4、瑞虎7、长安CS55PLUS、威兰达。其中，元、瑞虎7、昂科威为新晋前十产品，元为纯电动产品。上年TOP10的3款产品退出前十，分别为博越、皓影、欧尚X5。宋靠DIM及EV产品组合，由上年排名第五跃居为第一，2022年销售34.74万辆，同比增长达72.95%（见表47）。

表47 2022年中国紧凑型SUV销量TOP10车型产品销量情况

单位：万辆，%

序号	车型名称	2022年	2021年	同比增长
1	宋	34.74	20.09	72.95
2	哈弗H6	28.81	37.04	-22.23
3	本田CR-V	22.95	21.38	7.36
4	元	20.21	0.00	—
5	长安CS75PLUS	18.75	20.80	-9.88
6	昂科威	17.25	14.65	17.75
7	丰田RAV4	17.13	19.97	-14.22
8	瑞虎7	15.38	9.13	68.37
9	长安CS55PLUS	15.28	13.89	10.00
10	威兰达	14.26	12.81	11.34

（3）中型SUV市场

2022年中型SUV销量157.45万辆，同比增长35.98%，销量减少41.66万辆（见图58），连续3年增长，规模处于历史最高水平。

从市场占比来看，2022年中型SUV在SUV市场的占比为13.83%，较2021年增长2.49个百分点，为SUV市场占比增幅最大市场（见图59）。

从中型SUV市场车企销量排名来看，TOP10分别为上汽大众、吉利汽车、比亚迪汽车、一汽集团、长安福特、广汽丰田、江淮汽车、金康新能源汽车、奇瑞汽车、广汽乘用车。金康新能源汽车在华为技术加持下，通过问

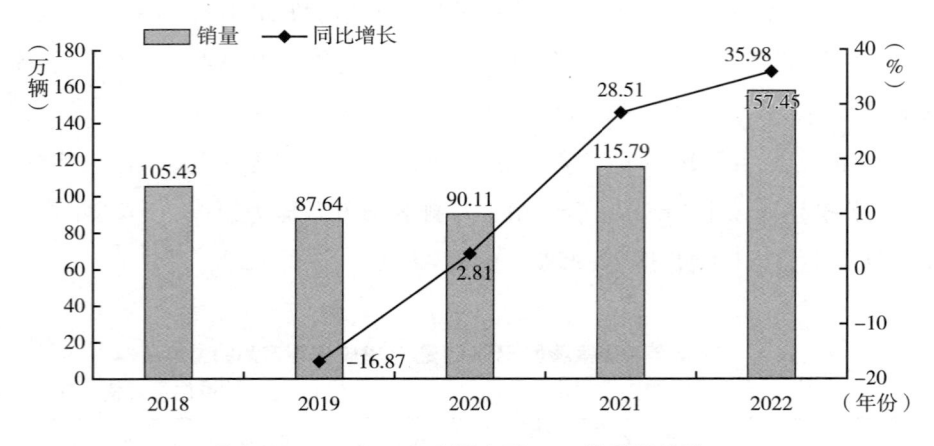

图 58　2018~2022 年中国中型 SUV 销量增长情况

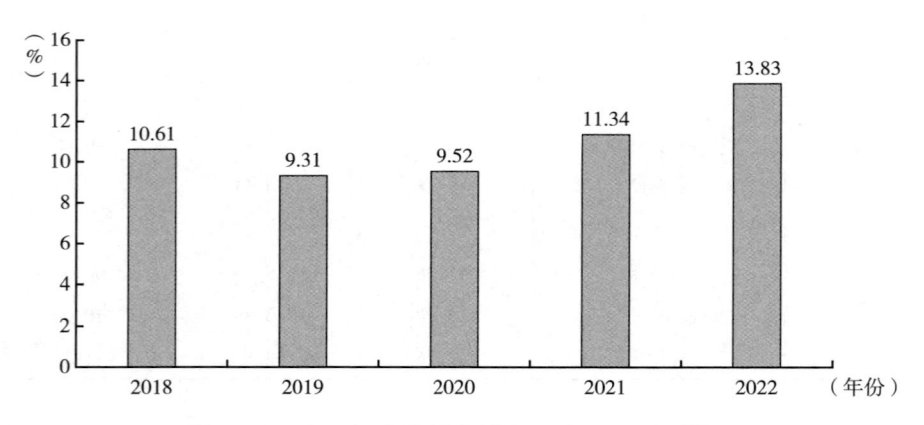

图 59　2018~2022 年中国中型 SUV 占 SUV 比重情况

界 M5 和问界 M7 两款产品，2022 年实现 7.81 万辆销量，同比增幅达 816.93%，成为 TOP10 中增幅最大企业；在丰田的技术支持下，广汽乘用车 GS8 通过 HEV 动力实现销量大幅提升，成为 TOP10 中增速仅次于金康新能源汽车的企业，2022 年销售 6.15 万辆，同比增幅达 258.59%；上汽大众靠途观 L 一款产品维持市场地位，目前仍处于第一位，但市场已出现下滑趋势，2022 年销售 17.27 万辆，同比下滑 8.12%（见表 48）。

表48　2022年中国中型SUV销量TOP10企业销量情况

单位：万辆，%

序号	企业名称	2022年	2021年	同比增长
1	上汽大众	17.27	18.80	-8.12
2	吉利汽车	16.56	9.22	79.60
3	比亚迪汽车	15.28	5.90	159.06
4	一汽集团	14.38	13.86	3.76
5	长安福特	9.34	3.59	160.03
6	广汽丰田	8.75	10.77	-18.74
7	江淮汽车	7.98	7.52	6.05
8	金康新能源汽车	7.81	0.85	816.93
9	奇瑞汽车	6.75	4.99	35.15
10	广汽乘用车	6.15	1.72	258.59

从中型SUV市场产品车型销量来看，2022年TOP10分别为途观L、唐、红旗HS5、星越L、汉兰达、福特EVOS、传祺GS8、问界M5、皇冠陆放、哈弗神兽。其中福特EVOS、传祺GS8、问界M5、皇冠陆放、哈弗神兽为新晋TOP10产品。问界M5通过EV和PHEV产品组合，在华为技术加持下，成为增长最快的产品，2022年销售5.69万辆，同比增幅达16051.99%；蔚来ES6、冠道、豪越、长安UNI-K、昂科旗退出前十。TOP5排名顺序发生变化，途观L仍为第一名，但销量出现下滑，2022年销售15.32万辆，同比下滑2.55%；唐由第四名上升至第二名，2022年销售15.08万辆，同比增长178.27%（见表49）。

表49　2022年中国中型SUV销量TOP10车型产品销量情况

单位：万辆，%

序号	车型名称	2022年	2021年	同比增长
1	途观L	15.32	15.72	-2.55
2	唐	15.08	5.42	178.27
3	红旗HS5	14.01	13.16	6.45
4	星越L	13.14	5.35	145.70

续表

序号	车型名称	2022年	2021年	同比增长
5	汉兰达	8.75	10.77	-18.74
6	福特EVOS	6.47	0.43	1403.11
7	传祺GS8	5.75	1.50	283.73
8	问界M5	5.69	0.04	16051.99
9	皇冠陆放	5.63	2.59	117.36
10	哈弗神兽	4.76	0.67	606.70

（4）大型SUV市场

2022年大型SUV销量31.19万辆，同比增长37.02%（见图60），市场规模连续3年增长。在SUV市场占比2.74%，同比上升0.51个百分点（见图61）。

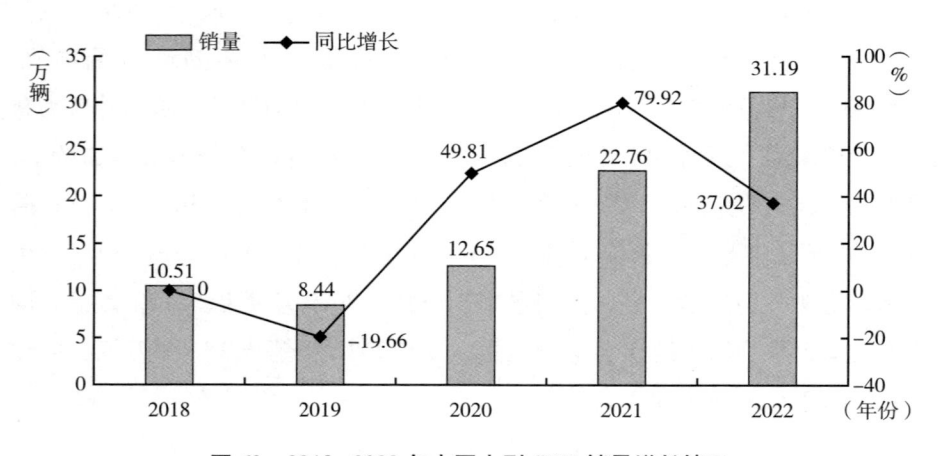

图60　2018~2022年中国大型SUV销量增长情况

大型SUV市场目前仅10家车企参与竞争（见表50），分别为理想、上汽大众、一汽大众、吉利汽车、长安福特、江淮汽车、一汽集团、上汽大通、小鹏汽车、上汽乘用车。理想位居首位，理想L8和理想L9代替理想ONE，达到"1+1＞2"的效果，2022年理想销售13.32万辆，同比增长47.25%。

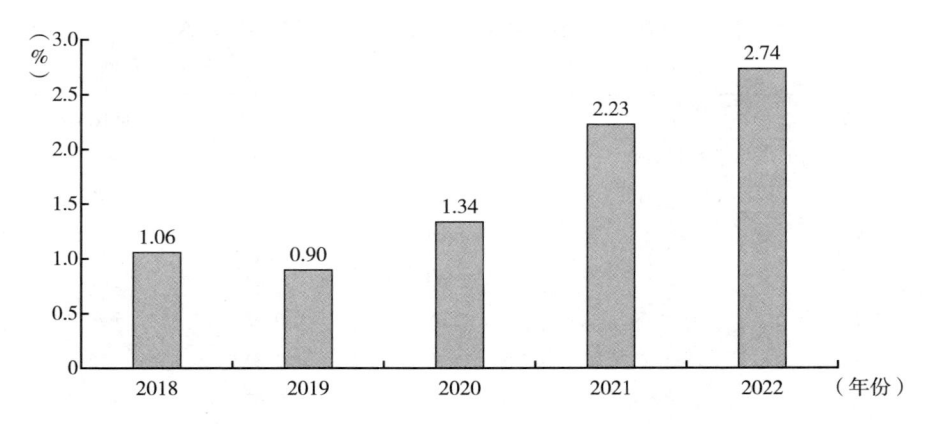

图 61　2018~2022 年中国大型 SUV 占 SUV 比重情况

表 50　2022 年大型 SUV 各企业销量情况

单位：万辆，%

序号	企业名称	2022 年	2021 年	同比增长
1	理想	13.32	9.05	47.25
2	上汽大众	6.38	3.96	61.04
3	一汽大众	2.69	1.63	65.72
4	吉利汽车	2.41	0.33	626.77
5	长安福特	1.90	2.86	-33.50
6	江淮汽车	1.58	2.09	-24.73
7	一汽集团	1.45	2.06	-29.44
8	上汽大通	0.79	0.78	1.51
9	小鹏汽车	0.64	0.00	—
10	上汽乘用车	0.02	0.00	—

资料来源：根据中国汽车工业协会数据整理。

从大型 SUV 市场车型销量排名来看（见表 51），TOP10 依次为理想 ONE、途昂、理想 L9、揽境、领克 09、探险者、蔚来 ES8、理想 L8、途昂 X、红旗 HS7。其中理想 L8、理想 L9、途昂 X 为新晋十强产品，理想 ONE 停产并由理想 L8 和理想 L9 代替，因此市场出现下滑，2022 年销售 7.85 万辆，同比下滑 13.25%；除理想外其余产品表现均一般。

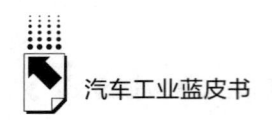

表51　2022年中国大型SUV销量TOP10车型产品销量情况

单位：万辆，%

序号	车型名称	2022年	2021年	同比增长
1	理想ONE	7.85	9.05	-13.25
2	途昂	4.86	3.96	22.65
3	理想L9	3.93	0.00	—
4	揽境	2.69	1.63	65.72
5	领克09	2.41	0.33	626.77
6	探险者	1.90	2.86	-33.50
7	蔚来ES8	1.58	2.09	-24.73
8	理想L8	1.55	0.00	—
9	途昂X	1.52	0.00	—
10	红旗HS7	0.81	1.51	-46.17

（5）豪华SUV市场

2022年豪华SUV销量168.68万辆，同比增长15.8%，销量同比增加22.97万辆（见图62），在SUV市场中占比为14.8%，增加0.5个百分点（见图63）。

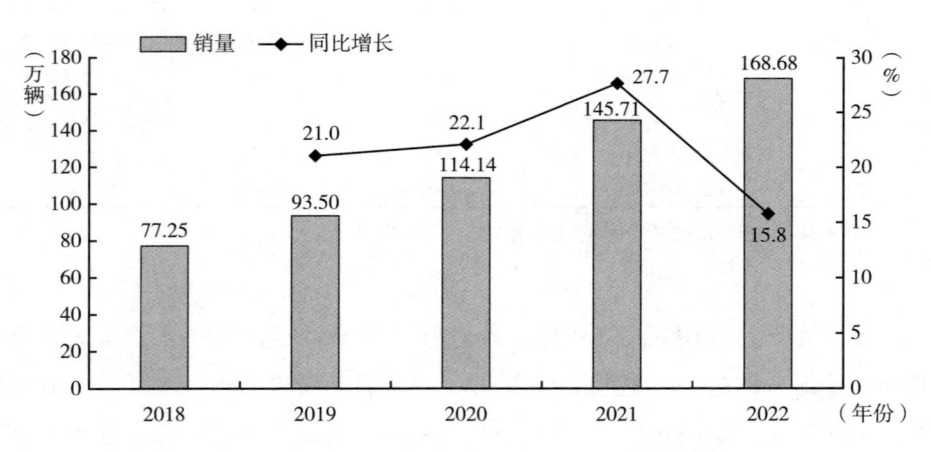

图62　2018~2022年中国豪华SUV销量增长情况

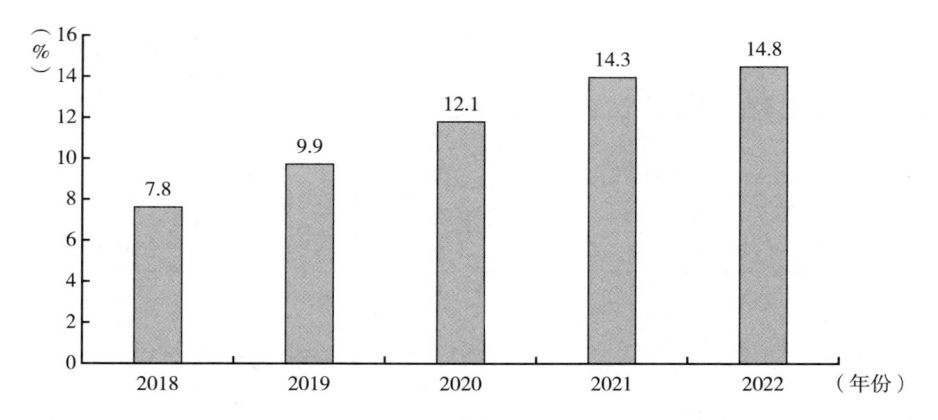

图 63 2018~2022 年中国豪华 SUV 占 SUV 比重情况

从豪华 SUV 市场车企销量排名来看，TOP10 为特斯拉、华晨宝马、一汽大众、北京奔驰、上汽通用、大庆沃尔沃、长安福特、奇瑞捷豹路虎、英菲尼迪、上汽大众。特斯拉靠一款产品一骑绝尘，迅速超越华晨宝马成为市场第一，2022 年销售 45.51 万辆，同比增长 127.40%，未来价格有可能继续下探，奥迪、奔驰、宝马品牌面临较大压力；华晨宝马靠宝马 X5 国产带来销量增长，2022 年销售 33.50 万辆，同比增长 14.92%，位居市场第二；一汽大众产品均出现了不同程度的下滑，2022 年共销售 32.74 万辆，同比下滑 7.76%，位居市场第三；北京奔驰位居市场第四，2022 年销售 24.61 万辆，同比增长 5.22%（见表 52）。

表 52 2022 年中国豪华 SUV 销量 TOP10 企业销量情况

单位：万辆，%

序号	企业名称	2022 年	2021 年	同比增长
1	特斯拉	45.51	20.01	127.40
2	华晨宝马	33.50	29.15	14.92
3	一汽大众	32.74	35.49	-7.76
4	北京奔驰	24.61	23.39	5.22
5	上汽通用	11.47	13.85	-17.21
6	大庆沃尔沃	11.16	10.07	10.88

续表

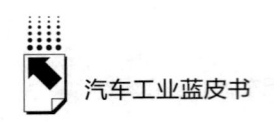

序号	企业名称	2022年	2021年	同比增长
7	长安福特	5.96	8.85	-32.71
8	奇瑞捷豹路虎	3.00	3.71	-19.22
9	英菲尼迪	0.29	0.61	-51.31
10	上汽大众	0.25	0.00	#DIV/0!

从豪华SUV市场车型销量排名来看，TOP10依次为特斯拉Model Y、宝马X3、奔驰GLC级、奥迪Q3、奥迪Q5、沃尔沃XC60、宝马X1、奔驰GLB、宝马X5、凯迪拉克XT5。特斯拉Model Y表现强劲，2022年销售45.51万辆，同比增幅达127.40%，较第二销量多出27.87万辆。宝马X5国产后销量表现不错，2022年销售5.82万辆（见表53）。

表53　2022年中国豪华SUV销量TOP10车型产品销量情况

单位：万辆，%

序号	车型名称	2022年	2021年	同比增长
1	特斯拉Model Y	45.51	20.01	127.40
2	宝马X3	17.64	17.32	1.85
3	奔驰GLC级	15.00	14.00	7.11
4	奥迪Q3	14.74	15.14	-2.65
5	奥迪Q5	14.16	14.94	-5.22
6	沃尔沃XC60	9.42	8.94	5.33
7	宝马X1	8.19	9.51	-13.84
8	奔驰GLB	5.88	5.38	9.29
9	宝马X5	5.82	0.00	—
10	凯迪拉克XT5	5.47	5.30	3.23

（二）新产品分析

随着电气化的渗透，用户对新能源产品的品质要求逐渐提升，新品上市降速提质。2022年SUV市场上市60款新品，较2021年的68款减少了8款（见表54）。其中合资品牌投放了20款，与2021年持平，中国品牌（含合资自主）SUV产品投放40款，较2021年的48款减少8款。新品共实现销售91万辆，较2021年新品销售57万辆增加了34万辆，新品单品销量提升明显。

表54　2021~2022年SUV系别新品投放数量

单位：款

品牌	2022年	2021年
合资品牌	20	20
中国品牌（含合资自主）	40	48
合计	60	68

2022年SUV新品销量排名前五的分别是：广汽丰田的锋兰达，实现销售99399辆，位居新品销量第一；比亚迪汽车的宋PLUS，实现销售94140辆，位居第二；其次依次为一汽丰田的卡罗拉锐放，销量为87753辆；华晨宝马的宝马X5，销量为58243辆，长安汽车的欧尚Z6，销量达到48040辆，分别位列第四、五位。

2022年，车长在4.40米及以下的小型SUV新品有7款，4.40~4.70米的紧凑型SUV新品有28款，4.70~5.00米的中型SUV新品有14款，5.00米以上的大型SUV新品有6款，豪华品牌有6款，越野SUV 4款，新品投放主要集中在紧凑型SUV和中型SUV市场，特别是紧凑型SUV市场新品投入最多。

从目前市场了解情况来看，2023年SUV新品投放数量较2022年多，预计新品（包含新能源）投放数量将高达78款左右。

（三）SUV进出口情况

1. SUV进口情况

2022年，SUV进口38.80万辆，同比增长4.2%（见图64）。进口车缺货问题得到改善，同时在燃油车购置税减半优惠刺激下，2022年SUV产品进口市场止跌反弹。

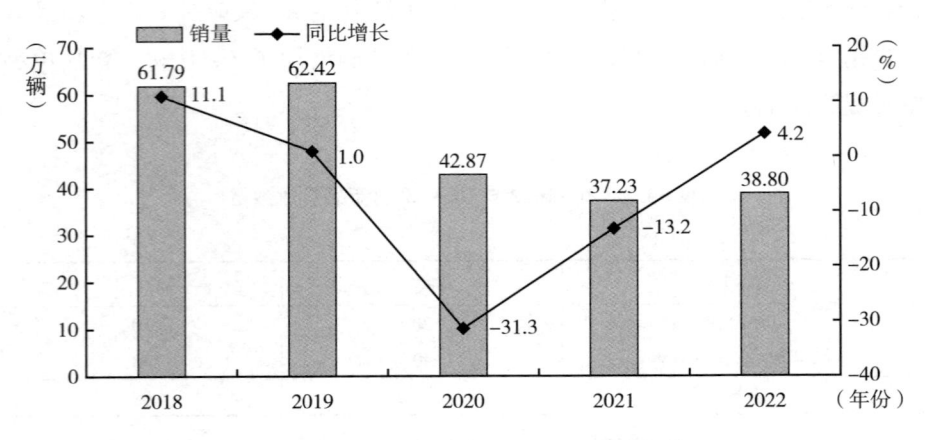

图64 2018~2022年中国SUV进口及增长情况

资料来源：根据上险数据整理。

2. SUV出口情况

2022年SUV出口1807375辆，在国内外疫情影响下，出口市场保持高增长，同比增速高达63.09%。出口量TOP10企业中，奇瑞汽车2022年SUV出口量为407167辆，同比增长71.27%，排名仍居首位，其中瑞虎7为出口量最大产品，2022年出口101061辆，同比增长103.80%，占奇瑞汽车SUV出口总量的24.82%；上汽乘用车位居第二，2022年出口量为280935辆，同比增长34.89%，主要是MG ZS和MG HS等产品带来的增长，2022年出口量分别为168174辆、79968辆，同比增速分别为30.97%、16.68%；吉利汽车位居第三，SUV出口184586辆，同比增长高达62.87%，主销产品为缤越、博越，2022年出口量分别为85362辆、42526辆，同比增长52.48%、27.39%，占吉利汽车SUV出口总量的69.28%；比亚迪汽车为新进入TOP10企业，由2021年的第21名跃居至第10名，2022年出口量为45716辆，同比增长1180.56%，出口产品主要为元PLUS（见表55）。

表55 中国SUV出口量TOP10企业排名

单位：辆，%

企业	2022年	2021年	同比增长
奇瑞汽车	407167	237728	71.27
上汽乘用车	280935	208268	34.89
吉利汽车	184586	113335	62.87
特斯拉	139777	30278	361.65
上汽通用五菱	134723	101972	32.12
长城汽车	122117	99194	23.11
长安汽车	79017	48042	64.47
上汽通用	64897	49693	30.60
易捷特新能源	63709	36667	73.75
比亚迪汽车	45716	3570	1180.56
总计	1807375	1108219	63.09

（四）部分重点生产企业

1. 比亚迪汽车

2022年比亚迪SUV实现销量86.35万辆，同比增长186.6%，呈快速增长，创2013年以来SUV销量新高（见图65），从产品来看，燃油车基本完

图65 2013~2022年比亚迪SUV市场销量增长情况

153

成清库，EV 和 PHEV 市场表现均比较出色，EV 市场销售 321259 辆，同比增长 323.4%，其中元贡献 71.29% 销量，销售 229020 辆，同比增长 453.2%；PHEV 市场销售 538693 辆，同比增长 307.0%，其中宋贡献 54.24% 销量，销售 292192 辆，同比增长 267.5%（见表 56）。

表 56　2021~2022 年比亚迪 SUV 产品销量增长情况

单位：辆，%

产品类型	2022 年	2021 年	同比增长
EV	321259	75879	323.4
元	229020	41402	453.2
宋	51704	29340	76.2
唐	25145	5062	396.7
宋 PLUS	15390	—	—
腾势 X	0	75	-100.0
PHEV	538693	132368	307.0
宋	292192	79508	267.5
唐	125687	48152	161.0
宋 PLUS	78750	—	—
宋 pro	40084	—	—
护卫舰 07	1805	—	—
腾势 X	175	4708	-96.3
GAS	3505	93012	-96.2
宋	3505	92022	-96.2
唐	0	990	-100.0

从比亚迪产品结构变化来看，2022 年 SUV 产品结构占比为 46.4%，同比增长了 5.4 个百分点，轿车产品结构比重为 52.2%，下降了 3.7 个百分点，MPV 产品结构比重为 1.4%，下降了 1.7 个百分点（见图 66）。

伴随着新能源汽车市场的蓬勃发展，比亚迪成为其中的佼佼者。比亚迪拥有大多数新能源汽车都不具备的生态优势，无论是动力电池还是整个电动机，包括整个市场的发展和生产，比亚迪都远超其他企业。另外，比亚迪靠其先进入优势，产品布局较完善，无论是什么样需求的消费者都可以在比亚

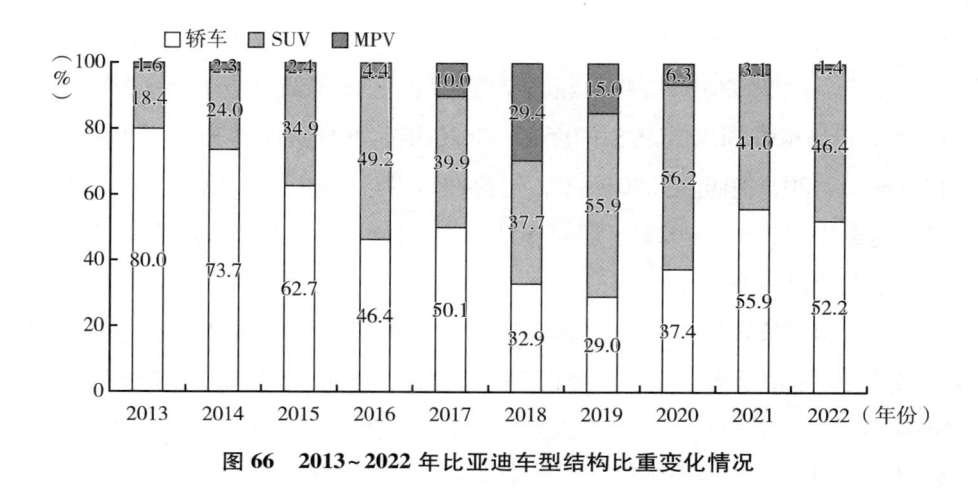

图 66 2013~2022 年比亚迪车型结构比重变化情况

迪找到适合自己的产品。再加上比亚迪当前在全球市场实现了多点开花，整个海外销售也显得非常好，最终的结果就是比亚迪整体的市场优势帮助其实现了快速的增长。

2. 长城汽车

2022 年长城汽车实现汽车销售 1067523 辆，同比下滑 16.66%。其中，SUV 销售 845129 辆，同比下滑 7.43%。轿车市场主要受白猫、黑猫等欧拉系列新能源产品的拉动，同比下滑 73.58%。SUV 产品占比 79.17%，较 2021 年的 71.27% 上升 7.90 个百分点（见图 67）。

SUV 产品中，哈弗品牌销售 616550 辆，同比下滑 19.93%，销量净减 153458 辆，主要是哈弗 M6、哈弗 F6 销量下滑。哈弗品牌销量占比由上年的 84.34% 下滑到 70.00%，净减 14.34 个百分点。常年居于榜首的哈弗 H6，在合资下压、新能源抢夺市场的环境下，销量下滑。2017 年推出 WEY 品牌，2022 年销售 36381 辆，同比下滑 74.55%，销量净减 106570 辆，成为长城 SUV 市场下滑幅度最大的品牌。欧拉为长城汽车的新能源品牌，轿车市场的黑猫、白猫停产，销量明显下滑，2022 年分别销售 21634 辆、4187 辆，同比分别下滑 65.93%、79.68%。好猫为 2020 年 12 月上市的小型 SUV，因其可爱小巧的造型，受到不少女性消费者欢迎，2022 年销售 68317

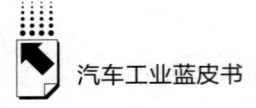

辆，同比增长34.14%。

坦克品牌为长城2021年新进入品牌，主打越野市场，2022年销售123881辆。越野SUV市场集中度高，2020年前以合资品牌为主，产品价格相对较高，2021年坦克300上市，定价在20万~25万元，以较低的价格满足真越野用户需求。2022年坦克500上市，定位中大型豪华越野SUV，进一步拓宽产品谱系。

SUV仍是长城汽车聚焦的战略市场，哈弗H6仍为其排名第一产品，但销量仍呈大幅下滑趋势。2022年销售288083辆，同比下滑22.23%；哈弗M6和哈弗F7为主要减量产品，在消费升级趋势下，哈弗M6和哈弗F7市场下滑，分别下滑41207辆、42356辆。预计未来长城产品迭代实现产品上移，新款车数量增加，除燃油外布局HEV及PHEV动力，横向拓宽车型系列。

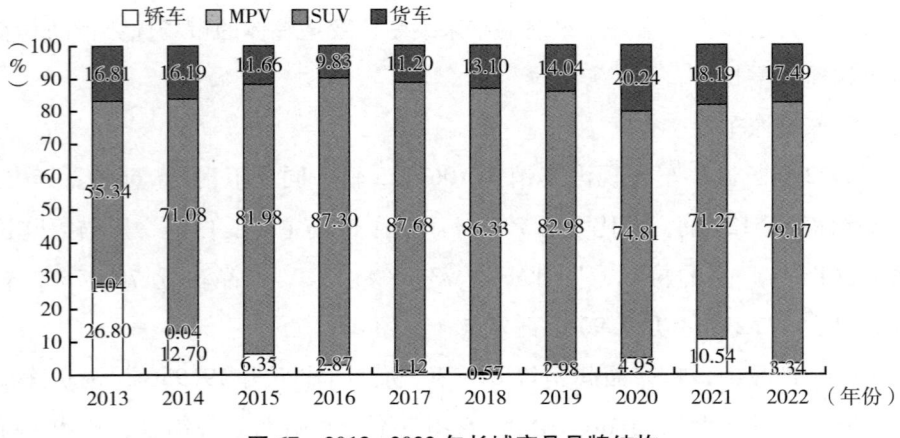

图67 2013~2022年长城产品品牌结构

3. 长安汽车

2022年长安汽车销售1697415辆，同比增长11.49%，其中，SUV销售820521辆，同比下滑5.53%。SUV产品占比由2021年的57.05%下降为48.34%，净减8.71个百分点（见图68）。

2022年长安品牌实现销售599189辆，同比下滑9.20%。CS75PLUS和CS55PLUS为销量TOP2产品，销量占比达56.79%，其中CS75PLUS 2022年

销售187473辆，同比下滑9.88%，CS55PLUS销售152793辆，同比增长10.00%，长安UNI-T销量下滑明显，2022年销售59104辆，同比下滑达29.31%，成为下滑幅度最大产品。

欧尚品牌在欧尚X7的拉动下，实现销售221332辆，同比增长6.10%。2022年欧尚X7销售60457辆，同比增长17.11%。欧尚X5仍为销量第一产品，但销量出现下滑，2022年销售97645辆，同比下滑24.03%。

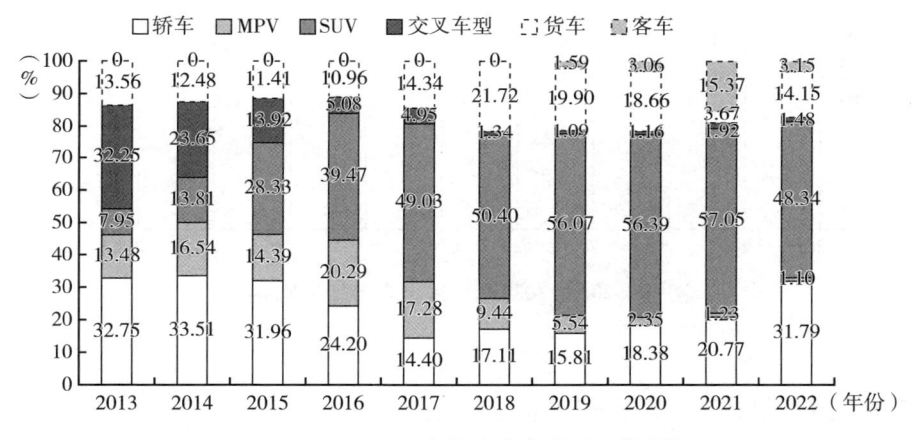

图68 2013~2022年长安汽车产品品牌结构

4. 一汽大众

2022年一汽大众实现销售1801577辆，同比微增0.04%，其中，SUV销售758960辆，同比增长2.31%，SUV产品占比由2013年的9.32%增长至42.13%，增长32.81个百分点（见图69）。

在SUV市场中，大众品牌SUV市场规模超越奥迪品牌，2022年大众品牌销售332226辆，同比增长25.30%。除探影外，所有产品均呈增长趋势，销量TOP3产品探越、探歌、大众ID.4CROZZ分别销售99704辆、86499辆、45528辆，增速分别为1.17%、28.54%、69.55%。奥迪品牌销量出现下滑，2022年销售326493辆，同比下滑7.60%。除新品奥迪Q4e-tron外，其余产品全线下滑，TOP3产品奥迪Q3、奥迪Q5、奥迪Q2销量分别为147399辆、141582辆、29122辆，同比分别下滑2.65%、5.22%、40.26%。捷达品牌

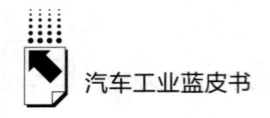

无新品进入，目前仍只有捷达 VS5 和捷达 VS7 两款产品，为 2022 年下滑幅度最大品牌。2022 年捷达销售 100241 辆，同比下滑 18.73%。捷达 VS5 和捷达 VS7 销量分别为 71846 辆、28395 辆，分别同比下滑 13.24%、29.94%。

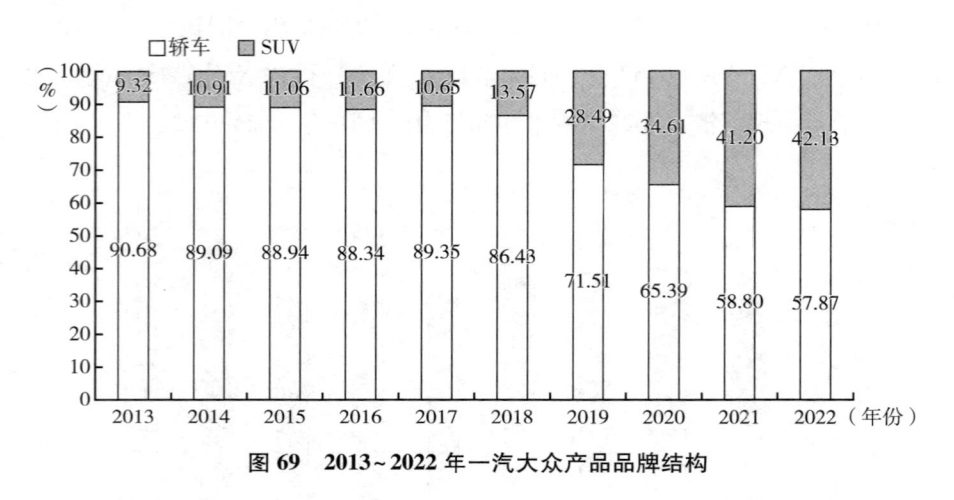

图 69　2013~2022 年一汽大众产品品牌结构

（五）SUV 发展存在的问题和建议

SUV 市场的发展经历了以下三个阶段。

第一个阶段是爆发期。2001~2002 年，那时候 SUV 刚进入中国，这期间以专业 SUV 为主，车型较少，市场容量也较低，那时候，大街小巷跑的都是小轿车，2004 年，随着东风本田的 CRV 上市，SUV 开始正式进入中国人的生活，中国的 SUV 市场就此起步，并且迅速爆发式增长，成为增长最快且最有发展潜力的最大最红的细分市场。

第二个阶段是多元化时期。随着合资品牌的进入和消费的升级，消费者更加理性，小型 SUV 市场开始下滑，中国品牌低质低价的产品开始被市场迅速淘汰，SUV 市场也迎来了其结构调整的关键时期。中国品牌也看到了这种调整趋势，近年来，各汽车企业紧跟汽车技术变革和用户需求变化的新趋势，通过尺寸、风格、动力、定价等产品特征的变化，拓展已有细分市场，形成多样化产品矩阵。市场进一步细分，精细化运营将成为制胜关键。

第三个阶段是动力转型期。由于轿车具有重心低、整备质量小、风阻系数小的先天优势,新能源市场前期以轿车产品投放为主,轿车在新能源市场中呈垄断地位。2022年,轿车市场新能源渗透率为32.3%,SUV市场新能源渗透率仅为25.1%。随着新能源技术的不断进步,SUV成为不少车企新能源战略的重要发力点,车企将实现"轿车+SUV"双线平衡发展。2022年SUV新能源产品投放数量已远超轿车。

随着价格竞争、产品差异化、电动化、智能化、共享化等新模式共同促使SUV市场发生巨大变化。自主品牌通过近几年的沉淀,以及不断的摸索和创新,生产了差异化的产品满足市场消费升级及多元化需求。未来,自主品牌在中国市场的地位将持续提升。关注技术创新,为汽车企业发展提供核心竞争力支撑。

车企通过技术创新来进一步提升SUV市场占有率,同时,围绕电动化、智能化趋势,针对SUV车型的使用特点,重点培育产品新的优势,通过不断提升节能技术水平消除SUV车型高油耗的用户痛点,通过信息化、智能化技术水平提升,满足SUV用户对更高安全性以及人性化的需求。

四 2022年MPV发展情况

(一)MPV市场发展分析

1. 2022年MPV市场销量

2022年,MPV市场销售107.1万辆,同比下降8.9%(见图70),销量下降10.5万辆,占狭义乘用车市场比重为4.6%,占比下降0.9个百分点(见图71),MPV市场规模从近250万辆降至107万辆。

从MPV动力细分市场销量来看,ICE大幅下滑,EV、PHEV、HEV均快速增长;ICE占比79.9%,HEV占比11.7%,EV占比5.7%,PHEV占比2.7%,ICE依然占据主导地位。新能源产品及混合动力产品的快速增长并未抑制MPV整体规模的下降趋势。

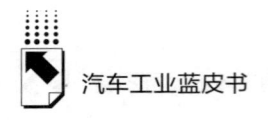

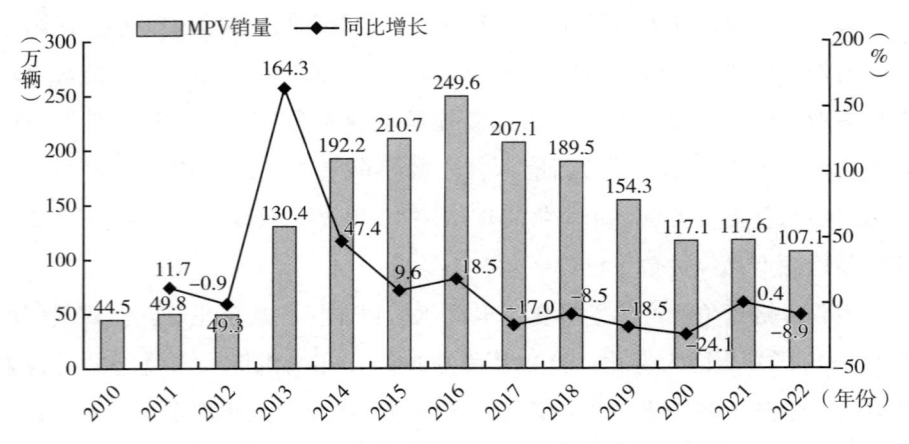

图70　2010~2022年中国MPV市场销售规模及增速

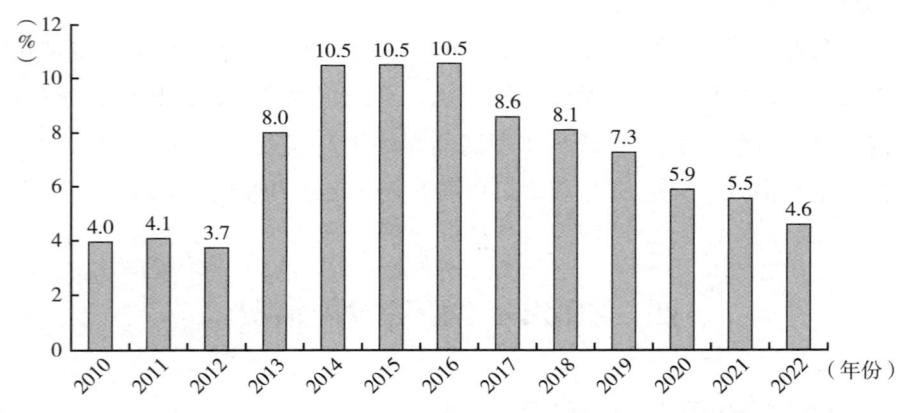

图71　2010~2022年中国MPV在狭义乘用车市场占比走势

表57　2022年中国MPV动力细分市场销量增长情况

单位：万辆，%

MPV动力细分	2022年	2021年	同比增长	同比增量
ICE	85.53	108.33	−21.05	−22.81
EV	6.13	3.77	62.46	2.36
PHEV	2.87	0.38	645.35	2.48
HEV	12.54	5.11	145.56	7.43
FCV	0.02	0.00	—	0.02
总计	107.09	117.60	−8.94	−10.51

从MPV各细分市场销量增长来看，小型MPV销售29.45万辆，同比下降27.71%，规模缩小11.29万辆；中型MPV销售29.06万辆，同比下降5.25%，规模缩小1.61万辆；大型MPV销售45.27万辆，同比增长6.61%，规模扩大2.81万辆；豪华MPV销售3.30万辆，同比下降11.22%，规模缩小0.42万辆。小型MPV市场、中型MPV市场继续萎缩，尤其是小型MPV下滑明显。大型MPV继续增长，但增速仅为个位数（见表58），市场扩张也现疲态。

表58 2022年中国MPV细分市场销量增长情况

单位：万辆，%

细分市场	2022年	2021年	同比增长
小型MPV	29.45	40.74	-27.71
中型MPV	29.06	30.67	-5.25
大型MPV	45.27	42.47	6.61
豪华MPV	3.30	3.72	-11.22
总计	107.09	117.60	-8.94

从MPV细分市场占比走势来看，小型MPV市场比重较2021年下降7.1个百分点，降幅较明显，与中型MPV市场规模相当；中型MPV市场比重上升1.0个百分点，基本维持30万辆规模；大型MPV市场比重上升6.2个百分点，连续3年占比上升明显，大型MPV已经稳居MPV第一大市场，逐步拉开了与小型MPV、中型MPV市场规模的差距；豪华MPV市场比重下降0.1个百分点（见图72），规模基本在3万~4万辆波动。

从MPV市场车企销量排名来看，TOP10依次为上汽通用五菱、上汽通用、广汽乘用车、广汽丰田、东风柳汽、广汽本田、东风本田、上汽大通、福建奔驰、上汽大众（见表59）。其中，广汽丰田、上汽大众为新晋前十车企，江淮汽车与比亚迪退出前十。上汽通用五菱虽然保住了第一，但同比下降26.01%，占比下降7.58个百分点，为前十车企中同比下降最快、占比降幅最大的；排名第二的上汽通用，也呈相对明显下滑态势，同比下降

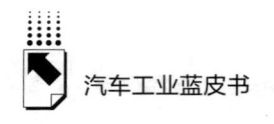

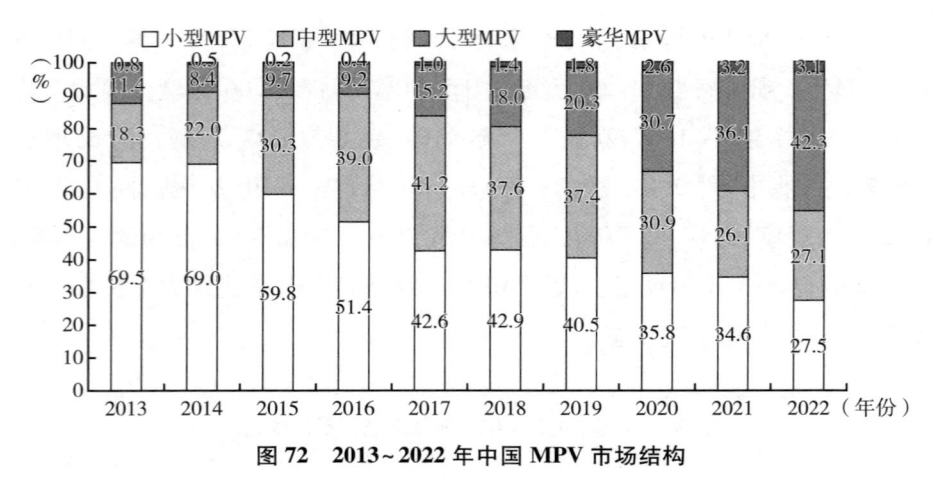

图 72　2013~2022 年中国 MPV 市场结构

24.8%，占比下降 2.62 个百分点；排名第三的广汽乘用车，同比下降 9.80%；前三车企均呈现明显下降态势。凭借赛那的良好表现，广汽丰田首次进入前十就跻身第四，表现相对强势；上汽大众凭借 Viloran 产品销量的回升，排名第十。另外，东风本田、上汽大通、福建奔驰均为两位数下降，前十车企同比 7 家下跌、3 家上涨，总体表现不佳。

表 59　2022 年中国 MPV 市场销量 TOP10 车企

单位：万辆，%

排名	生产厂商	2022 年销量	2021 年销量	同比增长	2022 年占比	2021 年占比
1	上汽通用五菱	35.21	47.58	-26.01	32.88	40.46
2	上汽通用	13.28	17.66	-24.80	12.40	15.02
3	广汽乘用车	10.33	11.46	-9.80	9.65	9.74
4	广汽丰田	7.45	0.28	2569.65	6.96	0.24
5	东风柳汽	4.81	5.10	-5.75	4.49	4.34
6	广汽本田	4.46	4.34	2.81	4.16	3.69
7	东风本田	4.00	4.83	-17.07	3.74	4.10
8	上汽大通	3.62	4.51	-19.86	3.38	3.84
9	福建奔驰	3.30	3.72	-11.22	3.08	3.16
10	上汽大众	2.64	1.48	78.52	2.46	1.26

从MPV市场车型销量排名来看，TOP10依次为五菱宏光、别克GL8、赛那、传祺M8、五菱佳辰、奥德赛、菱智、艾力绅、传祺M6、大众Viloran。其中，赛那、五菱佳辰、大众Viloran为新晋销量前十产品，五菱凯捷、宝骏730、上汽大通G50退出前十。排名前两位的五菱宏光、别克GL8降速分别为41.17%、31.62%，均呈大幅下降；赛那全年销量7.45万辆，月均销量6000辆以上，新晋排位就进入前三，表现可谓强势。传祺M8略有下降，排名下降一位，能在大型MPV市场占据一席之地，对自主品牌来说，的确不易。新品五菱佳辰上市年就排名第五，也反映了该产品具备一定竞争力，但从月度销量走势来看，该产品后续竞争力仍需时间验证。另外，奥德赛从第八跃升至第六；菱智下降两位，排名第七；艾力绅从第六降至第八；传祺M6从第七降至第九；大众Viloran销量回升，排名第十（见表60）。

总体来看，优势产品五菱宏光销量的下降与小型MPV市场整体规模下降关联度较大；别克GL8的大幅下降或许来源于竞争，赛那产品的混动技术、节油优势或许构成别克GL8产品的竞争威胁。

表60　2022年中国MPV市场销量TOP10

单位：万辆，%

排名	产品名称	2022年销量	2021年销量	同比增长	2022年占比	2021年占比
1	五菱宏光	15.01	25.52	-41.17	14.02	21.70
2	别克GL8	11.63	17.00	-31.62	10.86	14.46
3	赛那	7.45	0.28	2569.65	6.96	0.24
4	传祺M8	6.53	6.64	-1.58	6.10	5.65
5	五菱佳辰	5.02	0.00	—	4.69	0.00
6	奥德赛	4.46	4.34	2.81	4.16	3.69
7	菱智	4.12	4.87	-15.42	3.84	4.14
8	艾力绅	4.00	4.83	-17.07	3.74	4.10
9	传祺M6	3.80	4.82	-21.12	3.55	4.10
10	大众Viloran	2.42	1.09	121.57	2.26	0.93

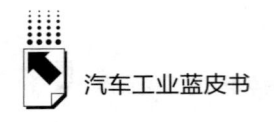

从MPV动力细分市场来看，2022年新能源占比达到19.7%，较2021年上升8.9个百分点，新能源在MPV市场也呈现较快的扩张态势（见图73）。

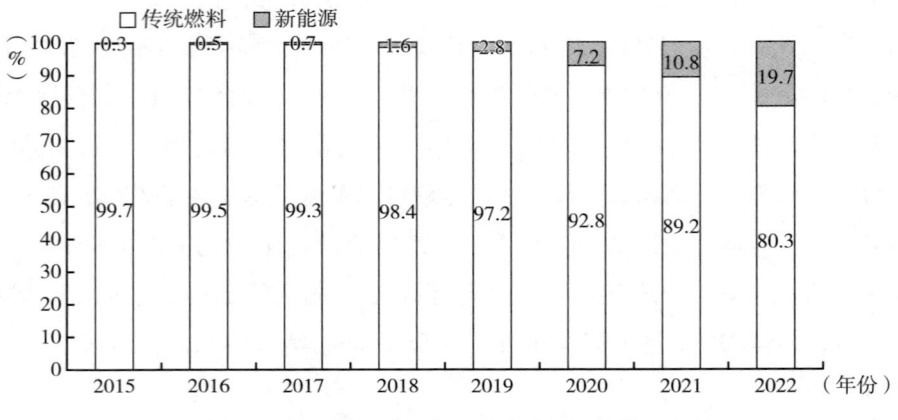

年份	传统燃料	新能源
2015	99.7	0.3
2016	99.5	0.5
2017	99.3	0.7
2018	98.4	1.6
2019	97.2	2.8
2020	92.8	7.2
2021	89.2	10.8
2022	80.3	19.7

图73 2015~2022年中国MPV动力细分结构变化

资料来源：根据上险数据整理。

从MPV排量细分市场来看，2022年1.6L及以下的MPV市场占比为53.0%，较2021年下降5.3个百分点，销量下降14.46万辆，占比、规模下降继续位居第一，目前仍保持了规模最大市场地位；1.6L<排量≤2.0L的MPV市场占比为39.0%，较2021年下降2.5个百分点，销量下降了9.03万辆，市场下滑较明显；2.0L<排量≤2.5L的MPV市场占比为7.9%，上升了7.7个百分点，销量上升了7.3万辆，主要是赛那产品的贡献（排量为2.5L）（见图74）。

从系别品牌来看，2022年，MPV市场，合资自主品牌继续位居第一，但降速为36.83%，占比下滑6.67个百分点，增速与占比下降均为最大的，主要是上汽通用五菱大幅下滑所致；中国品牌同比下降23.96%，占比上升0.66个百分点，增速下降也较明显，主要车企均有不同程度的下降，仍稳居第二；日系同比增长69.28%，占比上升6.90个百分点，增速呈大幅增长，超越美系跃升至第三，主要还是广汽丰田赛那产品带来的爆发式增长；

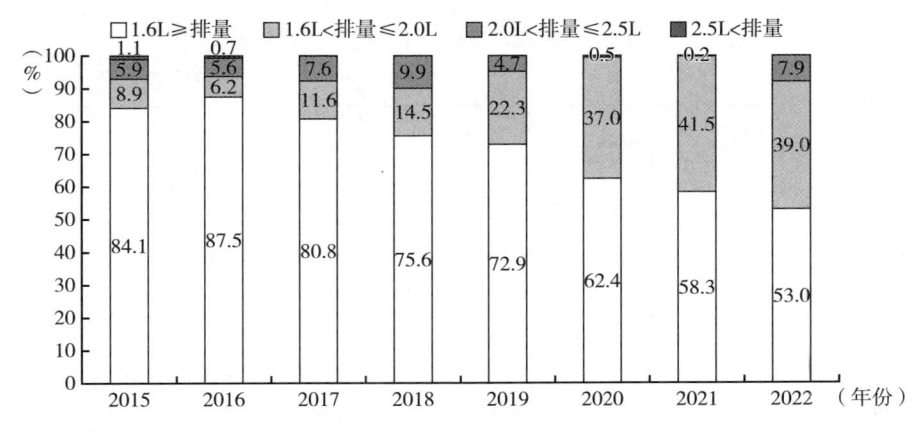

图74 2015~2022年中国MPV市场排量分布

资料来源:根据上险数据整理。

美系同比下降24.94%,占比下降2.67个百分点,主要是上汽通用别克GL8的大幅下降;欧系、韩系虽然均有两位数增长,但基数较低,继续位居后两位(见表61)。

表61 2022年中国MPV市场各系别情况

单位:万辆,%

系别	2022年销量	2021年销量	同比增长	2022年占比	2021年占比
合资自主	36.19	47.58	-36.83	33.79	40.46
中国品牌	33.98	36.54	-23.96	31.73	31.07
日系	15.98	9.44	69.28	14.93	8.03
美系	13.39	17.84	-24.94	12.50	15.17
欧系	5.94	5.20	14.28	5.55	4.42
韩系	1.61	1.00	60.76	1.50	0.85
合计	107.09	117.60	-8.94	100.00	100.00

2022年,MPV区域销量TOP10分别是广东、山东、江苏、浙江、河南、河北、北京、安徽、上海、四川。与2021年比较,销量前十完全一致。前十区域均同比下降,仅广东、浙江为个位数下降,其余八大区域均呈两位数下滑。31个省(区、市)仅福建、宁夏实现增长(见表62)。

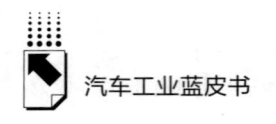

表62　2022年中国MPV 31个省（区、市）零售情况

单位：万辆，%

销量排名	区域	2022年	2021年	同比增长	销量排名	区域	2022年	2021年	同比增长
1	广东	10.22	11.24	-9.04	17	山西	2.21	2.50	-11.67
2	山东	8.69	10.27	-15.38	18	广西	2.03	2.73	-25.86
3	江苏	8.55	9.92	-13.78	19	贵州	2.01	2.21	-8.88
4	浙江	7.87	8.62	-8.66	20	天津	1.87	2.20	-14.79
5	河南	6.01	8.48	-29.08	21	江西	1.61	1.84	-12.63
6	河北	5.54	6.76	-18.10	22	新疆	1.44	1.86	-22.88
7	北京	3.80	4.39	-13.34	23	重庆	1.37	1.69	-18.84
8	安徽	3.71	4.28	-13.18	24	黑龙江	1.32	1.51	-12.34
9	上海	3.40	4.27	-20.39	25	吉林	1.31	1.49	-12.17
10	四川	3.28	3.77	-13.07	26	海南	1.17	1.61	-27.03
11	湖北	2.72	2.96	-8.00	27	内蒙古	1.12	1.19	-5.62
12	云南	2.66	3.19	-16.44	28	甘肃	0.80	0.96	-17.27
13	辽宁	2.62	2.93	-10.54	29	宁夏	0.27	0.27	1.58
14	陕西	2.60	2.93	-11.02	30	青海	0.16	0.25	-35.09
15	湖南	2.54	2.94	-13.73	31	西藏	0.07	0.09	-24.13
16	福建	2.22	2.08	6.96	总计		95.20	111.40	-14.54

资料来源：根据上险数据整理。

2. MPV市场发展特点及趋势

总体来看，2022年，MPV市场规模进一步萎缩，已经降至100万辆水平；占比继续下降，已经低于5%；规模萎缩势头并未得到有效遏制。

从细分市场来看，2022年小型MPV市场规模大幅下滑，主力产品五菱宏光销量大幅下降，长安欧诺销量有所回升，风光则继续大幅下降。新能源产品销量也出现下降，并没有延续扩张态势；总体来看，小型MPV市场继续呈现老产品竞争力下降、新产品没有的尴尬现状，同时，新能源产品也没有得到有效突破。预计2023年小型MPV市场依然存在下降风险。

中型MPV市场小幅下降，降幅有所收窄，规模与2021年基本持平（略有下降）。主要产品五菱凯捷、菱智、传祺M6等传统强势产品均呈两位数下降；新品五菱佳辰实现销量5万辆，跃居中型MPV市场产品销量第一位置，取代了五菱凯捷的领头地位，但5万辆的销量并不亮眼，可见，在中型MPV市场已经没有爆款产品存在，另外，纯电动产品奔腾NAT、枫叶80V、插电混动产品宋MAX表现相对较好，新能源贡献了3万多辆的增量，中型MPV市场新能源产品表现好于小型MPV市场。2022年，中型MPV市场依然处于产品最多但无强势产品、产品竞争力普遍不强的尴尬局面。预计2023年，中型MPV市场规模继续萎缩的概率相对较大。

大型MPV市场仅实现个位数增长，前两年的快速扩张势头受到了遏制，产品的竞争格局呈现明显变化，传统强势产品GL8销量大幅下降，从17万辆降至12万辆以内，广汽丰田推出的混合动力次新品赛那表现较好，销量跃居次席。PHEV新品比亚迪腾势D9上市3个月，销量已经达到6000辆水平，按照目前势头，2023年会带来一个不错的增量。另外，按照动力细分产品销量统计，ICE产品增量下降6.37万辆，HEV产品增量7.02万辆，PHEV产品增量1.62万辆，EV增量0.53万辆，2022年大型MPV的扩张主要是电气化产品的贡献，电气化产品对传统燃油产品的冲击开始显现。预计在电气化产品竞争的加持下，大型MPV市场规模仍有扩张空间。

总体来看，MPV市场将呈现高端化、大型化、电气化趋势。

（二）新产品发展情况

2022年MPV上市新车共计19款，其中，小型MPV市场1款（1款EV）、中型MPV市场8款（4款ICE、4款EV）、大型MPV市场10款（3款ICE、2款HEV、2款PHEV、3款EV）。大型MPV市场、中型MPV市场为MPV市场新品投放重点市场。

2023年，初步预计MPV市场将有3款全新产品投放市场，其中中型MPV市场1款（1款HEV）、大型MPV市场2款（1款PHEV、1款ICE）（见表63）。

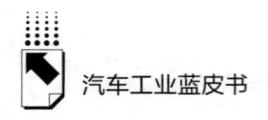

表63 2016~2023年中国MPV上市及预计上市新品

单位：款

细分市场	2016年	2017年	2018年	2019年	2020年	2021年	2022年	2023年F
小型MPV	5	1	2	1	3	0	1	0
中型MPV	8	8	10	5	6	1	8	1
大型MPV	4	1	2	2	2	6	10	2
豪华MPV	1	1	0	0	0	0	0	0
合计	18	11	14	8	11	7	19	3

注：2023年数据为预测数据。

（三）MPV进出口分析

1. MPV进口分析

2022年，MPV进口21789辆，同比增长0.9%，与2021年基本相当（见图75）。

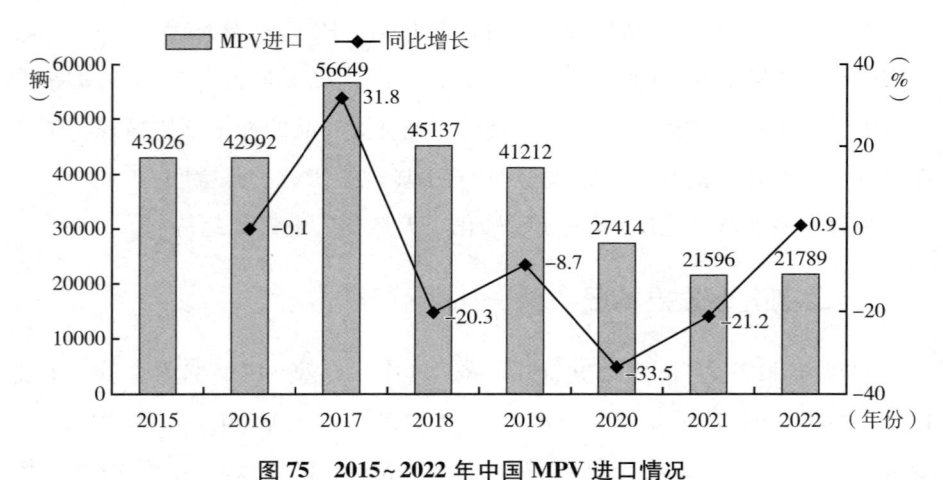

图75 2015~2022年中国MPV进口情况

资料来源：根据上险数据整理。

2. MPV出口分析

2022年，MPV市场出口39447辆，同比增长7.1%（见图76），MPV

出口市场呈个位数增长，其中，小型MPV、大型MPV出口略有下降，中型MPV出口呈强势增长（见图77）。

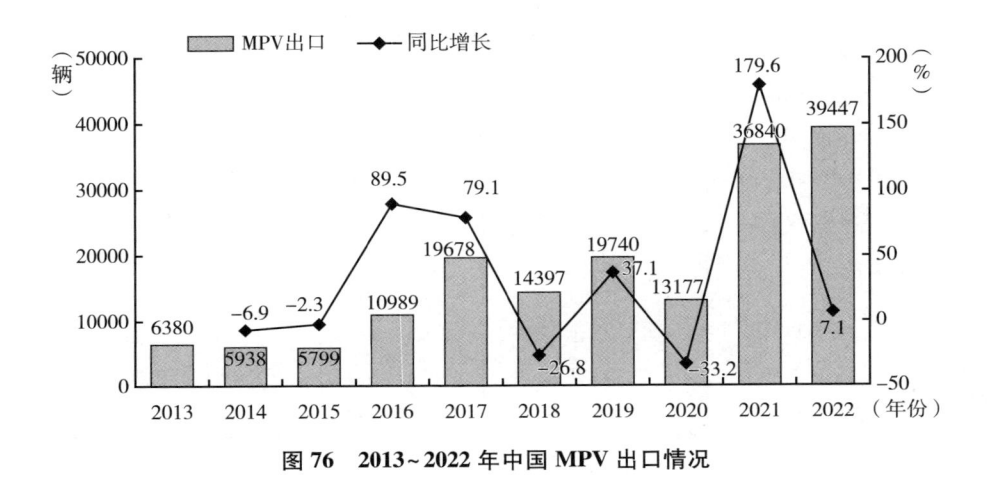

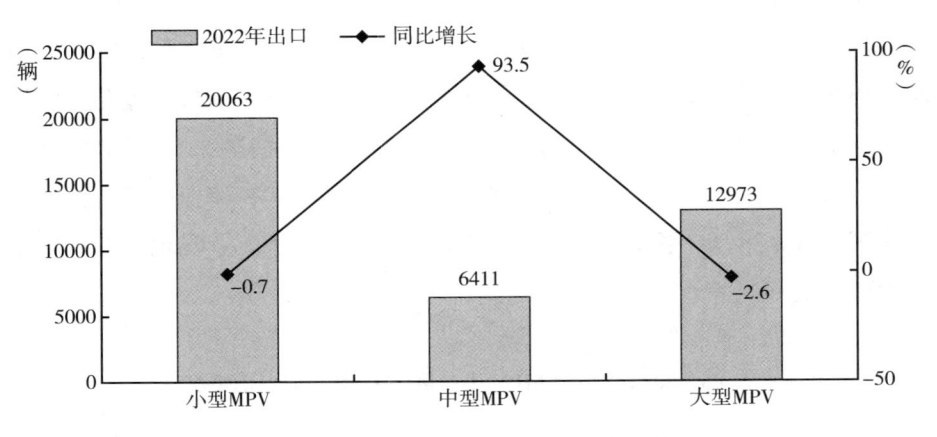

图76 2013~2022年中国MPV出口情况

图77 2022年中国MPV细分市场出口情况

从产品来看，2022年出口前三产品分别是五菱宏光、上汽大通D90、上汽大通G10，与2021年一致。五菱宏光出口同比增长-12.72%，呈两位数下降；上汽大通D90出口增长8.92%；上汽大通G10出口增长-31.83%，下降较明显。比亚迪T3（电动）为新出口产品，销量排名第四（见表64）。

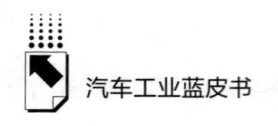

表64 中国MPV产品出口情况

单位：辆，%

产品	2022年	2021年	同比增长
五菱宏光	11051	12662	-12.72
上汽大通D90	7046	6469	8.92
上汽大通G10	4352	6384	-31.83
T3（电动）	3546	0	—
比亚迪E6	2437	511	376.91
风光	2374	3256	-27.09
风行	2283	1752	30.31
瑞风M4	1145	755	51.66
欧诺	1124	924	21.65
比亚迪D1	725	136	433.09

从车企排名来看，MPV出口量TOP10分别是上汽大通、上汽通用五菱、比亚迪汽车、东风柳汽、东风小康、江淮汽车、长安汽车、广汽乘用车、福建新龙马、昌河汽车。前十车企没变，但排名还是有较大变化，上汽大通、上汽通用五菱依然排名前两位，比亚迪汽车强势增长，从第九跃升至第三。另外，东风柳汽上升一位排第四，东风小康从第三降至第五，江淮汽车从第八升至第六，长安汽车、广汽乘用车、福建新龙马、昌河汽车依次排第七到十位（见表65）。

表65 2022年中国MPV出口量TOP10企业出口情况

单位：辆，%

企业	2022年	2021年	同比增长	2022年占比	2021年占比
上汽大通	12260	13213	-7.21	31.08	35.87
上汽通用五菱	11057	12662	-12.68	28.03	34.37
比亚迪汽车	6710	650	932.31	17.01	1.76
东风柳汽	2536	1752	44.75	6.43	4.76
东风小康	2374	3256	-27.09	6.02	8.84

续表

企业	2022年	2021年	同比增长	2022年占比	2021年占比
江淮汽车	1276	766	66.58	3.23	2.08
长安汽车	1195	953	25.39	3.03	2.59
广汽乘用车	760	611	24.39	1.93	1.66
福建新龙马	632	1927	-67.20	1.60	5.23
昌河汽车	540	1562	-65.43	1.37	4.24
总计	39447	36840	7.08	100.00	100.00

（四）部分重点生产企业

1. 上汽通用五菱

2022年上汽通用五菱MPV实现销售23.9万辆，同比增长-34.8%，销量较2021年下降12.8万辆（见图78），下滑较明显，规模已经从最高年度的100多万辆降至目前20万辆水平。主力产品五菱宏光销量同比下降41.2%，销量减少10万辆；另外，凯捷、宝骏730、五菱征程均呈腰斩式下滑。新品五菱佳辰贡献了5万多辆的增量，并未展现出较强的竞争力，从月度走势来看，有走弱趋势，没有达到爆款产品的预期（见图79）。

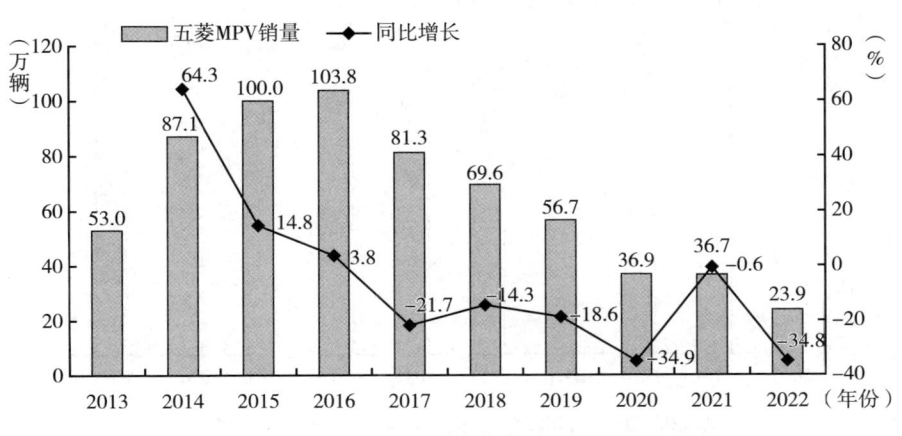

图78 2013~2022年五菱MPV销量增长情况

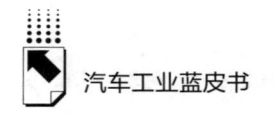

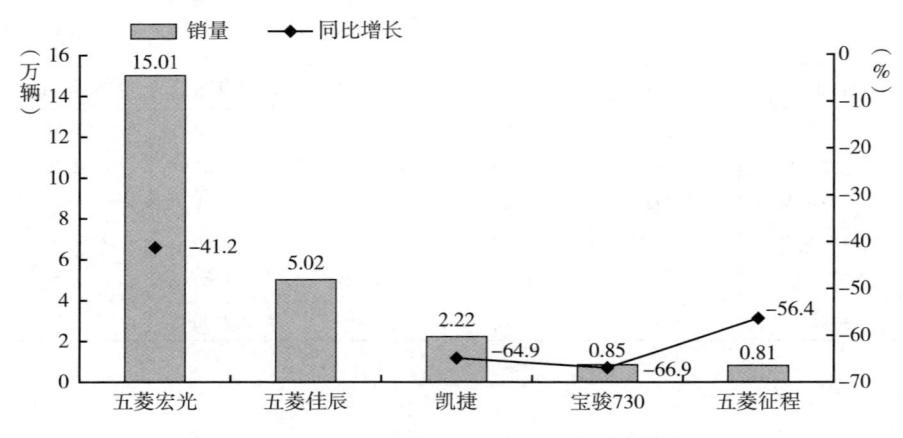

图79 2022年五菱MPV产品销量增长情况

从五菱狭义乘用车产品结构变化来看，MPV产品占比降至21.8%，较2021年下降13.5个百分点，连续三年大幅下降，已经从2019年的主导地位退出；SUV占比上升1.0个百分点，占比为20.2%，与MPV市场地位基本相当；轿车继续大涨了12.5个百分点，占比达到58.0%，占据主导地位（见图80）。五菱乘用车市场产品结构已经发生了根本变化，上汽通用五菱MPV产品的主导地位已经彻底改变。

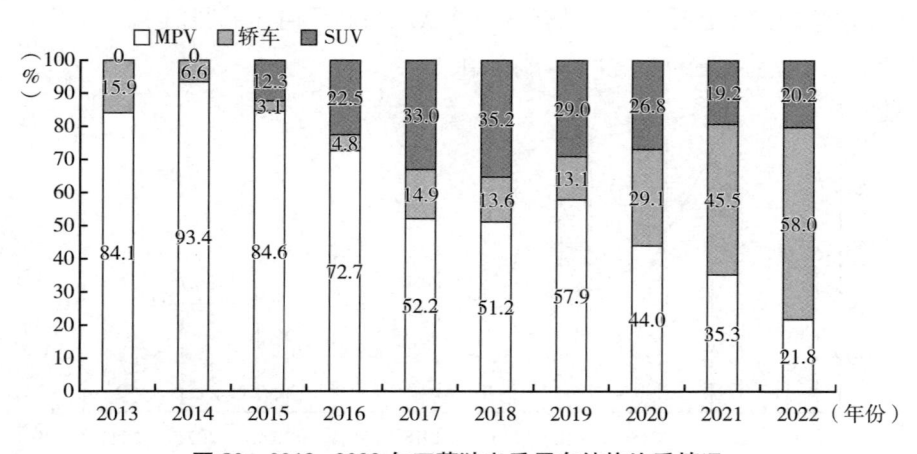

图80 2013~2022年五菱狭义乘用车结构比重情况

2. 上汽通用

2022年上汽通用MPV实现销售13.28万辆，同比增长-24.8%（见图81），连续三年下跌。

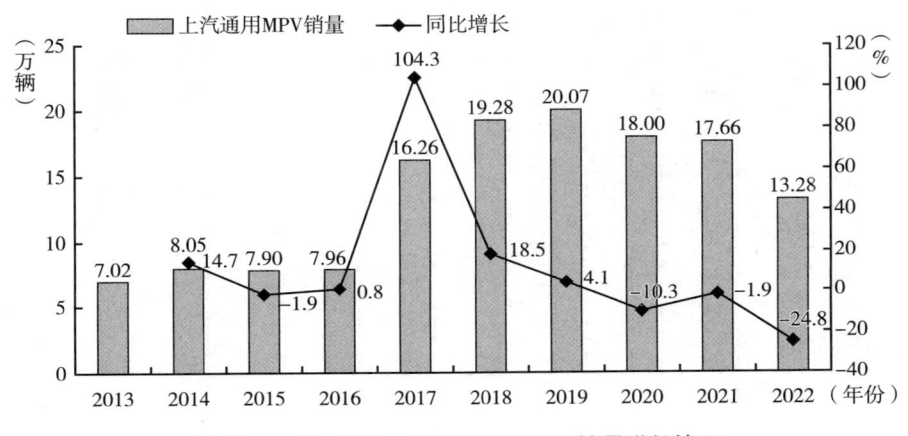

图81 2013~2022年上汽通用MPV销量增长情况

从其产品表现来看，主力产品别克GL8销量同比增长-31.6%，增量下降5.38万辆，呈明显下降态势，这也是上汽通用MPV市场大幅下降的主要因素，历史经典产品已经面临严峻挑战（见图82）。

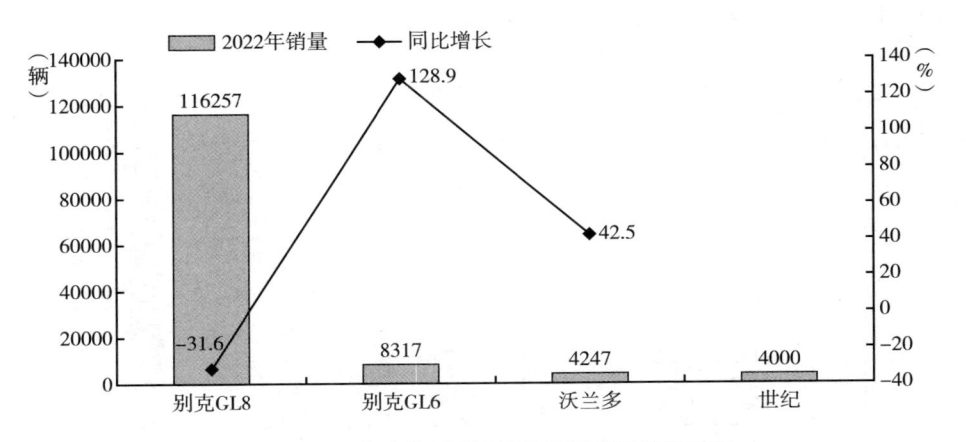

图82 2022年上汽通用MPV产品销量增长情况

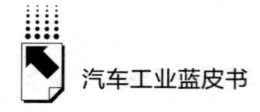

从上汽通用乘用车产品结构变化来看，2022年MPV产品占比较2021年下降1.9个百分点，SUV占比上升1.7个百分点，轿车占比上升0.2个百分点。2022年，上汽通用的MPV市场表现较差（见图83）。

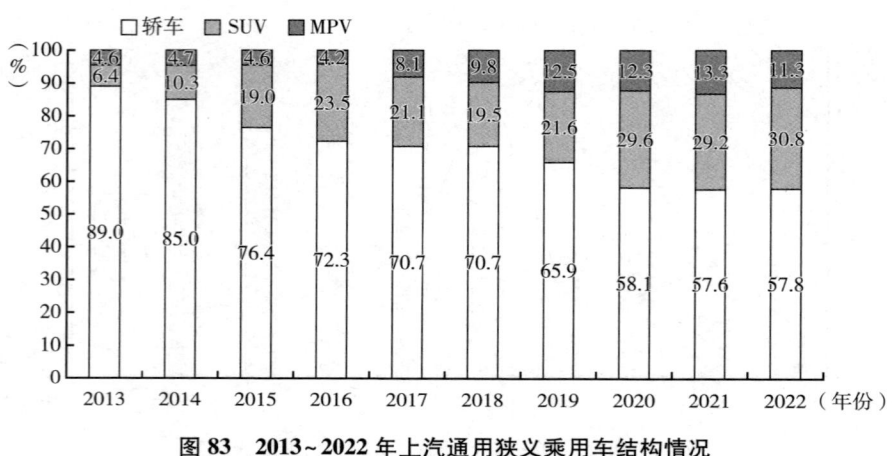

图83 2013~2022年上汽通用狭义乘用车结构情况

3.广汽乘用车

2022年广汽乘用车MPV实现销售10.33万辆，同比增长-9.8%（见图84），销量较2021年下降了1.12万辆。传祺M8、M6两个产品均下滑，其中，传祺M6有两位数下降（见图85）。

图84 2013~2022年广汽乘用车MPV销量增长情况

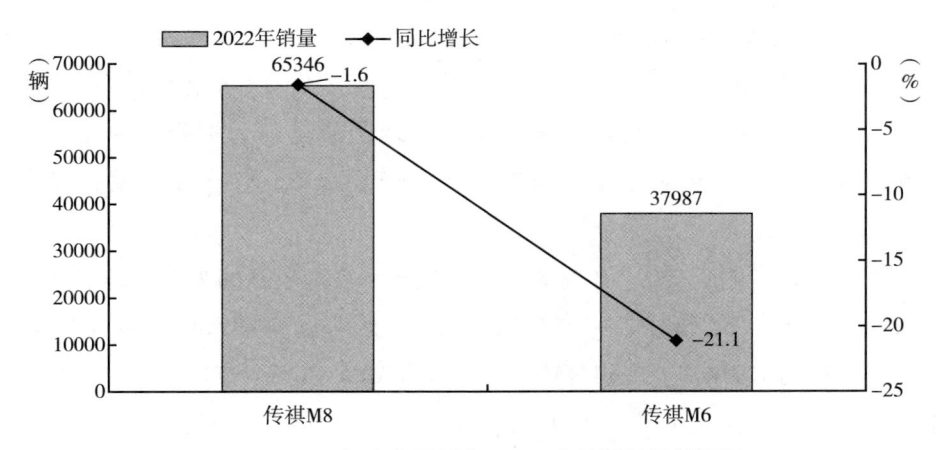

图 85　2022 年广汽乘用车 MPV 产品销量增长情况

从广汽乘用车产品结构变化来看，MPV 产品比重较 2021 年下降了 9.8 个百分点，SUV 产品结构比重上升了 11.4 个百分点，轿车比重下降了 1.7 个百分点（见图 86）。2022 年广汽乘用车 MPV 产品市场表现最差。

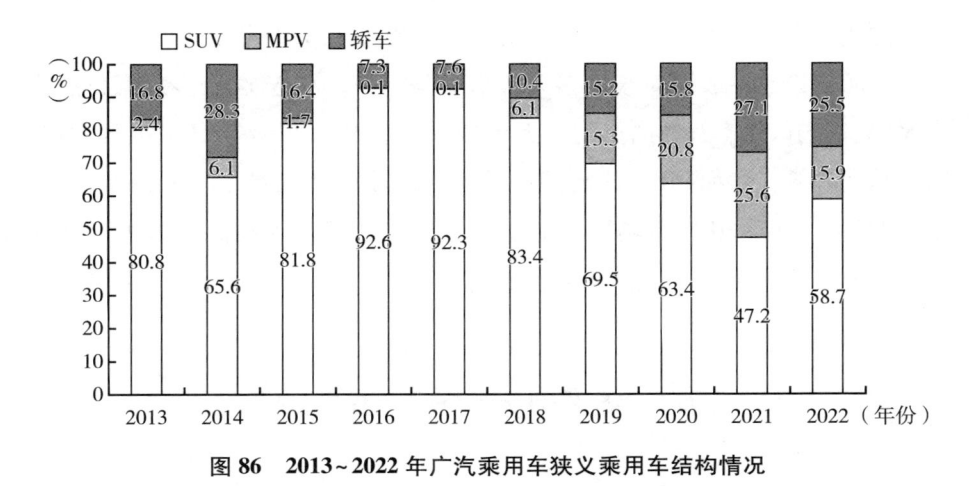

图 86　2013~2022 年广汽乘用车狭义乘用车结构情况

（五）MPV 发展存在的问题和建议

2022 年 MPV 市场延续下滑走势。总体来看，虽然 2022 年有一定量的

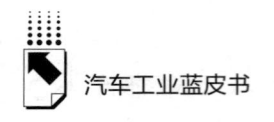

新品上市，但从上市新品的表现来看，亮点不多。

小型MPV市场，仅有1款新品上市，比亚迪的T3（电动），主力产品五菱宏光销量下降。目前，该市场存在老产品竞争力下降、新品投放缓慢、电动化产品突破不足等情况。从市场发展来看，产品电动化发展是方向。

中型MPV市场，2022年有8款产品投放，表现较好的为五菱佳辰，销量排名居中型MPV市场第一；在新能源纯电市场的奔腾NAT、枫叶80V，PHEV市场的宋MAX表现相对较好。在中型MPV市场，打造爆款产品，加快电动化产品转型是关键，在10万~20万元MPV产品市场仍需寻找突破。

大型MPV市场规模扩张虽然有所放缓，但总体来看，仍处于扩张态势，2022年有10款新品投放，其中，电动化产品有7款。别克GL8销量呈大幅下滑，混合动力产品赛那快速扩张，已经冲击了传统经典产品GL8的市场地位。电动化产品开始大量进入，已经显示了对传统燃油产品的竞争态势，新品比亚迪腾势D9也显示出较强的竞争力，目前该市场呈现新老产品齐头并进的竞争态势，大型MPV产品的电动化趋势也将势不可当。

三胎政策已经放开，车辆多人口搭载是趋势，MPV产品多载人特点决定MPV市场依然有存在的空间。近年来，大型MPV产品市场呈强势发展，随着消费升级，大型MPV的高品质及高性能较好地满足了私人消费需求。小型MPV、中型MPV市场要抑制下滑趋势，产品必须在家用需求上下功夫，开发出高品质、高性能、高性价比产品。

五 交叉型乘用车发展情况

（一）交叉型乘用车市场发展

1. 2022年交叉型乘用车市场情况

2022年，交叉型乘用车共销售32.31万辆，同比下降17.44%，与2021年0.84%的增幅相比，趋势稳定一年后又明显下降（见图87）。

图 87 2010~2022年交叉型乘用车整体销量走势

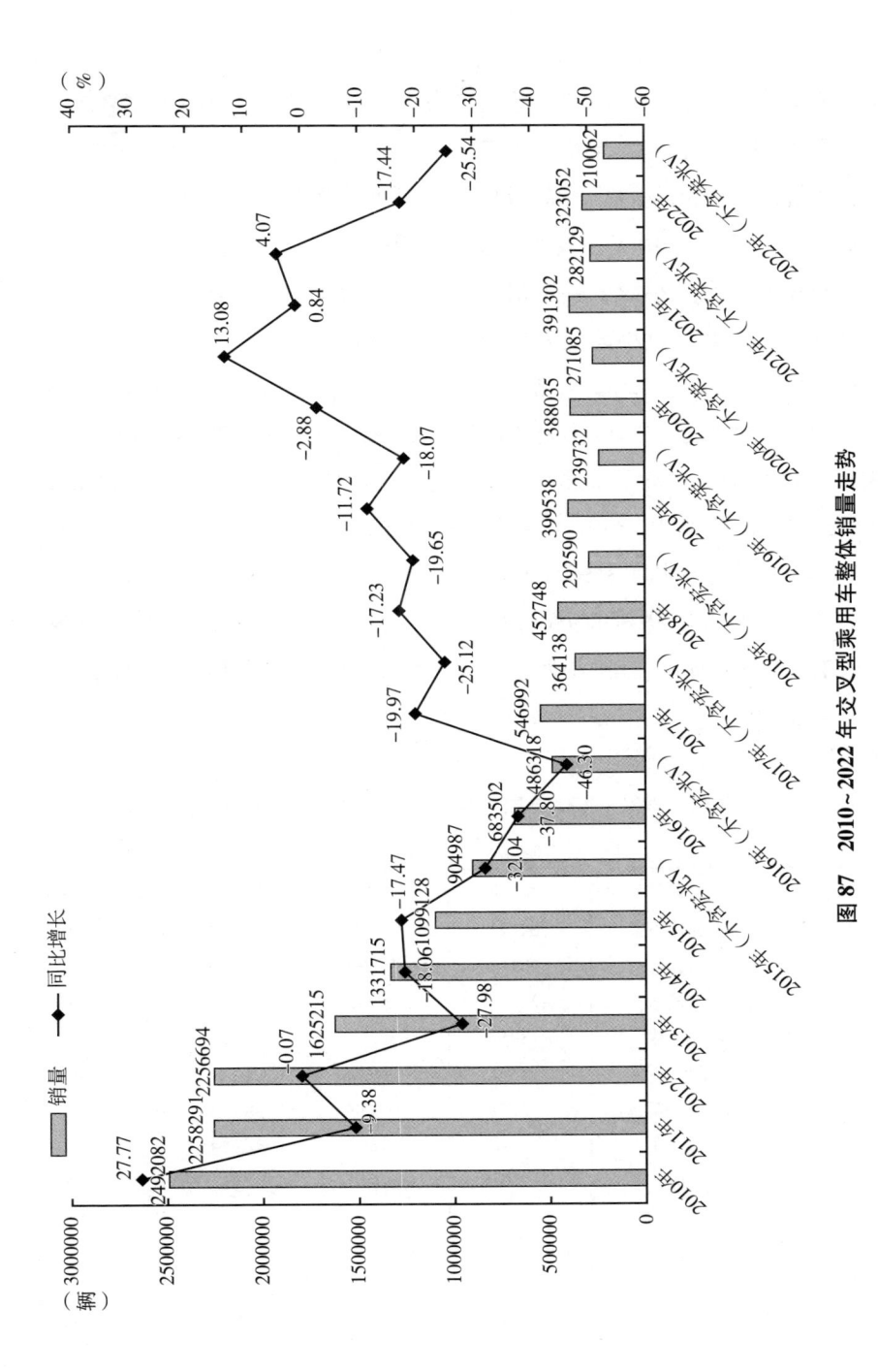

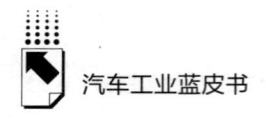

前置动力的荣光V销售11.30万辆，同比增长3.50%，较上年6.65%的降幅出现增长。若扣除荣光V，则中置后驱的传统微客共销售21.01万辆，同比大幅下降25.54%，而上年增幅为4.07%，即在连续两年正增长后又出现下降。另外，传统微客销量的大幅下降导致交叉型乘用车销量的明显下降。

2022年交叉型乘用车主要车企上汽通用五菱、华晨鑫源、长安汽车等都呈现负增长，东风小康大幅下滑，另有昌河汽车、山西成功、航天成功、北汽瑞翔等车企销量过小甚至为零，基本上退出市场。

从企业表现来看，2022年销量排名前五的企业分别是上汽通用五菱、华晨鑫源、长安汽车、东风小康和福建新龙马，分别销售20.42万辆、7.02万辆、2.51万辆、1.89万辆和0.27万辆；同比分别下降9.62%、20.20%、13.98%、48.25%和59.89%（见表66）。2022年，上述五家企业共销售32.11万辆，行业集中度为99.39%，较上年的98.73%有微弱提升。

另外，2022年有销量的企业为10家，比上年增加1家，但从12月数据看，仅有7家有销量（其中山西成功仅销售7辆），这反映出有一定销量的企业越来越少。

表66　2021~2022年国内交叉型乘用车企业销量情况

单位：辆，%

序号	企业简称	2022年	2021年	同比增长	2022年占比
1	上汽通用五菱	204174	225912	-9.62	63.20
2	华晨鑫源	70220	87990	-20.20	21.74
3	长安汽车	25081	29157	-13.98	7.76
4	东风小康	18912	36545	-48.25	5.85
5	福建新龙马	2692	6712	-59.89	0.83
6	奇瑞汽车	1207	2277	-46.99	0.37
7	昌河汽车	540	1260	-57.14	0.17
8	山西成功	167	0	—	0.05
9	航天成功	57	0	—	0.02
10	北汽福田	2	49	-95.92	0.00
11	北汽瑞翔	0	1400	-100.00	0.00
	总计	323052	391302	-17.44	100.00

2022年，从交叉型乘用车细分品种销量来看，总共有19款车型，比上年多1款。销量过万辆车型有7款（2021年为8款），其中五菱和华晨鑫源各三款，长安有一款。销量最大是五菱荣光V为11.30万辆，增长3.50%；五菱荣光、五菱之光分别以5.93万辆、3.18万辆排名第二、三；华晨鑫源的鑫源X30L、金杯X30和金杯X30L分别以2.54万辆、2.34万辆、1.82万辆排名第四、五、六；长安之星以1.73万辆排名第七。上年过万辆的东风小康K系、C系因大幅下降均低于万辆（见表67）。

表67　2022年国内交叉型乘用车车型销量情况

单位：辆，%

序号	产品名称	2022年	2021年	同比增长
1	五菱荣光V	112990	109173	3.50
2	五菱荣光	59337	76700	-22.64
3	五菱之光	31847	40039	-20.46
4	鑫源X30L	25420	9952	155.43
5	金杯X30	23435	42125	-44.37
6	金杯X30L	18226	34679	-47.44
7	长安之星	17345	19415	-10.66
8	长安星光	7736	9742	-20.59
9	东风小康K系	7330	16989	-56.85
10	东风小康C系	5874	11849	-50.43
11	小康EC36	4230	6208	-31.86
12	鑫源X30	3139	1234	154.38
13	启腾M70	2692	6712	-59.89
14	小康EC35	1478	1499	-1.40
15	开瑞优优	1207	2277	-46.99
16	福瑞达	540	1260	-57.14
17	太行成功	167	0	—
18	航天新星	57	0	—
19	伽途	2	49	-95.92
20	威旺206	0	1400	-100.00
	总计	323052	391302	-17.44

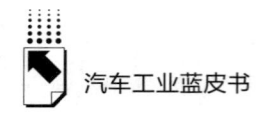

2.交叉型乘用车市场发展特点及趋势

2022年，受新冠疫情持续以及小轻客市场产品的竞争替代影响，交叉型乘用车销量出现了一定下滑。从行业占比地位看，交叉型乘用车2022年占比仅1.20%。

结合终端零售数据，从排量结构看，以1.5L为主，占比超过60%，较稳定；其次为1.2L，占比接近25%，有所下降；另外，1.4L和1.6L动力有所增加，不过占比较小。交叉型乘用车延续大型化，商用性质体现明显。

从燃料结构看，动力以汽油为主，占比下降；纯电动占比超过8%，较2021年的5%有一定增加，各厂家都较重视新能源车型发展。从排放标准看，2022年微客基本全部为国Ⅵ排放。

从城市分级别市场看，一、二线城市占比近47%，一至三级城市占比近70%，占比均与上年相近。交叉型乘用车目前基本属性为城市物流车，说明用户区域表现与经济发展状况强相关。

从交叉型乘用车增换购流向看，2022年换购选择自主品牌的比重约为60%，比2021年增长约10个百分点，其中交叉型乘用车用户流向的自主品牌主要为五菱、长安、吉利、比亚迪、哈弗、奇瑞和传祺等。

（二）新产品发展情况

2022年，市场产品基本以年度款维持为主，市场也是大浪淘沙后的稳定态势，集中度高，厂家在尽力稳定燃油车的同时，积极拓展新能源车型销售渠道等。

（三）部分重点生产企业

1.上汽通用五菱

2022年交叉型乘用车销量为20.42万辆，同比下滑9.62%。前置动力的五菱荣光V销售11.30万辆，同比下降6.65%；传统微客五菱荣光销量约7.67万辆，同比下降5.29%，五菱之光销量4万辆，同比下降33.64%。

2022年上汽通用五菱继续向乘用车领域拓展，如推出五菱佳辰MPV，取得了较好市场反响。同时，五菱在新能源领域继续发力，2022年宏光MINI电动汽车销量达到55.41万辆，排名新能源车型第一；同时，推出五菱晴空，与KiWi、Nano等产品丰富电动汽车产品组合，做大五菱新能源销量。另外，五菱大力推进混动车型销售，其星辰、凯捷等都推出油电混动车型，取得了不错的销量。

2. 长安汽车

2022年长安交叉型乘用车销售2.51万辆，同比下降13.98%。主力车型长安之星和长安星光销量出现一定下降，不过整体下降幅度低于行业平均水平。

2022年，作为微车起家的长安汽车在狭义乘用车领域取得了15.71%的同比增长。在SUV领域，长安CS35PLUS、CS55PLUS、CS75PLUS均成为各细分市场明星SUV车型。UNI系列首款轿车UNI-V推出后即成为爆款（其中12月销量超过2万辆），冲击合资垄断的10万元以上轿车市场，并与UNI-T、UNI-K形成了长安的KTV组合。另外，长安欧尚新品Z6上市后热销，与X5PLUS、X7PLUS组成欧尚汽车主力产品阵营。

在新能源方面，长安Lumin、深蓝SL03上市后不久也成为月销过万辆的爆款车型，强化了长安新能源的产品形象。

3. 东风小康

2022年，东风小康交叉型乘用车实现销量1.89万辆，同比下滑48.25%，其主力微客东风小康K系和C系下滑较大。不过，其新能源车型EC36、EC35销量尚可。

2022年，东风小康的金康新能源与华为合作推出的问界M5取得了令人瞩目的销售业绩，后续车型问界M7取得了较好的销量，也进一步引发了行业对REV增程式动力车型的高度兴趣。

4. 华晨鑫源

2022年，交叉型乘用车实现销量7.02万辆，同比下滑20.20%，继续排名第二。主力车型鑫源X30L表现抢眼，销售2.54万辆，同比增长155.43%。

进入交叉型乘用车领域较晚的华晨鑫源抓住长安和小康向狭义乘用车转型机会，持续加强 X30 系列车型的市场拓展，市场地位较为稳固。同时，华晨鑫源积极发展 X30 系列纯电车型，取得了较好的市场表现。

至此，主要微车企业根据自身战略和实力向狭义乘用车转型的战略推进各有特色和差异，其在交叉型乘用车市场的效果也有差异。

（四）交叉型乘用车出口分析

2022 年交叉型乘用车出口总量为 31769 辆，同比增长 17.60%，较上年 27.08%的增幅有所下滑。其中，行业前三强的长安汽车出口 13351 辆，排名第一，东风小康出口 6864 辆，华晨鑫源出口 6627 辆，合计出口 26842 辆（见表 68），占比 84.49%，相对 2021 年的 77.38%进一步提升。

表 68　2022 年交叉型乘用车出口量情况

单位：辆，%

序号	企业	2022 年	2021 年	同比增长
1	长安汽车	13351	11376	17.36
2	东风小康	6864	4803	42.91
3	华晨鑫源	6627	3144	110.78
4	上汽通用五菱	3036	4724	-35.73
5	奇瑞汽车	1117	1073	4.10
6	福建新龙马	547	446	22.65
7	山西成功	167	0	—
8	航天圆通	57	0	—
9	北汽福田	2	49	-95.92
10	北汽银翔	0	1400	-100.00
	总计	31769	27015	17.60

（五）行业运行存在的问题和发展建议

因消费升级变化，目前微车传统企业的重心已向狭义乘用车转移，首要是产品转型。由于车型结构、用途、价格、用户特征等因素影响，之前小型

MPV 市场成为各厂家转型的首选，后以 MPV+SUV 的产品组合拓展乘用车市场，现在又向新能源领域进行大力度调整拓展。无论是五菱的宏光 MINI、金康的问界 M5，还是长安的 Lumin、深蓝 SL03 等车型，都在新能源市场表现抢眼，可以说，这些企业秉承了微车企业的精打细算、快速反应等企业特色，不断成长，并走在中国新能源市场发展的前列。

结合近几年的交叉型乘用车市场趋势和竞争态势，发展建议如下。

第一，对交叉型乘用车领域确保必要的资源投入。目前对交叉型乘用车客货兼用的刚需始终存在，加上以后新能源车型大有前景，预计后续交叉型乘用车销量或有一定下滑，但仍会保持相当的市场容量。

在现有 10 家有销量的企业中，年销量过万辆的企业仅 4 家。其实，从 2022 年 12 月零售数据看，有销量的企业基本就只有上汽通用五菱、长安汽车、华晨鑫源和东风小康 4 家，其他车企基本停产，因此，预计后续企业总数会继续减少，集中度将进一步提高，相对垄断特征进一步明显。

当下微车企业在向狭义乘用车领域转型竞争中虽成绩斐然，但也是艰难前行，特别是在新能源市场，除了特斯拉和比亚迪有盈利，其他车企都没有盈利，而反观微车领域，稳定竞争下确保必要的资源投入，就能获得较好效果。

第二，跟上变革期节奏，重视新能源市场。当前，汽车业正处于深刻的重大变革时期。2022 年，新能源狭义乘用车市场渗透率达到 27.82%，较上年 15.64%有大幅提升，未来，新能源市场将颠覆传统汽车产业。

中国已进入新能源汽车普及初期，车企必须高度重视新能源市场，跟上变革期节奏，并建立起相应全套体系。交叉型乘用车作为生产资料用车，作为城市物流用车，新能源车型有广阔应用前景。

第三，持续重视研发，加大软件投入。研发是本，需要持续投入，特别是当前进入新能源赛道，要加大软件资源和人才投入，积极顺应市场趋势，快速迭代调整。

第四，高度重视客户经营，关注存量市场竞争。交叉型乘用车市场基盘客户升级仍未完成，面对巨大的保有量，企业在产品开发期就要考虑客户经

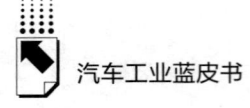

营,研究客户置换升级,在产品和营销等方面进行调整,打造前后关联的生态链,利用长期的市场沉淀,抓住大量微客用户换购机会,在存量市场竞争的大势下立足并壮大。

第五,精准产品定义,打造特色产品。近两年,比亚迪车型以出色的使用性迅猛热销上量,其他一些车企虽然新能源转型有所落后,但凭借富有特色的产品频出爆款,如长安 UNI 车型和长城哈弗大狗、坦克 300 等,反映出具有个性特色的产品以及符合自身品牌消费群的高性价比产品打造较为成功。为此,建议企业要精准产品定义,积极研发符合自身品牌、渠道、消费群的转型升级特色产品。

商用车篇

B.3
2022年中国载货车行业发展报告

摘　要： 本报告概述了2022年我国载货车类商用车产销情况及市场影响因素，并基于2022年载货车销量数据，分析了重型、中型、轻型、微型载货车和皮卡车等五个细分市场的发展情况，对2023年我国载货车行业发展趋势进行了预判，提出了相关发展建议。2022年，载货车市场饱和，货运需求下滑，承运方盈利能力下降，但新能源及海外市场增长态势良好。预计2023年载货车将迎来市场复苏，但市场需求在短期内难以重现历史高位。

关键词： 载货车　牵引车　皮卡车

一　2022年载货车市场发展情况

（一）载货车市场情况

2022年全年我国共生产载货车277.8万辆，比上年同期减少139.1万

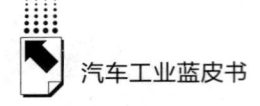

辆，同比下降33.4%；销售289.3万辆，比上年同期减少139.5万辆，同比下降32.6%（见图1）。虽然载货车总体销量降幅较大，但仍是商用车主要销售车型，销量占比87.6%，较上年下降1.5个百分点。

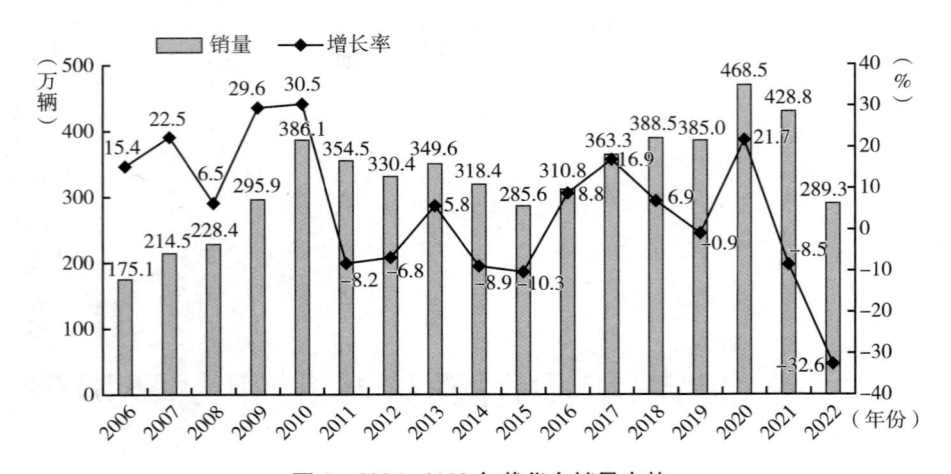

图1 2006~2022年载货车销量走势

资料来源：根据中国汽车工业协会数据整理。

在国家"双碳"战略及2023年新能源补贴退出政策推动下，2022年，新能源载货车市场实现销量超过20万辆、同比增速超过137%、渗透率超过7%的优异表现，是2022年载货车市场的最大亮点。

在国际芯片短缺造成欧美载货车交货周期延长、欧美对俄制裁释放了出口俄罗斯机遇，以及"一带一路"等扩大开放政策等多重因素影响下，2022年我国载货车累计出口56.7万辆，同比增长37%，出口市场也成为载货车市场另一个表现亮眼的领域。

2022年下半年载货车销量同比降幅明显收窄，主要原因是2021年下半年重卡销量基数较小（见图2）。

1. 2022年载货车市场发展的主要影响因素

载货车需求主要受宏观经济、经营活动、物流效率等多种因素影响。2021年下半年国Ⅵ切换正式实施，该时间点成为行业断崖式下跌的分水岭，自此，载货车市场销量一直处于低位。虽然2022年海外和新能源市场保持

图 2 2021~2022 年载货车各月销量走势

资料来源：根据中国汽车工业协会数据整理。

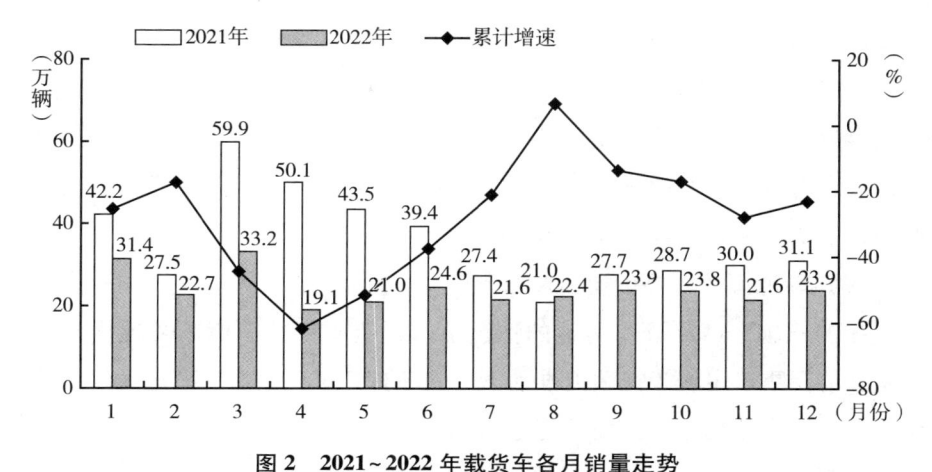

住了良好势头，但是由于这两个细分市场比例相对较低，未能止住总体销量的下滑趋势。影响 2022 年销量的主要因素有以下几点。

（1）载货车市场饱和

自 2018 年开始，国家出台一系列政策，如柴油货车污染治理、国Ⅵ实施、"大吨小标"治理、超载超限整治等，叠加国Ⅵ切换前各整车企业为推动车辆销售给出了巨大优惠政策，刺激了载货车销量，同时，在 2020 年疫情开始后，生产经营活动受到较大影响，部分人员失业后利用物流行业门槛降低的时机，进入货运行业，最终导致载货车市场 2020 年及 2021 年连续两年销量超过 400 万辆，商用车市场严重饱和，承运能力严重溢出，行业需求降低。

（2）货运需求严重下滑

2022 年疫情持续多点散发，严重影响投资及消费市场发展，导致货运需求低迷。疫情还造成了各地物流运输不畅、整体效率较低，多种因素叠加，导致公路货运周转量近 20 年来首次负增长。货源快速减少，车辆增多，导致车辆闲置率快速提高、货运市场低价竞争愈演愈烈，最终也造成了车辆需求的急剧下滑。

(3) 承运方盈利能力下降

2022年，受多方面因素影响，国内油价持续上涨，其中0号柴油更是一度接近9元/L，承运方成本大幅上升。同时，车多货少、运价低迷，叠加货运平台对货运市场的扰乱，致使货运从业者盈利能力持续下降，甚至入不敷出，购买力减弱，换车周期延长。

(4) 新能源及海外市场增长态势良好

在"双碳"战略逐步落地的情况下，新能源载货车市场表现优异，尤其是新能源重卡市场，在政策推动下，逐渐打开了环保高管控地区的高排放细分市场，全年销量同比增长超过100%。

海外市场同样在2022年保持住了良好的增长势头。全球局势不稳、芯片供应不足等负面因素导致国外商用车企业产量下降，而海外疫情缓解、经济缓慢复苏带来了新的商用车需求，造成了海外商用车市场出现载货车产品供应不足而需求增长的不平衡局面。我国产业链相对稳定，可以保障产品及时供应，同时，近年来各商用车企业加大对海外市场的深耕力度，促进我国商用车企业品牌认知度提高，逐渐被国际市场认可，2022年全年实现销量56.7万辆，同比增长37%，创近年来出口新高。

2. 2022年载货车市场分车型产销情况

2022年，分车型看，载货车各车型销量均呈现不同程度下降。其中，重型载货车降幅超过50%，在各车型中降幅最大，中型载货车降幅次之，轻型载货车降幅第三，微型载货车降幅最小。各车型具体产销情况如下。

(1) 重型载货车（GVW>14T，包含重型货车整车、重型货车非完整车辆和半挂牵引车）产销量在各品类中下滑幅度最大。全年生产63.2万辆，同比下降51.4%（见图3）；销售67.2万辆，同比下降51.8%，比2021年减少72.3万辆（见图4）。

(2) 中型载货车（6T<GVW≤14T，包含中型货车整车、中型货车非完整车辆）生产9.1万辆，同比下降45.1%；销售9.6万辆，同比下降46.5%。

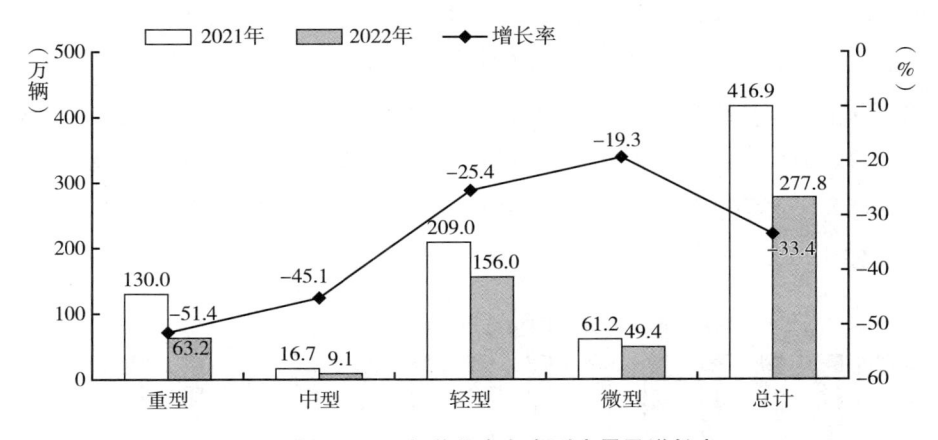

图3 2021～2022年载货车各车型产量及增长率

资料来源：根据中国汽车工业协会数据整理。

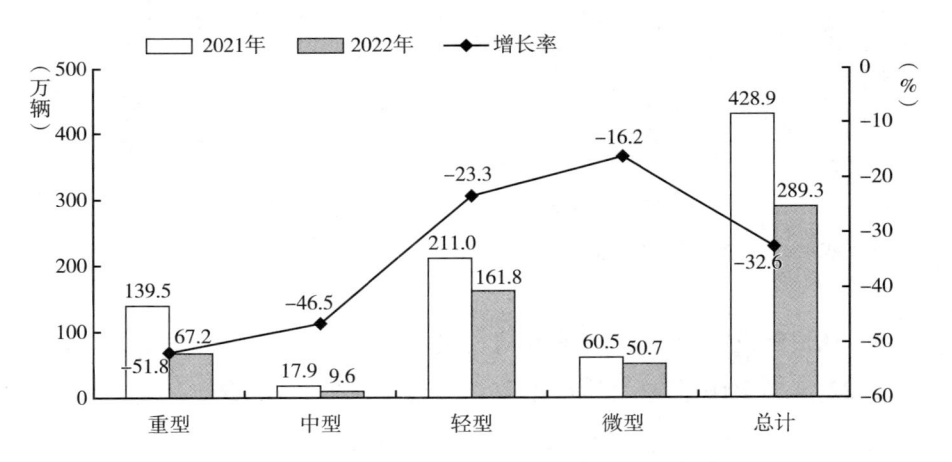

图4 2021～2022年载货车各车型销量及增长率

资料来源：根据中国汽车工业协会数据整理。

（3）轻型载货车（1.8T<GVW≤6T，包含轻型货车整车、轻型货车非完整车辆）降幅较中、重型载货车小，全年生产156.0万辆，同比下降25.4%；销售161.8万辆，同比下降23.3%。

（4）微型载货车（GVW≤1.8T，包含微型货车、微型货车非整车

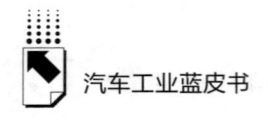

辆）是货车细分领域中表现最好的品类，全年生产49.4万辆，同比下降19.3%；销售50.7万辆，同比下降16.2%。

2022年，从载货车各车型销量占比结构看，轻型载货车销量占比超过50%，较2021年增长了6.7个百分点，重型载货车占比为23.2%，较2021年下降9.3个百分点，中型载货车占比为3.3%，较2021年下降0.9个百分点（见图5）。

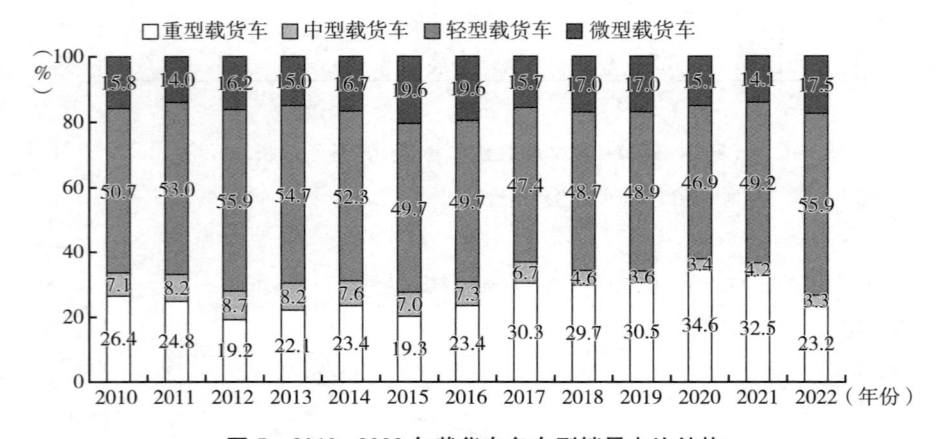

图5 2010~2022年载货车各车型销量占比结构

资料来源：根据中国汽车工业协会数据整理。

3.2022年载货车市场分企业销量情况

2022年TOP10企业累计市占率总体稳定，虽然较2021年下降了1.7个百分点，但合计仍超过80%，集中度趋势没有变化。排名方面，北汽福田与东风汽车凭借车型产品丰富的优势，继续排在前两名。但北汽福田超过东风汽车集团成为载货车总体销量第一，东风汽车集团降至第二（见表1）。

受重型载货车市场总体销量大幅下降影响，TOP10企业中，以重型货车为主的重汽和一汽，份额下降较多。以轻、微型载货车为主的企业大部分实现了市场份额增长。

表 1　2020~2022 年中国载货车企业市占率变化

排名	企业名称	2022年 销量（万辆）	2022年 市占率（%）	2022年 市占率同比（百分点）	2021年 销量（万辆）	2021年 市占率（%）	2020年 市占率（%）
1	北汽福田汽车股份有限公司	41.3	14.3	0.4	59.7	13.9	13.5
2	东风汽车集团有限公司	38.1	13.2	-0.8	60.1	14.0	13.8
3	上汽通用五菱汽车股份有限公司	29.7	10.3	1.1	39.4	9.2	10.7
4	重庆长安汽车股份有限公司	24.0	8.3	2.8	23.4	5.5	5.0
5	中国重型汽车集团有限公司	22.9	7.9	-1.4	39.9	9.3	10.0
6	长城汽车股份有限公司	18.7	6.5	1.1	23.3	5.4	4.8
7	安徽江淮汽车集团股份有限公司	18.3	6.3	0.3	25.7	6.0	6.0
8	中国第一汽车集团有限公司	17.6	6.1	-4.4	45.1	10.5	10.4
9	江铃汽车股份有限公司	12.8	4.4	0.1	18.6	4.3	4.1
10	陕西汽车集团股份有限公司	11.4	3.9	-0.8	20	4.7	4.9
	其他	54.4	18.8	1.7	73.5	17.1	16.8
	总计	289.3	100		428.8	100	100

资料来源：根据中国汽车工业协会数据整理。

（二）载货车市场发展趋势

疫情防控政策调整后，消费市场加速恢复，各种生产经营活动逐渐展开，对物流市场产生一定促进作用。同时，各地工程建设项目在政策推动下，也加速开工，并产生实物运输量，带来新增物流需求，助力物流市场恢复。但是，鉴于现在的载货车市场高企的保有量和库存量，新车消费市场的恢复将存在一定滞后性。

载货车市场经过 2022 年的低谷期后，将在 2023 年迎来市场的复苏，为各整车企业稳健经营奠定了一定的市场基础。但是，结合多重因素影响，预计载货车市场需求短期内很难重现高位。

载货车市场总量将在较长一段时间内处于低位运行，行业进入存量竞争状态。但是局部细分市场（如新能源、海外）可能出现市场机会。传统产业链和整车销量利润池将逐渐减小，商用车企业需寻找新的市场机会，加快

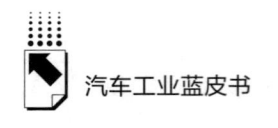

新业务落地，加速后市场业务突破，以企业自身的特点和优势挖掘用户需求，促进企业发展。

二 2022年中重型载货车市场发展

（一）中型载货车市场发展情况

从载货车总体销量结构看，中型载货车经过2020年及2021年高速增长，车型结构占比明显提升，但2022年受行业低迷影响，销量及占比大幅度下降。

（1）从分车型结构看，2021年中型载货车市场是载货车市场唯一实现正增长的车型，但到了2022年，受到市场透支、经济增速放缓等不利因素影响，中型载货车全年累计销售9.6万辆，较2021年减少约8.3万辆，同比下降46.5%（见图6）。

图6 2006~2022年中型载货车销量走势

资料来源：根据中国汽车工业协会数据整理。

（2）从月度走势看，受疫情影响，中型载货车2022年月度销量同比均下降（见图7）。

图 7　2021~2022 年中型载货车月度销量走势

资料来源：根据中国汽车工业协会数据整理。

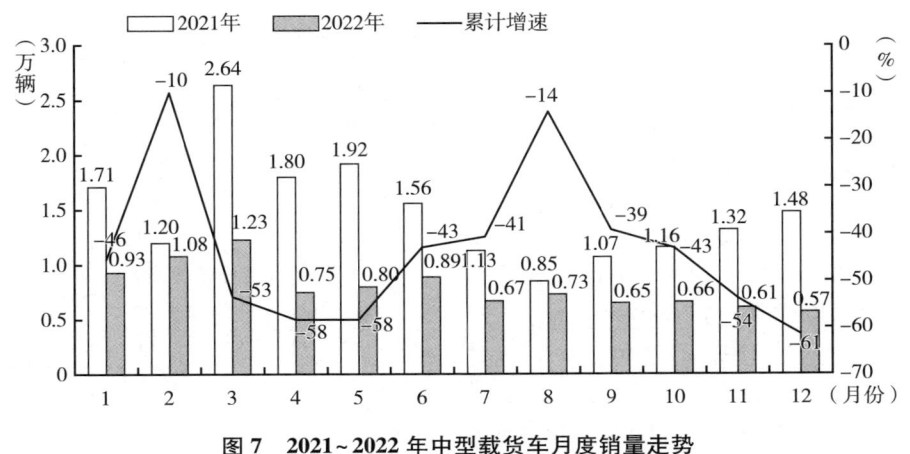

（3）从 2022 年中型载货车行业竞争格局看，中型载货车销量 TOP10 企业名单未发生变化，仅排名先后发生调整。市场集中度进一步提升，TOP10 企业市占率由 2021 年的 98.9% 提升至 99.2%，TOP5 企业市占率由 85.2% 提升至 88.6%（见表 2）。在当前市场销量低迷的背景下，TOP10 企业中，安徽江淮和湖北三环实现累计同比正增长。安徽江淮凭借良好表现，市占率由 8.3% 提升至 16.6%，超过一汽集团和成都大运，最终排名第二。TOP10 企业中，四川南骏降幅最大，接近 90%，北汽福田销量下降 55.02%，市场份额由 42.4% 降至 35.7%。

表 2　2022 年中型载货车企业销量排名

单位：辆，%

排名	企业名称	2022 年 销量	2022 年 同比增长	2022 年 市占率	2021 年 销量	2021 年 市占率
1	北汽福田汽车股份有限公司	34125	-55.02	35.7	75875	42.4
2	安徽江淮汽车集团股份有限公司	15908	7.1	16.6	14854	8.3
3	中国第一汽车集团有限公司	14813	-44.91	15.5	26889	15.0
4	成都大运汽车集团有限公司	11464	-43.45	12.0	20273	11.3

续表

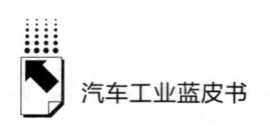

排名	企业名称	2022年 销量	2022年 同比增长	2022年 市占率	2021年 销量	2021年 市占率
5	东风汽车集团有限公司	8488	-42.17	8.9	14677	8.2
6	庆铃汽车(集团)有限公司	5127	-43.17	5.4	9022	5.0
7	中国重型汽车集团有限公司	2546	-28.74	2.7	3573	2.0
8	浙江飞碟汽车制造有限公司	1045	-54.19	1.1	2281	1.3
9	四川南骏汽车集团有限公司	954	-89.37	1.0	8974	5.0
10	湖北三环专用汽车有限公司	488	20.49	0.5	405	0.2
	其他	741	-61.65	0.8	1932	1.1
	总计	95699	-46.46	100	178755	100

资料来源：根据中国汽车工业协会数据整理。

（二）重型载货车市场发展情况

1. 2022年重型载货车整体市场情况

2022年，在疫情、经济、油价、运价等因素均起负面作用的背景下，重型载货车全年累计销量67.2万辆，同比下降51.8%（见图8），销量再次回到"谷底"。

图8　2007~2022年重型载货车市场销量走势

资料来源：根据中国汽车工业协会数据整理。

（1）从重型载货车市场销量看，2022年是近六年销量最低的年份，也是近六年销量唯一低于100万辆的年份。

导致销量大幅下降的主要原因：一是2017～2021年国Ⅲ淘汰及国Ⅵ实施严重透支了市场需求；二是提前淘汰的国Ⅳ、国Ⅴ二手车，挤压了新车需求；三是2022年疫情反复导致经济不景气，货运量降低，物流需求较弱；四是油价、气价上涨导致经营成本不断上涨，压抑了用户购车欲望，延长了换车周期。

（2）从重型载货车车型结构看，2022年依然以牵引车为主，牵引车全年销售30万辆，同比下降55.9%，占比超过40%；非完整车辆销售20.2万辆，同比下降56.8%，占比为30%；整车销售17.2万辆，同比下降31.7%，占比扩大至25.5%（见图9）。

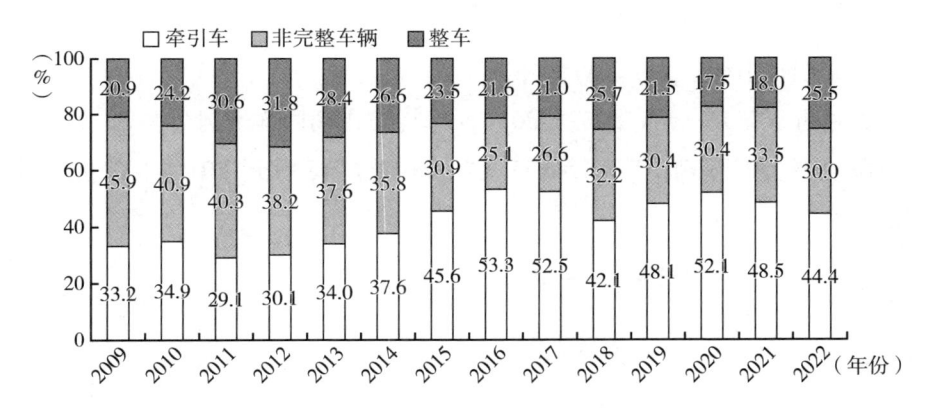

图9 2009~2022年重型载货车细分市场历年结构占比变化

资料来源：根据中国汽车工业协会数据整理。

2. 2022年重型载货车竞争格局

2022年，重型载货车行业销量TOP5的企业保持稳定，但名次排序较2021年有所变化。从批发量数据口径看，中国重汽2022年排名再上升一位，成为行业第一，东风集团升至第二，一汽集团降至第三，陕汽集团、北汽福田依然分列第四、五名。行业集中度再次提升，TOP5企业市场份额由2021年的85.7%提升至2022年的87.3%（见表3）。

表3 2021~2022年重型载货车竞争格局变化情况

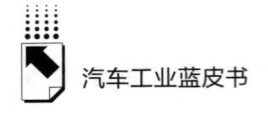

企业	2022年 销量（辆）	同比增长（%）	市占率（%）	市占率变化（百分点）	2021年 销量（辆）	市占率（%）
中国重型汽车集团有限公司	158829	-44.5	23.6	3.1	286367	20.5
东风汽车集团有限公司	126768	-52.1	18.9	-0.1	264411	19.0
中国第一汽车集团有限公司	125571	-63.8	18.7	-6.1	346531	24.8
陕西汽车集团股份有限公司	107943	-44.1	16.1	2.3	193144	13.8
北汽福田汽车股份有限公司	67582	-35.9	10.1	2.5	105387	7.6
其他	85249	-57.3	12.7	-1.6	199450	14.3
合计	671942	-51.8	100		1395290	100

资料来源：根据中国汽车工业协会数据整理。

（三）重型载货车细分市场发展情况

1. 牵引车市场

经过近五年高销量市场后，2022年牵引车市场同样遭到"腰斩"，全年销量降至约30万辆，降幅为55.9%，销量规模回到2016年以前水平（见图10）。

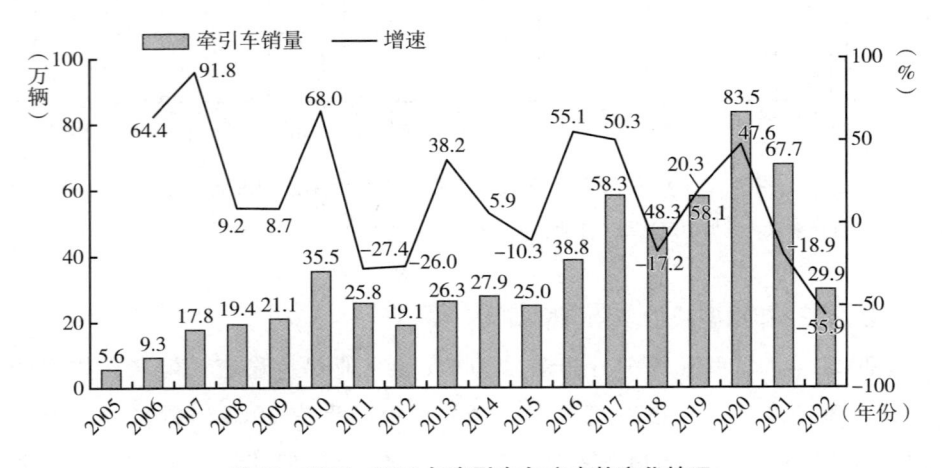

图10 2005~2022年牵引车年度走势变化情况

资料来源：根据中国汽车工业协会数据整理。

2022年市场销量TOP5企业排名没有发生变化，总体市占率为87.5%，集中度下降1.4个百分点（见表4）。一汽集团全年销售6.5万辆，同比降低67.5%，市占率21.6%，仍为该市场第一。TOP5企业中，一汽集团和东风集团销量降幅超过大盘，市占率减小。中国重汽及北汽福田市占率增幅较大，均扩大超过2个百分点。

表4 2022年半挂牵引车市场主要企业销量及市占率

企业	2022年 销量（辆）	同比增长（%）	市占率（%）	市占率变化（百分点）	2021年 销量（辆）	市占率（%）
中国第一汽车集团有限公司	64522	-67.5	21.6	-7.7	198355	29.3
中国重型汽车集团有限公司	61739	-49.8	20.7	2.5	122870	18.2
陕西汽车集团股份有限公司	51522	-50.7	17.3	1.8	104588	15.5
东风汽车集团有限公司	41793	-57.8	14	-0.6	99130	14.6
北汽福田汽车股份有限公司	41606	-45.7	13.9	2.6	76633	11.3
其他	37458	-50.2	12.5	1.4	75243	11.1
合计	298640	-55.9	100		676819	100

资料来源：根据中国汽车工业协会数据整理。

2. 重型载货整车市场

2022年重型载货整车市场销量为17.2万辆，同比降低31.7%（见图11）。虽然同比降低超过30%，但重型载货整车仍是2022年重型载货车市场表现最好的领域，降幅低于重型载货车总体。

重型载货整车市场TOP5企业集中度提高2.8个百分点，同时排名发生较大变化。中国重汽仍排名第一，北汽福田取代陕汽集团排名第二，东风集团从第五升至第三，一汽集团表现亮眼，凭借逆市场的优秀表现，以近130%的累计销量增速，进入TOP5行列，江淮与陕汽集团表现不佳，江淮从第三跌到第五（见表5），陕汽从第二直接跌至第八。

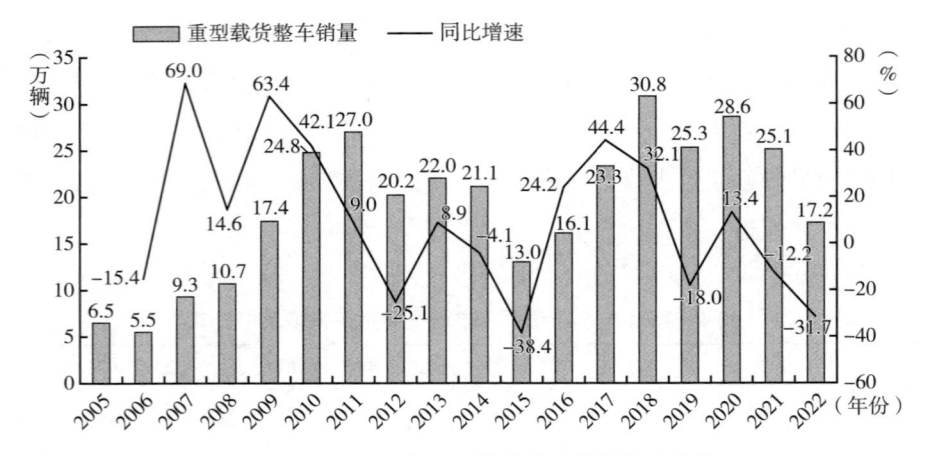

图 11 2005~2022年重型载货整车销量年度走势

资料来源：根据中国汽车工业协会数据整理。

表5 2022年重型载货整车市场主要企业销量及市占率

企业	2022年 销量（辆）	同比增长（%）	市占率（%）	市占率变化（百分点）	2021年 销量（辆）	市占率（%）
中国重型汽车集团有限公司	66636	-22.1	38.9	4.8	85531	34.1
北汽福田汽车股份有限公司	21669	6.5	12.6	4.5	20340	8.1
东风汽车集团有限公司	18291	-2.5	10.7	3.2	18750	7.5
中国第一汽车集团有限公司	13348	129.7	7.8	5.5	5812	2.3
安徽江淮汽车集团股份有限公司	12655	-54.7	7.4	-3.7	27941	11.1
其他	38913	-39.4	22.6	-2.8	64168	36.9
合计	171512	-12.2	100		251150	100

资料来源：根据中国汽车工业协会数据整理。

3.非完整车辆（底盘）市场

由于固定资产投资趋弱，环卫、搅拌等专用车市场需求下滑严重，导致2022年非完整车辆（底盘）销量仅为20.2万辆，同比下降56.8%，是重型载货车市场表现最差的领域（见图12）。

非完整车辆（底盘）的市场集中度依然是重型载货车行业最高的，排名前五的企业市场份额高达98.9%（见表6），较2021年再提高1.5个百分点。其中东风集团销售6.7万辆，市占率达33.0%，蝉联行业第一；陕汽集

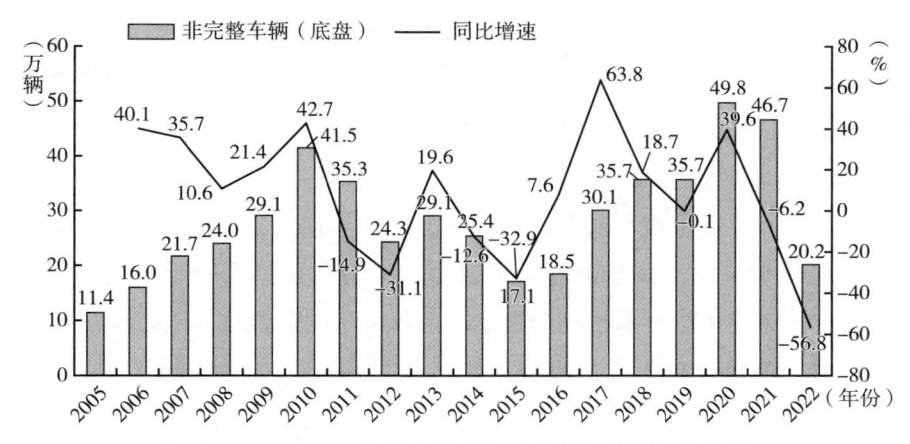

图 12　2005~2022年非完整车辆（底盘）销量年度走势

资料来源：根据中国汽车工业协会数据整理。

团超过一汽集团和中国重汽，排名第二，市占率25.0%。一汽集团、中国重汽分列第三、四名，销量分别为4.8万辆和3.0万辆。

表6　2022年非完整车辆（底盘）市场主要企业销量及市占率

企业	2022年 销量（辆）	同比增长（%）	市占率（%）	市占率变化（百分点）	2021年 销量（辆）	市占率（%）
东风汽车集团有限公司	66684	-54.5	33.0	1.7	146531	31.3
陕西汽车集团股份有限公司	50379	-6.9	25.0	13.4	54136	11.6
中国第一汽车集团有限公司	47701	-66.5	23.6	-6.8	142364	30.4
中国重型汽车集团有限公司	30454	-60.9	15.1	-1.6	77966	16.7
北汽福田汽车股份有限公司	4307	-48.8	2.1	0.3	8414	1.8
其他	2265	-94	1.1	-7	37910	8.1
合计	201790	-56.8	100		467321	100

资料来源：根据中国汽车工业协会数据整理。

（四）重型载货车发展趋势

1. 市场进入缓慢恢复期

重型载货车市场在经过几年销量高速增长后，市场总体处于过剩状态，

未来两年将以消化社会库存运力为主,行业将进入缓慢恢复期。在宏观经济下行压力较大的背景下,经济发展对商用车需求支撑作用减弱,而"双碳"等政策推进,为新能源等局部细分市场增长带来了机会。

2.行业竞争进一步加剧

从当前行业竞争格局来看,我国重型载货车市场集中度较高,TOP5集中度已超过85%,各整车企业为了在市场销量低位运行时保住行业地位,必然会加大研发力度,深耕细分市场,在各个领域开展全方位竞争。

同时,重型载货车行业当前面临产能过剩、产品同质化严重的困局,"十四五"期间行业内可能会加快淘汰整合,以更加精益化的健康姿态,迎接行业高质量发展。

3.行业高质量发展加速

2022年,国家相继发布了《"十四五"现代综合交通运输体系发展规划》和《"十四五"现代物流发展规划》,提出将完善我国交通运输基础设施,推进物流资源要素配置统一,提升物流运转效率,降低物流运输成本,进一步解决我国交通运输结构性失衡、"大而不强"、部分领域短板突出等问题。

随着我国现代物流体系发展,交通运输结构将会得到调整,部分大宗资源类货物运输方式将由公路转向铁、水、管道,结合公路运输效率提升,商用车总量增长将会被抑制。商用车企业应正视相关发展影响,从重视销量规模向重视单车价值转移,同时,应继续深耕细分市场,以专业化、场景化的产品、服务和解决方案为业务增值方向,提升产品竞争力。同时,继续开拓海外市场,实现国产重型载货车"走出去"的目标。

三　2022年轻型载货车发展

(一)轻型载货车市场发展分析

2022年轻型载货车行业出现大幅下滑,销售161.9万辆,同比下降23.3%,销量处于近六年低位区(见图13)。

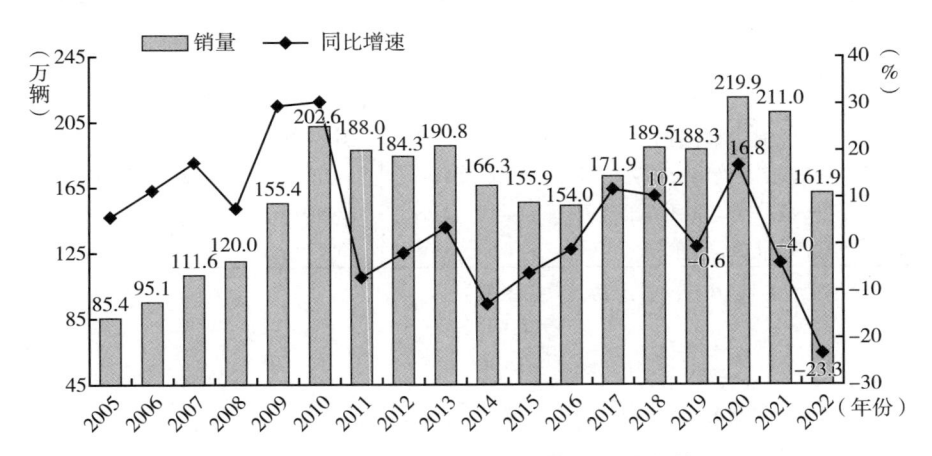

图 13 2005~2022 年轻型载货车销量及增长情况

资料来源：根据中国汽车工业协会数据整理。

近年来，政府部门不断加大超载超限治理力度，从产品准入、用车监管等多维度，倒逼商用车载重合规化、动力标载化。在产品准入方面，国务院安委会在《全国安全生产专项整治三年行动计划》中提出，2022 年基本消除货车非法改装、"大吨小标"等违法违规突出问题。多省市车管所加严蓝牌轻卡上牌审查流程，开始从排量、挡位数、轮胎尺寸、货箱宽度等方面逐一审核。

2022 年轻型载货车市场销量较同期有大幅下滑，行业销量向头部企业集中，占据行业前三位的仍然是北汽福田、长城汽车和东风集团。2022 年全年累计销量排名前十企业中，只有上汽大通累计同比呈现正增长（见表 7）。

表 7 2022 年轻型载货车主要企业销量

单位：辆，%

排名	企业名称	12 月	1~12 月	同比增长	累计同比增长
1	北汽福田汽车股份有限公司	25511	310705	-6.87	-24.96
2	长城汽车股份有限公司	13787	186715	-44.92	-19.87
3	东风汽车集团有限公司	14539	175229	-16.16	-25.22
4	重庆长安汽车股份有限公司	16662	171901	71.09	-3.61
5	安徽江淮汽车集团股份有限公司	6380	152893	-53.71	-26.64
6	江铃汽车股份有限公司	11905	127599	-40.89	-31.40

续表

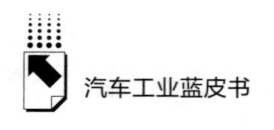

排名	企业名称	12月	1~12月	同比增长	累计同比增长
7	上汽大通汽车有限公司	12711	104577	-1.69	8.65
8	中国重型汽车集团有限公司	4881	70598	-54.72	-35.45
9	中国第一汽车集团有限公司	2469	39480	-53.39	-49.02
10	江西五十铃汽车有限公司	4152	38799	-36.93	-24.96

资料来源：根据中国汽车工业协会数据整理。

（二）轻型载货车新技术和新产品发展情况

2022年，在竞争如此激烈的城配运输市场下，主机厂要想抢夺市场，就必须保证产品的竞争力和保持产品具有快速迭代的能力，还要符合蓝牌新规。尤其在蓝牌新规落地后，主机厂生产的轻卡车型发动机排量不超过2.5升，货厢内宽不超过2.1米，车辆的载质量系数也被严格控制。市场主要代表产品如下。

1. 东风多利卡D6超能轻卡

作为国内大品牌轻型载货车，东风多利卡在城配物流中一直占有重要地位。2022年推出的东风多利卡D6超能轻卡，不仅动力合规，而且上装还可以选择不同种类，可满足不同用户的用车需求。外观方面，采用全新前脸造型设计；内饰方面，采用乘用化设计风格，仪表采用一个大尺寸的液晶仪表，中控台配备10寸多媒体触控屏；动力方面，搭载三款动力，匹配万里扬6挡手动变速箱，速比范围在5.32~0.766，高速行驶时具备良好的燃油经济性，而且性能可靠。

2. 福田领航M5轻卡

外观方面，采用年轻时尚的外观设计，1850mm的车身宽度让驾驶室视野更为宽阔；内饰方面，采用乘用化设计，主驾配装液压减震座椅，并带有通风加热功能，有助于缓解司机长时间驾车的疲劳感；动力方面，搭载三款发动机。最大功率为152马力，最大扭矩为405N·m，匹配6挡手动变速箱。另外，还可以选择5挡手动变速箱，并配有离合助力器。

3. 江铃全新凯运

江铃全新凯运拥有优秀的动力系统、超强承载以及超大货厢等，在同级别中拥有较为吸睛的亮点。外观方面，全新凯运是专为年轻一代物流人打造的，上部采用与车身融合的一体式导流罩，配合超大的前风挡和更加挺拔的A柱；下部采用贯穿式的中网格栅和车身同色保险杠，科幻灵动的远近光一体式透镜大灯，配有LED日间行车灯，行车时更安全。内饰方面，采用乘用化设计，以驾驶员为中心的环抱式仪表台，让操控触手可及。高配车型上，全新凯运配备7寸液晶仪表和10.1寸多媒体触控大屏，彰显智慧座舱。智能配置上，配有自适应巡航、车道辅助系统、智能大灯、一键启动、无钥匙进入、自动空调等，智能化方面更占优。

4. 重汽HOWO新统帅

外观方面，前挡风采用行业独有的轿车式导流槽，提升耐腐蚀性和防撞性；高品质遮阳罩、遮阳膜，减缓内饰老化；豪华同色框架后视镜，具有超宽视野，并配备电加热功能，可一键消融霜雪雨雾。内饰方面，多功能智能方向盘，操控手感极佳，10.1寸悬浮式智能大屏，支持倒车影像、360°全方位环视、流媒体等功能，并可与手机联动，通过车联网系统，实现智慧管车，高端液晶仪表，外观可媲美世界一流高端轿车，精致而不失科技感。动力方面，搭载了潍柴发动机，可实现115~160马力全动力段覆盖，与之匹配的S-AMT 16智能手自一体变速箱，传动效率可高达99.8%，采用重汽专供版曼技术车桥，B10寿命超过80万公里，换油里程超过12万公里，打造无极S动力链，动力更强劲，性能更可靠，出勤率更高。

（三）轻型载货车发展存在的问题与发展趋势

1. 轻型载货车发展存在的问题

2022年《工业和信息化部　公安部关于进一步加强轻型货车、小微型载客汽车生产和登记管理工作的通知》，要求各地公安交通管理部门要严格轻型货车、小微型载客汽车等登记查验，严格按照相关规定和标准查验车辆，对主要特征和技术参数不符合国家标准，或与《公告》、合格证不一致

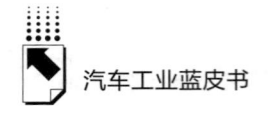

的，不予办理注册登记。严格轻型货车登记查验，重点核对轻型货车检验合格报告记载的整备质量与《公告》和合格证记载的整备质量是否一致，严禁为"大吨小标"车辆办理登记。但因国家层面和地方层面在管理职权与范围存在交叉重叠，部分地方上相关主管部门和执法人员的执法标准、执法力度不统一，导致超载乱象呈现区域性差异。部分地方道路管理部门对超载运输处罚不规范。各区域结合自身发展制定区域性标准，如车辆进城标准，国家以蓝牌、黄牌车辆进行区隔，但部分地级市区域以载质量设定限制，且存在多种吨位标准。在这种情况下，生产企业为能够实现区域覆盖销售，需申报多种公告，造成企业研发和实验验证成本增加。

由于轻型载货车的准入门槛较低，行业企业数量呈现上升态势，并持续有新的企业和资本进入。乘用车市场竞争早已进入红海阶段，部分头部企业整合资源，携乘用车电动化、智能化技术入局商用车市场；同时，客车市场销量自2016年达到顶峰后逐年下滑，头部客车企业开始寻求转型升级。为此，吉利、长城、比亚迪、宇通客车等企业纷纷布局新能源商用车市场，作为新入局者与传统商用车企业在新赛道形成竞争，致力于对部分细分场景完成市场突破。传统商用车企业在新能源这一新赛道面临更大、更广的挑战，行业竞争加剧，产业集中度不断提高，部分末端企业受限于规模和技术劣势被逐渐淘汰。

2．轻型载货车发展的趋势分析

（1）物流市场恢复增长

"十四五"时期，我国经济发展将进入高质量发展的新时代，国内消费和产业结构进一步转型升级。经济发展迈向消费驱动时代，激发内需市场仍是国家与地方下一阶段的重点工作部署，2022年，受多重因素影响，我国消费处于低迷期，在稳政策的推动下，我国将重振轻卡物流市场的回暖信心，持续推动市场对城市物流车的使用需求。消费结构上，多领域涌现新需求、新趋势，对于货运市场提出了更加细分、专业化的运输能力要求。

2022年，我国城镇化水平稳步提升，常住人口城镇化率达到65.22%，发展质量日益提升。随着乡村振兴相关政策的不断推进，构建清洁低碳、多能融合的现代农村能源体系，加强农村基础设施建设，促进农村经济发展成为乡村振兴的重要立足点。城镇化的发展和乡村振兴战略将持续带动消费领域增长，充分挖掘农村地区内需潜力，如中国邮政搭建线上线下融合的农村电商平台，打造覆盖城乡的寄递物流网络，助力农村物流运输业实现高质量发展。"三农"工作是乡村振兴战略的总抓手，农业保持持续健康发展，农产品运输成为乡村货运的重要增长点。相关基础设施建设，对物流运输结构提出新的要求，轻型载货车在县域、乡村城镇等的需求将持续增加。

（2）产品呈现轻量化发展趋势

政府部门对于"大吨小标"车辆的治理呈现逐年加严的态势，从治理升级到对产品的标准修订，力求从产品源头有效消除轻型货车"大吨小标"问题。按照最新蓝牌法规的标准，目前市场上存在大量的轻型货车自重超标现象，车辆轻量化是符合法规标准的重要手段，同时可以提高车辆安全性。此外利用轻量化还可以提高效益、节能降耗。基于这些因素，轻型货车轻量化是势在必行的。轻量化主要从以下途径实现：结构设计优化、新材料应用、先进工艺、模块化集成。

目前结构轻量化是花费成本相对较低的一种设计手段。车身、底盘动力等零部件的设计都可以大量运用结构轻量化设计，例如，模块化集成设计、结构拓扑优化等。轻量化材料应用：材料领域，铝合金、复合材料的大量应用已成为现实，铝合金油箱、铝合金储气筒、铝合金车轮、铝合金防护等已成为蓝牌轻卡的标配；未来在新材料的应用上，发展路径或将是低成本的轻质材料或者超高强度钢材应用，如塑料、热成型高强度钢，积极探索以铝代钢、以塑代钢、铝镁合金、工程塑料、碳纤维增强复合材料。同时考虑大量应用液压成型、辊压成型、铸造成型、锻造成型、模压成型、注射成型等制造技术，来达成降低整车重量的目标。

（3）电动化发展方向

未来轻型载货车电动化发展方向主要体现在重构专属的整车平台及电控平台，完成重塑电池布置和集成驱动系统等。系统集成化发展趋势明显，包括控制系统、驱动系统的集成化。在纯电动货车发展之初，纯电动货车是"油改电"模式，电驱动总成系统与传统燃油货车的驱动总成系统型式基本

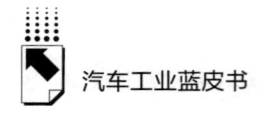

一样，是由驱动电机、减速器、传动轴和驱动桥组成，不仅成本高且传动效率低，重量大。

随着行业内对纯电动货车的理解越来越深刻，以及在降成本、降能耗和降重等多重因素驱动下，电驱动总成逐步发展出同轴桥、集成桥等多样的驱动总成型式。在电控系统上，仍未脱离乘用车电控平台，在控制上很难完美符合轻型商用车市场的发展要求；与轻型货车专业化发展趋势不符。未来三年建立高电压800V平台是满足快速充电、长续航里程的主要手段，相应对三电系统及充电基础设备都提出了新的要求。

（4）车辆需求专业化和差异化趋势明显

近年来，随着货主和购车用户对于物流效率的追求，不同细分市场在车辆使用和车辆需求等方面均具有专门化的特征，应用场景差异更加明显，如高端城市物流客户需要更加智能化、安全可靠的产品，仓库配送物流客户需要更高效、高性价比的产品，城乡物流客户需要更加低成本、性价比高的产品等，因此，车辆的专业化将是未来重点发展方向。城市配送业务的快速发展将促进厢式车产品取代栏板车；治超持续加严，仓栅车持续向中重卡转化；轻卡自卸车与投资密切相关，呈现周期性变化，其次受"大吨小标"治理影响，市场向中重卡转移；消费升级趋势持续，冷链产品市场持续增长。各主流车企纷纷聚集细分场景；各细分市场需求不断变化调整，各车企不断调整产品策略，于变局中求发展，将满足不同用户差异化需求作为提升竞争力的基本出发点，强调人、车、货、场的精准识别和匹配，基于用户思维的应用场景下的产品开发和推广将成为各车企构建核心竞争力的重要手段之一。

四 2022年微型载货车发展情况

（一）微型载货车市场发展分析

2022年作为载货车四个细分市场中唯一收获过4次增长的微型载货车市场，最终还是与其他细分市场一样以两位数的下滑收官了。2022年全年微型载货车市场销量50.7万辆，同比下降16%（见图14）。综观近五年微型载货车销量，最高位是2020年，达到70.8万辆，2022年微型载货车市场全年累计销量是近五年来微型载货车市场首次未能超过60万辆。

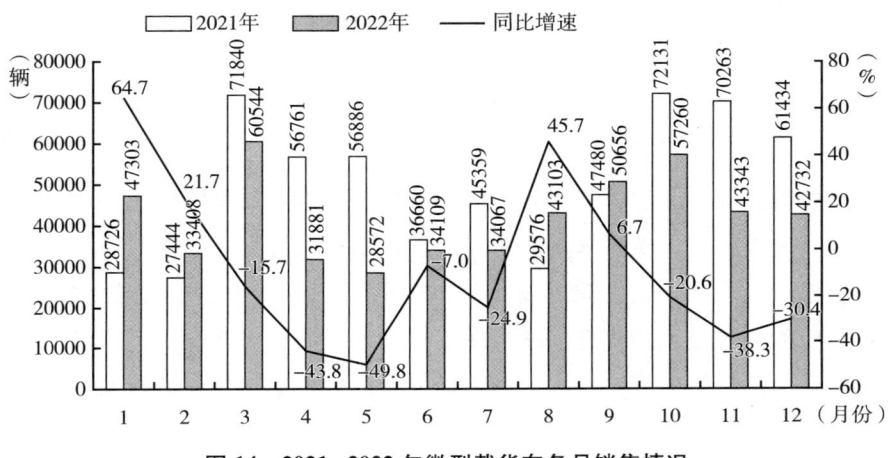

图14 2021~2022年微型载货车各月销售情况

资料来源：根据中国汽车工业协会数据整理。

具体到各家企业来看，处于上升区间的仅有重庆长安和山东凯马两家企业，2022年重庆长安和山东凯马微型载货车销量累计同比分别增长了22.55%和4.00%（见表8）。2022年全年，微型载货车市场有3家企业累计份额超过10%，上汽通用五菱、东风公司和重庆长安分别分食了2022年微型载货车市场57.24%、13.81%和13.46%的份额。

表8 2022年微型载货车主要企业销量

单位：辆，%

排名	企业名称	12月	1~12月	同比增长	累计同比增长
1	上汽通用五菱汽车股份有限公司	26915	290121	-38.29	-21.66
2	东风汽车集团有限公司	3223	70022	-53.09	-19.84
3	重庆长安汽车股份有限公司	4652	68244	64.21	22.55
4	山东凯马汽车制造有限公司	4316	43465	56.60	4.00
5	奇瑞汽车股份有限公司	2842	27486	-5.96	-14.16

资料来源：根据中国汽车工业协会数据整理。

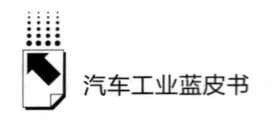

（二）微型载货车新技术和新产品发展情况

蓝牌新规的落地与治超的严格，使得"大吨小标"现象得到整顿，微型载货车凭借着更高的投入产出比受到市场追捧。近年来，微型载货车的柴油化一直是行业内的热门话题。特别是对于日益增长的农村物流市场而言，柴油微型载货车的优势体现在它具有动力强、油耗低、既能载人也能拉货等优点，市场发展空间较大。不足之处在于柴油微型载货车的购车初始成本相对较高，对于农村消费者来说，接受起来需要一个过程。另外，微型载货车柴油化最大的困难在于发动机技术有待提升。如果发动机技术能够取得较大进步，比如电控技术的提升，柴油车不仅省油，而且更环保，技术的进步也必然驱使柴油机价格下降。一款既省油又环保，价格还便宜的汽车，市场需求肯定大。

2022年，多家车企推出了众多实力出众的微型载货车产品：金杯金卡S3于2022年2月上市，装配了26厘米幅高的全铆接大梁，单排车型货箱最长3.2m，搭载1.6L金刚钻系列发动机。对于走街串巷的市内运输车辆来说，该车装载能力和性价比较为突出。

开瑞X6于2022年2月上市，由全新的"赤兔"平台打造，外观走起了"凌厉潮流"风，搭载1.6L汽油机，单排货箱最长3.4m，它除了在装载量、经济性等方面进一步提升以外，还在舒适性、人性化设计等方面带来了创新。

长安星卡PLUS于2022年3月上市，带来了一套全新设计语言，其皮卡的"既视感"让它气势十足。另外，该车货箱尺寸、轮胎规格等承载能力方面相较星卡也有了不小提升，1.6L和1.8L两种动力可选让其应对城市配送更加从容。

五菱荣光小卡EV于2022年8月上市，作为五菱首款纯电动微型载货车，沿用燃油版车型外观的同时增加了很多时尚元素。该车搭载42kWh电池，续航可达296km，直流快充46分钟可从30%充至80%。单排货箱最长可达2710mm，可载重0.97吨，非常适宜城配运输。

远程锋锐 V5E 于 2022 年 8 月上市，采用 510L 大梁，可匹配 5 种上装，堪称货运多面手。其搭载的 255N·m 电机，在城市当中爬坡、超车都更有信心。

（三）微型载货车发展存在的问题与发展趋势

1. 微型载货车发展存在的问题

微型载货车作为末端物流用车，其销量与个体商户、批发市场的发展活力有着密切的关联，微型载货车市场可以说是个体商户经济发展的"晴雨表"，其购车主要用途为纯商用或偶尔家用。国Ⅵ排放标准升级后，主流销量产品价格普遍在 4 万元以上，作为汽油三轮车和低速电动三轮车的升级产品，微型载货车价格高出用户的购车预期，是造成目前微型载货车升级的主要障碍。

2. 微型载货车发展的趋势分析

（1）新能源化发展趋势

微型载货车每天运营里程在 100km 左右，未来微型载货车必定会向电动化、智能网联化发展，也符合国家蓝天保卫战的战略要求。

随着城配运输物流车型的不断增多，竞争日益激烈，各大车企在新能源物流车细分领域都有布局，微型载货车车型更是其中不可或缺的一部分，续航长、空间大、承载强等因素决定了车辆的产品竞争力。

（2）产品高端化发展趋势

面对微型载货车用户的逐渐年轻化，用户的需求也随之向高端化方向升级和发展，以此来满足众多"80 后""90 后"用户的需求。其中，众多年轻用户对车辆配置产生了更多的需求，除了传统暖风、收音机配置以外，用户对空调、MP3、倒车雷达、车载导航的需求逐渐加强。

（3）高承载力和大载货空间发展趋势

面对国家的物流车市场的合规治理，部分轻型载货车用户已经转向购买微型载货车市场；随着取消总质量≤4.5t 普通货运车辆道路运输证和驾驶员从业资格证的政策执行，车企把微型载货车逐渐朝高承载、大空间和大动力方向发展，以便于承接轻型载货车用户向微型载货车市场的转移。

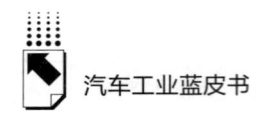

五　2022年皮卡车发展

（一）皮卡车市场总体情况分析

1.2022年皮卡行业年度销量走势

挑战重重的2022年已经画上句号，这一年，包含皮卡在内的汽车市场面临着芯片短缺、原材料涨价和疫情频发等因素影响，在困境中艰难前行。也是这一年，皮卡全面解禁到来，皮卡车技术标准实施，中国汽车工业协会皮卡分会成立，国内皮卡行业迎来了强有力的政策支持。

上年疫情下皮卡生产受阻，2022年的皮卡生产形势改善，促使2022年皮卡的生产表现较强，海外需求暴增推动皮卡出口爆发式增长，这也是汽车行业共同体现的出口外销走强的特征。2022年，在国家汽车促消费政策的总基调下，皮卡车型的三包政策、路权政策对皮卡消费大力支持，主力车企也推出乘用化皮卡产品。在皮卡文化日益活跃的共同推动下，皮卡市场消费持续高增长。长城炮系列的商用炮、金刚炮、乘用炮的组合体现了皮卡文化的新趋势。自2016年皮卡解禁试点以来，国家对放开皮卡进城的重视程度首次从部委上升到国务院层面，皮卡解禁再度迎来强有力的政策支持，全年销量51.3万辆，同比小幅回落（见图15）。

2.2022年皮卡行业月度走势

综观2022年全年，国内皮卡市场同样因外部环境的冲击表现不佳。每年3月、4月和9月、10月的销售旺季因疫情大部分不及上年同期，且全年处于运行低位。全国皮卡市场回归北方，近两年西北和东北市场很强，西南、华南、中南地区的市场需求相对疲软。但10月和11月的疫情封控政策导致销量损失巨大，尤其是西北地区。12月，因为广州车展重启、多款新品齐发等因素，皮卡终端市场出现明显的翘尾反弹（见图16）。

皮卡属于生产资料车型，春节之前一般购买皮卡相对较少，春节之后皮

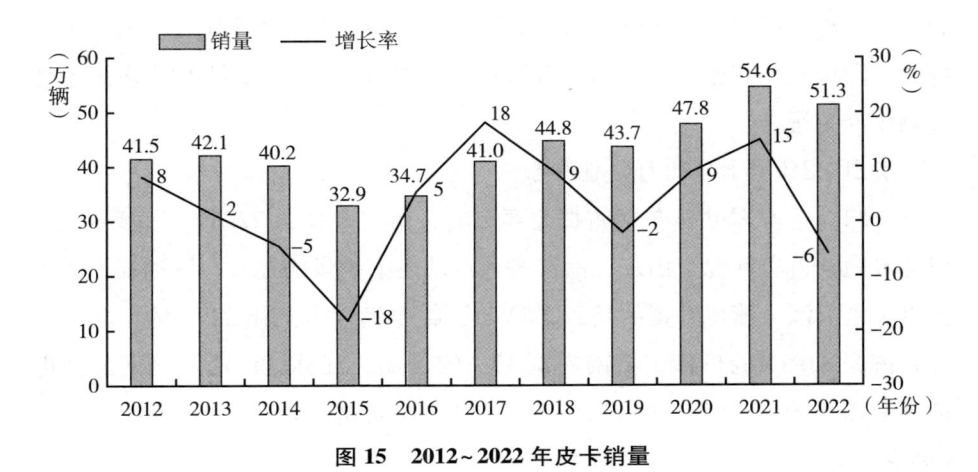

图 15　2012~2022 年皮卡销量

资料来源：乘联会。

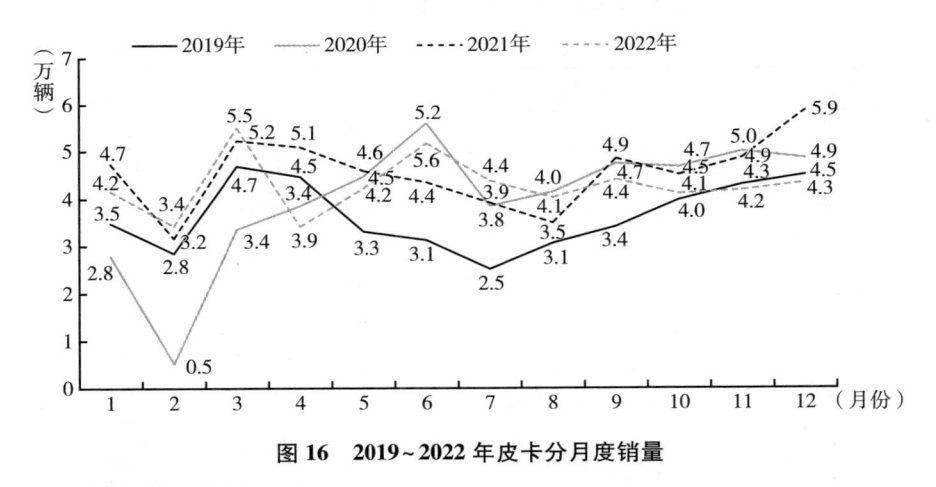

图 16　2019~2022 年皮卡分月度销量

资料来源：乘联会。

卡销售进入旺季。乘用车的销量代表了中国消费者的生活品质以及追求，但是商用车的销量代表了中国小企业、小私营业主的发展状况，只有商用车的需求上来了，基础民生问题得到解决，乘用车市场才能有恢复的可能。皮卡市场也直接反映了小私营业主的发展情况，2020 年以长城为代表的皮卡市场，已经成为疫情趋缓后汽车市场率先回暖的先头兵。但随着房地产业低迷

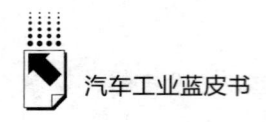

和疫情干扰，第三产业运营压力较大，皮卡市场也面临较大压力。随着中年群体的潮玩文化和旅行受限制，自驾和郊野游的空间增大，人们更多地选择驾乘皮卡游玩。

3.2022年皮卡分动力类型趋势

2022年，柴油皮卡依然占据主要市场，市占率高达77.6%，表现平稳，而随着内蒙古、河北、山东、浙江等地汽油皮卡销量的提升，汽油皮卡的占比也小幅上涨。值得一提的是，2022年，纯电动皮卡售出2174辆，其中广东省占据33.5%的份额，云南占据17%的份额，江苏、广西、海南的纯电动皮卡需求有所提升，郑州日产、福田、长城是纯电动皮卡的主销品牌（见表9）。

表9　2022年皮卡柴/汽油销量TOP5品牌

单位：辆

燃油类型	排名	品牌	销量
柴油	1	长城	115867
	2	江铃	44738
	3	江西五十铃	30496
	4	郑州日产	20532
	5	江淮	9767
汽油	1	长城	33703
	2	郑州日产	12219
	3	江铃	4716
	4	长安	3213
	5	福田	2675

资料来源：乘联会。

总体来看，2022年对于国产皮卡来说是挑战重重的一年，也是产业巨变的一年。皮卡解禁取得了前所未有的成效，皮卡行业的发展前景也更加明朗可期，与此同时，中国皮卡品牌也以千帆竞发之势纷纷出海，征战全球。

2023年，随着疫情防控进入新阶段，且多款重磅新品蓄势待发，国产皮卡将扭转颓势、释放潜力，国内皮卡市场未来发展可期。

4. 2022年皮卡出口情况

全国皮卡市场2022年累计出口皮卡12.8万辆，增速65%（见表10）。12月的皮卡出口达到1.5万辆，同比增长70%。长城汽车、上汽大通和福田汽车等企业出口表现优秀。

表10 2019~2022年分季度皮卡出口销量

单位：万辆，%

年份	第一季度 销量	第一季度 同比增长	第二季度 销量	第二季度 同比增长	第三季度 销量	第三季度 同比增长	第四季度 销量	第四季度 同比增长	年度 销量	年度 同比增长	出口占比
2019	0.7	31	0.8	-20	1.1	4	1.4	25	4.0	8	9
2020	0.7	-6	0.6	-32	1.0	-3	1.9	40	4.2	5	9
2021	1.6	135	1.9	233	2.0	96	2.2	13	7.8	83	14
2022	2.8	75	2.5	29	3.6	78	3.8	76	12.8	65	25

资料来源：乘联会。

2022年以长城为代表的皮卡总体行业出口超强，出口占比快速提升，2022年占皮卡出口总量的25%，较2021年的14%提升迅猛。

（二）皮卡政策环境分析

1. 皮卡拖挂新增C6资质

2022年1月底，公安部公布了《机动车驾驶证申领和使用规定》（公安部令第162号），规定中明确定义了轻型牵引挂车这一类车型以及所需的C6驾驶资质，为轻型车拖挂这一新兴现象确立了法律依据。该规定将于2022年4月1日起施行。这将让皮卡+拖挂的汽车列车驾驶方式合法化，让拖挂驾驶员操控经验更丰富。

2. C-NCAP测试新增皮卡车

新车碰撞测试NCAP（New Car Assessment Program，新车评价规范），2022年1月实施的补充修订版本中，增加了皮卡这一类车型。对将来推出

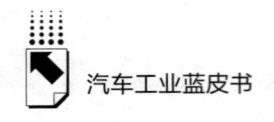

的皮卡产品安全性有了更高的要求。

3.《多用途货车通用技术条件》发布

《多用途货车通用技术条件》国家标准将在2022年5月1日正式实施。

该标准适用于双排座椅多用途货车，单排皮卡不在多用途货车的范围内。标准对皮卡车做了明确定义，并对尺寸、爬坡能力、燃油经济性、货箱、轮胎等方面提出要求，提出了"货箱顶部长度应不超过整车长度的35%且不大于1850mm""座椅间距不小于650mm""货箱应只有后栏板为可开闭状态""至少有一个后排座椅配置ISOFIX儿童约束系统固定装置"等详细条款，以保证皮卡车的客货两用属性及行驶安全。同时，标准对皮卡车的碰撞性能、安全带、儿童约束系统及固定点、座椅及头枕、制动、视野、轮胎等提出了更高要求，明确这些方面的技术要求应与乘用车有关指标保持一致；而由于皮卡车对动力性有更高的需求，所以在节能和环保方面，污染物排放限值、燃料经济性、车内空气质量以及电磁兼容性的技术要求与现有标准保持一致即可。

4.皮卡被纳入汽车新三包政策

国家市场监督管理总局公布了新的《家用汽车产品修理更换退货责任规定》（以下简称"汽车三包规定"）。该规定在2022年1月1日起施行。新汽车三包规定将皮卡车型纳入其中，也就是说，将皮卡纳入乘用车管理序列，这对皮卡将来的定位无疑是一个利好政策。

（三）皮卡车市场竞争分析

2022年皮卡市场主力厂商表现较好，长城皮卡保持平稳的绝对优势地位，上汽大通增速最快，江铃皮卡和郑州日产等保持强势稳定地位。2022年长安汽车走势逐步平稳，并未明显改变皮卡格局，江淮皮卡、长安皮卡、福田皮卡等表现出色。出口推动上汽大通、江淮皮卡等总量表现较强（见表11）。

表 11　2022 年皮卡销量 TOP10 品牌

单位：辆，%

排名	品牌	2022 年销量	同比增长	市占率
1	长城皮卡	186715	-19.9	36.4
2	江铃皮卡	62559	-7.2	12.19
3	江西五十铃	33258	-22.9	6.48
4	郑州日产	39540	-21.0	7.7
5	福田皮卡	16521	-13.2	3.22
6	上汽大通	67156	89.4	13.09
7	江淮皮卡	49908	49.3	9.73
8	长安皮卡	31844	65.2	6.21
9	中兴皮卡	15332	-8.7	2.99
10	五菱征途	7327	-66.9	1.43

资料来源：乘联会。

2022年皮卡市场依旧保持1超3强的走势特征，但开始逐步呈现分化的趋势。长城汽车的皮卡销量一枝独秀，近几年长城皮卡销量份额持续提升，2019年保持皮卡总量的37%，2020年保持皮卡总量的49%，2021年的销量份额达到46%。2022年12月长城拉升明显，主力车企的国内销量份额保持较好。2022年1~12月长城皮卡份额领先，江铃汽车、郑州日产、江西五十铃等保持较强地位。其他厂商的出口表现较强，但国内市场竞争格局稳定（见表12）。

表 12　2019~2022 年分品牌皮卡出口销量

单位：辆

排名	品牌	2019 年	2020 年	2021 年	2022 年
1	长城皮卡	17631	19880	43599	51063
2	上汽大通	11445	12383	18696	50983
3	江淮皮卡	6010	6416	17213	38517
4	河北中兴	1057	4047	5882	8236
5	江铃皮卡	1936	2056	5054	9343
6	北汽福田	3838	1895	2521	6162
7	郑州日产	1897	2099	1822	1919

资料来源：乘联会。

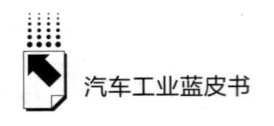

长城皮卡出口仍是第一，但上汽大通等皮卡出口表现超强。由于江浙地区的出口条件便利，因而上汽大通的出口增长迅猛。

部分皮卡企业的表现相对较强，出口助力部分企业表现突出。2022年12月的上汽大通和中兴汽车的皮卡走势较强。随着出口市场的暴增，上汽大通、江淮汽车、长安汽车皮卡快速崛起，形成头部企业挤压尾部企业销量的特征。

2022年传统大集团的皮卡强势厂商都很强，尤其是上汽大通等出口表现突出。长城汽车的皮卡国内外表现都很好，新品上市的活力较强。江铃汽车皮卡的回暖速度较快。相对属于新势力的上汽大通和长安汽车的皮卡表现较好。

2020年以来，伴随国Ⅵ升级，皮卡产品更新迭代速度加快，2022年皮卡进入市场调整期。2022年增量主要来自二、三线市场。增量主要是工程建筑、市政电力、农林牧渔、批发零售业原有的领域以及高端化、乘用化、越野化的这类全新客户。传统主流车企的主力车型表现很强，长城的产品创新效果很好，金刚炮等新品表现突出。

（四）皮卡车区域市场分析

从皮卡销量区域分布来看，皮卡市场以西北、西南为主，西部地区为皮卡的主销区域，紧随其后的是中部及东部部分区域，市场份额在10%左右（见表13）。

表13　2019~2022年皮卡分区域销量分布

单位：%

区域	2019年	2020年	2021年	2022年
西北	17	19	20	18
西南	23	23	21	23
中部—长江	14	14	14	14
东部—华北	10	12	13	11
东部—华南	10	10	10	10
东北	6	7	8	9
东部—华东	5	6	6	8

续表

区域	2019年	2020年	2021年	2022年
中部—黄河	5	6	6	5
东部直辖市	9	3	2	3
总计	100	100	100	100

资料来源：乘联会。

目前来看，西南、西北地区的皮卡需求合计占到总体需求的40%以上，成为两大核心市场。其中西南市场表现较强。西部市场近期保持相对稳定的态势。第四季度偏低既有季节因素的扰动，也有疫情下封控带来的需求低迷。

而目前东北地区皮卡市场有明显启动的特征。但是目前来看华南地区的皮卡市场比较稳定。

皮卡还是北方和中西部市场表现相对较强，这也是因为北方和中西部市场经济相对不活跃，以投资和工程建设为主拉动需求。

私人乘用化皮卡的发展有待进一步加强，京津沪的皮卡销量在2022年有明显恢复，近期的长城乘用化皮卡值得期待。

皮卡市场目前主力的销售区域还是小型城市和县乡市场，尤其是县乡市场目前的表现相对来说还是较强。2022年12月，中小城市的市场表现尤其突出。而县乡市场保持稳定，大型城市市场目前来看并没有明显突破的特征（见表14）。

表14　2019~2022年皮卡城市级别销量分布

单位：%

区域	2019年	2020年	2021年	2022年
特大城市	11.3	4.9	3.7	3.7
大型城市	11.5	11.6	11.6	11.9
中型城市	18.2	18.8	18.8	18.7

续表

区域	2019年	2020年	2021年	2022年
小型城市	24.7	25.4	25.4	25.0
县乡	39.7	40.5	40.5	40.6
总计	100	100	100	100

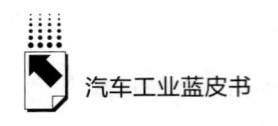

资料来源：乘联会。

特大城市的市场逐步处于爆发后的萎缩中，而限购城市市场中，上海市场的表现特别突出，2022年达到20%左右限购城市的份额，而广州也表现得相对较强。前期表现相对较强的北京市场等表现属于偏弱的状态。

（五）皮卡车市场发展趋势

过去的五年中，国产皮卡全面进入乘用化时代，迎来了自动挡化浪潮以及电动化时代的开启，2018~2022年也是新款皮卡集中爆发的时期，各种特装版皮卡层出不穷。面对国内皮卡市场的持续向好、市场的扩容，海外皮卡企业对国内市场的布局也不断加快。

1. 乘用化时代开启

时间回到2019年，皮卡的乘用化浪潮正在缓缓开启，皮卡的多用途属性被全面挖掘，皮卡逐渐改变此前以商用为主的产品形象。作为一款多用途车型，皮卡拥有一车抵四车的产品能力，具备轿车的舒适性、SUV的越野性、旅行车的休旅性以及轻型货车的载货能力。

面对皮卡乘用化时代的到来，皮卡主机厂对于高端乘用皮卡研发力度不断加大，市场中的全新高端车型层出不穷。在乘用皮卡产品力上，TOD智能四驱系统、多种驾驶模式选择、8AT变速箱、多连杆后悬以及L2级别自动驾驶等普遍应用。

2. 自动挡皮卡浪潮

在过去五年中，自动挡皮卡实现了由量变到质变的飞跃，市场占有率从6%飞跃至接近30%。目前，皮卡市场中的自动挡车型已经突破20款，变速箱类型包括 6AT、7AT、8AT、9AT 等，其中国产主流高端皮卡普遍采用 8AT 变速箱。

自动挡皮卡市场占有率的持续提升，直观表现了用户对于该类产品的需求被挖掘，这也与皮卡在国内的乘用化进程有着密不可分的关联。市场中自动挡皮卡的推出不仅改变了用户的用车习惯，还实现了用车边界和场景的扩大。

尽管自动挡皮卡的市场占有率在直线攀升，但用户需求层面仍拥有较大产品缺口。在未来的市场中，自动挡已经成为高端乘用皮卡的标配，同时该类产品也将实现向下的兼容，即未来商用型皮卡配备自动挡也将越来越普遍，例如即将上市的金刚炮 6AT 版。

3. 皮卡电动化时代

电动皮卡在市场中并不是新产品，此前该类车型主要面向特定行业企业客户，例如电力行业企业等。随着新能源汽车在近几年的火热，电动皮卡也迎来了新趋势，以面向多元用车生活，为用户带来全场景用电无忧的纯电皮卡已经在市场中出现，例如，雷达 RD6。

电池技术的不断发展，充电配套设备的完善，为电动皮卡的发展奠定了一定的基础，未来主流皮卡企业对于电动皮卡推出的步伐也将不断加快。除了纯电动皮卡，混动皮卡也是市场中的新潮流，例如，长城山海炮未来将推出混动版本，福田 P4 全新皮卡也即将上市。

4. 新款车型超量上市

最近三年市场新款皮卡车型推出的速度不断加快，每年推出的新款皮卡均超过 30 款，进一步丰富了用户的购车选择。其中，每年年度改款车型的推出是皮卡企业针对市场竞争的精准定位，通过提升性价比和升级差异化配置，实现竞争优势的提升。全新皮卡车型推出就是应对行业发展潮流，又针对用户购车需求。

在众多新款皮卡中，各类特装版皮卡也占有一定的比重，该类产品包括多用途用车属性的特装版皮卡和性能提升的特装版皮卡。在多用途用车属性特装版皮卡中，平底货箱型、高底盘版、工程版、海鲜版等，都是以直面用

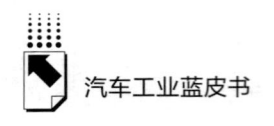

户用车痛点推出的车型,旨在提升用车体验。而皮卡主机厂推出的各种钓鱼版、出行版、运动版等,解决了用户多场景用车的需求。

聚焦在性能的车辆特别版车型,主要是以市场中的越野皮卡最为抢眼,例如,长城皮卡"炮弹计划"中的弹系列车型——黑弹、龙弹、火弹等,以及上汽大通牛·魔王等。该类产品车型在车辆性能方面实现了极致的提升,在高强度越野、车辆脱困以及极限用车场景中拥有明显的优势。

5. 海外皮卡企业发力国内市场

面对国内皮卡市场的持续向好,海外皮卡企业也越来越看重这片即将爆发的市场。在过去的几年中,先后迎来了福特 F150 猛禽、福特 F150LTD、福特 Ranger、Jeep 角斗士以及在 2022 年广州车展期间发布的三菱 L200 等。海外车型的加入对于当前的皮卡市场将会起到鲶鱼效应,加快国产皮卡高端化和乘用化的步伐。

新冠疫情让国内的皮卡市场面临着众多的不确定性,2022 年对于国内的皮卡市场或将是一个新的转折,用户的购车需求或将释放,多样化、个性化用车需求也或将更加明显。

(六)皮卡行业面临的挑战

近两年,中国皮卡市场发生较大的变化,市场内部越来越充满活力,市场外部关注度不断提高。取消喷字、取消粘贴反光条、取消双证、《多用途货车通用技术条件》出台、90 余个地区解禁等政策利好,促进皮卡用车环境持续改善。长城炮、江西五十铃全新 D-MAX、江淮悍途、上汽牛等新兴进阶产品的问世,推动皮卡由"泥腿子"工具车形象朝宜商宜家民生车方向转变,由传统商用车思维向乘用化汽车产品转型。

政策环境改观与市场销量走高的双重利好之下,各方针对中国皮卡行业均展现出极大的兴趣。多家业内机构、专家、媒体、厂商,都作出中国皮卡市场有望在数年内销量破百万辆的预测,吉利、三一重工、宇通、奇瑞、比亚迪等品牌更是早已开始布局,中国或将成为全球最具吸引力的皮卡市场。

中国作为全球第二大皮卡消费市场,蕴含着巨大的增长潜力,但同时也存在困难与挑战。

1. 政策连续性、稳定性和可持续性

中国皮卡市场是典型的政策导向型市场，政策对市场环境变化起决定性作用，中国皮卡行业的发展是建立在政策持续向好的基础之上的。政策向好推动皮卡用车环境改善、消费观念转变、消费潜力释放，进而激发市场内在驱动力，因此，对政策调整的连续性、稳定性和可持续性的关注非常重要。汽车管理政策的制定需要在民生用车、经济发展、交通治理、社会管理、环境保护等多种要素组成的复杂框架内保持平衡，当正反馈低于负面影响时，政策便会停止或收紧，目前中国皮卡管理政策向好的趋势就有所波动。

首先，皮卡解禁政策推进速度放缓。2019年，济南、秦皇岛、张家口三地解禁；2020年，唐山、吉林、江西、淄博、烟台、武汉、新疆、上海等13个地区解禁或放宽限制；2021年，贵阳、临沂、长春、郑州等10个地区发布公告解禁或放宽皮卡限制。相比之下，2021年皮卡解禁力度有所减弱，解禁地区数量与量级均难以与2020年相比。

其次，部分地区管理政策出现倒退，例如北京全面限行皮卡，海口由不限行转为限行等。2019年北京狭义皮卡销量3.3万辆，位居全国第一，2020年北京8区颁布全新限行措施后，当年狭义皮卡销量锐减至7600辆左右，2021年更是只有2800辆左右，政策的转变直接影响了北京市场。海口由不限行转为限行后，当地皮卡销量也受到不小的影响，海口皮卡销量占海南的50%左右，开始限行后2022年1月海南狭义皮卡销量同比下降了49%左右，环比下降幅度则为30%左右。

最后，皮卡管理政策的传导存在"障碍"。通过与实际终端用户的交流以及车友反馈发现，目前解禁政策的宣传并不到位，官方渠道发布后传递至终端消费者的效率不高，很多不关注媒体新闻和交管官方信息、不特意了解情况的消费者无法在第一时间获知新政策。此外，解禁政策颁布后落实到基层行政单位时，部分地区甚至出现了基层管理者不知情或不履行的情况，严重阻碍了政策的传导，损害了皮卡用户的合法权益，好在这种现象并不广泛，且随着时间推移已经逐步改善。

政策收紧除了受到疫情等外部客观原因影响外，更多的则是管理趋于理性化的表现，放宽皮卡限制虽然确实可以方便用户，同时拉动消费，但随之而来的环境保护、拥堵治理、资源分配矛盾也确实存在。加之部分企业、经销商没有进行正向引导，反而钻政策空子，导致一定的市场乱象出现，更加剧了政策制定者的谨慎。

政策制定需要在合理框架内保持平衡，市场运行同样如此。皮卡由于货车身份本就不具备让政策完全倾斜的优势，当管理政策松绑之初的热情散去，随着政策调整先行地区的问题暴露、经验累积，面对可能存在的政策收紧，行业需要思考如何在现有市场框架下保持平衡，尽可能给予管理者正向反馈，同时快速激发市场内在驱动力。

2. 消费升级仍需强化

消费升级涵盖消费内容升级、消费方式升级与消费者主权维护三个层面的内容。国产厂商自2019年以来一直致力于通过产品层面的高端化、乘用化、智能化进阶，品牌层面的时尚化、国际化、科技化塑造，以及车友圈、兴趣圈层融合等皮卡文化生活方式的构建，达到推动消费升级的目的。时至今日，中国汽车消费者对皮卡文化的接受程度明显提高，对中高端国产皮卡的认可程度逐渐提升，皮卡承担生活化用途的比例不断上升。

但以目前皮卡行业希望进一步扩大市场份额、抢夺乘用车消费者的设想为参照，消费价格区间虽然扩大，基本消费观念仍有进步空间。2018年，彼时国产皮卡消费升级趋势尚未凸显。中国皮卡市场以8万~10万元的风骏5、瑞迈、锐骐、宝典等经济型工具皮卡为绝对主流。具备高端乘用化特征的国产皮卡只有纳瓦拉和D-MAX，其中纳瓦拉得益于北京市场的爆发，当年总计狭义销量为1.4万辆左右，D-MAX为5800辆左右。

2020年，国产皮卡消费升级趋势成为主流共识，长城炮、铃拓、锐骐6、大通T70等进阶产品取得了不错的成绩，市场风格开始向宜商宜家方向转变。不过即便如此，风骏5、瑞迈等8万~10万元级工具型产品仍是市场主流，并且宜商宜家类消费者大多也是以商用为主要用途，上述进阶产品的畅销版本多是10万~14万元级的实用版本。15万元及以上中高档车型销量更多的是来自对国产及进口皮卡固有消费者的转化，新增量并不多。

2021年，受到芯片短缺、疫情延续等因素的影响，高端车型需求转化受到阻碍，中低端车型销量则大幅增长。中国皮卡市场竞争的焦点始终是中低端商用型产品，现有刚需人群和新进增量人群的基本需求仍是商用工具车，乘用化生活属性对于大部分消费者而言是非必要的增益性产品特点。

国产皮卡希望摆脱货车市场的桎梏，塑造宜商宜家多功能座驾的形象，就需要加速实现向以宜商宜家需求为主导的市场转变，提升乘用需求在消费者心中的重要性。而加速推进乘用化转型，可以帮助皮卡行业大幅抵消现有"低端""货车"等负面市场印象和管理观念的影响，为自身博得一个更好的发展空间。

3. 技术积累和产品品质考验

如果将时间轴缩短，国产皮卡从货车属性浓郁的工具类产品向宜商宜家多功能车型转变，推出面向生活用途、休闲用途的纯高端乘用产品，再到探索全尺寸皮卡，几乎是在一瞬间完成的。过快的发展速度对于最基本的产品研发及品质保障提出了考验，国产皮卡是否拥有足够的技术积累支撑起高速发展和产业进阶。

国产皮卡目前搭建起了宏大的发展愿景，包括小微型工具产品、中型宜商宜家产品、中大型乘用化产品、全尺寸豪华进阶产品等多种平台，涵盖汽油、柴油、电动、混动等多种动力形式。但实际上大部分企业所宣扬的A、B、C、D不同级别平台，面向不同消费群体的各个级别车型，本质上就是一个平台的产物。

另外便是投入与研发产出比。除市场前部拥有足够销量支撑的品牌外，其余大多数品牌全年销量创造的收益难以支撑其高端化进阶方向的投入。当前大部分品牌的主销车型依旧是利润率偏低的经济型产品，如果没有乘用车或其他商用车业务分摊技术研发成本，那么开发技术、改造工厂、品牌打造等所需的成本则需要数年才能收回，这还需要全新高端产品能够适销对路。

高速发展不仅考验技术积累水平，而且也压缩了对可靠性的验证。海外皮卡的换代频率相当慢，丰田Hilux奉行8年换平台、4年中期改款、2年

小改款、每年升级的策略，需要经过多年的市场考验和打磨。如今国产皮卡为了尽快实现乘用化以提前抢占市场，产品更新速度明显加快，这必然会导致研发阶段时间紧张，使得车辆各方面功能的验证进度加快，容易影响产品最终的稳定性和可靠性。对于品牌而言，速度是保证关注度的重要手段，但对于消费者而言，长达十年左右的用车周期中，可靠才是关键。

4. 海外品牌进入对中国市场的挑战

目前，中国皮卡行业除了需要面对内部客观环境及自身问题的阻碍外，还需要面对来自外部竞争者的压力。目前，中国是全球第二大皮卡消费市场，不到2%的皮卡渗透率意味着未来市场容量有进一步增长的空间。加之高端化、乘用化、智能化概念兴起，海外皮卡品牌纷纷将目光转向中国，将中国市场作为其全球化战略的下一个重点。

目前已知有明确计划进入中国市场的品牌包括三菱、雪佛兰/GMC、福特、Jeep，其中三菱L200、Jeep角斗士、雪佛兰索罗德/GMC悍马EV将通过中规进口形式来到国内。福特则会有更大的投入，全新猛禽目前已经在国内开启预售，全新Ranger、Maverick未来也有望实现国产，倘若接下来丰田、Ram也宣布进入中国市场，相信并不会令人感到意外。在海外品牌聚焦中国市场的同时，平行进口行业也在国Ⅵ环保申报问题解决后逐步复苏，越来越多中规车型的出现也将为平行进口皮卡入华提供便利。

海外皮卡品牌发展领先于国内，在品牌形象、技术积累、产品品质、车型定位等方面均具备竞争优势，海外品牌的进入也许不会对中低端市场造成影响，但必然会对中国皮卡行业近两年来一直致力于突破的高端市场造成冲击。国产皮卡目前致力于突破15万元高端车型市场，获得足够的利润回报空间，并以此为基础进阶到中大型皮卡、全尺寸皮卡阶段，而这刚好是海外皮卡品牌入华的主打区间。海外品牌对于目前国产皮卡主打的乘用化、生活化、多元化定位驾轻就熟，国内皮卡文化在一定程度上是在借鉴海外潮流。

目前海外品牌进入国内市场带来的更多的是对高端市场的压力。中国皮卡市场持续扩容，管理政策不断向好，吸引海外品牌大规模入华国产，将加快中国皮卡市场格局的重塑。因此，对于国产皮卡品牌而言，提升技术实力才是硬道理，无论是避免被海外品牌冲击，还是在越来越激烈的内部竞争中站稳脚跟，都需要足够的技术支撑。

（七）皮卡重点企业发展概况

2022年，长城皮卡以18.6万辆的终端销量斩获全年销量冠军，也是唯一销量超过10万辆的企业，是第二名销量的近2.8倍，同比下降19.9%，跑输皮卡大盘，市场占比36.4%，以绝对优势位居第一。这也是长城连续25年夺得皮卡销量第一。

江铃皮卡2022年1~12月累计销量6.3万辆，其占比达12.1%。经典车型宝典皮卡在市场仍有深厚影响力，该车将在2023年迎来进一步升级，持续巩固市场地位。值得一提的是，前不久，江铃全新皮卡低伪装谍照图曝光，新车定位中大型皮卡级别，且悬挂全新车标，预计江铃皮卡在新的一年会带给我们新的惊喜。

合资品牌郑州日产、江西五十铃在2022年的较量中依然不相上下，全年累计销量分别为3.9万辆、3.3万辆。新品郑州日产锐骐7、江西五十铃铃拓汽油版的推出，既强化了产品阵容，也为企业在高端化、乘用化和国际化方面提供了更多优势。

2022年，江淮汽车发布全新品牌江淮钇为，以及全新一代重磅车型，为企业战略转型开启新篇章。江淮皮卡围绕技术升级、产品创新、营销服务、用户运营等多维度发力，通过产品创新向家用化、乘用化、高端化转型。各大新款车型，成为江淮皮卡2022年向上发展的助推器。新品迭出，也为国际市场的蓬勃发展提供强有力的支撑。2022年，江淮皮卡1~12月累计销量4.9万辆。江淮皮卡积极发展海外市场，全年出口近4万辆，销量同比增长超90%，成为中国皮卡海外销量持续增长最快的品牌之一。

2022年，上汽大通在全球皮卡市场形成了破局引领的市场号召力。上汽大通MAXUS皮卡系列产品已遍布全球六大洲，海外市场实现销量近5.1万辆，在全球皮卡市场打造出一张"中国名片"。产品品质、属性的全方位打磨，是上汽大通MAXUS皮卡打赢2022年市场的核心所在，同时，上汽

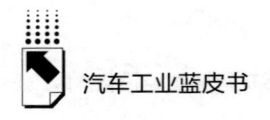

大通也在积极布局智能化、新能源的未来产业。在全球高端皮卡的舞台上，T90EV在欧洲、澳大利亚开辟并抢占了新赛道，成为首款登陆欧洲和澳大利亚市场的中国品牌纯电皮卡，同时也是欧洲和澳大利亚首款量产化的纯电皮卡。

福田2022年1~12月累计销量1.6万辆。征服者系列和大将军系列相继成为国内畅销产品，而在刚刚过去的12月，福田皮卡新一代全尺寸平台发布，基于该平台打造的新一代全尺寸皮卡也首次亮相，2023年，福田将在高端市场持续发力。

B.4
2022年中国客车行业发展报告

摘　要： 本报告阐述了2022年我国客车市场总体情况、客车行业竞争态势、行业出口情况，探讨了客车行业发展存在的问题，对客车行业发展趋势做出判断，并对部分主要企业发展概况做了介绍。2022年客车市场表现惨淡，总销量为2010年以来的最低值。疫情加速行业洗牌，现有竞争者市场集中度较高，同质化竞争激烈。领先企业注重提升综合竞争力，并向服务型制造业转型。展望未来，客车行业将进一步与能源、交通、信息通信等产业深度融合、协同创新，不断转型升级，实现持续健康高质量发展。

关键词： 纯电动客车　燃料电池　智能驾驶

一　2022年客车行业发展概述

（一）客车市场分析

2022年客车市场表现惨淡，总销量为2010年以来的最低值。全年客车生产39.97万辆，同比下降19.4%；销售40.08万辆，同比下降18.6%（见图1）。

分车型看，大型客车同比有所增长，中、轻型客车同比快速下滑。大中型客车已连续6年下滑，全年仅销售8.48万辆，同比下降3.6%，比2016年历史顶峰的18.94万辆减少10.46万辆；轻型客车结束了连续两年快速增长的势头，全年销售31.60万辆，同比下降21.6%。

分市场看，国内弱，出口强。国内市场同比快速下滑，全年销售33.91万辆，同比下降23.4%，各车型均有不同幅度的下降，其中，大中型客车

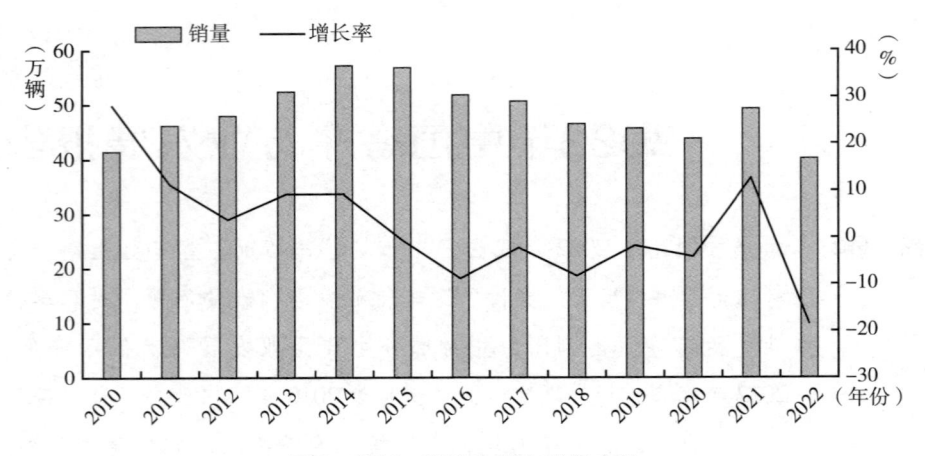

图 1　2010~2022 年客车销量走势

资料来源：根据中国汽车工业协会数据整理。

销售 6.49 万辆，同比下降 10.7%；轻型客车销售 27.42 万辆，同比下降 25.8%。海外市场保持了稳定增长态势，全年出口 6.17 万辆，同比增长 23.6%，其中，大中型客车的出口增速高于轻型客车的出口增速（见表1）。

表 1　2022 年客车销售情况

单位：万辆，%

车辆类型	销量	同比	国内市场 销量	国内市场 同比	出口市场 销量	出口市场 同比
客车合计	40.08	-18.6	33.91	-23.4	6.17	23.6
其中:大型客车	4.99	6.9	3.46	-5.2	1.54	50.2
中型客车	3.48	-15.6	3.03	-16.3	0.46	-10.7
轻型客车	31.60	-21.9	27.42	-25.8	4.18	20.8
其中:大中型客车合计	8.48	-3.6	6.49	-10.7	1.99	30.8

资料来源：根据中国汽车工业协会数据整理。

分燃料类型看，新能源客车快速发展。据中国汽车工业协会统计，2022 年新能源客车生产 10.32 万辆，同比增长 26.2%；销售 10.34 万辆，同比增长 24%。增量来自国内专用客车、公交车、公路车等多个细分市场，以及方兴未艾的新能源客车出口市场。

国内市场各车型均呈现下滑态势，细分市场则表现不一。传统轻客市场快速下滑，但专用车市场高速增长，而剔除传统轻客和专用车的国内客车上险量仅7.06万辆，同比下降20%，比2019年同期下滑48.3%（见表2）。

表2 2022年国内客车细分市场上险情况

单位：万辆，%

车辆类型	2022年	同比增长	比2019年同期
公路车	1.88	-46.3	-61.2
其中：大型客车	0.80	-46.2	-51.3
中型客车	0.74	-45.4	-63.4
轻型客车	0.33	-48.6	-71.3
公交车	4.69	6.2	-38.4
其中：大型客车	2.26	1.5	-40.7
中型客车	1.81	7.1	-44.2
轻型客车	0.62	23.7	11.5
校车	0.49	-46.2	-59.0
合计	7.06	-20.0	-48.3

资料来源：上险数据。

1. 国内公路车市场全年"跌跌不休"

受经济收缩及疫情影响，客运、旅游等出行需求持续低迷，部分公共出行转而采用私家车和网约车，客运企业经营举步维艰；客车行业是弱周期行业的典型代表，其总量主要取决于居民出行总量和出行结构。随着高铁、飞机等交通工具的大面积普及，中国也已建成世界上最大的铁路网，人们的城际出行和中长途出行有了更多选择。在效率、速度和舒适度等方面均逊色一筹的客车，其市场需求萎缩，也降低了客运企业的经营意愿。公路客车整体市场需求持续低迷，加之2021年的重型车国Ⅵ排放升级透支了部分市场需求，2022年，国内公路车市场处于"跌跌不休"的状态，全年仅上险1.88万辆（不含传统轻客产品），同比下降46.3%，几近腰斩（见图2）。分车型看，大、中、轻型公路车均呈大幅下降态势。从燃料上看，新能源公路车保持增长，全年上险0.5万辆，同比增长22.6%，占公路车上险量的

26.7%，同比提升了 15 个百分点。在公路车区域市场，广东、浙江、江苏、北京、四川上险量居前。公路车市场的集中度非常高，并有所上升。排名前五的企业依然是"三龙一通"和柯斯达，五家企业市占率"一减四增"，合计市占率为 78%，同比增加 1.2 个百分点。

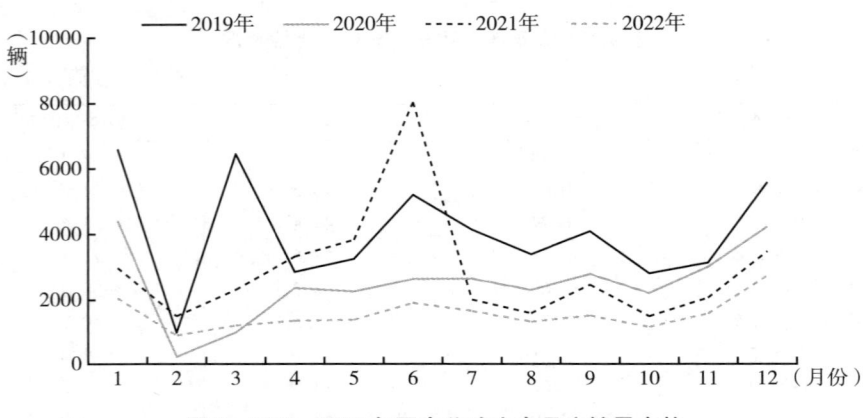

图 2　2019~2022 年国内公路客车月度销量走势

资料来源：上险数据。

2. 新能源汽车补贴"大限"提振公交车市场

国内公交车市场经过多年快速发展尚处于调整期，但 2022 年是新能源补贴最后一年，对市场有刺激拉动作用，公交车市场第四季度上险量同比增长 11.4%（见图 3）。全年公交车市场上险 4.69 万辆，同比增长 6.2%，比 2019 年同期下降 38.4%。分车型看，轻型公交车较快增长，大型公交车占主导地位，占比达到 48.2%。从燃料类型上看，新能源公交车占比持续提升，高达 99.4%，比上年提升 0.4 个百分点。市场需求以纯电动公交车为主，比重达 94.1%，比上年下滑近 0.3 个百分点；插电式混合动力公交车占 3.5%，比上年提升 0.7 个百分点；燃料电池公交车占 1.8%。在区域市场上，上险排名前五位的是江苏、四川、山东、湖北、上海。公交客车市场集中度有所下降，部分属地品牌市场份额提升。TOP10 品牌分别为宇通、海格、中国中车、中通、比亚迪、福田、金龙、开沃、金旅、申沃，合计占 67.3% 的市场份额，同比下降 3.5 个百分点。

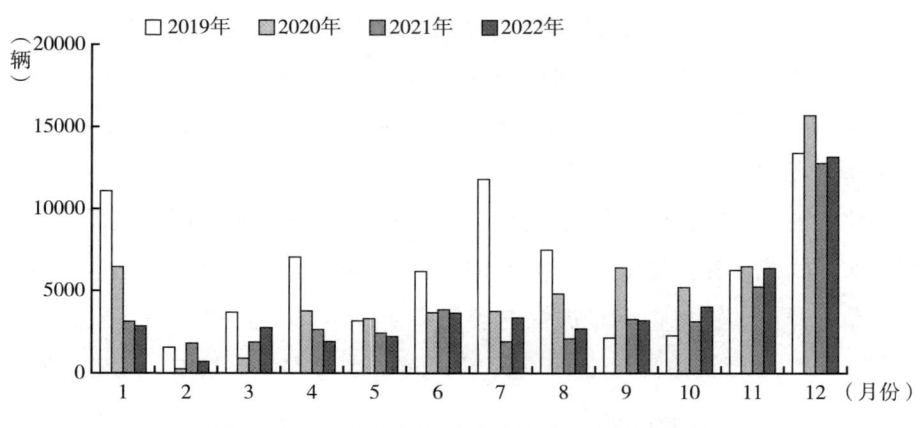

图 3　2019~2022 年国内公交客车月度销量走势

资料来源：上险数据。

3. 校车市场重回下滑轨道

疫情多发、校车利用率较低、私家车的兴起、公共交通的发展等因素对校车市场影响较大，2021 年更新需求为校车市场注入活力，但 2022 年校车市场重回下滑轨道。2022 年校车市场仅上险 0.49 万辆，同比下滑 46.2%，比 2019 年下滑 59.0%（见表 3）。中小学生专用校车同比降幅较小学生专用校车和幼儿专用校车要低。仅 10 余家企业生产校车，TOP3 品牌为宇通、福田、中通。宇通在校车市场处于垄断地位，2022 年市占率为 61%，比上年有所下降。

表 3　2022 年国内校车销售情况

单位：辆，%

车辆类型	2022 年	同比增长	比 2019 年增长
小学生专用校车	1526	-57.3	-59.4
幼儿专用校车	1308	-54.1	-78.2
中小学生专用校车	2083	-23.1	-7.7
总计	4917	-46.2	-59.0

资料来源：上险数据。

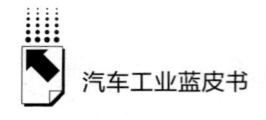

4. 纯电动物流车保持迅猛增长，医用车依然销量高企

2022年，轻型客车市场同比较快下滑，但专用客车市场快速增长，专用客车全年上险14.3万辆，同比增长43.8%，主要是纯电动厢式运输车和医用车市场的拉动。

路权的开放助推电动物流车持续迅猛增长。社区团购、网络直播购物兴起，城配物流业务持续增长，城市物流细分市场前景看好且增长迅速，随着多地路权开放，轻型物流车加快电动化步伐，2022年发展更快。上险数据显示，2022年轻型物流车达10.7万辆，同比增长74%，其中，纯电动厢式运输车高达8.58万辆，同比增长211%，而厢式运输车仅2.17万辆，同比下滑35.8%，新能源物流车挤占了普通轻客物流车市场。

三年疫情下的"动态清零"政策持续引爆医用车市场。2022年医用车上险1.84万辆，同比增长7.9%，其中，救护车上险1.71万辆，同比增长18.3%，在疫情扩散较快的4月、11月、12月，救护车的月销量均在2200辆左右。

（二）客车行业竞争趋势

2021年是客车行业较为艰难的一年，2022年的行业大环境并无实质性转变，行业竞争残酷，影响产品销售价格，电池价格持续走高，原材料价格高企、芯片供应依然紧张、物流成本居高不下、人民币汇率波动幅度较大、企业的出口风险增加等因素都令企业经营不易。疫情加速行业洗牌，现有竞争者市场集中度较高，同质化竞争激烈。领先企业注重提升综合竞争力，并向服务型制造业转型。客车行业进一步与能源、交通、信息通信等跨产业深度融合、多方协同创新。

分车型看，大中型客车的市场集中度比上年下降，2021年TOP12企业市占率合计高达91.6%，2022年TOP12企业市占率仅86.9%。"三龙二通"依然稳居行业前五，但宇通客车让出较多的市场份额，市占率同比下降10.1个百分点（见表4）；中通客车、北汽福田、南京金龙、上海申沃的排名上升。

在轻型客车市场，2022年TOP12企业仅安徽江淮同比增长，其他企业都呈不同幅度的下降，其中，东风汽车的降幅最大，长安系（含保定长安、重庆长安等）、金龙客车和上海申龙的降幅相对较小（见图4）。

表4　2022年大中型客车销量TOP12企业销量

序号	企业名称	2022年（辆）	市占率（%）	市占率增加（百分点）
1	宇通客车	23733	28.0	-10.1
2	中通客车	7671	9.0	1.0
3	苏州金龙	7215	8.5	-0.6
4	金龙客车	6198	7.3	0.0
5	金旅客车	6033	7.1	0.9
6	北汽福田	5594	6.6	3.5
7	中车时代	4291	5.1	0.3
8	比亚迪	3754	4.4	-0.7
9	南京金龙	2988	3.5	1.9
10	安徽安凯	2085	2.5	-0.2
11	扬州亚星	2073	2.4	0.4
12	上海申沃	2009	2.4	1.4
TOP12合计		73644	86.9	-2.0

资料来源：根据中国汽车工业协会数据、上市公司公告整理。

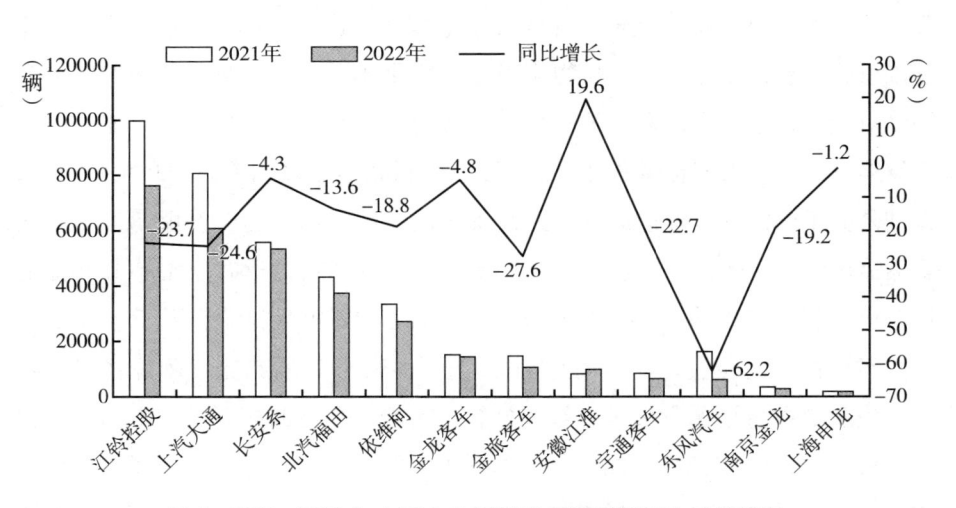

图4　2021~2022年主要企业轻型客车销量及同比增长情况

资料来源：根据中国汽车工业协会数据整理。

（三）国内客车细分市场竞争分析与趋势研判

在公交车市场，虽然新能源补贴政策在前期透支了部分市场需求，地方财政紧张或影响市场需求，但新能源公交车市场的更新周期、城镇化的发展、公交都市的建设、万人标台的提升、农村客运公交化等有利因素有力支撑市场需求。2015年高峰期采购的新能源公交车高达7.4万辆，2016~2018年更是分别达到8.8万辆、8.9万辆、8.6万辆，2023年有望批量更新，加之新能源车型免购置税政策2023年底到期，这些因素将利好整体公交车市场。

公铁竞争、多种出行方式对公路客运市场产生长远影响，但短途客运、通勤车、旅游车、景区用车市场长期存在，随着新冠疫情影响的消退，旅游客运市场将逐渐恢复。2023年元旦、春节假期出游人数增多，春运规模较过去两年出现明显提升，预示着市场正在快速复苏。旅游市场的复苏对公共出行有着较大的需求，旅游客运、高铁站之间的短驳用车、景区直通车等车型会有一定的增长空间，面向暑期游的客车储备在2023年上半年就会逐渐开始显现。

城乡客运发展处于上升期，农村客车需求将提升。目前，交通运输管理部门正在组织城乡交通运输一体化等示范创建工作，持续推进城乡交通运输基础设施、客运服务、货运与物流服务一体化建设，城乡交通处于发展上升期。对于适合城乡客运发展的车型，如客货邮和小型化车型等，可能是其中的发展方向。未来随着国家更加重视以及农村客运更多相关鼓励政策的出台，特别是关于调整农村客运油价补贴政策等的持续发力及运营补贴落实，农村客运需求将有所增长。交通运输行业标准"乡村公路营运客车结构和性能通用要求"将在2023年完成。这也将对农村客车更新产生拉动作用。

经济活力提振、营运车辆"7改9""大改小"的趋势、蓝牌轻卡的替代效应、农村客运的发展等继续利好轻客市场。随着路权开放、电商物流快速发展、城市间和城市内配送环节的完善，纯电动厢式运输车市场渗透率有望进一步提升；医用车市场仍具有一定前景，但连续三年的旺盛需求有可能透支了医用车的未来，政府财政紧张也或将对市场产生一定负面影响。

二 新技术新产品发展

（一）新技术发展

1. 纯电动系统

纯电动客车采用中央集成电驱桥、分布式轮边及轮毂驱动桥的发展趋势明显，批量化的市场应用进一步验证并逐步完善该类产品的技术，其中电子差速器技术水平不断提升，在动力响应效率、NVH、舒适性等方面起到良好的优化作用，同时可实现更好的动力性和经济性指标。

2. 传统动力电池技术

当前主要解决动力电池在高寒、次高寒、高热、昼夜温差大地区的使用性能，探索全气候动力电池环境适应性的热管理解决方案。

研究对热扩散阻隔的电池系统，进一步探索惰性气体对动力电池保护能力，降低动力电池热失控发生概率。随着燃料电池客车在旅游等方面的发展需要，综合性能比较好的高功率、长寿命动力电池会迎来发展应用机会。

3. 燃料电池系统

（1）大功率燃料电池系统及其关联技术

近年来，国内主流燃料电池电堆企业都在持续研发100kW以上的大功率产品，所布局的最新一代产品，均以大功率、长寿命、高功率密度等性能见长。

（2）70MPa高压储氢及液氢技术

当前氢燃料电池车主要使用Ⅲ型铝内胆35MPa氢气储罐，未来3年内车用氢气储存仍然以气氢储罐为主，但将由Ⅲ型35MPa向Ⅳ型70MPa过渡。2020年7月，涉及车载储氢系统的两项国标修改后正式实施，均将原范围中的工作压力不超过35MPa修改为70MPa，2021年3月，《燃料电池电动汽车加氢口》（GB/T26779-2021）最新国家标准正式发布，新国标增加了70MPa加氢口尺寸及耐臭氧老化、耐盐雾腐蚀、耐温度循环和兼容性测试等多项技术条目，并于2021年10月1日开始实施，因此制约70MPa储氢罐发展

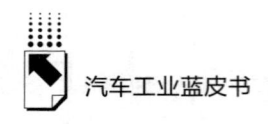

的政策条件已经消除，Ⅳ型 70MPa 的气氢储罐发展已经具备政策基础，但Ⅳ型 70MPa 的气氢瓶成本下降缓慢将影响其推广节奏。

（3）高温化燃料电池系统

为了同时达到燃料电池的大功率化、高效化及整车热管理系统的最大冷却能力，当前的全氟磺酸膜燃料电池必须向更高的运行温度发展。根据日本 NEDO 和美国 DOE 等机构的最新研究成果，低温型（全氟磺酸膜型）燃料电池的运行极限为 105℃，在此温度下额定电压可达 0.77V，效率远高于当前技术水平。

（4）HT-PEM 燃料电池系统

高温质子交换膜（HT-PEM）燃料电池由于运行温度高、对氢气纯度要求低，可有效降低燃料电池系统成本和车辆运行成本，是中国汽车工程学会推荐的 10 项新能源前沿发展趋势之一。

（5）甲醇重整制氢燃料电池系统

甲醇重整制氢燃料电池系统是一种以甲醇为能源载体，通过现场催化重整生成氢气，将氢气导入燃料电池电堆发电的小型装置。它既可以满足分布式固定发电领域，作为备用电源和应急发电设备，也可以满足新能源汽车动力领域，作为电动汽车增程器。

4. 信息安全网络安全技术

欧盟关于信息安全和软件升级的 R155/R156 法规已经发布，针对信息安全的国家标准《汽车整车信息安全技术要求》也已公开征求意见，信息安全网络安全必然成为后续客车行业技术发展的热点。

5. 电子电气架构

汽车电动化、网联化、智能化、共享化发展需求对整车电子电气架构提出了新的挑战，为此必须满足的基本要求包括高计算性能、高通信带宽、高功能安全性、高信息安全性、软件持续更新等，因而汽车电子电气架构逐渐从分布式向域集中式、中央集中式演进。

6. 智能座舱

目前，智能座舱在乘用车的渗透率已经超过 50%，逐步成为车型的主要卖点，但在商用车领域，还未开始普及。以往座舱开发单纯靠放一块大屏就可以凸显科技感的方法已经逐渐被淘汰。一种以人为本，具有人机交互、运行状态监控、信息融合与显示、V2X、辅助决策等功能，集智能辅助驾驶、显示操控、动力传动、车身控制于一体，满足人们乘坐运输、休息娱乐、移动办公等需求的智能座舱新概念已成为行业发展趋势。

7. 自动驾驶技术

AEB、LKA、碰撞缓解等智能辅助驾驶系统已成为营运客车的标配，在城市公交、短途接驳等市场的渗透率也稳步提升，有效提高了客车行业的整体智能化水平。高级别自动驾驶客车的示范应用规模逐步扩大，应用场景丰富，包括自动驾驶城市公交、自动驾驶接驳小巴、自动驾驶观光微巴等，产生了良好的示范应用效果。自动驾驶车辆成本显著下降，主要得益于激光雷达、毫米波雷达、域控制器等核心零部件量产成本的降低。基于多传感器融合的感知技术、基于深度学习的决策规划技术、基于多目标优化的运动控制技术等先进技术有效提高了车辆在复杂工况下的自动驾驶性能，扩展了车辆的应用场景。车云路协同技术进一步提升了自动驾驶客车的安全性，通过V2X技术赋能自动驾驶车辆，成为智能交通和智慧城市建设的重要环节。

8. 协作式车辆编队技术

车辆编队是汽车工业的创新之一，可以提高汽车的安全性、效率，增加行驶里程和行驶时间，同时缓解交通的拥堵，减少污染，减轻人力成本压力。5G/C-V2X协作式车辆编队系统围绕编队面临的技术难题开展了一系列攻关。以智能驾驶车作为平台，5G/C-V2X（5G蜂窝车联网）通信设备OBU（车载单元）作为编队车间通信手段，开发车辆编队通信系统，实现编队50Hz的更新通信频率；并利用5G专网，融合卫星导航、实时动态差分、惯性导航等技术，开发多系统组合定位技术，实现厘米级定位精度；在实现高精度定位的基础上，设计了基于5G/C-V2X的领航跟随者编队反馈线性控制算法，结合横纵向闭环线控底盘控制算法，实现了高精度控制的车辆编队行驶，车辆可以在道路上实现从无序到有序的编队行驶，为后续开发适应多场景的大规模编队技术打下坚实的基础。

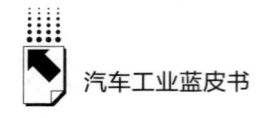

9. OTA 远程升级系统

OTA（Over The Air），即空中下载，是指通过无线通信的手段，对终端设备的软件进行升级。OTA 技术已经广泛应用于手机等物联网终端设备的软件升级，并正在汽车领域兴起。建立规范高效的远程升级管理系统，将 OTA 渗透到研发、生产、销售、售后服务等各环节，提升软件升级的效率和成功率，可以改变售前、售后模式，从现场服务走向远程在线服务；改变生产模式，减少线上作业，提高作业效率；同时规范授权管理，助力软件销售等。

10. 材料结构领域新技术

高强钢：代替普通钢的车用高强度钢大部分为板材及管材，主要应用在汽车的结构件、安全件和加强件等。随着液压成型技术的发展，高强度钢越来越多地应用于车身骨架、底盘、悬架和车架上。

铝合金：铝合金导热性能好，有一定的抗腐蚀能力，同时在环保方面也易于回收。利用铝合金轻质量、高强度的特点，客车的车身面板等部件常使用防锈铝或硬铝，车身框架常使用铝合金型材。目前，铝合金主要应用于客车车身部分，底架部分由于承载较大，大多还是钢结构底架，但是已有客车企业对底盘车架铝合金化进行研究。

镁合金：镁合金的密度较小、强度较高，作为车用材料，具备较好的消振性，同时吸能性也较强，可承受较大的冲击载荷。镁合金主要应用于车辆零部件，一种是壳体类，如离合器壳体、仪表板、变速箱体；另一种是支架类，如方向盘、座椅骨架等。

不锈钢：高强度不锈钢材料相比于普通碳钢具有较好的撞击吸能特性及耐腐蚀性能，可以减少钢结构维修量，提高车辆寿命，避免整车电泳工艺，节约成本。随着海外车辆对客车防腐性能要求的提高，不锈钢在客车车身上的应用技术日趋成熟，不锈钢作为客车车身材料的应用也越来越广泛。

（二）新产品发展

交通运输部着力提升老年人出行便利化水平，鼓励各地建成"城乡公交一体化"服务体系，客车产品电动化、智能化、网联化加速发展，各企业结合市场需求和新技术应用，推出了多种新型产品。

1. 公共出行适老化公交进一步升级

面对我国人口老龄化趋势，交通运输部着力提升老年人出行便利化水平，在城市公共汽/电车推行适老化交通出行服务，切实提升广大老年人的获得感、幸福感、安全感，推进各地建设敬老爱老服务城市公共出行线路。"快上快下，快捷方便"的适老化公交产品，从走街串巷"最后一公里"，到城市大容量快速运载，满足不同运载量需求。

2. 城乡一体化产品焕发生机

根据交通运输部《农村公路中长期发展纲要》和国务院《中共中央国务院关于全面推进乡村振兴加快农业农村现代化的意见》《国家综合立体交通网规划纲要》等政策推动，以座位数为主要需求特征的城乡一体化无站立区公交产品焕发生机。

3. 智慧交通蓬勃发展

客车产品电动化、智能化、网联化加速发展，尤其在智能化和网联化方面，融合自动驾驶、5G技术、行人识别、侧向保护辅助系统等主被动安全系统和自动驾驶、弯道补盲等智能网联技术的客车产品得到广泛的推广应用。

4. 新一代氢能源公路客车产品

与传统汽车相比，燃料电池汽车具有零排放或近似零排放、运行平稳、无噪声等优势，且在一定程度上可解决纯电里程焦虑，各厂家都相继推出氢燃料客车产品。2022年氢燃料电池汽车商业化趋势明显加快，国家和地方纷纷出台鼓励氢能产业发展的政策，市场呈现整车厂、系统厂家主导的燃料电池推广格局。

三 客车出口情况

（一）客车出口总体情况

2022年地缘冲突及全球经济衰退加剧，但中国汽车行业整体出口达340

万辆，同比增长55%，其中新能源车型增长更是翻倍。客车作为汽车行业里的一个细分小类，同样出现增长。客车出口在2019年已创历史最好水平，出口额约25亿美元，上升势头在2020年因疫情发生而阻断，2021年重回上升轨道，在后疫情时期的2022年继续增长，并超越2019年的峰值，刷新出口纪录（见图5）。2022年中国客车出口达6.17万辆，同比增长23.6%，出口量基本恢复至疫情前的水平，占客车总销量的15.4%。其中，客车整车出口约5万辆（不含以零部件形式出口的成套散件），同比增长28%；出口金额超过29亿美元，同比增长约25%，且大中型客车产品均价快速上升。

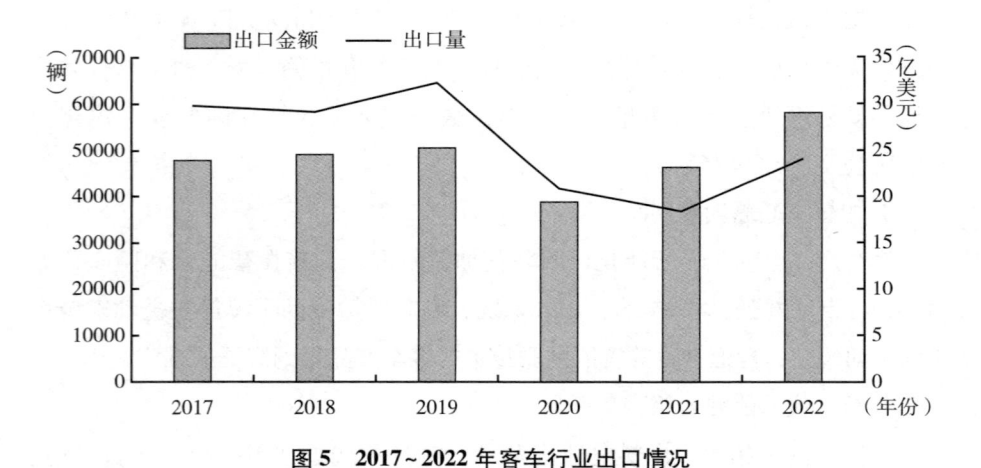

图5　2017~2022年客车行业出口情况

资料来源：中华人民共和国海关总署数据。

1. 客车出口价创历史新高的主要因素

一是中国客车竞争力持续加强。首先，因为中国国内有相对完整的产业链，生产周期可控，供货稳定；其次，中国厂家可以提供全品类的产品，为市场提供更有效率的解决方案；最后，中国新能源市场已规模化，新能源客车性价比优势显著。

二是近几年外部需求强劲。全球气候变化议题促使各国政府抓紧推进新能源车的应用，加快车辆更新，中国客车抓住了新能源车更新的窗口期，且新能源车价值高，其出口额的大幅增长带动了客车整体出口额的增长。

三是通过多年海外耕耘，中国客车的影响力越来越大，海外市场的规模不断扩大。

四是因国内市场变化，各厂家重心向海外市场倾斜，加大投入，响应不断扩大的海外需求，同时海外市场上的竞争也更加激烈。在整个中国客车大盘中客车出口占比也不断加大，2022年出口占比比上年增加4.5个百分点，提升明显，说明出口市场在整个客车市场的地位在稳步提升。

2. 客车出口的行业集中度高

2022年客车出口额TOP8企业的客车出口总份额超过80%，其中，金龙汽车合计出口1.5万辆8.33亿美元，出口额占比达到28.7%，位居行业第一。从单厂看，宇通客车遥遥领先，出口额达6.95亿美元，占比约24%；第二梯队厂家出口额在3亿美元左右，包括比亚迪、金旅客车、苏州金龙、北汽福田；第三梯队厂家出口额在2亿美元左右，包括金龙客车和中通客车；其余各厂家均在1亿美元以下，包括安凯客车（见表5）、江淮汽车等。此外，上汽大通的出口在轻客行业的排第一，达1.4万辆，同比增长3.9%。

表5　2022年客车出口额TOP8企业

序号	企业名称	出口量（辆）	出口额（亿美元）	出口额占比（%）	出口量同比（%）	出口额同比（%）
1	宇通客车	5484	6.95	23.95	8.21	9.08
2	比亚迪	3579	3.36	11.58	95.68	25.34
3	金旅客车	5305	3.27	11.29	-8.21	22.78
4	苏州金龙	2740	3.08	10.61	-24.32	-3.8
5	北汽福田	6910	2.83	9.76	59.73	223
6	金龙客车	6919	1.98	6.80	-14.16	35.54
7	中通客车	2522	1.88	6.46	59.6	31.76
8	安凯客车	3978	0.75	2.67	88.26	105.27

资料来源：综合整理（仅供参考）。

（二）客车出口区域市场分析

2022年出口市场覆盖广泛，涉及各大洲的154个国家和地区。千万级

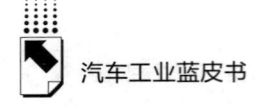

（美元）以上的市场有58个，占比38%；其中亿万级别（美元）的国家有8个，较2021年增长100%。客车出口额TOP10国家分别为智利、以色列、英国、俄罗斯、韩国、墨西哥、泰国、卡塔尔、巴基斯坦和哈萨克斯坦（见图6）。

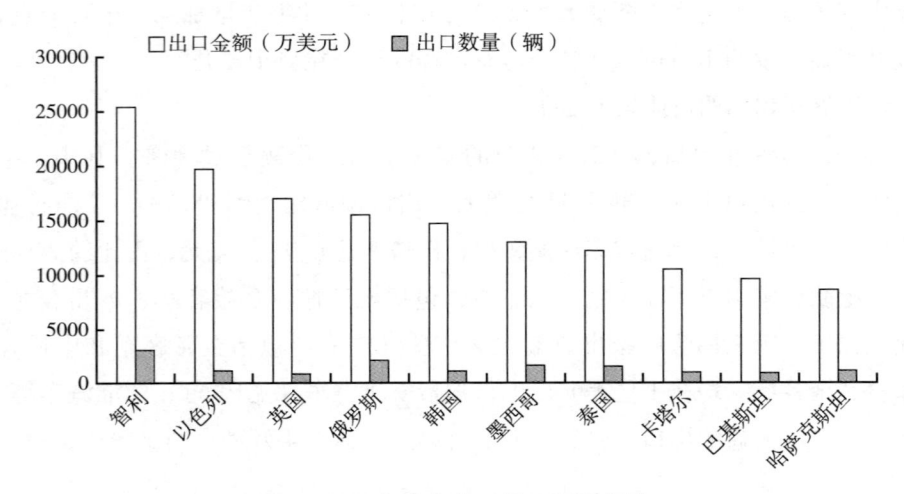

图6 2022年客车出口额TOP10国家

资料来源：中华人民共和国海关总署数据。

相关重点市场分析如下。

1. 以智利、墨西哥为代表的美洲市场

智利市场以2.5亿美元左右居首，同比增长417%。墨西哥出口额1.3亿美元，同比增长329%。由于拉美国家政府近年来将改善空气质量、环境治理工作放在重要位置，新能源车的政府投标项目活跃。2022年在智利市场，福田、宇通、比亚迪接连斩获批量订单，其中福田出口近千辆纯电公交，总金额约1.9亿美元，一举超越宇通在智利市场占据首位。在墨西哥，安凯斩获800辆天然气公交订单，宇通和福田也有超过200辆的纯电公交批量订单。

2. 以英国为代表的欧洲市场

英国是整个欧洲市场的代表，中国在其他欧洲国家如荷兰、芬兰、挪威等总销量也达到 2.26 亿美元，这还不包括比亚迪欧洲工厂的销售数据。中国新能源客车在欧洲取得突破，原因有三：一是欧洲各国政策引发市场导向，如挪威 2025 年实现零排放，欧盟委员会、欧洲议会和成员国达成协议 2035 年禁止生产新的燃油车；二是欧洲各国对新能源车开启了高额补贴模式，如纯电车免征购置税、进口关税、增值税等；三是欧洲汽车行业面临产能危机且成本较高，给中国企业带来机会。比亚迪在整个欧洲已累计销售纯电大巴 3000 辆，市场包括荷兰、英国、丹麦、比利时等 20 多个国家，在其最早进入的英国市场累计销售电动公交约 1500 辆，市场占有率 70%，排名第一。

3. 俄罗斯市场

俄罗斯市场比较特殊，2022 年初爆发的俄乌冲突对俄罗斯影响较大。俄罗斯对中国产品的需求大增，客车市场 2022 年增幅达 180%。苏州金龙、宇通在俄罗斯的市场份额较高。

（三）客车出口呈现的特点

中国客车出口呈现六大特点。

1. 新能源车辆订单大幅增长

中国客车产品在海外市场有竞争优势，随着"一带一路"倡议的落实，中国客车出口市场潜能进一步释放。在碳中和背景下，全球新能源汽车发展处于加速期，海外新能源客车市场方兴未艾，中国企业加快在海外新能源客车市场布局。新能源车在 2019 年前就开始小批量出口，之后持续快速增长，2022 年呈现大批量出口。2022 年的客车出口均价较 2019 年增长超过 40%，从产品均价的上升变化中可明显看出新能源车份额提升的趋势，也意味着中国客车在海外市场向着高端化逐步迈进。2022 年，中国新能源客车整车的出口达到 7565 辆 12.19 亿元，同比分别增长 156%、79%，若加上以零部件形式出口的新能源客车，数据还会更高。

销售额同比增长较大的市场如智利、墨西哥、英国、韩国等皆受益于新能源车辆订单的增长。例如，2022 年中国客车出口智利市场 2.54 亿美元，

同比增长417%，其中，新能源客车出口2.09亿美元，同比增长1792%。

2. 规模市场上品牌市场集中度提高

在具有一定规模的市场上，不同品牌市场集中度提高，比如，北汽福田在智利市场的份额，比亚迪和宇通在英国市场的份额，金龙汽车在以色列的份额。2022年宇通的海外市场达68个，千万美元级市场达14个，包括古巴、俄罗斯、墨西哥、苏丹、芬兰等国家，这些市场贡献其总出口量的79%。金龙汽车则在以色列、埃及、泰国等市场占有垄断地位。

3. 中国客车已有能力进入顶级高端市场

在出口区域市场，向以色列出口的市场规模为1.97亿元，同比增长35%，位居第二，向英国出口市场规模为1.71亿元，同比增长3.5%，位居第三。中国客车在以色列和英国的市场规模说明中国客车具备新能源技术和成本的绝对优势，已有能力进入顶级高端市场，成为中国产品出口海外的优秀代表。

4. 通过参与世界级重要活动进入相关市场

企业通过参与世界级重要活动进入相关市场，如苏州金龙和宇通客车进入卡塔尔市场。作为卡塔尔中国客车第一品牌，苏州金龙海格客车已在卡塔尔市场深耕16年，累计销量超过6600辆，市场占有率超过80%。早在2006年，第15届亚运会火炬在卡塔尔首都多哈刚刚点燃，500辆海格客车就在卡塔尔为亚运会提供专业高效的交通保障服务，这是中国客车首次走出国门服务国际重大赛事，创造了当时中国客车出口卡塔尔的最大批量订单。2020年，海格客车赢得了服务卡塔尔世界杯1815辆大单的订购，成就了中国大中型客车出口卡塔尔史上最大批量订单。

5. 中国客车产品输出走向"技术输出和品牌授权"的业务模式创新

在全球客车行业发展中，海外工厂不仅有助于促进当地就业、提高当地的客车生产水平，而且也能帮助中国企业更好地融入当地发展、提升中国客车品牌国际影响力。头部企业纷纷通过技术输出或投资在当地建厂组装以扩大和稳固市场份额，中国客车产品输出正走向"技术输出和品牌授权"的业务模式创新。

金旅客车自 2017 年开始推行 KD 项目"三步走"战略，经过 5 年的发展，KD 项目已经成为促进市场步入健康可持续发展的重要方式和途径，多个 KD 项目进入正轨，也完成了大量 KD 合作项目的数据与经验积累。其中哈萨克斯坦、中国台湾、泰国、埃及等市场已实现批量出口，并在全球多个市场稳步启动并推进，2022 年的 KD 产品销售 1.4 亿美元，同比增长 180%。

从产品输出到包括技术、品牌和服务的模式输出，苏州金龙海格客车建立起较为成熟的海外合作模式，通过阿曼、委内瑞拉、俄罗斯、阿尔及利亚、尼日利亚、马来西亚、以色列、越南等生产基地，积极融入当地发展，实现产业共赢。"生产本土化、产品定制化、服务一体化"的海格模式以更好的产品和服务向全球持续输出中国客车品牌影响力。

金龙最早通过在塞内加尔市场 KD 项目合作经营累积经验，近年来在埃及、尼日利亚、突尼斯、中国台湾、马来西亚、巴基斯坦等多个国家和地区，通过 KD 组装方式进行本土化合作，实现由产品输出走向"技术输出和品牌授权"的业务模式创新，其中，在埃及通过与当地合作伙伴合作，2022 年销量达到 2500 辆。

宇通客车在埃塞俄比亚、马来西亚、卡塔尔、埃及、巴基斯坦、哈萨克斯坦等 10 余个国家和地区进行 KD 组装，其中在哈萨克斯坦通过投资与合作伙伴共同建厂，2022 年在哈萨克斯坦的销量达到 579 辆，销售金额达 3848 万美元。

6. 市场营销本地化，营销手段国际化

金旅客车通过技术、售后迁移策略开发北欧市场，北欧国家冰雪天气较多，为了道路交通安全，各国普遍使用融雪剂，而融雪剂带有极强的腐蚀性，金旅客车果断采用了不锈钢作为车身材料，帮助产品在当地拥有良好的适应性。金旅客车通过联合开发的方式不断提升产品品质，打消了客户的后顾之忧，也获得了更多市场机会。

宇通在南非、智利、俄罗斯等国家设有办事处或备件中心，积极利用国际热点事件进行品牌营销，如在卡塔尔世界杯的各项营销活动。

苏州金龙推进服务本地化，近年来持续招聘本地员工，做好当地服务。

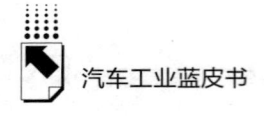

金龙客车 2021 年成立金龙国际贸易有限公司，在东非肯尼亚、中国香港等国家和地区设立分公司或办事处等，依托金龙客车已有的全球渠道、客户资源，以及集团公司的供应链资源和资本运作能力，在现有产业链的相关领域进一步深化和拓展，通过多元产品的发展策略以求覆盖更广阔的市场。

比亚迪通过在海外投资建厂，如在法国、匈牙利、美国建有组装厂，以此渗透市场，成为很多国家新能源客车招标的首选目标，在英国、日本客车市场的占有率超过 70%；通过和国际知名客车企业合作，获得招标订单，如，2022 年联合英国 ADL 公司为电池储能运营商 Zenobe 和英国巴士运营商 National Express 提供超过 130 辆零排放纯电动双层巴士。比亚迪的发展更加国际化，除了推行绿色环保的营销理念，也将促进本地就业作为宣传核心，通过融入本地社会获得更多市场机会并予以巩固。

（四）客车出口面临的问题

1. 出口竞争日趋激烈

客车出口市场潜力较大，挖掘海外市场成为国内客车产业发展的主要方式之一，国内主要企业均在加紧海外市场布局。随着客车企业产品出口的需求越来越迫切，出口竞争势必白热化，要防止低价竞争最后出现"劣币驱逐良币"的情况。目前，国内客车出口企业竞争模式仍以价格竞争为主，忽略技术及渠道竞争，试图通过价格的相互挤压快速抢占市场。低价策略竞争导致企业对外议价空间缩小，既造成企业利润下滑，又影响中国客车品牌形象。

2. 出口高端市场占比低

虽然中国客车已有能力进入高端市场，但目前国内客车出口大多数集中在中低端市场，亚、美、非三洲占据 90% 以上销量，这些市场大多波动大，贸易风险较大。而中国客车出口高端市场的数量仅有 8%，说明现有出口到发达国家依然不多，客车企业应更加注重技术创新及渠道建立，这样才能真正体现我国客车产业的优势。

3. 可能引发贸易摩擦

当前全球客车行业体系化竞争，考验的是企业本地化运营能力，立足本土化、定制化已成为中国客车拓展海外市场的最佳路径之一。随着海外市场规模增大，贸易摩擦或者本地企业的抵触不可避免，长久看来，海外本地化是趋势，如何融入本地化运营确保客车出口企业的长期利益是一大课题。

4. 法规认证成本高

作为新产品，目前海外新能源产品可售车型有限，随着各厂家在海外市场逐步完善型谱，产生的认证费将十分高昂。以欧盟区域认证情况为例，由于 2024 年 7 月欧盟开始实行 R155/R156 认证，头部企业出口欧盟全系产品的认证升级预估费用是非常高的。

四　客车行业发展存在的问题

（一）国内客车市场内卷化，企业转型缓慢

近些年，客车市场分散，产品同质化严重，企业之间相互竞价，一些企业在新技术、新产品的研发、设计、推广等方面投入明显不足，发展理念和营销方式因循守旧，在产品定位和产品结构方面还停留在过去的市场认知，所生产的产品并不完全符合市场需求。行业已由前期的政策拉动逐渐向市场驱动转变，若企业的转型只停留在口头上，势必影响行业整体发展后劲。

（二）自动驾驶推广应用仍有待突破

国内主流客车企业都针对自动驾驶技术投入较大精力并取得一定的成果，但在商品化的推广应用方面仍面临重重难题，如政策法规的解绑：针对自动驾驶客车的相关政策法规有待完善，无方向盘的 L4 级自动驾驶客车无法获得车辆公告；同时，车辆成本过高，也使自动驾驶客车商业化落地进程缓慢，主要集中在激光雷达、传感器、OBU 车载计算设备等高新技术零部件，亟待产业化推进。

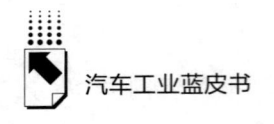

（三）法规持续升级与市场需求多样化带来的制造与供应链压力

近年来，随着国家交通法规对车辆要求的持续升级，对技术研发、工艺管控、生产制造等方面的要求也在不断提高，另外客车市场定制化情况泛滥，无法使产品得到标准化生产，加之客车制造又是以人工装配为主，质量难以精准把控，故企业需在生产制造端投入更多的精力并加强对供应链的管控，以应对复杂的市场需求。

五 客车行业发展趋势

（一）公路客运市场将激发新活力，新能源客车市场长期看好

根植于广袤的中国市场，巴士与客车是普遍的出行方式。疫情放开后，随着国家相关政策的引导和大力支持，客车行业的复苏箭在弦上。从长期来看，我国城市公共出行总量会持续增长，应对网约车等行业外的竞争，也刺激了公交企业更有动力开展定制化服务创新，而作为基础性公共服务，接驳高铁、民航和定制出行，公路客运未来仍会在交通出行结构中保持一定比例。运输模式的变化，特别是网约车带来的变化，将推动客运成本大幅下降，而通过发挥"门到门"、高铁航空接驳、服务"最后一公里"等优势，定制客运、接驳客运、社区巴士等需求将激发新活力。

中国政府坚定不移地实施"双碳"战略，未来产业结构和能源结构将持续调整优化，新能源汽车产业将迈入高质量发展阶段，新能源客车市场长期看好，新能源车型的渗透率将进一步提升。

商用车双积分正紧锣密鼓探讨中，在积分标准上，商用车由于种类较多，预计采取差异化平均油耗制定标准；在惩罚措施上，乘用车负积分禁止销售新车等限制性措施也可能被引入商用车双积分，加速新能源商用车替换传统柴油、燃油车型进程。商用车双积分将成为新能源补贴政策退出后最重要的新能源导向政策，将支撑新能源客车市场发展。

新能源客车在城市公交领域已经实现了大规模发展应用，随着新能源技术不断发展、产品适用性不断提升，在市场需求变化和"双碳"政策引导下，新能源客车将在公路客运领域加速发展。2023年1月30日，工业和信息化部等八部门联合印发了《关于组织开展公共领域车辆全面电动化先行区试点工作的通知》，"公共领域车辆全面电动化试点工作"正式启动，聚焦公务用车、城市公交、出租、环卫、邮政快递、物流配送、机场等7个重点领域，新能源专用客车市场大有可为。

燃料电池汽车示范应用迈出新步伐。随着各城市群相关规划、实施方案的落地，氢燃料电池汽车示范城市群将整合优势企业进行合作，促进氢能汽车产业逐步形成规模效应。行业内主流客车企业都已推出燃料电池客车产品，进行了相应技术储备，2022年燃料电池客车上险量达到1259辆，同比增长近20%。随着整车关键零部件的国产化和规模化，燃料电池系统的成本、车载氢的成本都会大幅度降低。未来几年，国家对示范应用以及关键核心技术产业化给予奖励，将加快带动相关基础材料、关键零部件和整车核心技术研发创新，有力推进燃料电池汽车发展。

（二）出口市场值得期待，"一带一路"国家和地区将成为客车出口的主力市场

出口市场值得期待。美国市场研调公司弗里多尼亚（Freedonia）最新研究报告显示：全球巴士与客车产业预计将从2021年的低基数快速复兴，以年均8.4%的增长率，到2026年达到年产54.98万辆的规模。2023年，全球巴士与客车市场可能会比国内客车市场更为乐观，一方面，因为海外疫情管控较早放开，公众已重新回归公共运输出行方式；另一方面，随着环保升级，海外市场迎来清洁能源客车的上升期，新能源车型替代的需求比较旺盛。国际客车市场对中国客车制造业发展意义重大，尤其是对具备性价比领先优势的电池电动客车，中国客车在未来10~20年仍有很大的发展机会。新一轮全球客车增长红利存在巨大的市场空间，面对国际品牌客车的有力竞争，2023年，中国客车企业势必开足马力，力争扩大出口规模。

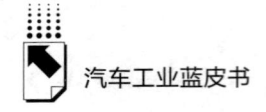

"一带一路"建设有助于带动周边及发达经济体建设。随着共建国家和地区基础设施水平的提高及金融和财税政策的支持，我国客车出口到"一带一路"区域的数量占客车出口市场的比重在逐年上升，从2018年的64.5%逐年升高到2022年的68.1%，在政策的持续推动下，出口到共建"一带一路"国家和地区客车数量仍将稳步攀升。

（三）智能网联汽车进程逐渐加快

政策导向进一步推动智能网联、自动驾驶汽车的应用发展。智能网联汽车可以提供更舒适、更环保、更节能、更安全的综合解决方案和出行方式，是城市和乡镇推进智能快捷交通体系构建的重要保证，是绿色低碳社会构建的核心要素之一。当前的智能网联汽车还处于行业发展的初期，未来的分等级实现自动驾驶功能是其最大的卖点，我国政府一直积极推动智能网联汽车行业的发展，视其为解决交通安全问题、道路拥堵、能源消耗高和环境污染的重要手段，从而驱动汽车行业科技变革、加快升级。

（四）客车行业价值链向后延伸

为深入贯彻党中央、国务院关于发展服务型制造的决策部署，落实工信部等15部门《关于进一步促进服务型制造发展的指导意见》，进一步推动服务型制造发展，各地陆续出台相关的实施意见，推动重点行业发展服务型制造。在汽车和零部件方面，浙江省在其印发的《关于深入推进服务型制造促进制造业高质量发展的实施意见》中提出，鼓励汽车企业创新服务模式，以绿色出行为导向，由传统出行工具向智能移动空间升级。支持主机厂联动整车设计、维修保养、行驶服务、金融服务、回收利用等环节，提供一系列全生命周期服务。支持零部件配套企业以生产制造为支撑延伸产业链条，为主机厂提供系统集成和系统成套设备。支持新能源汽车企业联合换电企业、车联网平台，构建绿色出行服务生态，提供集约化平台约车、汽车租赁、换电等服务。支持汽车企业搭建后市场服务平台，提供平台集采、物流追踪、防伪溯源等服务，政策的落地将推动汽车及零部件行业进一步发展服务型制造，促进价值链向后延伸。

客车行业处于升级转型期，行业已由前期的政策驱动逐渐向市场驱动转变，并将逐步向技术驱动转型，产品研发向新能源化和智能化转变。传统的制造业已无法满足当前的市场需求，服务型制造成为行业发展新模式，在增量市场有限的情况下可增厚企业利润，增加客户黏性，向价值链后端延伸，向纵深解决方案的转型是客车企业的必由之路。客车企业正从"制造型+销售产品"向"制造服务型+解决方案"转型，未来可期。

六　部分主要企业发展概况

（一）宇通客车

宇通客车是一家集客车产品研发、制造与销售于一体的大型制造业企业。2022年宇通客车共销售3.02万辆客车，同比下降27.8%。其中国内市场销售2.45万辆，同比下降33.6%，海外市场销售0.57万辆，同比增长16.3%。

2022年5月，宇通客车发布了以价值链为核心的价值体系"超基因价值链"，对研发设计、车辆选材、生产制造、质量验证、售后服务等影响车辆全生命周期运营的环节进行改善和提升，以"可靠、高效、引领"的产品、服务和解决方案，不断聚合价值，推动客车全系产品的进阶，全方位助力客户成功。

2022年6月，宇通T7星宇版上市，指导价76.8万元，为宇通原厂改装高端公务/商务车，定位高端公务/商务出行市场，车内设置前后分区空调，乘客区、驾驶区温度可以独立控制，满足不同乘坐需求。12月，宇通T7星辰版正式上市，定价128.8万元起，新车以更加精湛的工艺和更加贴心的配置再次刷新高端公务/商务客车的高度，搭载全新进口3.5T涡轮动力，匹配10AT手自一体变速箱搭配旋钮档。满载数字化智享装备，全车配备NVH超级静音技术。

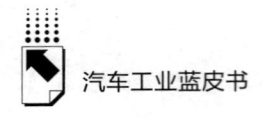

2022年7月，宇通新能源商用车基地项目开工仪式在郑州举行。宇通新能源商用车基地项目位于郑州经开区宇龙街附近，占地面积2622亩，计划总投资85亿元，包括新能源重卡、新能源中卡、新能源轻卡等整车生产，新能源车桥等关键零部件生产，以及新能源商用车研发中心等。

2022年7月，宇通YESS技术及纯电动新车发布会在智利首都圣地亚哥举行，宇通高端纯电动客车T13E在智利全球首发并实现交付。同月，宇通正式发布了大运力城市微巴"宇萌E7S"。

（二）金龙汽车

金龙汽车集团旗下拥有金龙客车、金旅客车、苏州金龙三大知名整车制造公司，是全球领先的客车制造集团。2022年，金龙汽车共销售4.67万辆，同比下降8.43%。其中，国内市场销售3.19万辆，同比减少4.2%；海外市场销售1.48万辆，同比减少14.94%。

2022年9月，金龙MTV整车电池一体化技术正式发布暨行业首款MTV整车电池一体化客车成功下线。金龙MTV技术，即将电池模组与整车深度集成，同时基于模块化思想将整车其他零部件如空调、热管理机组等与整车实现深度集成的技术具有高集成、高比能、高安全、高效率的优点，让车身与电池结构互补，相对于传统客车来说，不但是技术上的革新，也是思维上的创新。

2022年，苏州金龙推出行业首款前中双开门6米级低入口车型清澜公交、全新升级的海悦KLQ6111纯电动公路车、KLQ6127纯电动/氢能大巴等车型，在细分领域备受好评。

2022年5月，250辆苏州金龙海格12米公交正式交付巴基斯坦卡拉奇。此次交付的海格KLQ6129GHEV清洁能源BRT车型，搭载先进的混合动力发动机，绿色环保、节油性能优秀；专为巴基斯坦公共交通系统适应性研发，整车采用时尚美观的流线型设计，特殊的中间四开门设计符合巴基斯坦BRT车道的要求，车身内部采用最优最大化设计，乘坐空间宽敞舒适。

2022年10月，苏州金龙阿曼KD工厂世界杯用车正式交付。作为苏州金龙布局中东市场的"桥头堡"，阿曼KD工厂及时高效地运转和交付，从生产制造、定制化产品，到品质把控、配送及服务等形成价值链竞争力，打造了中国式现代化客车向全球输出的全新范本。

2022年11月，30辆苏州金龙纯电动客车服务第27届联合国气候变化大会，为全球公共交通应对气候问题提供了可供参考的中国方案和中国智慧。

2022年7月，62辆12米金旅新能源BRT公交车装船发往巴基斯坦白沙瓦市，至此，全部220辆金旅新能源BRT公交车都顺利交付白沙瓦，投入日常运营，覆盖整个白沙瓦的现代化交通系统。2018年，金旅客车就在面向国际的公开招标中中标，成为巴基斯坦白沙瓦BRT项目的唯一车辆供应商。

2022年9月，100辆金旅氢燃料电池公交车陆续交付淄博，助力淄博公交打造"氢能时代"。此次100辆氢燃料电池公交车为金旅10.5米川流系列氢燃料电池公交车XML6105JFCEV，采用国际顶尖氢燃料电堆技术，具有长寿命、高效率、高可靠性等优点，并且在实际运营中具有长里程（续驶里程超过500公里）、快充注（一次加氢10~15分钟）、零污染、零排放等诸多优势。

2022年9月，金旅驰睿自动驾驶客车正式下线。这辆全新造型的自动驾驶客车，采用多域融合的电气架构，在全新的GEA2.0架构基础上具备底盘域控制器协同控制、多元异构冗余、内生安全三大优势，达到高安全、高性能、高可靠的自动驾驶顶尖级技术水准。整车采用绿色环保的纯电驱动，续航里程可达360公里。

2022年12月，金旅纯电动卡车产品矩阵重磅上市。金旅推出的最新龙运系列纯电动产品，包括换电式纯电动自卸车、换电式纯电动自卸垃圾车、宽体纯电动自卸车、氢燃料电池保温车等系列矿用车型，用更加绿色和智能的产品，让企业经营和社会环保共赢。

（三）中通客车

中通客车是集客车研发、生产、销售于一体的大型国有控股制造业企

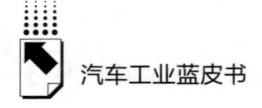

业。2022年,中通客车共销售8957辆,同比下降10.43%。其中国内市场销售5956辆,同比下降28.2%,海外市场销售3001辆,同比增长76.5%。

2022年2月,141辆中通客车12米公交车正式交付多米尼加首都圣多明各市;6月,45辆中通纯电动豪华旅游客车发往智利,该批纯电动旅游客车以超级大巴H12为主。

2022年6月,中通客车联合山东省道路运输协会共同打造"齐鲁出行",可实现全省客源共享分配、全省运力统一调度、运资智能自动分配、业务运营备案合规化、人车路全方位安全监管等五大功能。

(四)比亚迪汽车

比亚迪致力于新能源汽车产品的全球布局。比亚迪实现了全产业链的自产自销,具有电池、电机、电控三电技术一体化以及车规级半导体等新能源车全产业链的核心技术,使得比亚迪相比于其他新能源客车更受市场青睐。2022年比亚迪汽车共销售5米以上客车4870辆,同比下降16.03%。其中国内销售2810辆,同比下降17.35%;海外销售2060万辆,同比下降12.82%。

2022年1月,比亚迪在美国洛杉矶推出兼具创新设计、高度安全以及可靠性能的A型纯电动校车,最多可搭载30名学生,配备可承载举起800磅重量的轮椅升降器,单次充电续航高达225公里。新款校车搭载的VtoG技术,在非运营状态下可作为电力储备装置。

2022年2月,比亚迪向波哥大市政府及市公交管理局交付172辆纯电动大巴,这标志着比亚迪目前中标的最大海外纯电动大巴订单(1002辆)开始分批交付运营。

2022年9月,比亚迪亮相德国汉诺威国际交通运输博览会(IAA Transportation)。在展出升级版12米纯电动巴士的同时,比亚迪首次发布全新刀片电池大巴底盘技术平台。

2022年11月,比亚迪与北欧最大的公交运营商Nobina签订64辆大巴订单,计划在挪威Nedre Glomma地区投入运营。该批车包括40辆12米及

24 辆 15 米纯电动巴士。两款车均配有比亚迪自主研发的电热管理系统，充分适应挪威极端天气。

（五）中车时代

中车时代电动汽车股份有限公司（简称"中车时代"）已形成完整的新能源汽车全产业链。2022 年共销售 5 米以上客车 4616 辆，同比增长 2.6%。

2022 年 2 月，中车松原新能源产业基地全面启动仪式在吉林省松原市隆重举行。3 月，中车百色新能源装备产业基地项目开工仪式在广西百色市百东新区深百产业园举行。

2022 年 8 月，在中国天津工业博览会上，中国中车 L4 级无人驾驶微循环巴士小 V 首次公开亮相。

2022 年 9 月，中车电动 18 米纯电动公交 EU18 上市，整车长达 18.75 米，侧窗玻璃可透光面积占车身面积的 55%；四开门、640 毫米宽大通道，全低地板，踏步高度低至 320 毫米。传承高铁电驱动技术，首创客车多冗余双电机分布式四驱技术，动力更强劲；双轴驱动，大大提升了防滑性，智能分配双电机驱动力，高效节能。

（六）江铃汽车

江铃汽车是一家以商用车为主并拓展至 SUV 和 MPV 领域的汽车制造企业，在轻客方面的产品主要应用于城市物流、短途客运、商务出行等细分市场。江铃汽车拥有强大的客制化能力，在救护车市场的份额超过 60%。2022 年江铃汽车共销售 76190 辆轻客，同比下降 23.0%。

2022 年 8 月，江铃福顺轻客上市，车型种类丰富，有 6 座、7 座、3 座的运输、短轴、中轴、长轴一共 9 款车型，官方指导价 11.49 万 ~15.39 万元。江铃福顺搭载福特 PUMA 同技术平台的 2.0T 柴油发动机，最大功率 107kW，最大扭矩 355N·m，动力布局前置后驱，车辆百公里油耗低至 7.7L，比同级其他车型节油 2%，江铃福顺是江铃与福特利用合资资源打造

而成的产品，采用福特全球供应链和严苛产品质量管理体系，确保品质过硬、经久耐用。江铃福顺的宝钢车身结构用料扎实，刹车性能稳定，全系标配 ABS+EBD 电子安全系统、4 个倒车雷达，确保行车安全。

（七）上汽大通

上汽大通汽车有限公司（以下简称"上汽大通"），是上海汽车集团股份有限公司全资子公司，旗下产品包括"上汽大通 MAXUS"品牌的 MPV、SUV、房车、宽体轻客、皮卡、新能源产品组合和"上汽跃进"品牌的各类轻、中型货车以及各类特种改装车。上汽大通全球经销网络初步建立，产品覆盖海外 73 个国家和地区，澳大利亚、新西兰、英国、爱尔兰等发达国家成为海外销量主要来源。2022 年，上汽大通共销售 6.09 万辆轻客，同比下降 24.5%。

2022 年 10 月，上汽大通 EV80 PLUS 正式上市，新车销售价格最低 16.48 万元；V90 露营版同步正式上市，新车销售价格最低 20.29 万元。MAXUS EV80 PLUS 搭载永磁同步电机，最大功率 120kW，峰值扭矩 280N·m，采用磷酸铁锂电池，百公里综合工况电耗低至 21kWh，达到节能降耗用车效果；等速工况续航里程 300km，续航升级，同时支持直流快充，让城市出行游刃有余，轻松解决用户"充电焦虑"。另外，新车支持 ECO/SPORT 双驾驶模式，自由调节，随心所驭，满足多种驾驶需求；还配备全新升级"五合一"一体化电驱系统，控制单元高度集成化，加速快，反应灵敏。电池使用 5 年或 20 万 km（两者以先到达者为准）可提供免费保修或更换服务。V90 露营版搭载全新上汽 2.0T 高性能柴油发动机，额定功率 150Ps，峰值扭矩 375N·m，自动和手动两种变速箱可选。另外，新车还配备前后雷达、智能驾驶辅助系统、智能驾驶安全监测系统、主副驾安全气囊，车载微信和语音交互随时在线，提供了全面周到的安全保障。

（八）南京依维柯

南京依维柯轻型商用车产品覆盖物流、客货、专业改装、通勤商旅和军用五大领域。2022年南京依维柯共销售2.71万辆轻客，同比下降18.9%。

2022年4月，首款依维柯B型房车上线。这款车基于依维柯欧胜底盘打造而成，整车长5995mm、宽2040mm、高2755mm。最大总质量4490kg，额定载客4人。

2022年7月，依维柯新得意A37全新上市，作为蓝牌合规车，搭载SOFIM发动机90kW，扭矩达到285N·m，排量2.5L，配备ABS+EBD四轮盘式制动系统，全新轻量化轮毂，采用扭杆前桥及整合型行驻一体式后桥。

2022年11月，南京依维柯汽车商城小程序正式上线，可使消费者实现足不出户线上看车，多样化购车场景使消费者实现线上购车。

B.5
2022年房车产业发展报告

摘　要： 本报告概述了国内外房车产业发展的总体情况及存在的问题。结合当前形势和产业自身发展特点，就未来我国房车产业发展趋势进行分析。我国房车产业正向着多元化、多样化演变，房车细分市场进一步增加，新兴年轻化房车踊跃入场。后疫情时代消费心理的变化也让越来越多的年轻消费者选择用房车来代替租房甚至买房，同时叠加利好政策频频出台，房车产业迎来良好发展机遇。

关键词： 房车产业　房车市场　房车露营　房车自驾游

一　海外房车市场发展

（一）美国房车市场

美国是全球最大的房车生产地，生产企业数量较多，全球规模较大的生产企业多数位于美国。美国房车发展历程悠久，已经形成包含房车制造、房车销售、房车租赁、营地经营、户外装备等在内的一系列产业链集群。美国也是全球房车主要消费地。美国具有密集的公路网，道路宽广、平坦，并且拥有完善的房车配套设施和房车露营地。

2022年美国房车销售49.3万辆，同比下降17.9%。其中，拖挂式房车销售43.4万辆，占比88.2%，同比下降20.2%；自行式房车销售58224辆，占比11.8%，同比增长3.9%。1~4月，美国房车销量保持高速增长；5月增速放缓；伴随着通胀高企、利率飙升、需求减少等不利因素影响，从6月开始，美国房车销量开始出现不同程度的下降，其中11月和12月销量下滑最为严重。

2022年上半年，美国房车产业保持2021年以来的强劲势头，下半年，房车市场逐渐回归正常化，全年销量较2021年有所回落（见图1）。

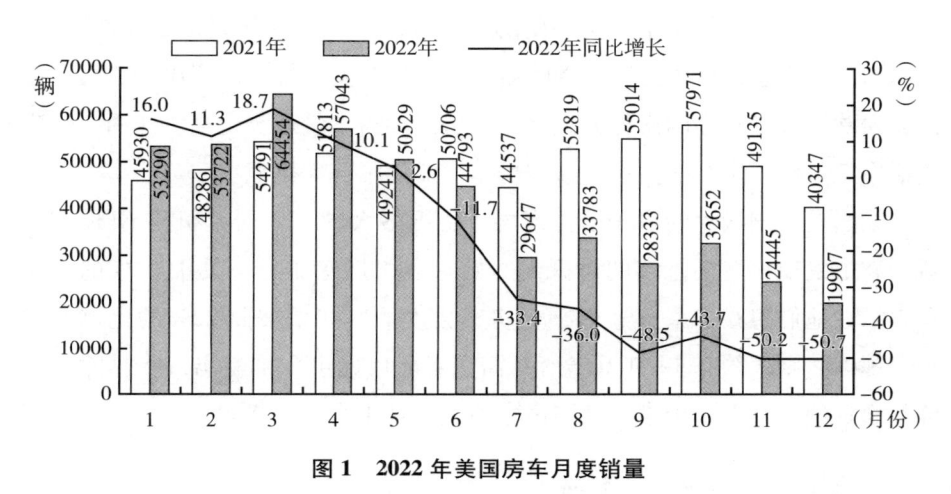

图1　2022年美国房车月度销量

资料来源：美国房车协会。

从月度销量来看，销量下降主要集中在拖挂式房车，自行式房车的销量较为稳定（见图2），由于国情、政策等因素影响，拖挂式房车未来依然是美国房车市场的主流选择。

图2　2022年美国自行式和拖挂式房车月度销量

资料来源：美国房车协会。

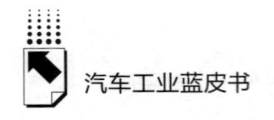

（二）欧洲房车市场

欧洲一直以来都是全球主要的房车市场之一。近几年，由于疫情影响，人们的出行观念发生了转变，青睐兼具私密性和安全性的房车出行，房车旅行成为欧洲最受欢迎的出行方式之一，房车的需求量逐步走高。然而，供应链不稳定阻碍了房车的生产，欧洲房车产业面临巨大挑战。

德国是欧洲最大的房车销售市场。德国最大的市场研究机构GFK在最新研究中发现，越来越多的德国人开始热衷于房车旅行，其中22%的受访者表示，他们想在未来五年内乘坐房车去度假，如果按照22%的比例类推到全德国，则大约有1420万名潜在需求者。以此可以推断出，在排除供应链不稳定的情况下，未来，德国房车销量将处于增长态势。

（三）澳大利亚房车市场

2022年，面对疫情的冲击、不断变化的边境限制以及经济波动的挑战，澳大利亚房车市场表现超出预期。根据澳大利亚房车行业协会的数据，2022年，澳大利亚国内生产房车28301辆，同比增长17.1%；国外进口房车20498辆，同比增长超过8%。

澳大利亚地处南半球，有着独特的气候、地貌和季节特征，已经成为全球旅游爱好者最为偏爱的目的地之一。作为游客参与程度最高的旅行方式，经过几十年的发展，澳大利亚房车旅游业已形成较为完善的产业链体系，拥有完善的营地设施、充足的停车位、广阔的道路等利好资源，多数澳大利亚公民都有房车旅行的经历，同时，来到这里的游客也中意于房车旅游。在当地政府的引导下，房车旅游业为澳大利亚的经济注入巨大活力。

（四）日本房车市场

根据日本房车协会发布的消息，日本房车销售额保持持续上升趋势，2022年总销售额为762.5亿日元（约为38.96亿元），达到历史新高。房车保有量比上一年增加9000辆，达到145000辆（见图4）。随着各种车辆类

图 3　澳大利亚 Regent 品牌房车

型的销售和户外露营持续火热，房车露营文化已经渗透到新的生活方式中。

房车露营深受各年龄层的喜爱，50 岁及以上占比超 50%，其次是年龄在 30~50 岁的人群（见图 5）。每年的 5 月是房车露营人数最多的月份，即便是在 1 月、2 月等寒冷冬季，也有超过 30% 的人外出房车旅行（见图 6）。

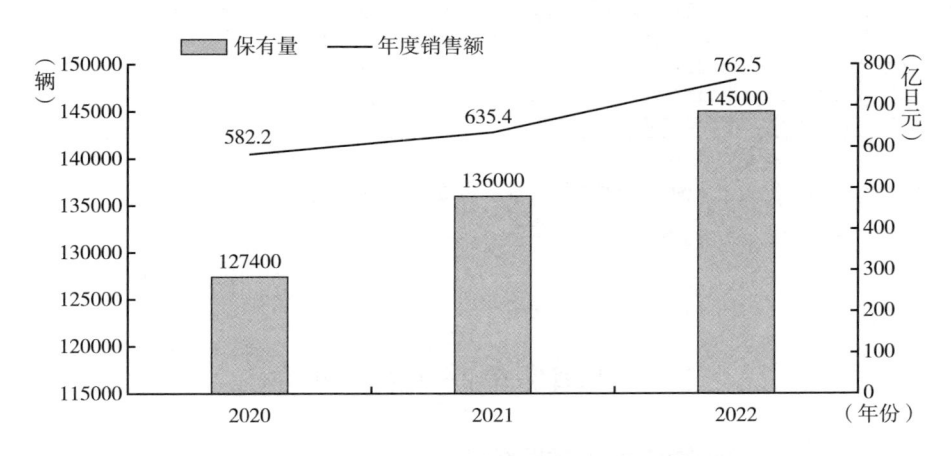

图 4　2020~2022 年日本房车保有量和年度销售额

资料来源：日本房车协会。

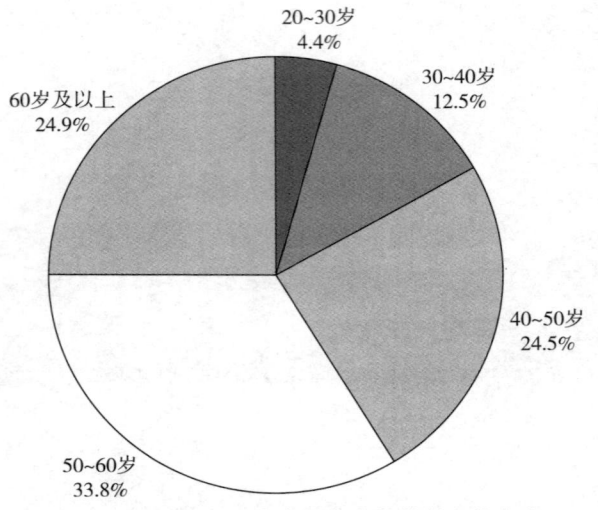

图 5 2022年日本房车露营分年龄段人数占比

资料来源：日本房车协会。

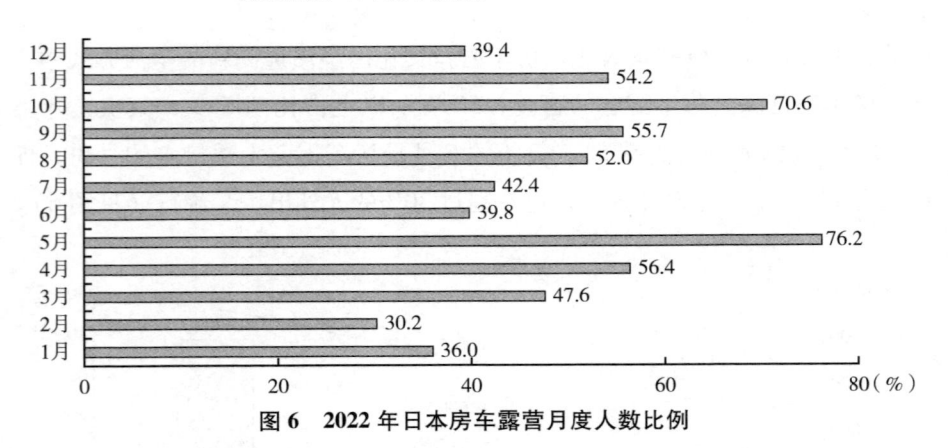

图 6 2022年日本房车露营月度人数比例

月份	比例(%)
1月	36.0
2月	30.2
3月	47.6
4月	56.4
5月	76.2
6月	39.8
7月	42.4
8月	52.0
9月	55.7
10月	70.6
11月	54.2
12月	39.4

资料来源：日本房车协会。

二 我国房车产业发展形势

（一）2022年国内房车发展综述

2022年，房车产业向多元化、多样化转变，轻卡、微卡、皮卡、重卡、升顶等新兴年轻化房车踊跃入场。房车细分市场进一步完善，并且旅居车公告中首次出现越野旅居车，叠加各大房车厂家推出主打性价比及周末假日短途旅居的露营车，给消费者带来更多选择。

近年来，人们的旅游方式不断发生变化。"房车旅游"凭借安全性、私密性、自由度、舒适度等优势，符合消费者个性化的需求而逐渐进入大众视野。疫情期间，房车旅行能够使人们减少与陌生人接触，降低感染风险，在一定程度上推动了房车旅游发展。另外，后疫情时代，消费心理的变化也让越来越多的年轻消费者选择用房车来代替租房甚至买房，同时叠加利好政策频频出台，房车产业迎来良好发展机遇。

国家房车利好政策频出。国家从房车营地、车辆牌照、旅游规划等多个维度出台政策支持房车发展，发布了《商务领域促进汽车消费工作指引和部分地方经验做法的通知》《"十四五"旅游业发展规划》等一系列政策。房车旅游持续升温，同时政策要求不断完善房车配套水电、通信等设施，并完善了行业相关标准，大力推动了房车旅游的发展。

（二）我国房车市场

1. 国产自行式房车整体销量

2022年，国内自行式房车销量再次突破1万辆，达到11680辆，同比下降9.1%，相比2020年，增长28.3%（见图7）。

2. 国产自行式房车月度销量

2022年，除了1月、3月、8月同比有所增长外，其他月份均呈现不同程度的下降。其中1月延续2021年迅猛增长的势头，随后2月、3月表现稳定，但从4月开始，国产自行式旅居车的销量大幅下滑。6月，市场开始回暖，单月销量达1368辆，是2022年销量最高的月份。12月，销量开始有所回升，最终冲破千辆，达到1039辆（见图8）。

3. 国产自行式房车省（区、市）销量

2022年自行式房车销量省（区、市）分布上，江苏省以2010辆（占比17.2%）的数据保持第一，山东省继续以1191辆（占比10.2%）排名第

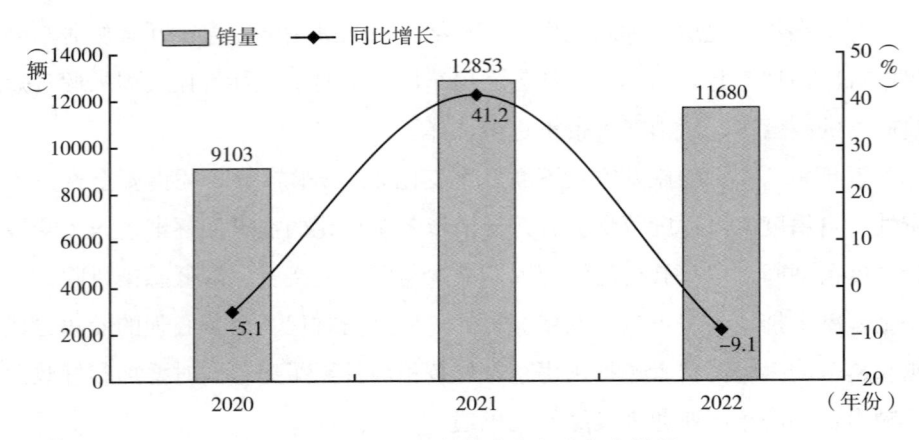

图 7 2020~2022年国内自行式房车销量

资料来源：根据上险数据整理。

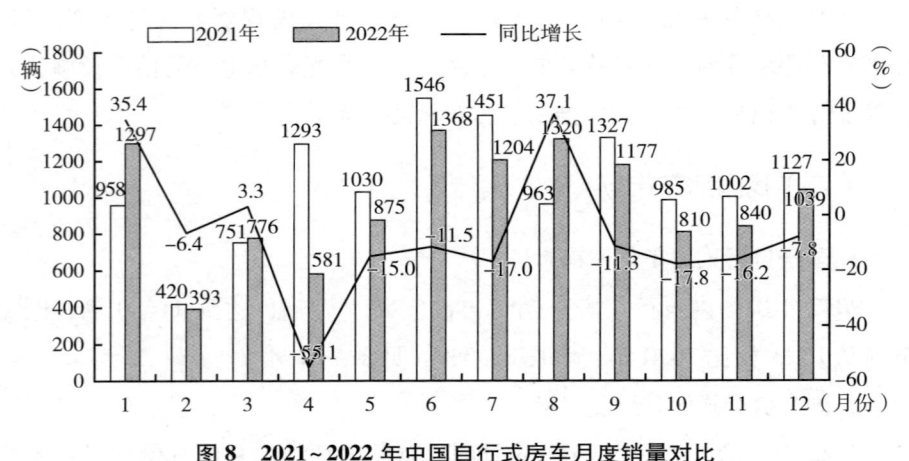

图 8 2021~2022年中国自行式房车月度销量对比

资料来源：根据上险数据整理。

二。排名第三到第十位的省（区、市）分别是：浙江省973辆（占比8.3%）、湖北省938辆（占比8.0%）、广东省728辆（占比6.2%）、河南省703辆（占比6.0%）、辽宁省555辆（占比4.8%）、四川省514辆（占比4.4%）、北京市438辆（占比3.8%）、河北省409辆（占比3.5%）。排名前十省（区、市）的销量总和占比为72.4%。

4. 国产自行式房车区域销量

2022年，华东地区以4980辆（占比42.6%）的销量数据遥遥领先，其后依次为华中地区1875辆（占比16.1%）、华北地区1357辆（占比11.6%）、东北地区979辆（占比8.4%）、西南地区961辆（占比8.2%）、华南地区905辆（占比7.7%）、西北地区623辆（占比5.3%）（见表1）。

表1 2022年中国自行式房车省（区、市）及区域销量情况

单位：辆，%

省（区、市）	销量	省(区、市)销量占比	区域分布	区域销量合计	区域销量占比
江苏省	2010	17.2	华东	4980	42.6
山东省	1191	10.2			
浙江省	973	8.3			
安徽省	155	1.3			
福建省	160	1.4			
上海市	329	2.8			
江西省	162	1.4			
河北省	409	3.5	华北	1357	11.6
北京市	438	3.8			
天津市	135	1.2			
内蒙古自治区	186	1.6			
山西省	189	1.6			
河南省	703	6.0	华中	1875	16.1
湖南省	234	2.0			
湖北省	938	8.0			
黑龙江省	204	1.7	东北	979	8.4
吉林省	220	1.9			
辽宁省	555	4.8			
广东省	728	6.2	华南	905	7.7
广西壮族自治区	109	0.9			
海南省	68	0.6			
陕西省	367	3.1	西北	623	5.3
宁夏回族自治区	59	0.5			
甘肃省	66	0.6			
青海省	17	0.1			
新疆维吾尔自治区	114	1.0			

续表

省（区、市）	销量	省（区、市）销量占比	区域分布	区域销量合计	区域销量占比
重庆市	212	1.8	西南	961	8.2
四川省	514	4.4			
云南省	108	0.9			
贵州省	120	1.0			
西藏自治区	7	0.1			

资料来源：根据上险数据整理。

5.国产自行式房车品牌销量

2022年，国内房车制造厂商大通房车和宇通房车均已突破千辆。其中上汽大通以销量1613辆位居冠军，同比提升13.8%，市占率13.8%；宇通房车以销量1132辆位居第二；戴德隆翠以销量658辆位居第三。

2022年，国内自行式房车销量排名前20的企业销量合计8260辆，占全年销售总量的70.7%，比2021年的73.4%下降2.7个百分点（见表2）。

表2 2022年国内企业自行式房车销量

单位：辆

序号	企业名称	销量	序号	企业名称	销量	序号	企业名称	销量
1	上汽大通	1613	13	江苏旌航	192	25	河南德野	109
2	宇通房车	1132	14	罗曼特斯	183	26	湖北华一	107
3	戴德隆翠	658	15	重庆金冠	179	27	拓锐斯特	102
4	湖北合力	563	16	扬州赛德	171	28	湖北中恒	100
5	河北览众	536	17	晶锐高科	168	29	湖南星通	96
6	江苏卫航	423	18	江西江铃	319	30	桂林客车	95
7	奇瑞瑞弗	426	19	山东巨威	155	31	美景美家	86
8	湖北齐星	407	20	唐山亚特	148	32	日照大驰	80
9	湖北程力	370	21	河南星辰	145	33	赛沸尔	80
10	河南新飞	229	22	聊城聊工	131	34	邵东霞客乐	77
11	濮阳飞翔	199	23	法美瑞	113	35	威海高赛华运	73
12	山东凯马	189	24	河南亿拖	110	36	洛阳七狼	71

续表

序号	企业名称	销量	序号	企业名称	销量	序号	企业名称	销量
37	中工车辆	70	59	湖北长力	29	81	陕西圣阳	16
38	舜泰汽车	67	60	芜湖智恒	28	82	浙江飞神	16
39	广西荷美	65	61	镇江骏驰	27	83	青岛春田	15
40	江苏新星际华	62	62	山东富源	27	84	浙江锐野	14
41	江苏中意	57	63	厦门金龙	26	85	辽宁华驰	14
42	中国重汽济南	50	64	湖北江南	25	86	广州和合	13
43	湖北五环	49	65	扬州亚星	25	87	常州佳卓	13
44	浙江星驰	49	66	东莞阿娜亚	23	88	凌扬汽车	13
45	山东科发	49	67	正泰希尔	23	89	内江凤凰	13
46	鸿运汽车	47	68	重庆庆铃	23	90	厦门金龙	12
47	江苏乔翔	45	69	北汽福田	22	91	中通客车	9
48	埃文海姆朗宸	43	70	宝鸡宝石	22	92	合肥富园	9
49	南充天龙	38	71	浙江锦宇	21	93	中道房车	9
50	江苏德兴	37	72	江西金沙	19	94	陕西宝鸡	9
51	喜爱汽车	36	73	山东五征	19	95	华云广德	8
52	众锐工设	36	74	中天高科	19	96	北京诚志	7
53	浙江筑马	34	75	浙江飞碟	18	97	郑州神汽	6
54	江苏德发	34	76	天坛海乔	17	98	湖北拓普斯	6
55	长安专汽	32	77	湖北大力	17	99	湖北舜德	6
56	青岛九瑞	31	78	湖北宏宇	17	100	安徽兴邦	5
57	湖北俊浩	30	79	湖北赛家	17			
58	霍夫勒	29	80	江西华居	16			

资料来源：根据上险数据整理。

6. 国产自行式房车底盘销量

国产自行式房车底盘方面，上汽大通汽车有限公司、南京汽车集团有限公司、江铃汽车股份有限公司分别以3840辆（占比32.88%）、3623辆（占比31.02%）、1889辆（占比16.17%）位列底盘企业销量前三，三家企业占据了80.07%的市场份额，市场集中度非常高（见表3）。头部主流自行式房车底盘依然以南京依维柯欧胜和上汽大通V90为主。

267

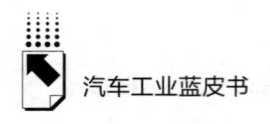

表3 2022年国产自行式房车底盘企业销量及市场占比

单位：辆，%

底盘企业	销量	占比
上汽大通汽车有限公司	3840	32.88
南京汽车集团有限公司	3623	31.02
江铃汽车股份有限公司	1889	16.17
长城汽车股份有限公司	502	4.30
北汽福田汽车有限公司	310	2.65
意大利依维柯公司	193	1.65
山东凯马汽车制造有限公司	189	1.62
中国重汽集团济南商用车有限公司	186	1.59
庆铃汽车股份有限公司	175	1.50
长安汽车股份有限公司	111	0.95
桂林客车工业集团有限公司	104	0.89
曼商用车股份公司	101	0.86
郑州日产汽车有限公司	81	0.69
美国通用汽车公司	81	0.69
东风汽车股份有限公司	47	0.40
现代商用汽车（中国）有限公司	61	0.52
浙江飞碟汽车制造有限公司	39	0.33
奇瑞商用车（安徽）有限公司	26	0.22
潍柴（扬州）亚星新能源商用车有限公司	25	0.21
厦门金龙汽车集团股份有限公司	23	0.20
克莱斯勒集团	20	0.17
中国第一汽车集团有限公司	19	0.16
其他	35	0.30

资料来源：根据上险数据整理。

2022年，依维柯底盘销量同比下降20.9%。同时，轻卡、微卡、皮卡、重卡等不同类型底盘多点爆发，"去依维柯化"趋势逐渐明显，房车企业底盘的选择更加丰富。伴随着国家"双碳"战略推进，新能源房车底盘受到越来越多房车企业的重视。在当前的市场和使用环境下，新能源底盘可以实现房车由传统能源（汽油、柴油）向清洁能源的转型升级。同时，传统燃油底盘房车的电力续航不足以支撑整车大规模智能化的持续使用需求，想要实现更高阶的智能座舱乃至智能驾驶，需要实现动力总成从油到电的切换。

（三）国内房车产品公告情况

2022年，共有163家房车生产企业申报454款房车，房车生产企业同比下降10%，公告车型数量同比下降20%（见图9）。

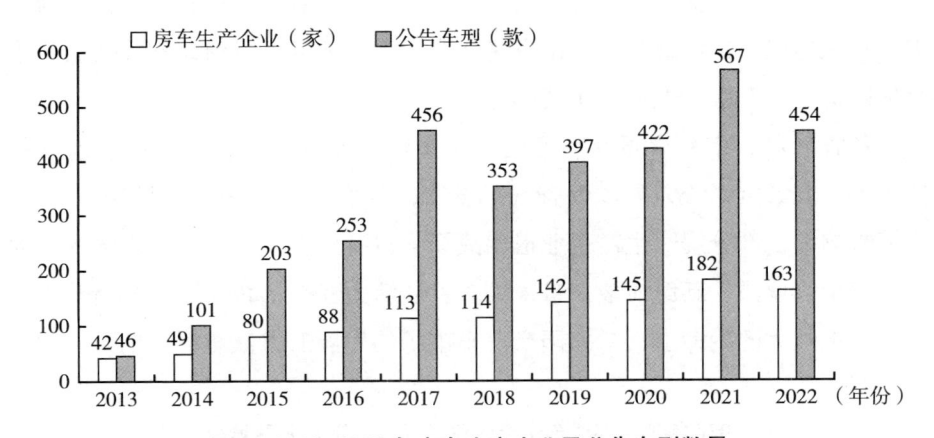

图9 2013~2022年房车生产企业及公告车型数量

资料来源：中华人民共和国工业和信息化部。

房车生产企业出现2013年来的首次下降，究其原因主要是疫情的反复。同时C6驾照法规的执行，也对拖挂房车的销量造成一定影响。

2022年，全年公告车型包含373款自行式房车（占比82.2%）与81款拖挂式房车（占比17.8%），同比下降分别为17%（自行式房车）、31%（拖挂式房车）（见表4）。自行式房车公告新车型的比重进一步增长，拖挂式房车则在往年的基础上继续下降。

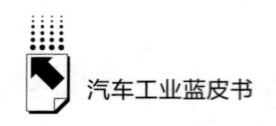

表4　2016~2022年自行式房车、拖挂式房车公告车型数量

单位：款，%

项目	2016年	2017年	2018年	2019年	2020年	2021年	2022年
自行式房车	195	386	273	291	299	449	373
拖挂式房车	58	70	80	106	123	118	81
自行式房车占比	77.1	84.6	77.3	73.3	70.9	79.2	82.8
拖挂式房车占比	22.9	15.4	22.7	26.7	29.1	20.8	17.8
总数	253	456	353	397	422	567	454

资料来源：中华人民共和国工业和信息化部。

从房车生产企业的地域分布情况来看，以江苏省、山东省、浙江省为代表的华东地区，以湖北省、河南省为代表的华中地区，以河北省为代表的华北地区仍是房车生产企业的主要阵地。

各省（区、市）申报新车型的房车生产企业分布数量上，排名前三的依次为湖北省（29家）、江苏省（28家）、山东省（25家）（见表5）。在疫情影响下，部分房车生产企业退出战场，也有许多新兴企业不断涌入，为国产房车行业注入新鲜血液，带来更多发展活力。头部企业通过革新升级赋予自己更强大的生命力，未来国产房车市场的发展潜力依然值得期待。

表5　2022年工信部房车生产企业省（区、市）及区域分布情况

单位：家

省（区、市）	数量	区域分布	区域数量合计
江苏省	28	华东	78
山东省	25		
浙江省	11		
安徽省	6		
福建省	5		
江西省	3		
河北省	6	华北	13
北京市	3		
天津市	2		
山西省	2		

续表

省（区、市）	数量	区域分布	区域数量合计
河南省	12	华中	43
湖南省	2		
湖北省	29		
黑龙江省	1	东北	12
吉林省	3		
辽宁省	8		
广东省	4	华南	5
广西壮族自治区	1		
陕西省	3	西北	3
重庆市	4	西南	9
四川省	5		

资料来源：中华人民共和国工业和信息化部。

（四）国内房车零部件发展

伴随我国房车行业整体的发展，国内的房车配套企业基本可以生产原需大部分进口零部件，而且在成本和价格上具有很大的竞争优势。但是，国内房车零部件标准化还有待完善，大部分企业还依赖OEM订单或者直接模仿国外成熟产品，很少拥有自主知识产权。同时，国内房车零配件生产商的实力参差不齐，质量和制造标准难以把控，甚至有些大型厂商把部分零部件转包给外围厂家，导致质量问题频发。

针对以上问题，头部企业通过自建零部件公司，构建房车产业完整供应链体系，独立开发，个性定制，保证质量，从产品的各个环节入手，层层把关，制造符合中国人自己的房车产品。

（五）我国房车出口

2022年，面对疫情冲击、停工减员、出入境停滞、国际供应链中断等诸多不利因素，我国房车企业苦练内功、直面挑战，实现出口数量大幅增长。

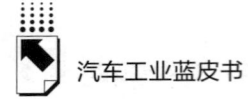

中国房车行业虽然起步较晚,但经过多年发展积累,中国房车生产制造企业生产技术、设计水平、工艺品质不断优化,持续向海外市场发力,并得到海外房车市场广泛的认可。

新吉奥集团旗下出口澳大利亚的 Snowy River 品牌在产销数量方面实现连年增长,再度获评澳大利亚 2022 年度房车,展示了中国智造的卓越品质(见图 10)。

图 10　新吉奥 Snowy River 拖挂房车

图 11　新吉奥 Regent 拖挂房车

（六）我国房车露营发展

1. 我国房车露营发展概述

露营是在多种因素共同推动下发展起来的旅游形式，受到经济、文化、社会、技术等方方面面的影响，具有强大的发展后劲和发展动力。

中国露营经济核心市场规模和带动市场规模均呈现逐年上升的趋势。2021年中国露营经济核心市场规模达到747.5亿元，同比增长62.5%，带动市场规模为3812.3亿元。预计2025年中国露营经济核心市场规模将上升至2483.2亿元，带动市场规模将达到14402.8亿元。

2022年，在中国国内各地反复出现疫情的背景下，消费者跨省游、出境游等长途旅行频频受限，致使以自驾游、露营为代表的本地游、周边游持续蹿红，人们的消费习惯和出行方式发生巨变，私密性及安全性更高的房车露营被越来越多人所青睐。从2020年开始，中国露营持续火爆，截至2021年底，露营营地市场规模同比增长78.6%，达到300亿元，房车露营成为疫情期间假日休闲旅游的主要方式之一。

根据马蜂窝发布的数据，2022年五一假期本地游订单占比达40%，较2020年、2021年同期均高出逾10个百分点。

当前中国房车露营产业仍然处于起步阶段，但在庞大的隐性消费群体支撑下，未来市场依旧是一片广阔"蓝海"。根据公安部数据统计，2012~2022年，我国汽车保有量从9309万辆飞速增长至3.19亿辆，机动车驾驶人达到5.02亿人，其中汽车驾驶人4.64亿人，中国拥有庞大的房车潜在消费人群。

庞大的汽车用户及全国自驾游群体给房车露营产业的未来带来了无限可能，而退休浪潮、老龄化社会的到来以及取消小型汽车驾驶证申领年龄上限，也在进一步释放老年市场的消费潜力。对于极度依赖退休人群的房车露营产业，尤其是国内自行式房车市场来说，将大幅促进相关产业发展提速。

此外，完善的基础设施和公共配套建设，为房车露营提供了极佳的出行条件。根据国家统计局相关数据统计，截至2021年底，我国全国公路总里程

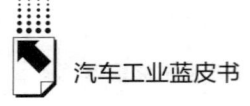

达528.07万公里，全国高速公路运营总里程达16.91万公里，同时西北和西南各省（区、市）高速网络的覆盖，也让可供房车露营的景点选择更为广泛。

随着国人旅游热情高涨，出行灵活、自由便利的房车自驾游将持续火爆。

2.国内房车营地案例介绍

寰球隆萃城市轻奢营地位于北京密云区日光山谷核心区域，是新吉奥集团房车生态板块基于"房车+露营"模式打造的高端轻奢露营地产品。营地紧邻密云水库，离市区约60分钟车程，主要分为帐篷区和房车区，拥有近2万平方米占地面积，能够满足不同露营爱好者的度假需求，是目前日光山谷内面积最大的营地区域。寰球隆萃城市轻奢营地主打"轻奢"氛围，以"我的城市轻奢主义"为核心理念。以"住"为源点，辐射吃、行、游、购、娱五大方面，全方位满足露营人士的美好生活需求。同时还打造了儿童专属游乐区、房车生活体验区、绿地亲子区等区域，力争让每一位来到营地的家庭成员，都能找到自己的乐趣所在。

未来寰球隆萃城市轻奢营地还将打造主题文化活动，以兴趣伙伴的形式，将更多的房车露营爱好者凝聚在一起。寰球隆萃营地将持续打造社群、露营+概念，努力成为高知轻奢露营爱好者的兴趣聚合体（见图12）。

图 12 寰球隆萃城市轻奢营地

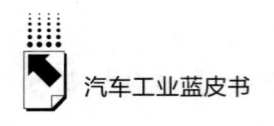

三 未来房车发展趋势

（一）在中国"大文旅"的宏观布局下，房车关联的基础设施持续发展，势必带动房车产业进入发展快速路

随着国内高速路网建设的不断提速，"大文旅"在全国各地的不断推动与深入，旅游形态日益丰富，旅游规模日趋扩大，旅游能量不断增强，自驾游、房车游、营地游等关联产业经济联系不断紧密，在"交旅融合"中不断提升产业附加值，实现新旧动能转换，创造旅游新需求、新玩法、新服务、新机制、新主题、新生态。据文化和旅游部统计，2023年春节假期出游人数3.08亿人次，同比增长23.1%，恢复至2019年同期的88.6%。实现国内旅游收入3758.43亿元，同比增长30%，恢复至2019年同期的73.1%。在中国"大文旅"的宏观布局下，房车关联的基础设施持续发展，势必带动房车产业进入发展快速路。

（二）"房车露营"成消费新热门，露营热潮推动房车同步发展

从近年来国内房车市场的发展趋势来看，露营消费持续升温，成为推动我国房车市场渗透率不断提升的关键因素。以日本的市场数据对标，2022年日本露营人口渗透率超过10%，相对来说，我国在露营产业开发领域尚且处于早期阶段，市场渗透率远低于日本。评估分析显示，如果我国露营人口渗透率达到10%，露营用户预计达上亿人次规模，这将为房车市场发展带来质的改变。

后疫情时代，人们的出行旅游需求不断释放，这为露营经济和房车产业的可持续发展打下了坚实基础。数据显示，2021年我国露营营地市场规模同比增长78.6%，而房车露营正是重要方式之一，直接带动了房车消费。政策层面涵盖房车营地、车辆牌照、旅游规划等多个方面，各种利好政策不断出炉。特别是《促进乡村旅游发展提质升级行动方案（2018年—2020

年）》《"十三五"现代综合交通运输体系发展规划》等一系列政策，均明确提出要大力发展房车旅游产业。

（三）房车底盘"商用车乘用化"趋势日益显现

相比欧、美、澳市场，我国房车产业起步较晚，在底盘的选用上依旧以商用车底盘为主。目前，国内房车业内普遍选用的底盘主要有依维柯、上汽大通、福特全顺等商用车底盘。这些底盘由于设计原型主要是轻型运输车，在驾乘的舒适性、操控性、经济性和座舱的智能化等技术指标上存在很多不足，是中国房车产品提高品质、提升质量、提高舒适性、提高经济性的瓶颈，难以满足国内不断增长的房车驾乘体验的需求。目前，中国房车产业急需高性能、高强度、高水准的房车专用底盘，相信这也将成为各大房车主机厂在未来产品研发端的主要课题。房车底盘的"商用车乘用化"趋势已日益显现。

（四）房车将向"智能化""轻量化"迭代升级

房车既然被人们称为"移动的家"，自然离不开一系列人性化的设计。在旅行途中，房车不仅仅是我们的代步工具，更是移动的生活空间。随着科技的不断进步，很多我们以前只能在科幻电影里才能看到的功能，都能够在现实中得以实现。例如，房车远程控制、智能电器控制、智能照明场景控制、智能窗帘控制、智能安防等智能化场景的出现，将会为房车出行增添不少便捷与生活乐趣。房车的功能不断完善和智能化，对房车自身供电系统也提出了更加苛刻的要求，同时所要面对的困扰和不确定因素也随之出现。对于一款房车来说，如何压缩空间方便携带更多的能源设施至关重要，还要符合国家相关法规对房车的约束及要求。例如，轻量化、智能化的太阳能光伏系统在房车中的运用，其占用空间少、能源转化效率高且利于维护的优点成为不少房车厂家及用户选择的理由。

在欧洲，房车轻量化设计已经成为一种政策导向。轻量化设计的好处不

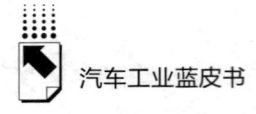

仅仅是从整体上降低房车重量，同时还会降低行车能耗，增加行车稳定性，缩短刹车距离，提高车辆安全系数。

房车轻量化与智能化研发技术的运用，将全面促进房车在主被动安全和电路系统上的体验升级。房车厂家未来势必以乘用车化的质量体系和品控为用户打造一辆更加省心的房车。

（五）房车产品更加多元化、市场更加细分化

受2022年疫情多点散发的影响，国内旅游的出游距离和目的地游憩半径明显收缩，国内旅游呈现短时间、近距离、高频次等新特征，近程和本地休闲成为国内旅游的空间特征。

在消费场景、应用场景悄然变化的同时，国内房车行业正向着多元化、多样化演变，轻卡、微卡、皮卡、重卡、升顶等新兴年轻化房车踊跃入场。房车细分市场进一步增加，旅居车公告中首次出现越野旅居车，加上各大房车厂家针对年轻用户群体推出主打性价比及周末假日短途旅居的露营车，例如，迎合年轻群体消费能力和周末短途露营需求的入门级露营房车和硬派越野全地形拖挂式房车等新产品新势力的应运而生，在满足不同房车圈子个性需求的同时，也为广大房车用户带来更多适用于自身需求的选择空间（见图13、图14）。

图13　新吉奥Regent"露营大师"自行式房车

图 14　新吉奥 Regent "荒野之息"拖挂式房车

（六）新能源汽车市场发展为房车市场爆发提供新机遇

在如今新能源飞速迭代的背景下，房车产业也在尝试探索新能源赛道。中国新能源汽车产业发展逐渐走向成熟，截至 2022 年底，全国新能源汽车保有量达 1310 万辆，充电桩近 200 万个，部分充电桩及场地可用于房车用电及停靠，非常有利于中国房车市场的发展。人工智能及无人驾驶的不断突破，将促使汽车成为一个智能移动空间，房车将成为一个休闲娱乐的智能服务空间。

增程式技术和智能网联技术的植入，将精准解决房车行业瓶颈，有效解决当前燃油动力房车高油耗、高排放、高成本的"三高"问题，大幅提升操控性、安全性、行驶的平稳性、舒适性、驾乘体验和智能化水平，以科技赋能，推动中国房车产业新能源化、智能网联化进程，助力节能减排和绿色出行。

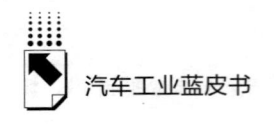

（七）房车租赁市场日渐火爆，房车旅游发展提速

2022年3月，中国汽车流通协会发布的《2021年中国旅居车（房车）市场大盘点》提出，以"低密度旅游"为特征的国内自驾游、旅居车游备受追捧，2022年各大旅游平台的房车租赁业务相关数据呈现一片向好的势头。

根据携程平台的数据，一线城市、西北省（区、市）的房车租赁类业务在2022年7月的租赁比例已达75%以上，携程一线城市的热门房车线路产品团期已排到7月末，新疆房车线路产品2022年销售量已超过2021年同期。途牛数据显示，2022年房车旅游产品预订量、咨询量同比均有增长，房车旅游目的地以西北线路为主，青海、新疆的环线游预订量最高。普华永道旗下的全球战略咨询团队思略特发布的数据显示，在房车生产企业、旅行社、汽车租赁公司、OTA平台的合力推动下，房车旅游有望从相对低频向高频转化，房车租赁市场的增长已蓄势待发。

未来的房车旅居市场将借"房车+X"模式深度切入旅行市场，以房车为载体，以营地为抓手，携手目的地，打造全景化旅游空间，形成全新的房车旅游业态。

（八）房车产业从标准化向品牌化提质发展

房车产业标准化是房车品牌化的前提。目前，中国房车标准体系逐步建立，但仍存在许多问题尚未解决，需要行业共同来予以完善和补充。只有建立起完善的行业标准，才能规范企业、提升产品、强化产业基础，这样才有助于促进房车产业未来的发展。

随着房车产业标准的逐步完善，各房车企业将逐步在统一的行业标准下建立差异化品牌。在微信、微博、头条号、百家号等互联网自媒体App的推动下，房车产业的传播方式呈现多样化态势，加上全国各地房车博览会、房车露营大会等，房车企业在品牌塑造和传播上已基本覆盖了从线上到线下的媒介。未来，如何帮助潜在消费者在纷繁复杂的传播渠道中找到自己心仪的产品、树立差异化的品牌形象将成为各大房车生产企业发展的核心命题。

无论是创新产品、提升产品质量、改善用户体验，抑或与用户建立情感，房车企业未来在品牌打造方面必将倾其全力。品牌一旦没有自身的差异化价值，消费者就难以产生品牌忠诚度，自身的市场份额就会很容易被其他品牌夺走，成为众多类似品牌中普通的一个。

B.6
2022年中国专用汽车行业发展报告

摘　要： 本报告阐述了 2022 年我国专用汽车行业的整体运行情况，详细介绍了专用汽车细分领域的市场需求特征，论述了本年度专用汽车行业的新产品新技术，指出目前行业高质量发展所面临的问题，根据行业发展现状研判专用汽车行业发展趋势。2022 年，专用汽车行业市场需求出现五年来最大跌幅，总体运行情况不佳，行业逐渐进入"存量市场"阶段，行业竞争更加激烈。2023 年，随着政府机构事中事后监管力度不断加大、企业品牌意识不断提升，市场销量不可避免地呈现下行趋势，但整体架构将进一步优化，产品类型更加多样，市场竞争也将日益白热化，行业竞争格局将发生改变。

关键词： 专用汽车　汽车品牌　转型升级　新技术　新产品

一　专用汽车行业发展综述

2022 年，宏观经济环境整体恢复势头稍显不足，基础设施项目资金落地仍存在堵点，虽环比有所加快，但受疫情反复影响，基础设施建设项目开工率略低于往年同期水平，在消费终端层面影响了专用汽车产品的市场需求。此外，国 V 切换国 Ⅵ 透支需求仍未出清，高油价引发运力成本上升，促使专用汽车行业市场需求指标继续转弱。

（一）专用汽车行业发展概况

在行业市场需求进一步萎缩的情况下，生产端对于市场的预期也持续走低，2022年，新增专用汽车生产企业121家，同比下滑16.0%，新增生产企业数量连续几年出现较大降幅，整个行业在困境中前行。2022年，实现销售的专用汽车生产企业仅有981家，合计销量为97.9万辆，同比下降34.2%，出现五年来最大下滑幅度，如图1所示。

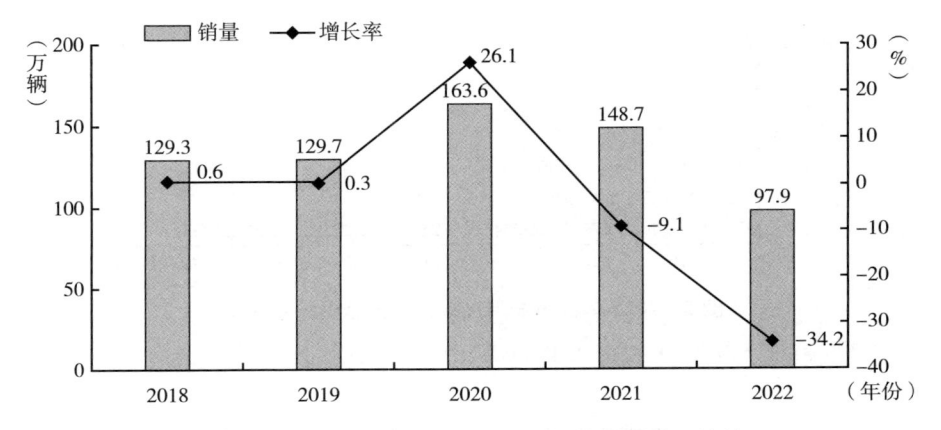

图1 2018~2022年我国专用汽车产品销量情况统计

资料来源：中国汽车工业协会专用车分会数据统计。

我国地域面积广，各区域间的运输需求旺盛。2022年，全国综合交通运输网络总里程超过600万公里，物流类专用汽车作为货物运输的主要运载工具，一直以来都占有专用汽车市场需求的较大份额，2022年，普货物流类专用汽车合计销售67.1万辆，占比达五成以上；此外，国内城镇化建设、环保治理力度持续加大，市政环卫类专用汽车市场需求多年来持续走高，细分领域内竞争极其激烈，本年度实现销售的生产企业达401家，年销量合计8.4万辆，占比达8.6%（见图2）。

（二）专用汽车行业政策、标准实施

在行业监管方面，2022年，各部委进一步加大行业监管力度，严格检验检测过程，同时引导政策支持，为相关市场主体纾困，支撑经济平稳运行。

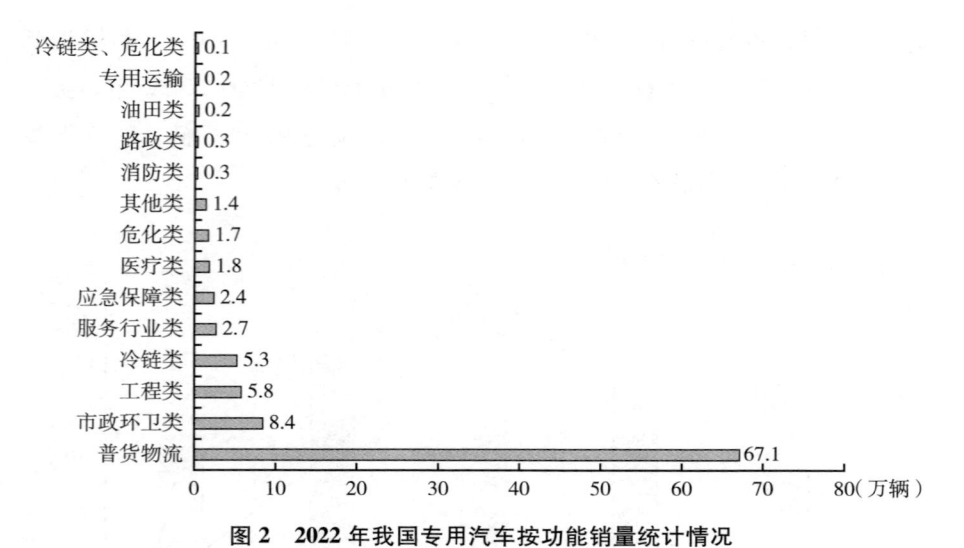

类别	销量（万辆）
冷链类、危化类	0.1
专用运输	0.2
油田类	0.2
路政类	0.3
消防类	0.3
其他类	1.4
危化类	1.7
医疗类	1.8
应急保障类	2.4
服务行业类	2.7
冷链类	5.3
工程类	5.8
市政环卫类	8.4
普货物流	67.1

图 2 2022 年我国专用汽车按功能销量统计情况

资料来源：中国汽车工业协会专用车分会数据统计。

2022年4月，工信部装备中心发文提出，为规范和落实低平板半挂车产品管理要求，按照《关于进一步规范和加强〈公告〉产品申报和检测工作的通知》的要求及《公告》申报相关规定，对《公告》内低平板半挂车进行梳理，经过梳理，多家半挂车企业的低平板半挂车车型被列入整改名单。

2022年1月，《工业和信息化部 公安部关于进一步加强轻型货车、小微型载客汽车生产和登记管理工作的通知》发布，通知中进一步指出不符合通知《技术规范》的在产产品，自2022年3月1日起，生产企业应立即停止生产；通知要求严把车辆产品检验机构产品检验关，重点检测货车产品整备质量，并核验发动机、车桥等配置与申报车型的匹配性，还应评价车厢强度与车辆申报承载能力是否匹配；此外，通知指出强化车辆产品生产一致性监督，严格轻型货车、小微型载客汽车登记管理。

2022年9月，国务院总理李克强主持召开国务院常务会议，确定强化交通物流保通保畅和支持相关市场主体纾困的政策，支撑经济平稳运行。一是全力保障港口、货站等正常运转和主干道、微循环畅通，防止层层加码、

"一刀切"。二是在第四季度，将收费公路货车通行费减免10%，同时对收费公路经营主体给予定向金融政策支持，适当降低融资成本。三是第四季度将政府定价货物港务费标准降低20%。四是用好1000亿元交通物流专项再贷款，帮助货运企业和司机等纾困。

2022年10月，国务院发布《国务院办公厅关于印发第十次全国深化"放管服"改革电视电话会议重点任务分工方案的通知》，其中明确提出，延长货车在城市道路上通行的时间，放宽通行吨位限制，推动取消皮卡车进城限制，并对新能源配送货车扩大通行范围、延长通行时间，进一步便利货车在城市道路通行。

在标准实施方面，2022年，多项国家及行业标准发布实施（见表1），从术语定义、设计规范等多层面对专用汽车提出统一要求；同时，采用线上线下相结合方式有序开展修订中标准的讨论工作，并下发了多项标准的修订计划（见表2），以建立健全专用汽车行业标准体系。

表1 2022年发布的专用汽车相关标准法规

标准编号	标准名称	发布时间
GB/T 3730.1-2022	汽车、挂车及汽车列车的术语和定义 第1部分：类型	2022年12月30日
GB/T 25977-2022	除雪车	2022年12月30日
GB/T 42289-2022	旅居车辆 居住用电气系统安全通用要求	2022年12月30日
GB/T 23336-2022	半挂车通用技术条件	2022年11月1日
GB/T 41601-2022	旅居车辆 安全通风要求	2022年7月11日
QC/T 1178-2022	汽车和挂车 气压制动系统 螺纹孔和管接头	2022年4月24日

表2 2022年修订中的专用汽车相关标准法规

标准编号	标准名称	标准状态
GB/T 17350	专用汽车和专用挂车术语、代号和编制方法	征求意见
GB 21668	危险货物运输车辆安全技术条件	起草
QC-T222	自卸汽车	征求意见
QC-T750	清洗车	征求意见
QC/T 935	餐厨垃圾车	起草

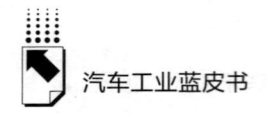

续表

标准编号	标准名称	标准状态
QC/T 451	售货汽车通用技术条件	申请
QC/T 319	专用汽车取力器	申请
QC/T 452	宿营车	申请
QC/T 464	淋浴车	申请
QC/T 448	炊事车	申请

（三）专用汽车行业市场分析

1. 行业市场总体情况

2022 年，专用汽车行业市场需求出现五年来最大跌幅，总体运行情况不佳。从产品结构上分析，厢式类专用汽车一直是我国专用汽车市场的主力军，2021 年在整个市场行情走低的情况下仍能保持逆势上扬，但是 2022 年销量出现 26.4% 的大幅下滑，累计销量仅为 58.5 万辆；罐式类专用汽车本年度出现最大跌幅，同比下降 57.1%，累计销售 6.7 万辆，罐式类专用汽车在市政环卫、工程建筑领域应用较多，受多重因素影响，本年度基础设施建设推动力不足，引发该类产品市场需求大幅下滑；仓栅类专用汽车本年度市场需求继续走低，下降幅度达到 42.3%，累计销售 19.3 万辆；起重举升类专用汽车主要应用在工程建筑领域，本年度出现了大幅下滑情况，累计仅销售 4.1 万辆，同比下降 47.7%；特种结构类专用汽车累计销售 6.3 万辆，同比下降 26.8%；专用自卸类专用汽车累计销售 3.0 万辆，同比下降 19.8%（见图 3）。

以专用汽车结构的六大类来分析，厢式类专用汽车主要作为物流运输载体，其市场份额一直较大，本年度占比达 59.7%；尽管仓栅类专用汽车本年度持续出现较大比例的下滑，但是在旺盛的物流运输需求前提下，依然占有较大市场份额，占比 19.7%；罐式、特种结构、起重举升类专用汽车市场份额相对较小，分别占比 6.9%、6.4%、4.2%（见图 4）。

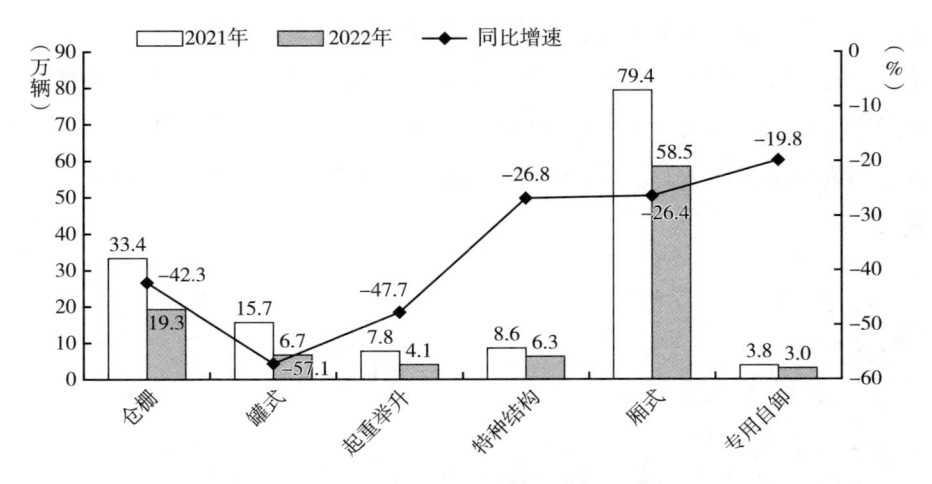

图3 2021~2022年专用汽车销量按类别统计

资料来源：中国汽车工业协会专用车分会数据统计。

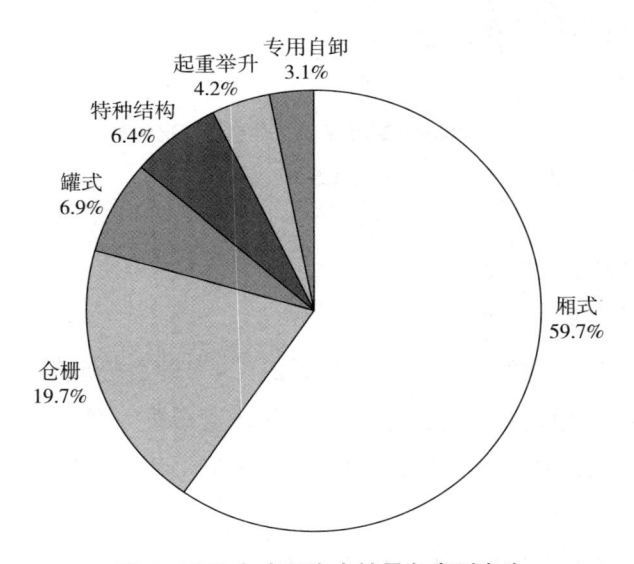

图4 2022年专用汽车销量各类别占比

厢式 59.7%
仓栅 19.7%
罐式 6.9%
特种结构 6.4%
起重举升 4.2%
专用自卸 3.1%

资料来源：中国汽车工业协会专用车分会数据统计。

从月度销量走势来看（见图5），2022年，专用汽车市场走势呈现波浪式前进的情况，年初投资基金逐步到位，2月出现19.4%的大幅度增长势

287

头，但受到国内疫情散发多发影响，市场需求恢复相对较弱，从3月起进入持续低迷阶段。8月，基建投资大幅提速，有效对冲房地产投资下滑影响，对经济修复的引领作用增强，出现年内最大的销量，8月销售11.9万辆；由于国内疫情全面放开，生产生活逐渐恢复，12月市场需求出现39.2%的翘头。

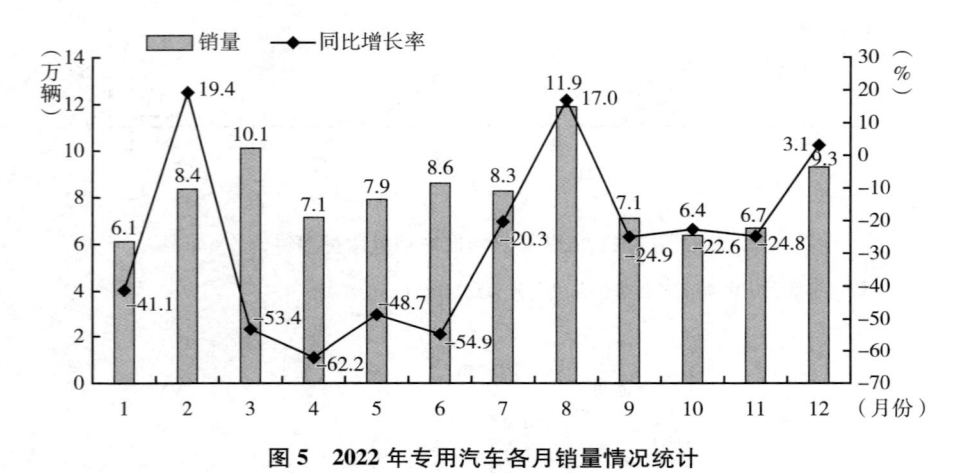

图5　2022年专用汽车各月销量情况统计

资料来源：中国汽车工业协会专用车分会数据统计。

2.细分产品市场情况

（1）厢式类专用汽车

厢式类专用汽车市场需求一直保持逐年递增的态势，但是，2022年国外错综复杂的经济形势，国内受阻的消费需求等多重因素严重影响了厢式类专用汽车的市场需求，全年销量仅为58.5万辆，同比下降26.4%，出现五年内首次下滑。

从月度市场表现分析，上半年除2月外，其他月份均同比呈现下降趋势（见图6）。年初的投资资金到位，基建项目逐步开工，带动了市场需求，2月涨幅达24.5%；下半年8月和12月呈上升趋势，涨幅均达到20%以上，其余月份均呈下降趋势，3个月跌幅接近20%。

在厢式类专用汽车细分产品中，厢式运输车销量一直占据首位，2022

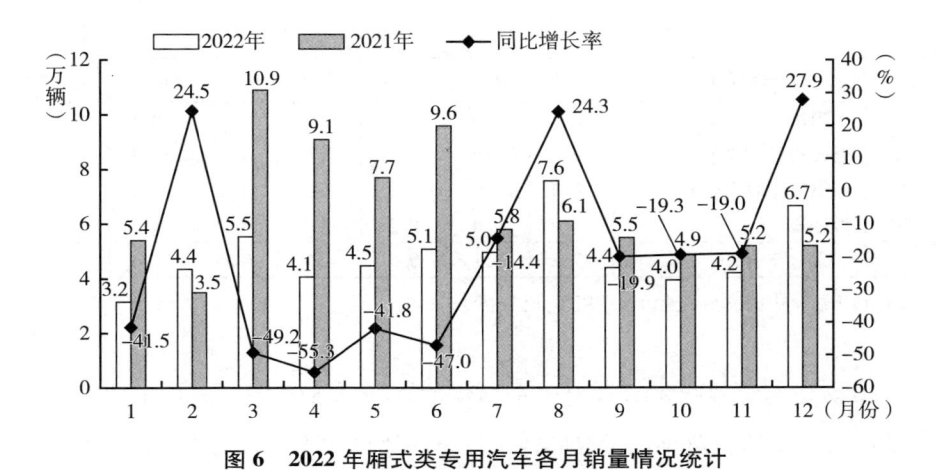

图6 2022年厢式类专用汽车各月销量情况统计

资料来源：中国汽车工业协会专用车分会数据统计。

年，受疫情多点散发影响，城市间物流运输受阻，加之运价低迷等因素影响，全年累计销量29.8万辆，同比下降45.9%。冷藏车作为厢式类专用汽车的亮点车型，本年度也未能幸免，全年销量仅为4.8万辆，同比下降35%；跌幅最大的厢式类产品为售货车，累计下降60.9%。销量排名前十的产品中只有易燃气体厢式运输车销量出现4.1%的上浮，在上一年度市场表现不错的旅居车、翼开启厢式车、工程车分别出现33.6%、35.3%、36.1%的下跌（见表3）。

表3 2022年厢式类专用汽车主要车型销量情况统计

单位：万辆，%

序号	车型名称	轻型	微型	中型	重型	2022年	2021年	同比增长
1	厢式运输车	27.3	0.0	0.3	2.2	29.8	55.1	-45.9
2	冷藏车	3.6	0.0	0.1	1.1	4.8	7.4	-35.0
3	纯电动厢式运输车	4.0	0.0	0.0	0.0	4.0	4.9	-17.9
4	翼开启厢式车	0.7	0.0	0.0	1.1	1.8	2.8	-35.3
5	旅居车	0.7	0.0	0.1	0.0	0.8	1.2	-33.6
6	售货车	0.4	0.0	0.0	0.0	0.4	0.9	-60.9

续表

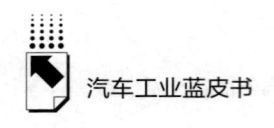

序号	车型名称	轻型	微型	中型	重型	2022年	2021年	同比增长
7	工程车	0.3	0.0	0.0	0.0	0.3	0.5	-36.1
8	爆破器材运输车	0.1	0.0	0.1	0.1	0.3	0.3	-6.5
9	易燃气体厢式运输车	0.2	0.0	0.1	0.0	0.2	0.2	4.1
10	教练车	0.0	0.0	0.2	0.0	0.2	0.3	-11.3
	厢式车合计	37.3	0.1	0.5	4.6	58.5	79.4	-26.3

资料来源：中国汽车工业协会专用车分会数据统计。

2022年，实现厢式类专用汽车销售的企业达519家，同比下降8.0%。销量排名前十的企业年销量也同样出现不同比例的下滑，其中，跌幅最大的为东风商用车有限公司，全年同比下降55.3%。北汽福田汽车股份有限公司年销量一直占据厢式类专用汽车榜首，本年度销量仅为9.2万辆，跌幅达49.0%（见表4）。

表4　2022年厢式类专用汽车销量排名前10企业情况统计

单位：万辆，%

序号	企业名称	销量	同比增长	行业占比
1	北汽福田汽车股份有限公司	9.2	-49.0	15.8
2	安徽江淮汽车集团股份有限公司	3.9	-45.3	6.7
3	江铃汽车股份有限公司	2.9	-4.8	4.9
4	中国重汽集团济南商用车有限公司	2.5	-31.4	4.3
5	中国第一汽车集团	2.5	-43.0	4.3
6	东风汽车股份有限公司	2.3	-35.0	3.9
7	上汽通用五菱汽车股份有限公司	1.7	-38.1	2.9
8	上汽大通汽车有限公司	1.6	-44.5	2.7
9	重庆长安汽车股份有限公司	1.2	-30.9	2.1
10	东风商用车有限公司	1.0	-55.3	1.7
	行业合计	58.5	-26.4	

资料来源：中国汽车工业协会专用车分会数据统计。

（2）仓栅类专用汽车

近年来，仓栅类专用汽车市场容量一直在缩减，受疫情及运价低迷影响，较上年下跌幅度加大。2022 年全年累计销售 19.3 万辆，同比下降 42.3%。

从 2022 年仓栅类专用汽车各月销售数据中可以看出，相较于 2021 年，3~6 月销量下跌幅度均在 50% 以上，其中 4 月出现 70.8% 的下跌。下半年各月的销量较上年均有小幅的增长，其中，8 月涨幅达 56.5%（见图 7）。

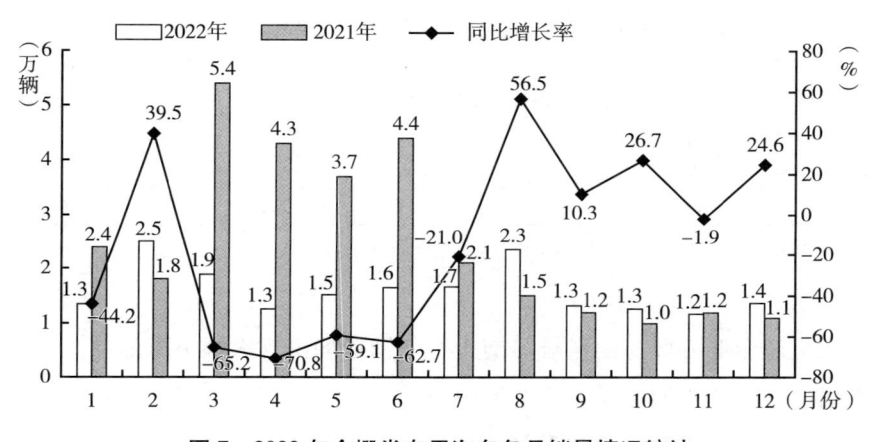

图 7　2022 年仓栅类专用汽车各月销量情况统计

资料来源：中国汽车工业协会专用车分会数据统计。

2022 年，在实现销售的仓栅类专用汽车中新能源占比达 5.7%，其中，纯电动仓栅式运输车本年度累计销售 1.1 万辆，同比增长十几倍，插电式混合动力仓栅式运输车在本年度实现销量大幅增长，运输类专用汽车的部分市场需求逐步被新能源车辆替代。

畜禽运输车市场需求近年来一直都表现良好，本年度首次出现下滑，年销量仅为 0.3 万辆，同比下降 72.0%（见表 5）。

表 5　2022 年仓栅类专用汽车主要产品销售情况统计

单位：万辆，%

序号	产品名称	2022 年	2021 年	增长率	占比
1	仓栅式运输车	17.9	32.0	32.0	92.7
2	纯电动仓栅式运输车	1.1	0.08	1289.6	5.5
3	畜禽运输车	0.3	0.9	-72.0	1.3

续表

序号	产品名称	2022年	2021年	增长率	占比
4	桶装垃圾运输车	0.04	0.03	34.5	0.2
5	插电式混合动力仓栅式运输车	0.04	0.01	250.0	0.2
6	瓶装饮料运输车	0.0	—	—	0.0
7	纯电动桶装垃圾运输车	0.0	0.0	-41.2	0.0
7	养蜂车	0.0	0.2	-99.5	0.0
8	燃料电池仓栅式运输车	0.0	—	—	0.0
9	纯电动瓶装饮料运输车	0.0	—	—	0.0
10	布障车	0.0	—	—	0.0
	行业合计	19.3	33.8	-42.9	

资料来源：中国汽车工业协会专用车分会数据统计。

在生产企业方面，销量排名前十企业销量均出现大幅下降的情况，其中下跌幅度最大的为河北长安汽车有限公司，本年度累计销量为0.8万辆，同比下降81.2%。销量排在榜首的中国第一汽车集团本年度累计销量为2.9万辆，同比下降了58.2%（见表6）。

表6 2022年仓栅类专用汽车销量排名前10企业情况统计

单位：万辆，%

序号	企业名称	2022年	2021年	增长率	行业占比
1	中国第一汽车集团	2.9	7.0	-58.2	15.2
2	北汽福田汽车股份有限公司	1.9	3.9	-50.0	10.1
3	上汽通用五菱汽车股份有限公司	1.4	1.5	-4.1	7.5
4	重庆长安汽车股份有限公司	1.4	1.8	-23.8	7.1
5	柳州五菱汽车工业有限公司	1.2	1.5	-17.0	6.4
6	中国重汽集团济南商用车有限公司	1.2	2.6	-54.2	6.2
7	安徽江淮汽车集团股份有限公司	1.0	2.0	-52.0	5.0
8	河北长安汽车有限公司	0.8	4.4	-81.2	4.3
9	东风汽车股份有限公司	0.8	1.1	-28.6	4.1
10	华晨鑫源重庆汽车有限公司	0.7	2.5	-71.4	3.7
	行业合计	19.3	34.0	-42.3	

资料来源：中国汽车工业协会专用车分会数据统计。

（3）罐式类专用汽车

2022年，罐式类专用汽车累计销售6.7万辆，同比下降57.1%，从各月销售数据（见图8）来看，本年度罐式类专用汽车产品各月销量均不足万辆，相比上年均出现不同程度的下跌，其中3~7月，下跌幅度都在50%以上甚至个别月份超过70%。受大环境影响，基建类项目投资有所放缓，工程类、城市建设专用车辆如混凝土搅拌运输车、洒水车等罐式类专用汽车的主力车型市场需求大幅度降低。

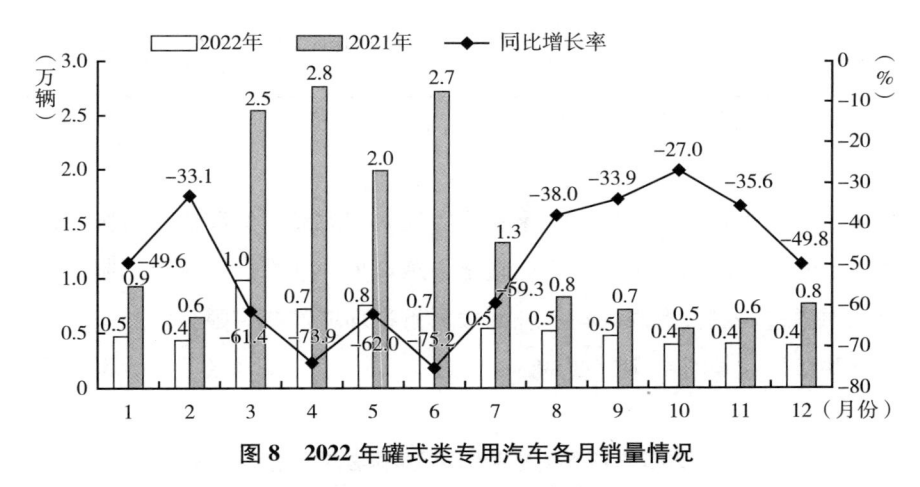

图8　2022年罐式类专用汽车各月销量情况

资料来源：中国汽车工业协会专用车分会数据统计。

从细分产品来看，混凝土搅拌运输车、绿化喷洒车依然是罐式类专用汽车的主要车型，在销量上排在前列。2022年，销量排名前十的产品销量大部分出现大幅度下滑，其中混凝土搅拌运输车销量位居榜首，本年度累计销量仅为1.9万辆，同比下降80.2%，出现最大下跌幅度（见表7）。

表7　2022年罐式类专用汽车主要产品销售情况

单位：万辆，%

序号	产品名称	2022年	2021年	增长率	行业占比
1	混凝土搅拌运输车	1.9	9.7	-80.2	28.7
2	绿化喷洒车	1.3	1.6	-19.5	19.2

续表

序号	产品名称	2022年	2021年	增长率	行业占比
3	洒水车	0.7	0.8	-8.7	10.9
4	清洗吸污车	0.5	0.6	-12.1	7.9
5	加油车	0.4	0.3	19.5	5.4
6	清洗车	0.2	0.3	-19.4	3.6
7	吸污车	0.2	0.3	-20.3	3.6
8	吸粪车	0.2	0.3	-28.1	3.2
9	运油车	0.2	0.4	-51.0	2.9
10	水罐消防车	0.2	0.1	58.6	2.4
	行业合计	6.7	15.7	-57.3	—

资料来源：中国汽车工业协会专用车分会数据统计。

在生产企业方面，共计349家企业实现罐式类专用汽车产品销售，销量排名前十的企业均出现不同程度的销量下跌现象，其中，三一汽车制造有限公司、中联重科股份有限公司、长沙中联重科环境产业有限公司三家龙头企业同比跌幅均在60%以上（见表8）。

表8　2022年罐式类专用汽车销量排名前10企业情况

单位：万辆，%

序号	产品名称	2022年	2021年	增长率	行业占比
1	三一汽车制造有限公司	0.7	2.1	-68.4	9.9
2	湖北程力专用汽车有限公司	0.6	1.2	-47.2	9.5
3	中联重科股份有限公司	0.4	1.1	-61.7	6.3
4	长沙中联重科环境产业有限公司	0.3	0.9	-67.6	4.4
5	湖北凯力专用汽车有限公司	0.3	0.3	-7.6	4.1
6	程力汽车集团股份有限公司	0.2	0.3	-19.9	3.6
7	湖北盈通专用汽车有限公司	0.2	0.3	-25.7	3.3
8	湖北同威专用汽车有限公司	0.2	0.3	-28.4	3.2
9	楚胜汽车集团有限公司	0.2	0.4	-53.5	2.8
10	徐州徐工施维英机械有限公司	0.1	0.8	-81.7	2.2
	行业合计	6.7	15.7	-57.3	

资料来源：中国汽车工业协会专用车分会数据统计。

（4）专用自卸类专用汽车

2022年，专用自卸类专用汽车累计销售3.0万辆，同比下降19.8%。从各月度销量来看（见图9），除8月以外，相较于上年，专用自卸类产品销量均出现不同程度的下滑现象，大部分月份跌幅在30%左右。

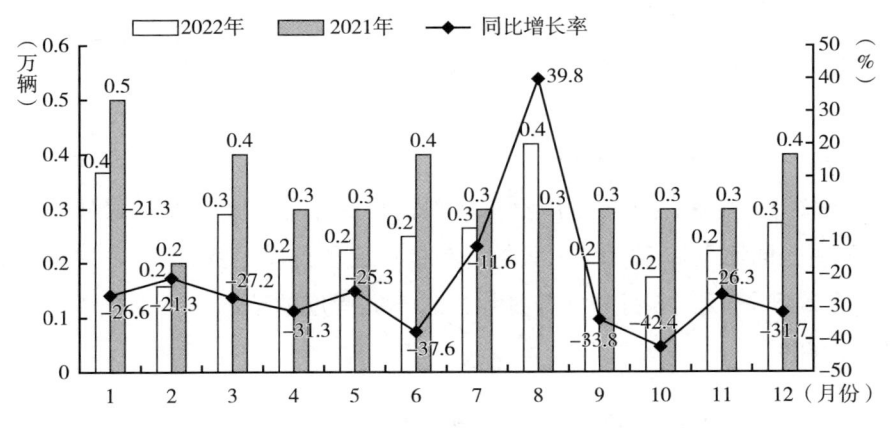

图9 2022年专用自卸类专用汽车各月销量情况统计

资料来源：中国汽车工业协会专用车分会数据统计。

在细分产品方面，销量排在前十的专用自卸类专用汽车产品中，传统产品均出现不同程度的下滑，值得注意的是，纯电动自装卸式垃圾车销量同比增长近两倍（见表9）。

表9 2022年专用自卸类专用汽车主要产品销售情况

单位：万辆，%

序号	产品名称	2022年	2021年	增长率	行业占比
1	压缩式垃圾车	1.0	1.3	-22.80	33.3
2	车厢可卸式垃圾车	0.8	0.9	-12.10	26.7
3	自装卸式垃圾车	0.4	0.5	-18.74	13.3
4	自卸式垃圾车	0.3	0.3	-14.37	10.0
5	散装饲料运输车	0.1	0.4	-68.98	3.3
6	压缩式对接垃圾车	0.1	0.1	-28.80	3.3
7	纯电动自装卸式垃圾车	0.1	0.02	172.50	3.3

续表

序号	产品名称	2022年	2021年	增长率	行业占比
8	厢式垃圾车	0.1	0.05	6.80	3.3
9	换电式纯电动自卸式垃圾车	0.0	0.0	539.47	0
10	抓斗式垃圾车	0.0	0.0	229.71	0
	行业合计	3.0	3.8	-21.05	

资料来源：中国汽车工业协会专用车分会数据统计。

（5）特种结构类专用汽车

2022年，特种结构类专用汽车实现销售的企业有513家，累计销量达6.3万辆，同比下降27.0%。从各月销量情况统计图（见图10）中可以看出，除2月、7月、8月外，各月均出现不同程度的下跌，特别是4月，降幅接近60%。

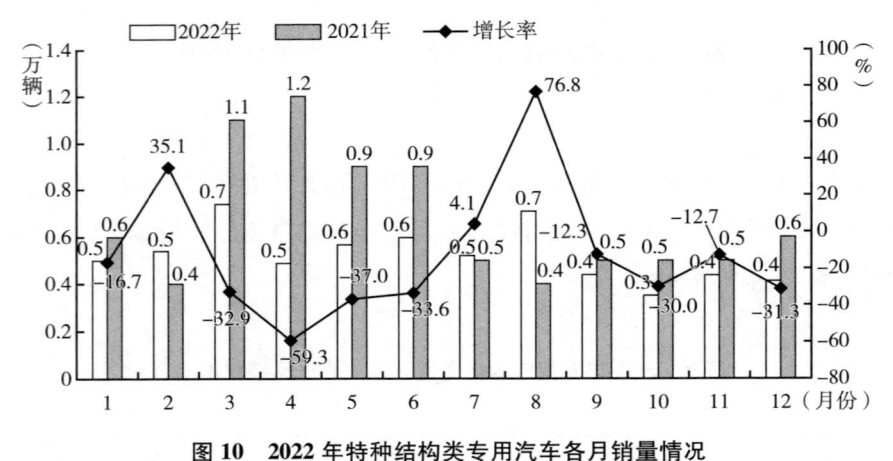

图10 2022年特种结构类专用汽车各月销量情况

资料来源：中国汽车工业协会专用车分会数据统计。

在细分产品上，本年度销量排名前十的特种结构类专用汽车产品均出现不同程度的下滑，其中下跌幅度最大的是混凝土泵车，下跌63.4%，年销售0.3万辆（见表10），这主要是受房地产行业不景气影响。

表10 2022年特种结构类专用汽车主要产品销售情况

单位：万辆，%

序号	产品名称	2022年	2021年	增长率	行业占比
1	清障车	1.7	2.4	-27.5	27.6
2	平板运输车	0.8	1.4	-40.3	13.3
3	多功能抑尘车	0.6	0.8	-19.7	10.2
4	洗扫车	0.6	0.7	-20.3	8.9
5	混凝土泵车	0.3	0.7	-63.4	4.1
6	气瓶运输车	0.3	0.3	-16.1	4.0
7	车辆运输车	0.2	0.3	-23.9	3.6
8	路面养护车	0.2	0.2	-10.8	2.8
9	扫路车	0.2	0.2	-18.7	2.6
10	餐厨垃圾车	0.2	0.3	-46.1	2.6
	行业合计	6.3	8.6	-26.7	

资料来源：中国汽车工业协会专用车分会数据统计。

（6）起重举升类专用汽车

2022年，起重举升类专用汽车实现销售的企业有180家，累计销4.1万辆，同比下降47.7%。从各月销量情况统计图（见图11）中可以看出，起重举升类专用汽车销量，上半年除2月外各月降幅均超过50%；下半年除8月和9月外，销量降幅均接近或超过20%。

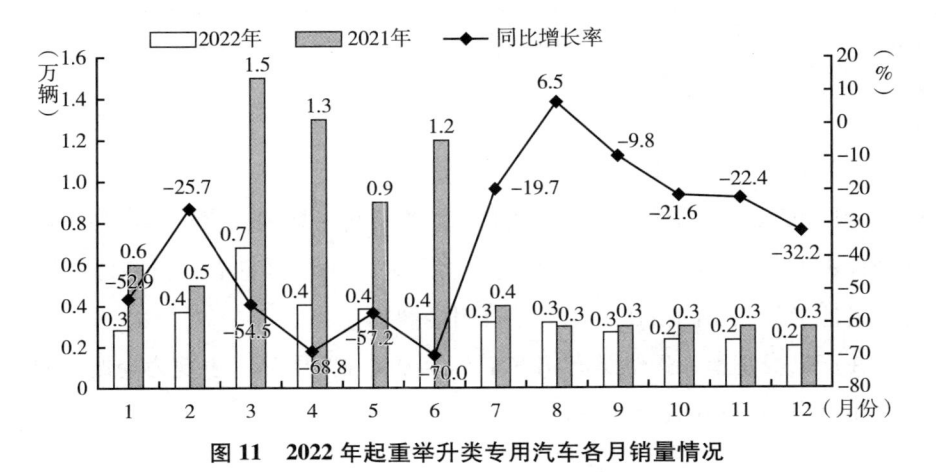

图11 2022年起重举升类专用汽车各月销量情况

资料来源：中国汽车工业协会专用车分会数据统计。

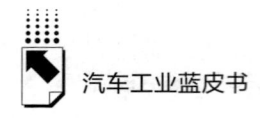

在细分车型方面（见表11），本年度起重举升类专用汽车产品依然以汽车起重机车、随车起重运输车、高空作业车为主，三类车型销售占比最大。销量排名前十的产品中，高空作业车出现小幅度上涨，举高喷射消防车、车载叉车均出现不同程度的涨幅，增长幅度分别是48.8%、80.0%。

表11 2022年起重举升类专用汽车主要产品销售情况

单位：万辆，%

序号	产品名称	2022年	2021年	增长率	行业占比
1	汽车起重机车	2.1	4.8	−56.7	51.2
2	随车起重运输车	1.1	2.1	−46.1	26.8
3	高空作业车	0.7	0.7	4.3	17.1
4	全地面起重机	0.1	0.1	−2.2	2.4
5	桥梁检测车	0.0	0.02	−39.0	0
6	举高喷射消防车	0.0	0.008	48.8	0
7	计量检衡车	0.0	0.003	−10.0	0
8	登高平台消防车	0.0	0.0	−33.3	0
9	云梯消防车	0.0	0.0	−78.6	0
10	车载叉车	0.0	0.0	80.0	0
	行业合计	4.1	7.8	−47.4	

资料来源：中国汽车工业协会专用车分会数据统计。

（7）产品燃料类型分析

专用汽车产品销量仍以传统燃油类为主，包括柴油、汽油类产品，本年度合计占比达83.4%（见图12），同比下降13.1个百分点，新能源特别是燃料电池专用汽车的占比相比上年有明显增加。

在产品类别上，运输类专用汽车新能源化较为明显，表现为仓栅、厢式类专用汽车纯电动的比例较高（见表12）。

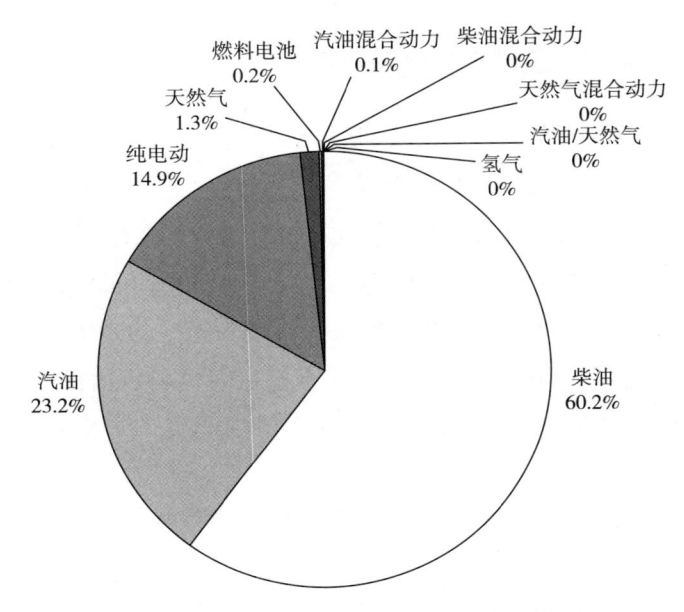

图12 2022年专用汽车产品各燃料类型销量

资料来源：中国汽车工业协会专用车分会数据统计。

表12 2022年各类别专用汽车燃料种类情况

单位：万辆，%

燃料种类	仓栅	罐式	起重举升	特种结构	厢式	专用自卸	总计
柴油	10.4	6.4	4.1	5.8	30.0	2.4	59.0
汽油	7.6	0.0	0.0	0.3	14.4	0.4	22.7
纯电动	1.1	0.3	0.0	0.2	12.8	0.2	14.6
天然气	0.2	0.0	0.0	0.0	1.0	0.0	1.3
燃料电池	0.0	0.0	0.0	0.0	0.1	0.0	0.2
汽油混合动力	0.0	0.0	0.0	0.0	0.0	0.0	0.1
柴油混合动力	0.0	0.0	0.0	0.0	0.0	0.0	0.0
天然气混合动力	0.0	0.0	0.0	0.0	0.0	0.0	0.0
氢气	0.0	0.0	0.0	0.0	0.0	0.0	0.0
汽油/天然气	0.0	0.0	0.0	0.0	0.0	0.0	0.0
总计	19.3	6.7	4.1	6.3	58.5	3.0	97.9

资料来源：中国汽车工业协会专用车分会数据统计。

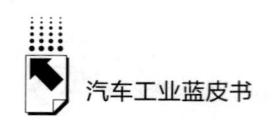

（四）专用汽车区域竞争格局分析

2022年，专用汽车产品在全国31个省（区、市）实现销售，合计销售97.9万辆，呈负增长，同比下降34.2%。

2022年，全国销量排名前五的省（区、市）分别是广东、山东、湖北、江苏、云南，销量占比分别为13.4%、7.0%、6.3%、6.2%、6.1%，前五位占整个销售市场近40%的市场份额，保持较为稳定的销售地位。2022年全国有21个省（区、市）市场销量均呈现超过30%的负增长，其中，天津市出现53.6%的下跌。仅上海市的年销量下滑幅度在10%以内（见表13）。

表13 2022年专用汽车销售区域情况

单位：万辆，%

省（区、市）	2021年 销量	2021年 销量占比	2022年 销量	2022年 销量占比	2022年增长率
广东	22.0	14.8	13.2	13.4	-40.1
山东	12.0	8.1	6.9	7.0	-42.5
湖北	7.2	4.8	6.2	6.3	-14.0
江苏	9.8	6.6	6.1	6.2	-37.5
云南	7.0	4.7	6.0	6.1	-15.0
河北	9.3	6.3	5.4	5.5	-42.2
浙江	7.8	5.2	5.2	5.3	-33.0
四川	6.4	4.3	5.1	5.2	-20.0
河南	7.9	5.3	4.6	4.7	-41.5
湖南	6.9	4.6	4.5	4.6	-35.0
安徽	5.4	3.6	3.3	3.4	-39.3
广西	4.3	2.9	2.6	2.7	-39.1
福建	4.1	2.8	2.6	2.7	-37.4
北京	3.3	2.2	2.3	2.4	-28.4
陕西	3.5	2.4	2.3	2.4	-33.3
贵州	2.9	1.9	2.1	2.2	-26.1
重庆	2.9	2.0	2.1	2.1	-28.5
上海	2.2	1.5	2.1	2.1	-7.4

续表

省（区、市）	2021年 销量	2021年 销量占比	2022年 销量	2022年 销量占比	2022年增长率
新　疆	3.1	2.1	2.0	2.1	-33.1
辽　宁	3.0	2.0	2.0	2.0	-34.2
江　西	3.2	2.2	2.0	2.0	-38.2
山　西	3.3	2.2	1.8	1.9	-43.2
内蒙古	1.4	1.0	1.2	1.2	-15.7
吉　林	1.7	1.1	1.1	1.1	-36.2
甘　肃	1.6	1.1	1.1	1.1	-33.1
黑龙江	1.5	1.0	1.0	1.1	-32.2
天　津	2.2	1.5	1.0	1.1	-53.6
海　南	1.1	0.8	1.0	1.0	-12.5
宁　夏	0.9	0.6	0.5	0.5	-47.1
青　海	0.5	0.3	0.4	0.4	-26.0
西　藏	0.3	0.2	0.2	0.2	-30.7

资料来源：中国汽车工业协会专用车分会数据统计。

二　专用汽车行业新产品和新技术

2022年，尽管国内外经济发展受阻，疫情反复造成企业经营困难，专用汽车企业仍积极构建以技术创新为核心的技术发展体系，进一步夯实技术基础，提升关键技术创新水平，针对行业产品应用性问题，采用结构改进、算法优化等技术手段，促进产品迭代升级；同时，围绕专用汽车行业高质量发展目标，面向特定应用场景下的应用需求，研发出适应行业的新产品。

（一）行业新产品及新技术

专用汽车产品的功能主要是满足特定场景的专用化需求，针对不同的市场需求特征，2022年，专用汽车企业继续推进技术革新，通过自主研发、产品技术引进等方式开发各种专用化新产品，如适用于铁矿、采石场等露天矿场爆破开采时降尘压尘作业的矿山抑尘车，集喷流压尘、绿化喷洒、低压

冲洗等多功能于一体，喷流最大射程≥65m，实现大面积、远距离、短时间内的有效控尘；为满足园林垃圾就地粉碎及转运而开发的物料粉碎车，采用后进料侧卸料的作业模式，实现快速树枝破碎处理作业；涉及光伏发电、5G通信、新能源动力等领域的专业技术的雪蜡车，在赛事直播、仿生光源等领域也实现了技术突破。

（二）适应性新技术研发

伴随着各行业技术融合越来越紧密，专用汽车产品在实际应用过程中所出现的"卡脖子"问题不断被攻破，2022年，针对专用汽车产品应用问题，生产企业通过上下游技术的有效结合，不断提出适应性的技术解决方案，推动了专用汽车行业技术迭代更新。

一是为解决餐厨垃圾车压缩压力与后门密封性这两个相互制约的技术问题，设计的自动识别作业模式、对装载量进行提示的智能化推板。采用自适应变行程控制，实现对推板作业过程的动态控制，保证推板在装载压缩过程中不影响后门强度和密封性；此外采用浮动式铰接机构和可调式楔紧机构两方面保证后门密封。

二是针对动力系统皮带轮批量开裂故障，通过更改螺栓规格及数量、加大法兰直径以及减小皮带轮壁厚等手段，有效降低了最大主应力，解决了开裂问题。

三是为降低洒水作业过程中对行人的不良影响，设计开发的可避让行人的双模式喷洒装置，可以灵活调整出水角度、洒水范围，使得洒水作业更加柔性化。

四是为提高应急排风车的应急响应能力，设计的多风道吸风段部件，新结构可显著提高系统的排风量及风速。

三 专用汽车行业发展面临的问题

2022年，围绕"节能、环保、安全"三大主题，专用汽车行业继续健康平稳发展，行业市场逐渐进入"存量市场"阶段，行业竞争更加激烈。行业内企业需要不断探索，继续寻找适合专用汽车产业发展的适应性产线模式、完善的研发路线以及有效的市场运营模式，以解决目前行业存在的一系列问题。

（一）制造升级适应性问题

专用汽车产业智能化制造是一项系统工程，由于专用汽车产品、品种繁多，型式多变，定制化需求明显，难以形成标准化产品系族。国内应用较为成功的专用汽车自动化产线主要应用在产品结构型式及市场需求相对固定的产品领域，如骨架式半挂车、普通自卸车等产品系组，而对于专用汽车产品中的大部分专项作业类车辆，需要引入适应性的智能化工艺制造过程，以解决产品多变导致产线变动所带来的附加成本问题。

（二）协同创新机制问题

专用汽车行业在新产品研发方面仍存在同质化、技术相互沿用问题，并未建立相对完整的研发体系，自主创新能力不足，产品研发环节难以形成有效的闭环，重复性设计频发，生产端、设计端均浪费了大量的人力、物力。尽管近年来上下游协同技术融合在不断推进，但受高成本、市场潜力有限等因素影响，专用汽车生产企业与底盘企业和零部件企业的联合创新动力不足，造成底盘、上装和部件的匹配性差，特别是目前新能源专用汽车市场开拓以后，新能源底盘与上装的匹配性仍是制约新能源专用汽车技术发展的关键问题。

（三）市场需求特征问题

专用汽车作为满足国民经济建设、生产生活需求不可或缺的专项车辆，一直以来在市场需求端都存在特征多样、定制化明显等特点，造成专用汽车产品定型困难，更无法形成产品系族，专用汽车行业经过多年发展，多数产品已逐渐形成"存量市场"，但仍存在企业为迎合市场从而满足产品订单需求，而不得不进行设计更改、产线调整，进而造成成本浪费的问题。

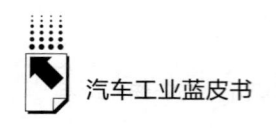

四 专用汽车行业发展形势及展望

专用汽车行业逐渐由快速增长阶段转为高质量发展阶段，随着政府机构事中事后监管力度的不断加大、企业品牌意识不断提升，市场销量不可避免地呈现下行趋势，但整体架构将进一步优化，产品类型也更加多样，市场竞争也将日益白热化，行业竞争格局将发生变化。

（一）新能源专用汽车市场未来可期

2022年，是新能源汽车享受国补政策的最后一年，得益于"双碳"战略的持续推动，新能源专用汽车走势大幅强于传统市场，叠加各地陆续发布支持新能源专用汽车发展的利好政策，特别是对新能源物流车的路权政策，从政策角度助力新能源专用汽车市场的飞速发展。并且，本年度的高油价提升了物流运输成本，使得部分客户选择运营成本更低的新能源专用汽车，对新能源市场的逆势上涨也有一定的推动作用。此外，各地氢能产业政策密集出台，促使燃料电池专用汽车市场需求大涨。预计下一年度，新能源专用汽车特别是以纯电动、燃料电池为动力源的专用汽车市场份额比重会大幅增加。

（二）智能化助力专用汽车产品升级

依托5G、移动互联网技术，专用汽车领域人机交互、人脸识别有望实现规模化应用，全面涵盖"人、车、物、事"等因素。专用汽车领域有望构建全时段、全方位、前后台无缝对接、精准高效的全生命周期运营服务监管体系。目前，工况监控、视频监控、货品追溯、状态监控、预警警报等技术已开始融合应用于环卫车、油罐车、混凝土搅拌运输车、混凝土泵车等产品；智能定位、信息传送、远程调度、路径规划等技术已经开始融合到专用车辆和远程服务平台。CAN总线通信、集成化控制、智能控制等技术也开始逐步在高空作业车、油田车、电源车、混凝土泵车、混凝土搅拌车、洗扫车、自装卸式垃圾车等专用汽车上应用。感知识别、融合算法、数据处理、物联网等技术开始融合进入智慧环卫、智慧物流、智慧港口等领域的车载应用端。未来，专用汽车产品将会继续深入应用感知协同、同步控制以及信息交互等技术。

节能与新能源汽车篇

B.7
2022年中国节能与新能源汽车发展报告

摘　要： 2022年，节能汽车方面，HEV及48V乘用车市场向好，渗透率逐步提升，消费潜力持续向好，成为我国汽车产业节能减排重要的技术方向。新能源汽车延续了2021年的高速发展态势，我国连续8年成为全球最大的新能源汽车生产销售市场。但同时，新能源汽车市场仍存在动力电池原材料价格高、保险费用高、电池安全等问题。2023年，我国新能源汽车市场规模将进一步扩大，合资企业将集中发力，新能源汽车出口将持续增长。

关键词： 节能汽车　新能源汽车　汽车市场　汽车技术

一　节能汽车发展

2022年是我国"十四五"规划实施的第二年，也是我国汽车产业持续转型升级、高质量发展的关键之年。2022年，从全国新冠疫情持续多点暴发到恢复常态，主要汽车重镇受到较大冲击；在国家支持举措下，汽车产业加速恢复，并取得较为突出的成绩。2022年，汽车产业出现了一系列新变化和新趋势。

"绿色"与"节能"是汽车产业实现"碳达峰"和"碳中和"的重要路径。"绿色"以新能源汽车为代表，从能源动力根源上大幅降低碳排放；"节能"以节能汽车为代表，对传统动力应用先进节能技术，提升能源效率从而降低碳排放。本报告研究的节能汽车包括普通混合动力汽车（HEV，Hybrid Electric Vehicle）和48V微混汽车。

（一）节能汽车政策情况

国家重视节能汽车的发展，既有鼓励供给侧研发节能汽车的相关政策，又有引导需求侧购买节能汽车的相关政策，节能汽车可持续发展态势良好。

鼓励供给侧研发节能汽车方面，2020年，工业和信息化部、财政部、商务部、海关总署、国家市场监督管理总局五部门联合发布《关于修改〈乘用车企业平均燃料消耗量与新能源汽车积分并行管理办法〉的决定》（以下简称"决定"），将2021~2023年度的新能源汽车积分比例要求分别提升至14%、16%和18%，并且加强对传统能源乘用车节能技术的引导，2021~2023年对低油耗乘用车的生产量或者进口量分别给予0.5倍、0.3倍、0.2倍的核算优惠。

引导需求侧购买节能汽车方面，2022年1月，国家发展改革委、工业和信息化部、住房和城乡建设部、商务部、国家市场监督管理总局、国管局、中直管理局等部门印发《促进绿色消费实施方案》，提出合理引导消费者购买轻量化、小型化、低排放乘用车，其中低排放乘用车包含节能汽车，节能汽车受到国家重视。2022年5月，国务院召开常务会议，进一步部署稳经济一揽子措施，会议决定，阶段性减征部分乘用车购置税600亿元。2022年5月，为促进汽车消费，支持汽车产业发展，财政部、国家税务总局发布《关于减征部分乘用车车辆购置税的公告》，对购置日期在2022年6

月1日至2022年12月31日期间内且单车价格（不含增值税）不超过30万元的2.0升及以下排量乘用车，减半征收车辆购置税。节能汽车产品大多在购置税减征范围内，产品获得国家财政扶持。

（二）节能汽车市场情况

2022年，HEV及48V乘用车市场持续向好，销量达到150.0万辆，渗透率逐步提升，消费潜力持续向好，成为我国汽车产业节能减排重要的技术方向。

HEV市场规模进一步扩大。2022年，我国HEV乘用车销量达到77.9万辆，同比增长32.9%，占全年乘用车销量的比重（HEV乘用车渗透率）3.3%。2016~2022年，我国乘用车市场销量波动起伏，2017年为近年来销售峰值，达到2471万辆。HEV乘用车市场销量不断提升，渗透率从2016年0.3%提升至2022年3.3%（见图1），年复合增长率达到49%。

图1 2016~2022年HEV乘用车销量及占比情况

资料来源：中国汽车工业协会。

48V乘用车市场容量持续向好。2022年，搭载48V微混系统的节能乘用车销量达到72.2万辆，同比增长38.5%，市场渗透率达到3.06%。

2019~2022年，48V乘用车市场渗透率从0.93%提升至3.06%（见图2），年复合增长率达到48%。

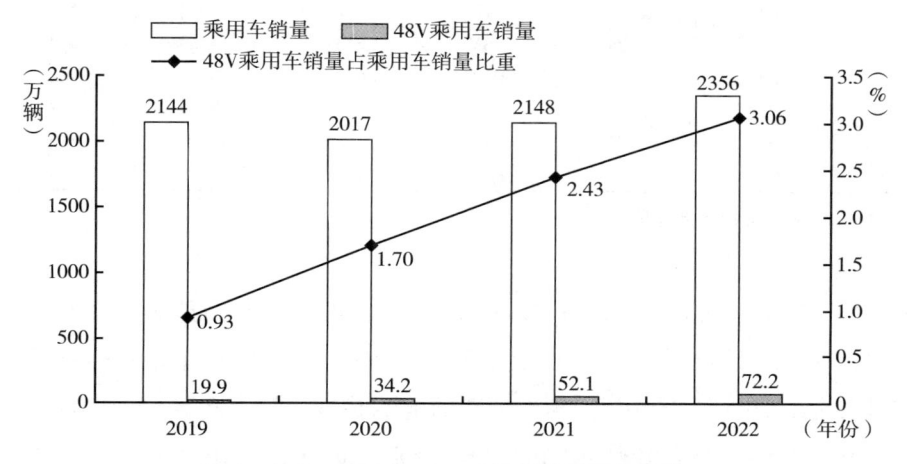

图 2 2019~2022年48V乘用车销量及占比情况

资料来源：中国汽车工业协会。

（三）节能汽车产品情况

2022年，HEV和48V汽车销量TOP10的产品全部为合资产品。日系多为HEV产品，美欧系多为48V产品（见表1），且都具有竞争优势。

HEV产品以中低端产品为主，旨在提升能源效率、降低油耗和使用成本。48V产品以中高端产品为主，搭载48V微混系统，以达到整车油耗目标为目的。

表 1 2022年节能汽车销量TOP10产品

单位：万辆，%

排名	品牌	产品	节能技术路线	销量	同比增长	份额
1	奔驰	C级	48V	14.02	35.8	9.3
2	别克	GL8	48V	10.64	489	7.1
3	丰田	雷凌	HEV	7.85	5.5	5.2
4	丰田	塞纳	HEV	7.48	>500	5.0

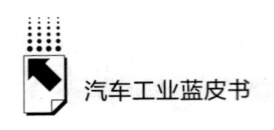

续表

排名	品牌	产品	节能技术路线	销量	同比增长	份额
5	丰田	汉兰达	HEV	7.28	126.3	4.8
6	沃尔沃	XC60	48V	6.37	142.0	4.2
7	丰田	拉罗拉	HEV	6.25	-6.5	4.2
8	别克	昂科威	48V	5.59	282.2	3.7
9	丰田	陆放	HEV	4.42	82.1	2.9
10	本田	雅阁	HEV	4.39	31.2	2.9

资料来源：NE时代新能源。

高工产业研究院（GGII）发布的《中国HEV&48V节能乘用车月度销量数据库》统计显示，2022年上半年国内HEV节能乘用车销量合计约为37.1万辆，同比增长50%，相应配套的电池装机量约为0.54GWh，同比增长64%。其中，科力美和松下市场份额分别为63.6%和20.4%（见表2）。

表2　2022年上半年HEV乘用车电池装机量分布

单位：辆，kWh

电池企业	配套车型	装机数量	装机量
科力美	赛那	34497	65544
	汉兰达	40890	65015
	雷凌	36234	47467
	卡罗拉	25787	33781
	亚洲龙	20193	32107
	陆放	23851	31245
	凯美瑞	18618	29603
	威兰达	11942	18988
	其他	9864	14683
	合计	221876	338432
松下	奥德赛	20899	25079
	CR-V	13526	16502
	艾力绅	13869	16227
	皓影	10617	12740
	INSPIRE	6849	9589
	RAV4	5490	8729

续表

电池企业	配套车型	装机数量	装机量
松下	凌放	5167	7234
	享域	4414	5297
	其他	5565	7098
	合计	86396	108494
Blue Energy	雅阁	22719	24991
	INSPIRE	3703	4073
	合计	26422	29064
宁德时代	星越 L	4088	7358
	拿铁	4246	7218
	玛奇朵	1502	2553
	其他	325	550
	合计	10161	17680
欣旺达	轩逸	11744	17616
	合计	11744	17616
PEVE	传祺 GS8	9476	16393
	合计	9476	16393
比亚迪	拿铁	2833	4816
	哈弗 H6S	1026	1642
	哈弗赤兔	72	130
	合计	3931	6588
捷威动力	奕炫 MAX	708	1274
	皓极	213	383
	合计	921	1657
LGES	途胜	414	617
	合计	414	617
盟固利	荣威龙猫	26	55
	合计	26	55
总计	—	371367	536597

资料来源：高工产业研究院。

（四）节能汽车技术情况

我国 HEV 汽车技术取得突破性进展。以丰田、本田为代表的日系车企在

HEV汽车市场中占绝对优势。2022年，日系HEV汽车占国内HEV汽车市场比例超过85%。但是，以长城为首的自主品牌车企凭借DHT的投放，HEV汽车市场销量逐步提升；广汽凭借THS的应用，GS8销量反转提升；吉利P2.5~7DCT逐步被雷神Hi.X油电平台取代，应用规模呈扩大趋势。

当前以丰田、本田为代表的功率分流和串并联是HEV主要技术路线，国内自主品牌车企基于串并联架构搭建插电式混合动力汽车（PHEV）和HEV混动平台架构。

长城柠檬DHT技术形成了DHT100、DHT130、DHT130+P4三个平台，涵盖PHEV、HEV，应用至哈弗H6、神兽、玛奇朵等多款HEV车型；吉利GHS3.0雷神混动Hi·X搭载应用，以单电机P2.5为核心的GHS2.0退出舞台，雷神混动（HEV：Hi·F和EM-F）覆盖了吉利、领克品牌等全谱系车型；广汽应用丰田THS技术，通过动力平台再开发，形成2.0TM+THS的HEV混动系统，目前应用于GS8车型，预计年内还将推出MPV等车型；上汽通用五菱发布单挡DHT，匹配2.0L发动机将搭载五菱星辰和凯捷，HEV版预计年内上市；长安自主开发的P13架构DHT，匹配蓝鲸混动发动机搭载UNI和CS系列将于2023年推出HEV。

表3　主流企业HEV混动平台

企业	混动平台	技术路线	产品策略
丰田	THS	功率分流	HEV+PHEV
本田	i-MMD	P13串并联	HEV+PHEV
日产	e-Power	串联	HEV
长城	柠檬DHT	P13串并联	HEV+PHEV
吉利	雷神DHT	P12串并联	HEV+PHEV
广汽	GMC2.0/3.0	功率分流/P13串并联	HEV+PHEV
东风	马赫DHT	P13串并联	HEV+PHEV+REEV
长安	蓝鲸DHT	P13串并联	HEV+PHEV
五菱	五菱DHT	P13串并联	HEV

从车企的产品技术布局可以看出：车企基于对车型的不同定位，同步发展 PHEV 和 HEV，PHEV 主打电驱，继续享受政策带来的红利；HEV 主打节能，以相当的平价策略逐步切换传统动力系统。

（五）存在的问题及发展建议

1. 存在的问题

一是节能汽车政策支持力度不足。节能汽车在相当长时间内是我国汽车产业的重要组成部分，尽管双积分中已明确对低油耗乘用车给予核算优惠，但核算比例较低，加上节能汽车技术壁垒以及相对较小的市场容量，企业开发节能产品的意愿不强。《节能与新能源汽车技术路线图 2.0》提出，2025 年、2030 年、2035 年混动车型占传统燃油车比例分别为 50%、75%、100% 的发展目标，急需更强的产业政策支撑该目标实现。

二是节能汽车技术创新能力薄弱。日本、韩国、美国等汽车强国，基于在传统汽车方面的比较优势，构建了在节能汽车领域较高的技术壁垒和较完善的产业链条，如高效发动机技术、多档高效变速箱技术、机电耦合技术、控制策略等。我国在节能汽车创新能力方面存在诸多不足，多以模仿国外先进节能汽车架构及技术为主，整体看我国节能汽车技术方面的创新力度不足。

三是节能汽车节能评价体系缺失。节能汽车是实现道路交通行业碳达峰、碳中和的重要路径之一，我国尚未形成节能汽车系统完善的评价体系，无法摸清国内节能汽车产品与国外节能汽车产品的差距。当前，节能汽车的能耗水平仍以通用的循环方式进行测试及公告，无法真实反映实际驾驶中车辆的能耗水平。

四是节能汽车用户购买意愿不强。当前，节能汽车成本仍明显高于同级别传统汽车，对用户来说，是否购买节能汽车，基于车辆全生命周期内的使用成本。从目前看，考虑到用户使用场景与强度，节能汽车全生命周期使用成本相比传统汽车并无明显优势，用户购买意愿不强。

2. 发展建议

一是加大政策支持力度。产业政策是实现《节能与新能源汽车技术路线图2.0》中混合动力汽车发展目标的关键，考虑到当前节能汽车产业政策扶持力度较弱，有必要尽快研究制定进一步促进节能汽车发展的产业政策，将节能汽车产业政策与新能源汽车产业政策进一步有机结合，从供给侧、财税补贴、路权、节能水平等方面扶优扶强，促进节能汽车产业健康可持续发展。

二是鼓励节能技术创新。相比国外节能技术发展，我国仍存在较大差距，要充分认识到节能技术在较长时期内仍具有挖掘潜力。鼓励从整车层面、系统层面、部件层面开展节能技术创新，与国外先进产品充分对标，重点攻克影响能耗水平的关键技术，持续提升汽车节能水平。

三是建立节能评价体系。我国汽车应用场景多样，不同节能技术在不同应用场景下表现出不同的节能效果，如高效率发动机技术在高速场景下更具有节能效果，停缸技术、启停技术、48V技术等在城市场景下更具有节能效果等。应从实际应用场景出发，加快建立科学客观的节能汽车评价体系，对汽车应用的节能技术进行系统评价。

四是引导节能汽车消费。用户是节能汽车的终端使用者，对节能汽车产业起到关键促进作用。目前我国对节能汽车的消费引导力度不足，一方面，要做好引导宣传工作，引导用户认识节能汽车、了解节能汽车，最后愿意选择节能汽车。另一方面，要在财税政策和路权等方面给予购买节能汽车的用户优惠和支持，如降低购置税、获得较高的道路权限等。

（六）节能汽车发展趋势及展望

一是节能汽车在传统汽车市场所占份额将快速提升。随着我国节能汽车产业政策不断完善、节能汽车技术水平不断提升、汽油价格高位震荡、绿色节能消费趋势愈发显著，根据节能汽车发展趋势及相关机构预测，预计2023年我国节能汽车市场规模将超过200万辆，节能汽车在传统汽车中的占有率将逐步提升。

二是节能汽车价格有望进一步下探。随着我国节能汽车产品的不断投放,自主品牌节能汽车产品将迎来发展机遇,节能汽车驱动电机、动力电池及机电耦合系统等规模化应用加快,产业链不断成熟,节能汽车价格有望进一步下探,逐步与传统汽车齐平。

三是国内外节能汽车技术融合发展。随着我国节能汽车市场规模不断扩大,以及合资企业在新能源汽车发展相对滞后,合资车企为持续抢占传统汽车市场份额,有望持续加大国内节能汽车的投放力度,甚至开展节能技术使用授权,推动我国与国外节能汽车技术的融合发展。

二 新能源汽车发展

尽管2022年面临着疫情肆虐、芯片短缺、动力电池及原材料涨价以及供应链停摆等一系列挑战,我国的新能源汽车产业仍然表现出了强大的韧性,继续引领全球新能源汽车市场。随着新能源汽车市场规模的不断扩大,产业竞争力的不断增强,供应链体系的进一步完善以及技术创新与应用的成效不断凸显,新能源汽车消费热情也在持续高涨。我国已成为全球新能源汽车产业的引领者,持续推动全球汽车产业向绿色高质量发展。

(一)新能源汽车政策情况

2022年,新能源汽车仍是我国汽车产业政策关注的重点。政府陆续颁布了若干支持和规范新能源汽车产业发展的相关政策,主要包括产业规划类政策、财税补贴类政策、促进消费类政策、安全规范类政策及基础设施保障类政策。

产业规划类政策方面,2022年3月,国家发展改革委发布《氢能产业发展中长期规划(2021—2035年)》。规划明确,氢能是未来国家能源体系的重要组成部分和用能终端实现绿色低碳转型的重要载体,氢能产业是战略性新兴产业和未来产业重点发展方向。根据规划,到2025年,预计形成较为完善的氢能产业发展制度政策环境。到2035年,预计将形成氢能产业体

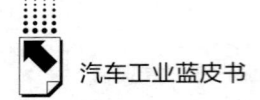

系，构建涵盖交通、储能、工业等领域的多元氢能应用生态。燃料电池汽车成为道路交通重点发展方向之一，到2025年，我国氢燃料电池汽车保有量约5万辆，燃料电池汽车将成为我国新能源汽车产业重要技术路线之一。2021年10月，交通运输部发布《绿色交通"十四五"发展规划》，提出到2025年，全国城市公交、出租汽车（含网约车）、城市物流配送领域新能源汽车占比分别达到72%、35%和20%的发展目标。

财税补贴类政策方面，2021年12月，财政部、工业和信息化部、科技部、国家发展改革委发布《关于2022年新能源汽车推广应用财政补贴政策的通知》，明确2022年新能源汽车补贴标准在2021年基础上退坡30%；城市公交、道路客运、出租（含网约车）、环卫、城市物流配送、邮政快递、民航机场以及党政机关公务领域符合要求的车辆，补贴标准在2021年基础上退坡20%。2022年新能源汽车购置补贴政策于2022年12月31日终止，2022年12月31日之后上牌的车辆不再给予补贴。新能源汽车国家购置补贴正式退出历史舞台，新能源汽车购置补贴为我国新能源汽车的前期发展奠定了坚实基础。2022年9月，财政部、国家税务总局、工业和信息化部发布《关于延续新能源汽车免征车辆购置税政策的公告》，进一步支持了新能源汽车产业发展。公告明确对购置日期在2023年1月1日至2023年12月31日期间内的新能源汽车，免征车辆购置税。

促进消费类政策方面，2022年1月，国家发展改革委、工业和信息化部、住房和城乡建设部、商务部、国家市场监督管理总局、国管局、中直管理局发布《促进绿色消费实施方案》，提出大力发展绿色交通消费，大力推广新能源汽车，逐步取消各地新能源车辆购买限制，推动落实免限行、路权等支持政策，加强充换电、新型储能、加氢等配套基础设施建设，积极推进车船用LNG发展。推动开展新能源汽车换电模式应用试点工作，有序开展燃料电池汽车示范应用。深入开展新能源汽车下乡活动，鼓励汽车企业研发推广适合农村居民出行需要、质优价廉、先进适用的新能源汽车，推动健全农村运维服务体系。2022年5月，工业和信息化部办公厅、农业农村部办公厅、商务部办公厅、能源局综合司发布《关于开展2022新能源汽车下乡活动的通知》，支持新能源汽车消费，引导农村居民绿色出行，促进乡村全面振兴，助力实现碳达峰碳中和目标。2022年5~12月，瞄准三、四线城市及区县举办新能源汽车专场、巡展及企业活动等，促进新能源汽车下乡。

安全规范类政策方面，2022年3月，工业和信息化部办公厅、公安部办公厅、交通运输部办公厅、应急部办公厅、市场监管总局办公厅发布《关于进一步加强新能源汽车企业安全体系建设的指导意见》，提出，企业要对动力电池、驱动电机及整车控制系统等关键零部件供应商提出明确的产品安全指标要求，制定供应商质量体系评价制度，强化供应商评估。鼓励关键零部件供应商积极配合开放与产品安全、质量分析等相关的必要数据协议。

基础设施保障类政策方面，2022年1月，国家发展改革委等部门发布《关于进一步提升电动汽车充电基础设施服务保障能力的实施意见》，提出，到"十四五"末，我国电动汽车充电保障能力进一步提升，形成适度超前、布局均衡、智能高效的充电基础设施体系，能够满足超过2000万辆电动汽车充电需求。2022年8月，交通运输部、国家能源局、国家电网有限公司、中国南方电网有限责任公司印发《加快推进公路沿线充电基础设施建设行动方案》，力争到2022年底前，全国除高寒高海拔以外区域的高速公路服务区能够提供基本充电服务；到2023年底前，具备条件的普通国省干线公路服务区（站）能够提供基本充电服务；到2025年底前，高速公路和普通国省干线公路服务区（站）充电基础设施进一步加密优化，农村公路沿线有效覆盖，基本形成"固定设施为主体，移动设施为补充，重要节点全覆盖，运行维护服务好，群众出行有保障"的公路沿线充电基础设施网络，更好地满足公众高品质、多样化出行服务需求。

（二）新能源汽车市场情况

1. 市场总体情况

2021~2022年，我国新能源汽车获得了高速发展。自2015年以来，我国连续8年成为全球最大的新能源汽车生产销售市场。在政策和市场的双重推动下，2022年我国新能源汽车经历了爆发式增长，产销量分别达到705.8

万辆和688.7万辆,同比增长96.9%和95.6%(见图3),新车市场占有率达到25.6%,比上年增长了12.1个百分点。截至2022年底,全国新能源汽车保有量达到1310万辆,占汽车总量的4.10%。与2021年相比,扣除报废注销量,保有量增加了526万辆,增长率达到67.13%。其中,2022年全国新注册登记的新能源汽车数量为535万辆,占新注册登记汽车总量的23.05%,比上年增加了240万辆,增长率达到81.48%。

图3 2013~2022年我国新能源汽车销量及同比增长情况

资料来源:中国汽车工业协会。

从动力类型来看,2022年,纯电动车在我国新能源汽车市场上仍旧占据绝对的主导地位,销量536.5万辆,同比增长81.6%;在比亚迪带动下,插电式混动汽车快速增长,销量151.8万辆,同比增长1.5倍(见表4)。

表4 2022年我国新能源汽车分动力类型产销量情况

单位:万辆,%

动力类型	2022年产量	同比增长	2022年销量	同比增长
纯电动	546.7	83.4	536.5	81.6
插电式混动	158.8	164.1	151.8	151.6
燃料电池	0.4	105.4	0.3	112.8

资料来源:中国汽车工业协会。

2018~2022年，我国燃料电池汽车上险口径销量分别为687辆、3188辆、1500辆、1881辆和5009辆。2022年燃料电池汽车销量同比增长166.3%（见图4），燃料电池汽车产业逐步进入规模化发展阶段。

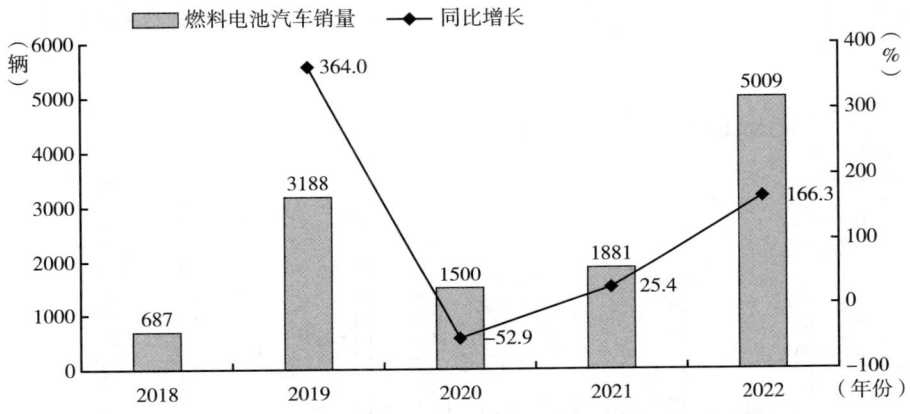

图4 2018~2022年我国燃料电池汽车上险口径销量及增速情况

资料来源：香橙会研究院。

2017~2019年我国新能源车的出口数量较大，但乘用车基本是以微型电动车为主。2020~2022年新能源出口表现较好，2022年累计出口新能源车112.1万辆，同比增长90.0%（见图5），其中乘用车出口38万辆，同比增长89%。

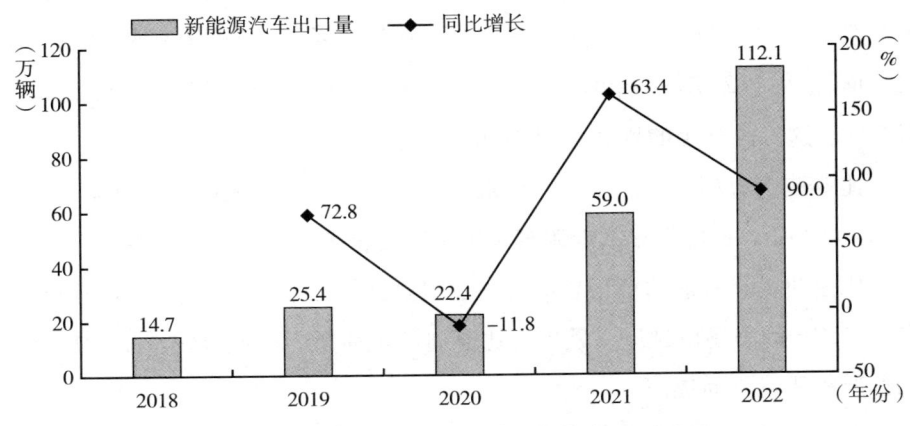

图5 2018~2022年我国新能源汽车出口量及增速

资料来源：乘用车市场信息联席会（统计口径可能包含部分低速电动车）。

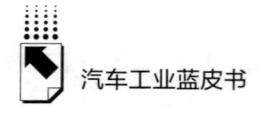

2. 销量细分情况

2022年我国新能源汽车销量呈前低后高趋势，其中4月受疫情影响，芯片断供、供应链停摆，导致我国新能源汽车销量受挫。8月后，新能源汽车月度销量保持在60万辆以上，其中12月更是突破单月80万辆的销售规模（见图6）。

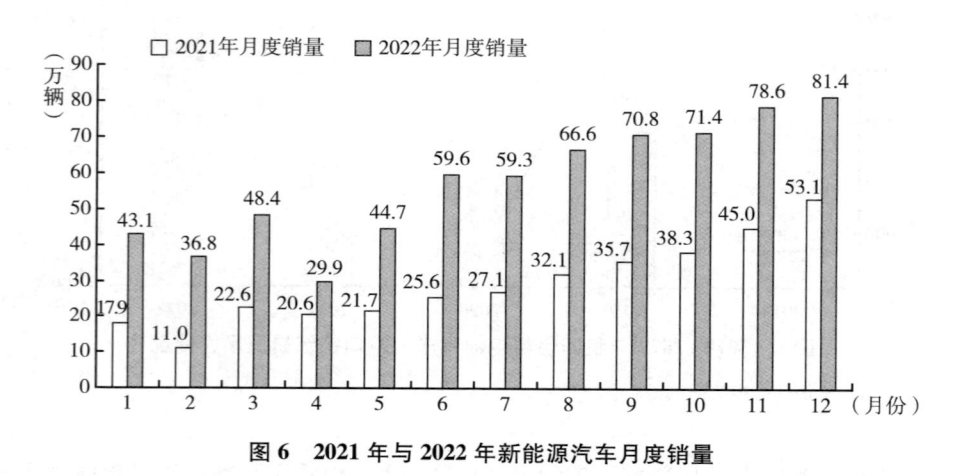

图6　2021年与2022年新能源汽车月度销量

资料来源：中国汽车工业协会。

2022年，我国新能源汽车市场竞争激烈，比亚迪汽车以180万辆销量位列第一，同比增长高达208.2%。上汽通用五菱以44.2万辆销量位列第二，同比增长2.5%；特斯拉中国销售44万辆，位列第三，同比增长37.1%。这三家车企的排名与2021年一致。

比亚迪、吉利、广汽埃安、奇瑞、长安、哪吒、零跑新能源汽车同比增速超过100%。长城汽车新能源汽车销量同比下滑。

比亚迪180万辆的全年总销量超过销量排行榜第二名到第六名的销量之和，31.7%的市场份额遥遥领先。比亚迪汽车在新能源汽车领域不断加强布局，产品质量不断提高。

总体来看，2022年我国新能源汽车市场持续保持增长势头，竞争加剧，企业需继续提高产品质量和服务水平，以赢得更多消费者的信任和支持。

表5　2022年新能源乘用车销量TOP15整车企业

单位：万辆，%

排名	整车企业	2022年销量	2021年销量	同比增长	份额
1	比亚迪	180.0	58.4	208.2	31.7
2	上汽通用五菱	44.2	43.1	2.5	7.8
3	特斯拉	44.0	32.1	37.1	7.8
4	吉利	30.5	8.1	277.9	5.4
5	广汽埃安	27.4	12.7	115.6	4.8
6	奇瑞汽车	22.1	9.8	126.5	3.9
7	长安汽车	21.2	7.6	177.6	3.7
8	哪吒汽车	14.9	7.0	113.4	2.6
9	理想汽车	13.3	9.0	47.2	2.3
10	长城汽车	12.3	13.4	-7.5	2.2
11	蔚来汽车	12.2	9.1	34.0	2.2
12	小鹏汽车	12.1	9.8	23	2.1
13	零跑汽车	11.1	4.5	147.6	2.0
14	一汽大众	10.0	7.0	41.7	1.8
15	上汽大众	9.2	6.1	50.3	1.6

资料来源：根据公开资料整理。

2022年全年，我国6米以上新能源客车销量继续呈现增长态势，累计销量达到6.2万辆，同比增长21.91%，新能源客车市场正在加速回暖。其中，宇通客车以11515辆的销量继续稳居行业第一，市场份额达到18.7%。苏州金龙以5306辆的销量位列第二，同比增长56.9%，市场份额为8.6%。中通客车的销量为5032辆，市场份额为8.2%，位居第三（见表6）。

表6　2022年新能源客车销量TOP10整车企业

单位：辆，%

排名	整车企业	销量	同比增长	市场份额
1	宇通客车	11515	-2.5	18.7
2	苏州金龙	5306	56.9	8.6
3	中通客车	5032	-13.2	8.2

续表

排名	整车企业	销量	同比增长	市场份额
4	比亚迪	4870	-15.6	7.9
5	中车电动	4516	7.1	7.3
6	金旅客车	4320	105.8	7.0
7	福田欧辉	4226	203.8	6.9
8	金龙客车	3641	28.4	5.9
9	开沃汽车	3365	79.4	5.5
10	申沃客车	2009	147.4	3.3

资料来源：中国客车统计信息网。

2022年，燃料电池汽车市场上，销量前三的企业分别为宇通、北汽福田和佛山飞驰。其中，宇通燃料电池汽车的销量达到804辆，北汽福田燃料电池汽车的销量达到659辆，佛山飞驰燃料电池汽车的销量达到538辆（见图7）。

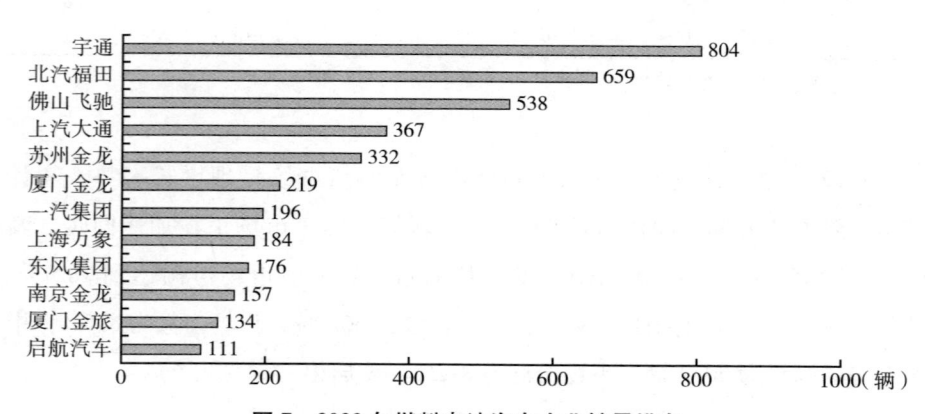

图7 2022年燃料电池汽车企业销量排名

- 宇通：804
- 北汽福田：659
- 佛山飞驰：538
- 上汽大通：367
- 苏州金龙：332
- 厦门金龙：219
- 一汽集团：196
- 上海万象：184
- 东风集团：176
- 南京金龙：157
- 厦门金旅：134
- 启航汽车：111

资料来源：香橙会研究院。

3. 基础设施

根据中国充电基础设施产业创新联盟的数据，2022年我国充电基础设施增量达到259.3万台，其中公共充电桩增量同比上涨91.6%，而随车配建的私人充电桩增量持续上升，同比上升225.5%。截至2022年12月，全国充电基础设施数量累计达到521.0万台，同比增长了99.1%。公共充电站的增量为3.7万座，保有量为11.1万座（见图8）。

从充电基础设施与电动汽车对比看，2022年充电基础设施增量为259.3万台，新能源汽车的销量达到688.7万辆。充电基础设施与新能源汽车车桩增量比为2.7∶1，充电基础设施建设已经基本能够满足新能源汽车的快速发展需求。

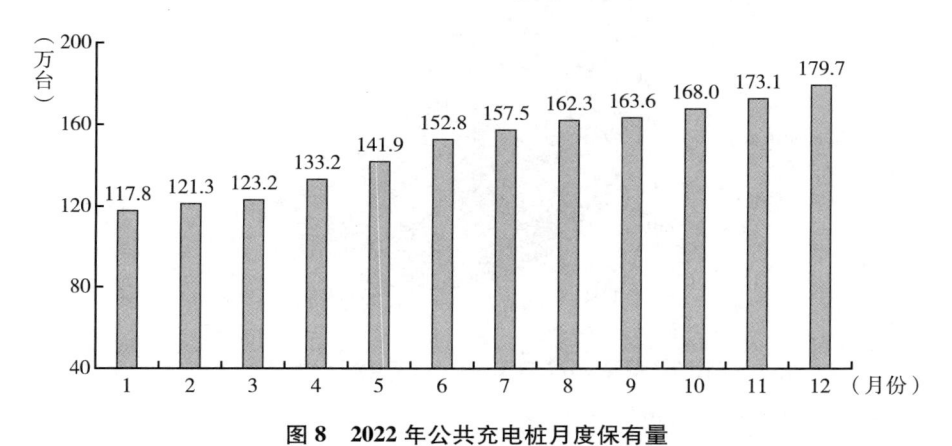

图8 2022年公共充电桩月度保有量

资料来源：中国充电设施产业创新联盟。

截至2022年12月，全国充电运营企业所运营的公共充电桩数量排名前15的企业分别为：特来电运营36.3万台、星星充电运营34.3万台、云快充运营25.9万台、国家电网运营19.6万台、小桔充电运营9.4万台、蔚景云运营7.3万台、深圳车电网运营6.9万台、南方电网运营6.1万台、万城万充运营4.8万台、汇充电运营4.6万台、依威能源运营4.2万台、万马爱充运营2.6万台、上汽安悦运营2.4万台、中国普天运营2.3万台、蔚蓝快充运营1.9万台。这15家运营商的充电桩总数占总量的94%，其余运营商的充电桩占总量的6%（见图9）。

数据显示，2020年中国的加氢站数量已经增至118座，其中已有101座投入运营，17座待运营。到2021年底，我国的加氢站总数已达到218座，比上年增长了100座。作为为燃料电池汽车提供氢气的基础设施，随着燃料电池汽车保有量的不断增加，以及中石化、中石油等能源央企加入持续

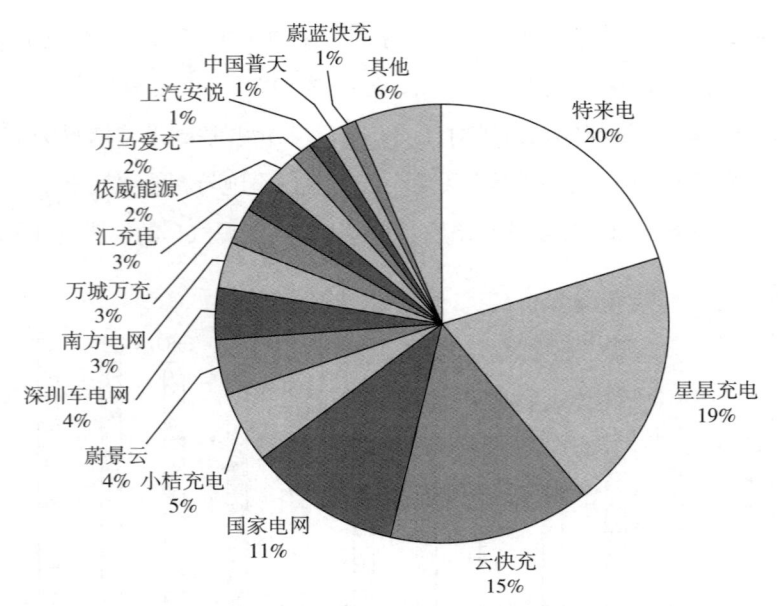

图 9 截至 2022 年 12 月公共充电桩运营情况

资料来源：中国充电基础设施产业创新联盟。

加速，国内加氢站数量明显增加。预计到 2022 年，我国加氢站数量将达到 287 座（见图 10）。

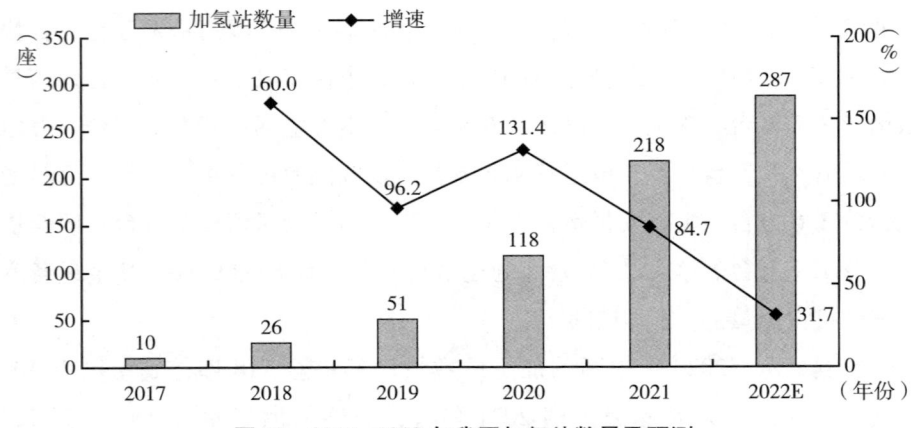

图 10 2017~2022 年我国加氢站数量及预测

注：2022 年为预测数据。
资料来源：根据公开资料整理。

（三）新能源汽车产品情况

1. 新能源汽车整车

2022年新能源汽车销量TOP10车型集中度较高，并且存在较明显两极分化现象。其中，比亚迪品牌占据6个席位，特斯拉品牌和五菱宏光分别占2个席位和1个席位，广汽埃安品牌占据1个席位。比亚迪宋以高达356%的同比增长位居榜首，五菱宏光MINI EV以微弱的2.4%增长位居第二，表明A00级新能源汽车增长缓慢。比亚迪海豚以超过20万辆的年度销量位居第六（见表7），同比增长达633.4%，连续六个月销量超过2万辆，成为A0级市场年度销量冠军，是一款热销车型。唯一销量下滑的是排名第九的特斯拉Model 3，同比下降高达17.5%。

表7　2022年新能源乘用车销量TOP10车型

单位：万辆

排名	企业	产品	销量
1	比亚迪	宋	47.5
2	五菱宏光	MINI EV	40.5
3	比亚迪	秦	34.2
4	特斯拉	Model Y	31.5
5	比亚迪	汉	27.2
6	比亚迪	海豚	20.4
7	比亚迪	元 PLUS	16.7
8	比亚迪	唐	14.9
9	特斯拉	Model 3	12.4
10	广汽埃安	Aion Y	12.1

资料来源：根据公开资料整理。

2. 新能源汽车系统部件

动力电池市场集中度在2022年进一步提高，共有57家动力电池企业为我国新能源汽车市场提供配套服务，比上年同期减少了1家。前3家、前5家、前10家动力电池企业在2022年全年的动力电池装车量分别为

230.4GWh、251.4GWh 和 279.8GWh，占总装车量的比例分别为 78.2%、85.3% 和 95.0%。

2022 年全年，国内动力电池企业的装车量 TOP10 依次为宁德时代、比亚迪、中创新航、国轩高科、欣旺达、亿纬锂能、蜂巢能源、孚能科技、LG 新能源和瑞浦兰钧（见表 8）。

表 8　2022 年国内动力电池企业装车量 TOP10

单位：GWh，%

排名	企业名称	装车量	占比
1	宁德时代	142.02	48.20
2	比亚迪	69.10	23.45
3	中创新航	19.24	6.53
4	国轩高科	13.33	4.52
5	欣旺达	7.73	2.62
6	亿纬锂能	7.18	2.44
7	蜂巢能源	6.10	2.07
8	孚能科技	5.36	1.82
9	LG 新能源	5.20	1.77
10	瑞浦兰钧	4.52	1.53
合计	—	279.78	94.95

驱动系统，根据 NE 时代新能源乘用车保险数据统计，2022 年新能源乘用车电机累计搭载量为 578 万套，同比增长 77.6%。电控累计搭载量为 576 万套，同比增长 77%。三合一及多合一系统出货量达到 355.5 万套，同比增长 98%，占总配套量的 62%。其中，多合一出货量达到 41.4 万套，占总配套量的 7%，初具规模。

由于产品高端化趋势，搭载 200kW 以上高功率产品出货量达到 53 万套，占比接近 10%。扁线电机出货量达到 276.2 万套，占比达 48%。在特斯拉、蔚来、比亚迪、小鹏等车企的推动下，搭载碳化硅功率模块的电控出货量突破 50 万套，占比达到 9.4%（见表 9）。

表9 2022年电驱动系统装机量TOP10企业

单位：万套，%

排名	驱动系统企业	装机量	同比增长	市场份额
1	弗迪动力	88.7	168.0	24.6
2	特斯拉	50.7	30.9	14.1
3	日本电产	33.1	98.4	9.2
4	蔚来驱动科技	24.0	32.3	6.7
5	联合电子	20.1	182.3	5.6
6	中车时代电气	16.7	233.4	4.6
7	上海电驱动	11.5	-15.8	3.2
8	汇川联合动力	11.3	30.5	3.1
9	零跑科技	11.1	153.2	3.1
10	巨一动力	10.6	>500	2.9

资料来源：NE时代新能源。

燃料电池系统，2022年，亿华通、重塑和广东鸿力为燃料电池系统装车量排名前三企业，其中亿华通燃料电池系统装车量达到946台，重塑燃料电池系统装车量达到859台，广东鸿力燃料电池系统装车量达到593台（见图11）。

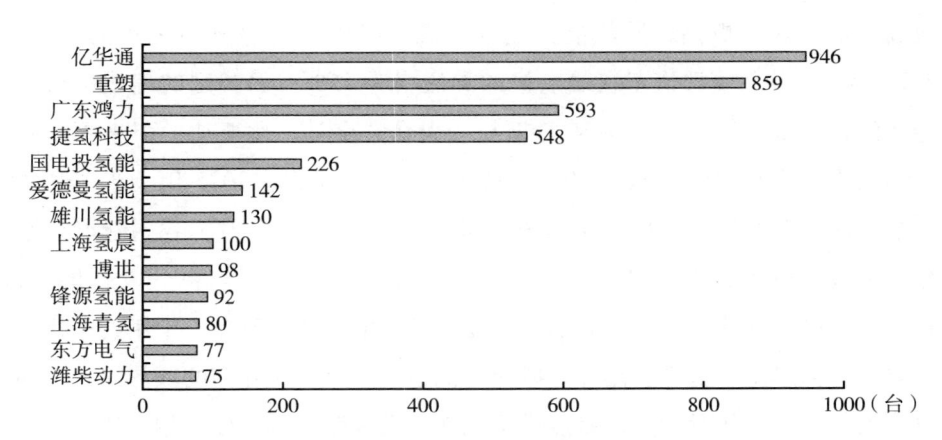

企业	装车量（台）
亿华通	946
重塑	859
广东鸿力	593
捷氢科技	548
国电投氢能	226
爱德曼氢能	142
雄川氢能	130
上海氢晨	100
博世	98
锋源氢能	92
上海青氢	80
东方电气	77
潍柴动力	75

图11 2022年燃料电池系统装车量企业

资料来源：香橙会研究院。

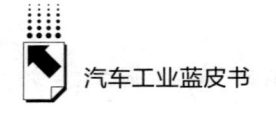

（四）新能源汽车技术情况

在动力电池方面，到2022年为止，磷酸铁锂和三元锂仍是主流技术路线，而电池能量密度没有明显的突破，只有充电效率得到小幅度提升。在现有动力电池体系下，锂电池的提升空间较为有限。然而，电池结构方面的优化却有显著的效果，使得电池体积能量密度增加，新能源汽车的续航里程也得到提高。例如，宁德时代在2022年6月23日发布了麒麟电池（CTP3.0），其最新一代"飞叠"技术使得麒麟电池成为全球集成度最高的电池。据悉，其体积空间利用率最高可达72%，同时还将三元电池系统的能量密度提升到255Wh/kg，磷酸铁锂电池系统的能量密度提升到160Wh/kg。官方表示，其量产后的整车续航能力可达到1000km以上。

在驱动电机方面，驱动电机的性能和效率直接影响整车的功率、扭矩和可靠性。电机技术不断进步，催生多种技术革新，如扁线绕组、油冷电机，成为主要的技术发展方向，具有高功率、高效率和散热性能更好等优点。扁线绕组电机的显著特点是定子绕组中采用截面积更大的扁铜线，提高电机槽满率。与普通圆漆包线绕组相比，扁线绕组在相同的体积下，具有能量密度更高、电机效率更高、散热能力更强、机械噪声和电磁噪声更小的特点。2020年，全球新能源汽车扁线电机的渗透率为15%，而我国的扁线电机渗透率约为10%。2021年，随着特斯拉、大众、宝马、比亚迪、蔚来等车企开始大规模换装扁线电机，扁线电机渗透率大幅提升。2022年上半年，中高端新能源车型几乎全部采用扁线电机，截至2022年7月，我国新能源乘用车扁线电机渗透率达到41%。电机的功率效率受制于电机热管理能力，提高电机冷却散热能力可提高功率密度、延长电机使用寿命。常用的电机冷却方式包括风冷、水冷、油冷。风冷电机主要利用机壳外部的散热鳍片，通过流动的气流将热量带走，特点是体积小、重量轻，散热性能相对较差。水冷电机采用电机机壳中增加水道的方式，通过热交换将热量带走，特点是散热好，已成为目前主要散热方式。油冷电机将水冷中的散热介质换成特种油品材料，特点是降温效果好，尤其适合扁线电机场景，是未来主要发展方向。根据NE时代的数据，2022年7月我国新能源乘用车油冷电机渗透率达到27%，液冷电机渗透率保持在60%左右。

在燃料电池领域，根据中国氢能联盟研究院的统计数据，2022年工信部发布了12批次的《新能源汽车推广应用推荐车型目录》，共有289款车型入选，支持它们的是99家燃料电池系统厂家。燃料电池系统平均额定功率达到100.3千瓦，专用车型占比74%。其中，214款燃料电池专用车型的平均额定功率为105.8千瓦，重型专用车型（总质量25吨及以上）入选86款，燃料电池系统平均额定功率为119.4千瓦；中重型专用车型（总质量12~25吨）入选80款，燃料电池系统平均额定功率为108.2千瓦；轻型专用车型入选48款，燃料电池系统平均额定功率为77.4千瓦。此外，74款燃料电池客车型入选，平均额定功率为84.8千瓦。其中，燃料电池客车型10米以内入选20款，燃料电池系统平均额定功率为76.1千瓦，而10~12米的燃料电池客车型入选54款，燃料电池系统平均额定功率为88.1千瓦。燃料电池乘用车型只有1款，其燃料电池系统额定功率为67.5千瓦。

在氢内燃机领域，中国在纯电动汽车领域处于全球领先地位，而在传统汽车领域处于领先地位的欧洲却正在失去燃料电池和纯电动汽车发展的机遇和战略优势。氢燃料发动机及汽车正在成为欧洲新能源汽车发展的新战略高地。目前，欧洲整车和零部件制造商正在加快氢燃料发动机的开发进程，并制定量产发展战略。沃尔沃卡车计划在2040年后，纯电动汽车、燃料电池汽车和氢燃料发动机汽车将各自占据40%、40%和20%的市场份额。保时捷子公司Porsche Engineering于2022年4月发布了高功率氢燃料发动机概念产品，通过配置电动涡轮增压器和电动压缩机，同时实现了高功率和零排放。博格华纳正在开发用于氢燃料发动机的氢喷射系统概念产品，计划到2023年底开始量产低容量中压直喷氢喷射系统，2026年前后开始量产高容量中压直喷氢喷射系统。FEV正在加快新款氢燃料发动机的开发进程，并且已在无压力震荡氢燃料导轨系统方面取得一系列成果，最新款的氢燃料导轨系统既可实现进气道喷射，也可实现缸内直喷。康明斯正在投资一系列与氢燃料发动机相关的产品与技术，并联合物流企业验证15L氢燃料发动机相关性能。

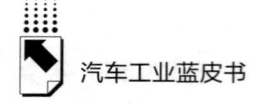

考虑到我国主要使用蓝氢和灰氢作为氢气来源，以及燃料电池汽车成本高昂等因素，氢燃料发动机及汽车成为我国商用汽车零碳排放和绿色发展的另一途径。2022年6月8日，一汽解放自主设计研发的国内首款重型商用车缸内直喷氢燃料发动机成功点火并稳定运行。该款氢燃料发动机为13升重型发动机，运转功率超过500马力，指示热效率突破55%。随后，2022年6月15日，中国重汽和潍柴动力联合发布了全国首台商业化氢燃料发动机重型卡车。该卡车搭载潍柴动力自主研发的13升氢燃料发动机，达到国际领先水平。该款氢燃料发动机采用精准氢喷射控制技术，应用高效增压和稀薄燃烧技术，成功解决了氢气异常燃烧的难题。2022年6月30日，玉柴YCK16H氢燃料发动机在广西玉林成功点火。该款发动机排量为15.93升，最大马力为560马力，是目前中国排量最大和马力最大的氢燃料发动机。该款发动机采用先进的燃料高压共轨、高压缸内直喷技术和双流道增压技术，可根据需要实现缸内均质燃烧或者分层燃烧。动力性更强，热效率更高，稳定性更好。该款发动机可适配多种途径制备的燃料，如灰氢、绿氢、甲醇在线制氢等，依据需求和燃料制、储、运的基础条件，自由组合燃料供给，是一种高适应性、灵活可控的零碳或低碳动力解决方案。

（五）存在的问题及发展建议

1. 存在的问题

一是动力电池原材料价格居高不下。由于原材料价格上涨，动力电池价格也相应攀升，从而传导到整车层面。2022年，受国际环境和资本超额流动等多重因素影响，碳酸锂、六氟磷酸锂、石油焦等锂电池原材料价格纷纷暴涨。例如，电池级碳酸锂的价格从2020年的4万~5万元1吨，涨至2021年初的7.2万元1吨，到2021年底已经飙升至28万元1吨。截至2022年，碳酸锂的价格仍在以惊人的速度上涨，3月已经突破50万元1吨，而其最高点甚至超过60万元1吨。相比2020年，涨幅已达10倍之多。

二是新能源汽车的安全问题。动力电池的使用是新能源汽车最典型的特征，同时也是产生"起火"风险的一个重要因素。近年来，新能源汽车

"自燃"事件屡见不鲜，常常成为媒体关注的焦点，引发公众对电池安全的担忧。据应急管理部公布的数据，2022年第一季度我国发生了640起新能源汽车火灾事故，平均每天发生超过7起，同比上升32%，高于交通工具火灾的平均增幅（8.8%）。一般来说，新能源汽车起火的原因主要包括电池组件老化、外部碰撞、高温天气、电池热失控、高负荷等。新能源汽车起火事故具有突发性强、火势蔓延迅速、持续时间长、潜在危险性大、易复燃等特点，因此对火灾扑救技术要求很高。在没有接受专业培训的情况下，驾驶人可能无法正确应对充电过度或车祸时的起火事故，这可能会引发更为严重的次生事故。

新能源汽车保险费用高昂问题。新能源汽车，尤其是纯电动汽车，低维护保养费用和使用费用已成为行业共识，并且是驱动新能源汽车发展的关键要素之一。然而，保费成为新能源汽车后市场主要费用支出之一。为应对这一问题，2021年12月27日，新能源汽车专属商业保险开始试行。在燃油车保险条款的基础上，保险责任进一步扩大，考虑到了自燃风险，以及外部电网、充电桩的损坏风险等。保险新规实施后，25万元及以下的新能源车保费与燃油车相差不大，而25万元以上新能源汽车的保费出现了上涨。例如，蔚来、小鹏、理想等品牌的车型涨幅至少为10%～37%。特斯拉高配车型的保费涨幅一度接近100%，高性能版的保费均超过1.1万元。保险公司会根据具体车型的情况来制定"自主定价系数"。像特斯拉的高配车型，搭载的是三元锂电池，自燃风险大，车价高，赔偿额度大，且特斯拉全铝一体式车身发生碰撞后，不易钣金修复，出险后赔付额度高。

2. 发展建议

一是强化新能源汽车供应链管理。一方面，应适度加大国内锂、镍等资源的开发力度，打击囤积居奇、哄抬物价等不正当竞争行为，支持锂资源、锂盐、电池材料等企业与动力电池企业合作，并建立重点原材料价格部门联动监测机制。另一方面，积极开拓与富锂、富镍等相关国家的合作，畅通外贸渠道，降低关税费率，保障相关原材料及产品供应充足。

二是研究制定新能源汽车安全保障体系。2022年，工信部等五部门联合发布了《关于进一步加强新能源汽车企业安全体系建设的指导意见》。意见提出，企业应对动力电池、驱动电机及整车控制系统等关键零部件供应商提出明确的产品安全指标要求，并制定供应商质量体系评价制度，强化供应商评估。鼓励关键零部件供应商积极配合开放与产品安全、质量分析等相关的必要数据协议。新能源汽车安全保障还应在全生命周期内对新能源汽车安全性进行检测与评估。对充电桩、换电站、新能源汽车三电系统等易发生自燃风险的系统及部件应开展年度检查，提前预判新能源汽车安全隐患，进一步提升新能源汽车安全性。

三是采取多种措施降低新能源汽车的保费。随着新能源汽车不断向高端化发展，保费成为新能源汽车后市场中的一个重要支出，给用户造成了越来越大的养车成本压力。因此，降低保费成为电动化下半场的一个重要课题。我们应该采取多种措施来降低新能源汽车的保费，比如，使用数字检测手段来监测新能源汽车的自燃风险、开发动力电池的修代换技术与评估方法、建立动力电池残值评估体系以及实行新能源汽车自燃风险共担机制等。这些措施有助于逐步降低用户的投保费用，从而保障新能源汽车的可持续发展。

（六）新能源汽车发展趋势及展望

一是新能源汽车市场规模进一步扩大。我国新能源汽车已正式进入市场驱动发展期，预计市场规模将进一步扩大。尽管市场规模扩大，但增速有所趋缓，产品分化和多样化将成为2023年新能源汽车产业的主要特征。同时，新能源汽车市场竞争将变得更加激烈，企业的生存压力将进一步增加。

二是合资企业将集中发力新能源汽车。目前，我国新能源汽车市场中自主品牌具有绝对优势，2022年新能源汽车市场约有80%的市场份额被自主品牌抢占，合资品牌只占20%。这与传统汽车市场的情况截然不同。预计到2023年，合资企业将投入更多力量推动新能源汽车的发展。

三是新能源汽车出口规模持续增长。2022年，由于海外供给不足以及中国车企出口竞争力的大幅增强，中国出口量突破300万辆，达到311.1万辆，同比增长54.4%。其中，新能源汽车出口量达到67.9万辆。随着我国疫情防控措施的逐步放开和复工复产的恢复，以及对外市场的逐步开拓，预计2023年我国新能源汽车在国外市场的表现将更加引人注目。

四是插电式混合动力汽车持续崛起。2022年，纯电动汽车销量为536.5万辆，同比增长81.6%；插电式混合动力汽车销量为151.8万辆，同比增速达到151.6%，插电式混合动力汽车增速约为纯电动汽车增速的两倍。在我国巨大的汽车保有量背景下，汽车置换需求长期存在。纯电动汽车应用场景仍然存在瓶颈，而插电式混合动力汽车或将成为新的增长点，尤其是增程式汽车，具有纯电动长续航以及无里程焦虑的优势，也正在成为用户新的选择。

五是新型电池体系将加速迭代应用。目前，主流的动力电池方案有三元锂电池和磷酸铁锂电池，前者能量密度略高，后者安全性更高，但两者的共同不足是均无法满足长续航的需求。单纯叠加电池会增加车身重量，不符合轻量化发展需求，因此市场需要更优的动力电池方案。半固态电池有望成为当下更优的选择之一。目前，多家整车企业宣布2023年开始开发和投放半固态电池产品，如东风岚图、蔚来汽车、赛力斯和哪吒汽车等。同时，长安、红旗、丰田、现代、日产、宝马、大众等国内外主机厂也加大了固态电池产品线布局。预计2023年，新型动力电池体系将加速应用，新技术路线可能改变动力电池产业现有的格局。

智能网联汽车篇

B.8
2022年智能网联汽车发展报告

摘　要： 本报告分析了国内外智能网联汽车产业发展情况，总结了2022年产业的发展动向。国内智能网联汽车产业的进展情况重点从政策规划、标准体系、市场应用、测试示范等方面进行梳理分析，并对重点细分领域年度进展做了分析。基于上述，本报告对产业发展趋势作出判断。2022年，我国智能网联汽车得到快速发展，在政策规划、标准体系建设、市场应用、商业化推广等多方面都为智能网联汽车产业发展创造了便利条件。2023年，我国智能网联汽车和智慧交通、智慧城市将进一步协同发展，智能网联新技术在特定场景优先得到商业化应用，关键技术是产业布局重点方向，同时汽车信息安全愈显重要。

关键词： 智能网联汽车　自动驾驶　汽车信息安全

一　全球智能网联汽车发展态势

2022年，智能网联汽车产业发展驶入快车道，全球主要国家/地区积极行动，抢占自动驾驶发展的制高点，利用政策为商业化提供动能、通过示范应用加速商业化场景落地、通过资本竞争推动技术发展，智能网联汽车商业化加速推进。

（一）政策法规创新突破，助推产业快速发展

智能网联汽车的快速发展对原有的政策法规提出了巨大的挑战，不断完善优化法律法规环境，才能更好地支撑自动驾驶产业的商业化发展。目前，全球主要国家/地区正加快填补政策空白，加速政策的更新迭代，以适应智能网联汽车产业的快速发展。美国发布了《无人驾驶乘员保护安全标准》的最终规则版本，欧盟新版汽车《通用安全法规》正式实施，英国对《公路法》进行了修改，日本宣布《道路交通法》修正案预定于2023年4月1日实施，韩国公布自动驾驶汽车有偿载客许可申请方法和出租车有偿载客许可的具体审核标准（见表1）。

表1　2022年主要国家/地区的政策规划情况

国家/地区	政策规划
美国	3月，美国国家公路交通安全管理局发布了《无人驾驶乘员保护安全标准》的最终规则版本。这是首个针对无人驾驶车辆的乘客安全技术规定，强调自动驾驶车辆必须提供与人类驾驶传统车辆同等水平的乘员保护，明确完全自动驾驶汽车可不再需要配备传统的方向盘、制动或油门踏板等人工控制装置
欧盟	7月，欧盟新版汽车《通用安全法规》正式实施，法规引入了一系列强制性的高级驾驶员辅助系统，以改善道路安全，并建立了批准自动和全无人驾驶车辆的法律框架
英国	4月，英国政府对《公路法》进行了修改，以确保自动驾驶汽车能够在英国道路上行驶。新法规明确了驾驶员在自动驾驶车辆中的责任，包括驾驶员何时必须准备好收回控制权，同时放宽了旧法规在某些方面的限制，比如，允许驾驶员在自动驾驶车辆处于控制状态时，在内置显示屏上查看与驾驶无关的内容

续表

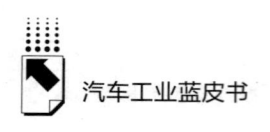

国家/地区	政策规划
日本	10月，日本警察厅宣布《道路交通法》修正案预定于2023年4月1日实施，该法案列入了在特定条件下实现完全自动化行驶的L4级汽车的运行许可制度，这意味着满足条件的L4级自动驾驶汽车，将允许在日本的公路上行驶
韩国	8月，韩国国土交通部在官网上公布自动驾驶汽车有偿载客许可申请方法和出租车有偿载客许可的具体审核标准。从下半年开始，首尔上岩、江南、世宗、济州等全国10个市道的14个示范运行地区将启动自动驾驶出租车收费载客服务

资料来源：根据公开资料整理。以下表格若无说明均为根据公开资料整理。

（二）自动驾驶技术实现路径：渐进式路线，逐渐成为行业共识

自动驾驶的实现路径一直存在渐进式与跨越式之争。渐进式路线是指从相对基础、难度较低的辅助驾驶入手，从L1逐步到L5；跨越式路线则是提倡直接研发L4、L5的高级别自动驾驶，一步到位。2022年，伴随大批跨越式的自动驾驶公司倒闭裁员，路径之争逐渐明晰，渐进式路线逐渐成为行业共识。

2022年，英特尔的自动驾驶业务Mobileye上市估值腰斩，美国自动驾驶初创公司Argo AI倒闭，自动驾驶技术公司Motional、Nuro、小马智行也相继传出了裁员的负面消息，等等。这都反映出，高级别自动驾驶技术尚不成熟，跨越式路线难以短期内实现商用赢利。

同时，众多L4跨越式自动驾驶公司进入L2赛道。2022年，专注L4的自动驾驶公司文远知行宣布与博世联合研发L2、L3级别的量产自动驾驶系统，并计划于2023年实现量产；L4级自动驾驶通用解决方案公司轻舟智航进入L2赛道；百度在推进Robotaxi大规模落地的同时，也在积极推进Apollo领航辅助驾驶的量产落地；小鹏、极狐、毫末智行等多家企业，也在城市NOA方面迎来了重要突破。

（三）智能网联汽车监管模式不断创新

1. 创新监管模式，"沙盒监管"试行

2022年4月，国家市场监督管理总局、工业和信息化部、交通运输部、

应急管理部、海关总署五部门联合发布《关于试行汽车安全沙盒监管制度的通告》，共同启动汽车安全沙盒监管试点工作。汽车安全沙盒监管是在后市场阶段针对车辆应用的前沿技术进行深度安全测试的机制，主要目的是引导企业查找问题、改进设计、降低风险。

2. 高精地图试点加快推进

2022年8月，自然资源部办公厅印发《关于做好智能网联汽车高精度地图应用试点有关工作的通知》，在北京、上海、广州、深圳、杭州、重庆6个城市首批开展智能网联汽车高精度地图应用试点，形成可在全国复制、推广的自动驾驶相关地图安全应用技术路径和示范模式。通知鼓励管理创新、技术创新和服务业态创新，支持不同类型地图面向自动驾驶应用进行多元化路径探索，支持不同主体就不同技术路线、不同应用场景开展测试验证和应用推广，支持试点城市根据产业实际需求，开展高级辅助驾驶地图城市普通道路、高精度位置导航应用等先行先试和示范应用。

3. 地方先行试点，实现自动驾驶立法突破

2022年7月，深圳发布《深圳经济特区智能网联汽车管理条例》，这是我国首部关于智能网联汽车管理的法规，针对智能网联汽车的准入登记、上路行驶、事故责任认定等事项作出具体规定。11月，《上海市浦东新区促进无驾驶人智能网联汽车创新应用规定》出台，明确了事故责任认定规则、交通违法行为及交通事故的应急处置要求，进一步规范和促进自动驾驶汽车发展。

（四）资本市场竞争激烈、热度不减

2022年全球经济增速明显放缓，资本寒冬成为普遍共识，自动驾驶也受到一定影响。据盖世汽车统计，2022年，国内自动驾驶领域共披露融资案例125起（见表2），与2021年基本持平，但由于大额融资数量减少，披露的融资总额出现了明显下滑。在具体项目上，与早期资本偏爱Robotaxi赛道不同，近两年，越来越多的资本投向ADAS领域，开始将商业化作为投资的重要依据。

表 2　2022 年智能网联汽车国内融资情况（部分）

披露时间	企业	融资金额	融资轮次
1 月	一径科技	数亿元	Pre-C 轮
1 月	慧拓智能	近 3 亿元	C 轮
1 月	亮道智能	超亿元	A+轮
1 月	擎天智卡	近千万美元	天使轮
2 月	主线科技	未披露	B 轮
2 月	MINIEYE	数亿元	D 轮
2 月	宏景智驾	超亿元	—
2 月	速腾聚创	未披露	战略投资
2 月	云骥智行	数亿元	天使轮
2 月	名商科技	未披露	战略投资
2 月	赢彻科技	1.88 亿美元	B+轮
2 月	六分科技	6.2 亿元	B 轮
3 月	小马智行	未披露	D 轮
3 月	禾多科技	数亿元	战略融资
3 月	博泰车联网	3 亿元	战略融资
3 月	惠尔智能	数千万元	Pre-A 轮
3 月	同星智能	数千万元	天使轮
3 月	文远知行	4 亿美元	—
3 月	知行科技	近亿元	C+轮
3 月	纵目科技	10 亿元	E 轮
3 月	所托瑞安	13 亿元	B 轮
4 月	毫末智行	数亿元	B 轮
4 月	环宇智行	数千万元	—
4 月	如祺出行	超 10 亿元	A 轮
4 月	千挂科技	2 亿元	Pre-A 轮
5 月	希迪智驾	3 亿元	C 轮
5 月	领目科技	未披露	战略投资
5 月	文远知行	未披露	战略投资
6 月	魔视智能	数亿元	C 轮
6 月	酷哇机器人	未披露	D1
7 月	仙途智能	2 亿元	B2 轮
7 月	芯擎科技	10 亿元	A 轮
7 月	元戎启行	未披露	战略融资
8 月	Deep Way	4.6 亿元	A 轮

续表

披露时间	企业	融资金额	融资轮次
8月	图森未来	1500万美元	战略融资
8月	鉴智机器人	约亿元	A+轮
8月	映驰科技	约亿元	B轮
8月	苇渡科技	约亿元	天使轮
8月	盟识科技	约千万元	A轮
8月	幔核科技	约千万元	天使轮
8月	云创智行	约千万元	Pre-A
9月	一清创新	未披露	A轮
9月	地平线机器人	未披露	战略融资
9月	知行科技	未披露	战略融资
10月	奕行智能	3亿元	Pre-A轮
10月	智加科技	2亿美元	战略融资
10月	仙途智能	未披露	B3轮
10月	超星未来	近亿元	A2轮
12月	数字绿土	数亿元	Pre-ipo
12月	未感科技	约千万元	A轮
12月	飞步科技	超亿元	B2轮
12月	辉羲智能	超5000万美元	天使轮+
12月	轻舟智航	数亿元	B1轮

资料来源：根据公开资料整理。

二 我国智能网联汽车产业年度进展分析

2022年我国智能网联汽车得到了快速发展，我国在政策规划、标准体系建设、市场应用、商业化推广等多方面都为智能网联汽车产业发展创造了便利的条件。

（一）政策法规逐步完善

2022年我国在政策方面持续发力，从中央到地方政府出台多项规定和

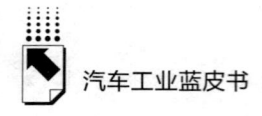

规划，持续鼓励和推动自动驾驶汽车试点试行及商业化发展。2022年，随着《"十四五"现代综合交通运输体系发展规划》《车联网网络安全和数据安全标准体系建设指南》等重大政策文件的发布，我国智能网联汽车产业的政策环境和监管体系进一步完善，产业发展得到了更有利的保障（见表3）。

表3　2022年我国智能网联汽车产业政策规划

时间	文件名称	发布单位	主要内容
2022年1月	《"十四五"现代综合交通运输体系发展规划》	国务院	完善综合交通运输信息平台监管服务功能，推动在具备条件地区建设自动驾驶监管平台。稳妥发展自动驾驶和车路协同等出行服务，鼓励自动驾驶在港口、物流园区等限定区域测试应用
2022年1月	《交通领域科技创新中长期发展规划纲要（2021—2035年）》	交通运输部、科技部	促进道路自动驾驶技术研发与应用，突破融合感知、车路信息交互、高精度时空服务、智能计算平台、感知—决策—控制功能在线进化等技术，推动自动驾驶、辅助驾驶在道路货运、城市配送、城市公交的推广应用。推动自动驾驶与非自动驾驶车辆混行系统安全智能管控技术研究，研制适应自动驾驶的交通安全设施
2022年3月	《车联网网络安全和数据安全标准体系建设指南》	工业和信息化部	提出到2023年底，初步构建起车联网网络安全和数据安全标准体系；到2025年，形成较为完善的车联网网络安全和数据安全标准体系
2022年3月	《"十四五"交通领域科技创新规划》	交通运输部、科技部	推动新能源汽车和智能网联汽车研发，实现自动驾驶车辆有条件应用运营，提升自动驾驶车辆运行与网络安全保障能力，探索形成自动驾驶技术规模化应用方案
2022年7月	《"十四五"全国道路交通安全规划》	国务院安委会办公室	进一步健全完善智能网联汽车标准体系，提升智能网联汽车产品检验检测能力。开展智能网联汽车运行安全特性研究，以及融入现有道路交通系统的法律法规、技术标准适应性研究，研究自动驾驶、车路协同下的安全监管体系，构建智能网联汽车运行安全性检验技术及标准体系，保障公共道路测试及示范应用车辆的运行安全

续表

时间	文件名称	发布单位	主要内容
2022年8月	《自动驾驶汽车运输安全服务指南（试行）》（征求意见稿）	交通运输部	征求意见稿围绕运营单位、车辆、人员、安全制度等核心要素，从事前安全条件、事中安全保障、事后监督管理等环节，提出了使用自动驾驶汽车参与运输服务活动、从事实际市场经营的基本要求
2022年10月	《道路机动车辆生产准入许可管理条例（征求意见稿）》	工业和信息化部	对智能网联汽车提出要求，智能网联汽车要符合功能安全、网络安全和数据安全相关标准，智能网联汽车生产企业应当建立车辆产品网络安全、数据安全、个人信息保护、车联网卡安全管理、软件升级管理制度
2022年11月	《关于开展智能网联汽车准入和上路通行试点工作的通知（征求意见稿）》	工业和信息化部、公安部	通知指出，在全国智能网联汽车道路测试与示范应用工作的基础上，工业和信息化部、公安部遴选符合条件的道路机动车辆生产企业和具备量产条件的搭载自动驾驶功能的智能网联汽车产品，开展准入试点；对通过准入试点的智能网联汽车产品，在试点城市的限定公共道路区域内开展上路通行试点

在国家政策的指引下，各地方政府纷纷颁布规划和行动方案，加速推动自动驾驶产业试点试行和商业化发展。自2022年以来，北京、上海、重庆等十几个地区纷纷出台智能网联汽车产业发展相关规划、战略、应用条例或地方法规，助力当地智能网联汽车产业进一步发展（见表4）。

表4 2022年国内重点地区智能网联汽车相关政策

时间	地区	政策
2022年3月	北京	《北京市智能网联政策先行区智能网联客运巴士道路测试、示范应用管理实施细则（试行）》，该细则填补了此类智能网联车辆的监管空白，为智能网联客运巴士新场景的规模化和商业化应用奠定了坚实基础
2022年4月	北京	《北京市智能网联汽车政策先行区乘用车无人化道路测试与示范应用管理实施细则（试行）》在国内首开乘用车无人化运营试点，本次试点开放的是副驾驶有安全员的无人化载人，相关政策内容是对已有的智能网联乘用车无人化道路测试政策运行过程的阶段性总结与升华，也是对无人化运营及服务模式的探索

续表

时间	地区	政策
2022年7月	北京	《北京市智能网联汽车政策先行区自动驾驶出行服务商业化试点管理实施细则(试行)》，国内首个无人化出行服务商业化试点，在经开区核心区60平方公里范围内投入30辆主驾无人车辆，开展常态化收费服务。这标志着国内无人化出行服务从示范运营迈入商业化试点新阶段
2022年11月	北京	《北京市智能网联汽车政策先行区无人接驳车管理细则(道路测试与示范应用)》，在国内率先以编码形式给予无人接驳车相应路权，针对国内智能网联汽车领域的新产品完成了又一关键性管理突破
2022年6月	深圳	《深圳经济特区智能网联汽车管理条例》，在国内首次对智能网联汽车的准入登记、上路行驶等事项作出具体规定，是国内首部关于智能网联汽车管理的法规
2022年11月	上海	《上海市浦东新区促进智能网联汽车创新应用规定》，上海立法对发挥浦东新区先行先试作用、增强智能网联汽车技术创新能力和产业竞争力具有重要意义
2022年1月	广西	《广西新能源汽车产业发展"十四五"规划》，规划提出，要加大智能网联汽车整车及关键零部件技术研发力度，推动车载视觉系统、车规级芯片、激光雷达、毫米波雷达、高清摄像头等智能网联关键零部件核心技术的研究与应用，重点开发智能网联云控平台系统、智能网联车路协同通信系统、智能感知系统、人工智能规划与决策系统、智能仿真测试系统
2022年2月	安徽	《安徽省"十四五"汽车产业高质量发展规划》，规划提出，到2025年，世界级汽车产业集群培育取得突破性进展，力争全省汽车产业产值超过1万亿元，省内企业汽车生产规模超过300万辆
2022年3月	湖南	《湖南省智能网联汽车产业"十四五"发展规划(2021-2025年)》，规划提出，力争到2025年，在省内构建较为完善的智能网联汽车产业发展生态，将湖南打造为具有国际影响力的智能网联汽车产业基地。产业规模方面，全省汽车年产量突破150万辆，其中智能网联汽车渗透率超过70%；培育10家以上在智能网联汽车领域技术领先、竞争力强、成长性好的国内领先企业
2022年5月	云南	《关于"十四五"推进云南省车路协同自动驾驶试点示范建设的指导意见》
2022年6月	江苏	《关于加快推进车联网和智能网联汽车高质量发展的指导意见》，意见提出，到2025年，建成国内领先的车联网和智能网联汽车产业链与创新链
2022年6月	广州	《广州市智能网联与新能源汽车产业链高质量发展三年行动计划(2022-2024年)》，计划提出，到2024年，初步建成以企业创新为主体、以自主可控为导向的智能网联与新能源汽车全产业链群

续表

时间	地区	政策
2022年6月	郑州	《关于加快新能源及智能网联汽车产业发展的实施意见》,意见提出,到2025年,力争全市新能源及智能网联汽车产能超过100万辆,力争培育主营业务收入10亿元以上新能源及智能网联汽车企业20家以上、50亿元以上新能源及智能网联汽车企业2~3家
2022年8月	上海	《上海市加快智能网联汽车创新发展实施方案》,方案提出,到2025年,初步建成国内领先的智能网联汽车创新发展体系,产业规模力争达到5000亿元
2022年8月	安徽	《支持新能源汽车和智能网联汽车产业提质扩量增效若干政策》,组建运营省智能网联汽车产业主题母基金;支持合肥建设"双智"试点城市
2022年8月	重庆	《重庆市建设世界级智能网联新能源汽车产业集群发展规划(2022—2030年)》,规划提出,到2025年,形成世界级智能网联新能源汽车产业集群雏形,智能网联新能源汽车产销量占全国比重达到10%以上;到2030年,建成世界级智能网联新能源汽车产业集群,打造1~2家全球一流的智能网联新能源汽车企业和品牌
2022年9月	重庆	《重庆市推进智能网联新能源汽车基础设施建设及服务行动计划(2022-2025年)》,计划提出,建设车路协同道路超过1000公里,新增智能网联路测设施超过1200个,累计启动超过500公里智慧高速公路建设
2022年9月	重庆	《重庆市自动驾驶和车联网创新应用行动计划(2022-2025年)》,计划提出,在全国率先开展规模化、多场景示范应用,基于车路云一体化的感知、决策、控制等服务在示范区域实现全覆盖
2022年10月	重庆	《重庆市建设智能网联新能源汽车零部件供应链体系行动计划(2022-2025年)》,计划提出,打造一家全国排名前10的零部件企业,全市智能网联新能源汽车零部件产业规模达到2500亿元
2022年11月	海南	《海南省车联网(智能网联汽车)产业发展三年行动计划(2023—2025年)(征求意见稿)》,提出要抢抓车联网产业发展机遇,推动海南省车联网产业实现跨越式发展

截至2022年6月,我国已有30多个地区发布道路测试实施细则,工业和信息化部、公安部、交通运输部已单独或联合支持、授牌了17家国家级封闭测试场,全国开放道路里程超过6600公里。测试范围从单条道路扩展到区域道路成为趋势,北京经开区、广州南沙区、山西阳泉市等地纷纷实现

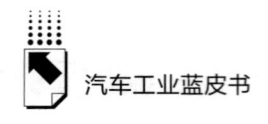

测试道路全域开放。2022年7月,深圳市发布《深圳经济特区智能网联汽车管理条例》,对自动驾驶车辆使用管理、发生交通事故时权责认定作出划分,这是国内首次对智能网联汽车市场化应用作出明确规定(见表5)。

表5 部分地区路测管理办法发布情况

地区	颁布时间	政策名称
北京	2017年12月	《北京市自动驾驶车辆道路测试管理实施细则(试行)》(2020年11月更新)
保定	2018年1月	《保定市人民政府关于做好自动驾驶车辆道路测试指导意见》
上海	2018年2月	《上海市智能网联汽车道路测试管理办法(试行)》(2019年9月11日更新)
重庆	2018年3月	《重庆市自动驾驶道路测试管理实施细则(试行)》
平潭	2018年3月	《平潭综合实验区无人驾驶汽车道路测试管理办法(试行)》
长沙	2018年4月	《长沙市智能网联汽车道路测试管理实施细则V3.0(试行)》(2020年6月更新)
长春	2018年4月	《长春市智能网联汽车道路测试管理办法(试行)》
肇庆	2018年5月	《肇庆市自动驾驶车辆道路测试管理实施细则(试行)》
深圳	2018年5月	《深圳市关于贯彻落实〈智能网联汽车道路测试管理规范(试行)〉的实施意见》
天津	2018年6月	《天津市智能网联汽车道路测试管理办法(试行)》
济南	2018年7月	《济南市智能网联汽车道路测试管理办法(试行)》
杭州	2018年7月	《杭州市智能网联车辆道路测试管理实施细则(试行)》
浙江	2018年8月	《浙江省自动驾驶汽车道路测试管理办法(试行)》
襄阳	2018年11月	《襄阳市智能网联汽车道路测试管理规定(试行)》
武汉	2018年12月	《武汉市智能网联汽车道路测试管理实施细则(试行)》
江苏	2018年12月	《江苏省智能网联汽车道路测试管理细则(试行)》
海南	2019年1月	《海南省智能网联汽车道路测试实施细则(试行)》(征求意见稿)
广东	2018年12月	《广东省智能网联汽车道路测试管理规范实施细则(试行)》
西安	2019年2月	《西安市规范自动驾驶车辆测试指导意见/实施细则(试行)》
湖南	2019年9月	《湖南省智能网联汽车道路测试管理实施细则(试行)》
沧州	2019年9月	《沧州市智能网联汽车道路测试管理办法(试行)》
南京	2019年11月	《南京市智能网联汽车道路测试管理细则(试行)》
嘉兴	2019年12月	《嘉兴市智能网联汽车道路测试管理办法实施细则(试行)》
广州	2020年1月	《关于智能网联汽车道路测试有关工作的指导意见》
银川	2020年3月	《银川市智能网联汽车道路测试和示范应用管理实施细则(试行)》

续表

地区	颁布时间	政策名称
大连	2020年12月	《大连市智能网联汽车道路测试管理实施细则（试行）》
青岛	2020年12月	《青岛市智能网联汽车道路测试与示范应用管理实施细则（试行）》
成都	2020年12月	《成都市智能网联汽车道路测试管理规范实施细则（试行）》
肇庆	2021年5月	《肇庆市自动驾驶车辆道路测试管理实施细则》
柳州	2021年7月	《柳州市智能网联汽车道路测试与示范应用管理实施细则（试行）》
雄安	2021年8月	《雄安新区智能网联汽车道路测试与示范应用管理规范（试行）》
无锡	2021年9月	《无锡市智能网联汽车道路测试与示范应用管理实施细则（试行）》
上海	2021年10月	《上海市智能网联汽车测试与示范实施办法》
甘肃	2021年12月	《甘肃省智能网联汽车道路测试与示范应用管理实施细则（试行）》
常州	2021年12月	《常州市智能网联汽车道路测试与示范应用管理实施细则（试行）》
天津	2022年1月	《天津市智能网联汽车道路测试与示范应用实施细则（试行）》
北京	2022年3月	《北京市智能网联政策先行区智能网联客运巴士道路测试、示范应用管理实施细则（试行）》
北京	2022年4月	《北京市智能网联汽车政策先行区乘用车无人化道路测试与示范应用管理实施细则（试行）》
武汉	2022年5月	《武汉市智能网联汽车道路测试和示范应用实施细则（试行）》
成都	2022年6月	《成都市智能网联汽车道路测试与示范应用管理规范实施细则（试行）》
深圳	2022年6月	《深圳经济特区智能网联汽车管理条例》
北京	2022年7月	《北京市智能网联汽车政策先行区自动驾驶出行服务商业化试点管理实施细则（试行）》
芜湖	2022年8月	《芜湖市智能网联汽车道路测试与示范应用管理办法（试行）》
无锡	2022年9月	《无锡市智能网联汽车道路测试与示范应用管理实施细则》
吉林	2022年10月	《吉林省智能网联汽车道路测试与示范应用管理实施细则（试行）》
上海	2022年11月	《上海市智能网联汽车示范运营实施细则》
北京	2022年11月	《北京市智能网联汽车政策先行区无人接驳车管理细则（道路测试与示范应用）》
深圳	2022年11月	《深圳市智能网联汽车道路测试与示范应用管理实施细则》
广东	2022年11月	《广东省智能网联汽车道路测试与示范应用管理办法（试行）》

（二）标准体系加快推进

我国智能网联汽车标准制定工作于2017年12月开始启动，陆续发布了

《国家车联网产业标准体系建设指南》等系列文件，加强标准体系的顶层设计。工业和信息化部每年会组织发布《智能网联汽车标准化工作要点》，对当年标准化工作进行全面部署。为了全面支撑智能网联标准化建设工作，全国汽标委智能网联汽车分标委分别设立了高级驾驶辅助系统（ADAS）、汽车信息安全、自动驾驶（AD）等多个工作组，逐步开展相关标准的研究制定工作（见图1）。

图1 汽标委智能网联汽车分标委架构

资料来源：汽标委。

2022年我国智能驾驶标准化工作有序开展，从国标、行标、团标多层级标准的制定，协同推进规范行业发展。2月，工业和信息化部、交通运输部、公安部、国家标准化管理委员会联合印发《车联网网络安全和数据安全标准体系》。9月，工业和信息化部对原有的智能网联汽车标准体系进行了修改完善，发布了《国家车联网产业标准体系建设指南（智能网联汽车）（2022版）（征求意见稿）》。

2022年10月12日，国家市场监督管理总局（国家标准化管理委员会）批准了涉及智能网联汽车领域4项标准。

《商用车辆车道保持辅助系统性能要求及试验方法》（GB/T 41796—2022），提出了直道车道保持、弯道车道保持、驾驶员干预、弯道偏离预警等方面的性能要求及试验方法，将引导生产企业生产满足行业需求的车道保持系统，推动车道保持系统在车辆上的大规模应用，减少由车辆偏离车道而导致的交通事故。

《驾驶员注意力监测系统性能要求及试验方法》（GB/T 41797—2022），

规定了驾驶员注意力监测系统的一般要求、性能要求及试验方法，将为行业管理部门提供技术支撑，引导生产企业生产满足行业需求的驾驶员注意力监测系统，推动驾驶员注意力监测系统在车辆上的大规模应用，减少由驾驶员注意力分散而导致的交通事故，有效提升我国车辆的智能化技术水平及道路安全水平。

《智能网联汽车　自动驾驶功能场地试验方法及要求》（GB/T 41798—2022），规定了智能网联汽车自动驾驶功能进行场地试验时的一般要求、试验过程及通过条件、试验方法。

《信息安全技术　汽车数据处理安全要求》（GB/T 41871—2022），细化了汽车数据处理者对汽车数据进行收集、传输等处理活动的通用安全要求、车外数据以及座舱数据安全要求，对于企业合规处理汽车数据有很强的指导意义。

（三）市场应用快速发展

1. ADAS

高级驾驶辅助系统（ADAS），是利用安装于车上的各式各样的传感器，在第一时间收集车内外的环境数据，进行静态、动态物体的辨识、侦测与追踪等技术上的处理，从而能够让驾驶者在最快的时间察觉可能发生的危险，以引起注意和提高安全性的主动安全技术。

近年来，中国ADAS受到各级政府的高度重视和国家产业政策的重点支持。国家陆续出台了多项政策，鼓励ADAS发展与创新，《"十四五"交通领域科技创新规划》《"十四五"现代流通体系建设规划》《"十四五"国家重点研发计划专项立项信息》等政策为ADAS的发展提供了明确、广阔的市场前景，为企业提供了良好的生产经营环境。

据高工智能汽车研究院监测数据，2022年度中国市场（不含进出口）乘用车前装标配搭载辅助驾驶（L0~L2）交付1001.22万辆，首次突破千万辆规模，同时，前装搭载率也首次突破50%大关。其中，L2级辅助驾驶（含L2+）前装标配交付585.99万辆，同比增长61.66%，前装搭载率升至

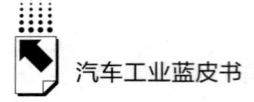

29.40%；其中，2022年12月前装标配交付81.95万辆，前装搭载率达到33.14%。高阶辅助驾驶方面，2022年NOA前装标配搭载交付达到21.22万辆，首次突破20万辆大关（前装搭载率为1.06%），同比增长接近80%。ADAS市场的快速发展，吸引了众多玩家进场。这些玩家中，除了毫末智行、宏景智驾这类渐进式自动驾驶公司，也有众多L4跨越式玩家进入L2赛道。2022年5月，专注L4的自动驾驶公司文远知行宣布与博世联合研发L2、L3级别的量产自动驾驶系统，并计划于2023年实现量产；8月，轻舟智航宣布进入L2前装量产的战场，发布了前装量产辅助驾驶解决方案——高速领航系统H-INP（Highway-Idriver + Navigation Pilot）；百度在推进Robotaxi大规模落地的同时，也在积极推进Apollo领航辅助驾驶的量产落地。

车企方面，小鹏汽车基于第一代辅助驾驶系统XPILOT，陆续实现了包含APA智能泊车、高速NGP智能导航辅助驾驶、VPA停车场记忆泊车等在内的高级别辅助驾驶功能，2022年10月，小鹏城市NGP功能在广州实行全量推送。

2. 智能座舱

当前汽车智能化主要包括两大领域：驾驶自动化和座舱智能化。自动驾驶的使命是将人的脚、手、眼和脑等从驾驶任务中解放出来。人的精力被释放出来后，进一步催生了人在汽车内办公、休闲和娱乐的需求，这些需求推动了汽车座舱的数字化、信息化以及新兴的人机交互模式等技术的蓬勃发展，这也就是"智能座舱"技术。

2021年智能座舱域控制器全球出货量约240万套，2022年出货量增至约400万套，预计2023年智能座舱域控制器全球出货量将达到700万套。与此相应，全球智能座舱域控制器行业的市场规模从2016年的39亿美元增长到2021年的460亿美元，预计2023年全球智能座舱域控制器市场将增长至500亿美元。随着我国经济的增长，居民消费能力提高，中国消费市场升级，智能座舱市场规模不断增长。数据显示，我国智能座舱市场规模由2017年的383亿元增长至2021年的647亿元，年均复合增长率达14.01%。

中商产业研究院预测，2022年我国智能座舱行业市场规模约740亿元，智能座舱行业发展空间广阔（见图2）。

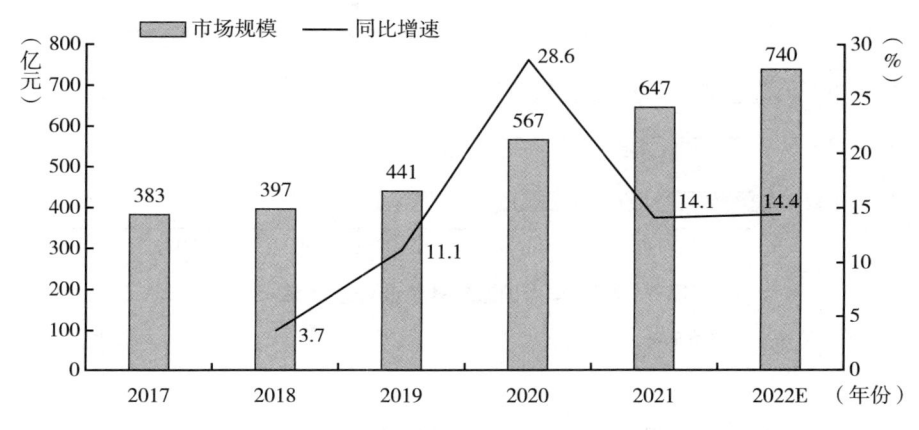

图2 2017~2022年中国智能座舱市场规模预测趋势

资料来源：中商情报网。

有关用户对智能座舱配置的需求意向调查显示，超过六成的用户认为智能座舱极大地提升了他们购车的兴趣。数据显示，2021年智能座舱在新车中渗透率最高的价位区间为10万~25万元，渗透率达到57.4%。智能座舱在新车中渗透率较低的价格区间为10万元及以下与100万元以上，渗透率分别为25.4%、37.5%（见图3）。

从智能座舱科技配置渗透率来看，数据显示，2019~2020年，全球智能座舱科技配置渗透率由38.4%增长至45.0%，中国智能座舱科技配置渗透率由35.3%增长至48.8%，增长速度快。中商产业研究院预测，2022年中国智能座舱科技配置渗透率将达59.8%（见图4）。

2022年6月理想L9首发亮相，这是国内首款搭载双高通8155平台的智能汽车。其座舱的一大亮点就是取消了现在常见的仪表显示屏，采用HUD与安全即时交互屏的组合进行替代。2022年8月，在世界新能源汽车大会上，微软首次发布面向汽车和移动出行领域的整体解决方案，以微软智能云与智能边缘技术为基础，实现自动驾驶、智能座舱两大领域关键性创

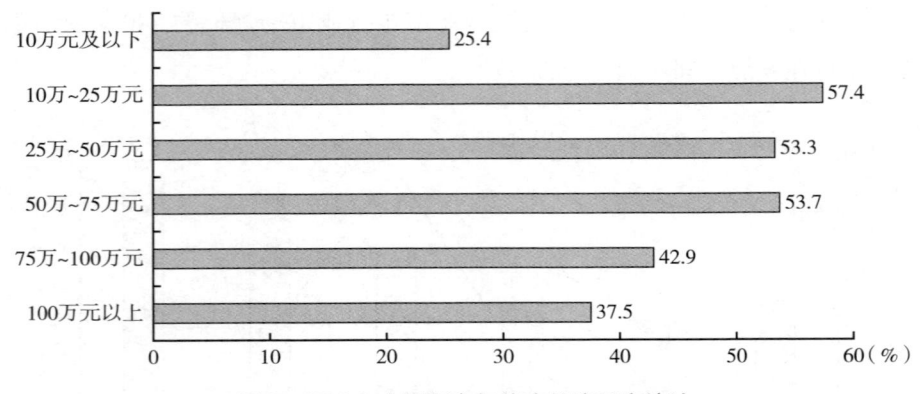

价格区间	渗透率(%)
10万元及以下	25.4
10万~25万元	57.4
25万~50万元	53.3
50万~75万元	53.7
75万~100万元	42.9
100万元以上	37.5

图3 2021年中国新车智能座舱渗透率统计

资料来源：中商情报网。

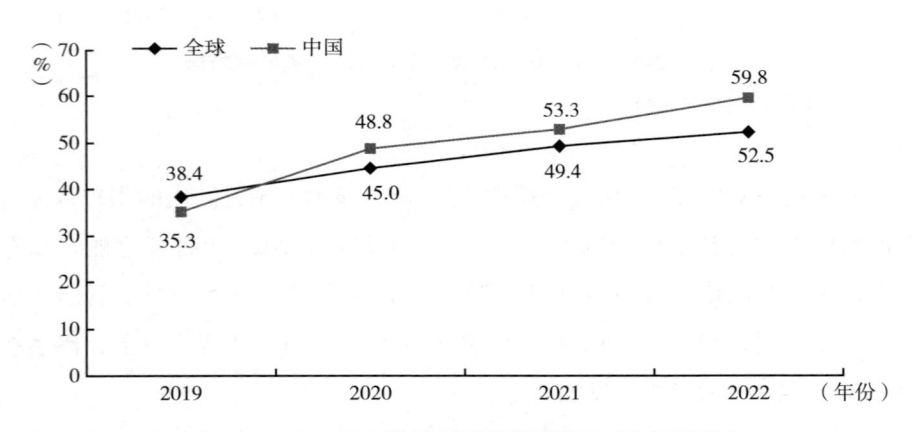

年份	全球	中国
2019	38.4	35.3
2020	45.0	48.8
2021	49.4	53.3
2022	52.5	59.8

图4 2019~2022年智能座舱科技配置渗透率预测趋势

新，同时结合微软从中国到全球的安全能力与覆盖广泛的合规认证体系，帮助汽车行业企业高效、安全、合规进行全球化布局。

3. 车路协同应用快速发展

车路协同能够有效弥补单车智能在感知上的不足，做到人、车、路、云多个终端的数据协同，通过路测的数据和信息同步，能够有效帮助单车智能覆盖更多"盲区"，解决自动驾驶发展的瓶颈，促进自动驾驶进一步成熟。

近年来，政策主导推动的车路协同进入高速发展期。从2018年开始，国家相继出台多项政策，统筹规划车路协同产业发展，加强顶层协同。2020年新基建政策出台后，车路协同便与智慧城市绑定，成为智慧交通的必备要素。2021年"双智城市"的试点政策更是进一步推动了车路协同的发展，更多城市及区域级大项目落地。

与此同时，车路协同相关行业发展迅速，行业规模不断扩大。根据ICVTank公布的数据，2019年全球V2X行业市场规模为900亿美元，中国V2X行业市场规模为200亿美元，约占全球市场的22.2%。2022年，全球市场规模为1650亿美元（见图5），中国市场规模为500亿美元，约占全球市场的30.3%。

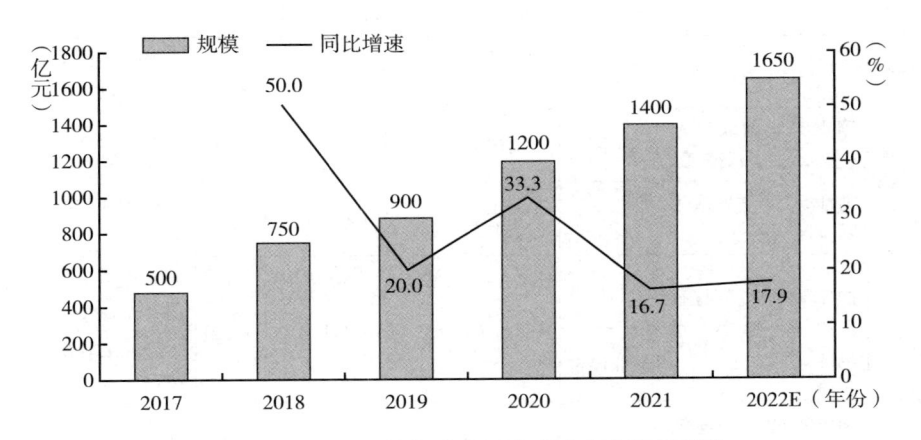

图5　2017~2022年全球V2X行业市场规模及增速

根据前瞻产业研究院数据，到2030年，预计中国公路里程将达到615万公里，汽车保有量达到3.8亿辆，中国路侧单元RSU应用渗透率约30%，汽车搭载高清地图渗透率约5%。预计RSU、OBU、高精地图、边缘计算单元等车路协同主要IT设备累计投资规模将在2026年超过千亿元，在2030年达到2834亿元。

资本层面，车路协同领域也得到资本的青睐。2022年3月，专注提供V2X系统解决方案与软硬件产品的星云互联完成了2亿元B轮融资；"单车智能"与"车路协同"两手抓的希迪智驾，在2021年内连续拿到总金额达7亿元的两轮投资。

351

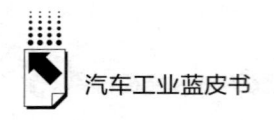

（四）测试示范迈向商业

1. 测试示范

智能网联测试示范区设立的主要目的为探索智能网联汽车技术的应用场景，促进智能网联汽车产业生态建设。近年来，上海、北京、长沙、襄阳、重庆等地纷纷开展封闭测试场/示范区的建设工作。截至2022年6月，工信部、公安部、交通运输部已单独或联合支持、授牌了17家国家级智能网联汽车测试示范区（自动驾驶测试场）（见表6）。

表6　国家级智能网联测试区（场）

序号	测试区(场)名称	地区	审批/支持方	支持/授牌时间	建设背景	运营主体/建设主体
1	国家智能网联汽车（上海）试点示范区	上海	工信部	2015年7月	新建	上海淞泓智能汽车科技有限公司
2	浙江5G车联网应用示范区	浙江桐乡	工信部	2015年9月	新建	北京赛目科技有限公司
3	国家智能汽车与智慧交通（京冀）示范区	北京	工信部	2016年1月	新建	北京智能车联产业创新中心有限公司
		河北保定				长城汽车股份有限公司
4	国家智能汽车与智慧交通应用示范公共服务平台(重庆)	重庆	工信部	2016年1月	新建	中国汽车工程研究院股份有限公司
5	国家智能网联汽车应用（北方）示范区	吉林长春	工信部	2016年11月	新建	启明信息技术股份有限公司
6	国家智能网联汽车（武汉）测试示范区	湖北武汉	工信部	2016年11月	新建	武汉市经济开发区政府（示范区工作专班）
7	广州市智能网联汽车与智慧交通应用示范区	广东广州	工信部	2017年4月	新建	广州市智能网联汽车示范区运营中心有限公司
8	国家智能交通综合测试基地（无锡）	江苏无锡	工信部 公安部	2017年8月	新建	公安部交通管理科学研究所

续表

序号	测试区(场)名称	地区	审批/支持方	支持/授牌时间	建设背景	运营主体/建设主体
9	中德合作智能网联汽车车联网四川试验基地	四川成都	工信部	2017年11月	新建	成都紫荆花开智能网联汽车科技有限公司 成都龙泉驿区工业投资经营有限责任公司
10	国家智能网联汽车(长沙)测试区	湖南长沙	工信部	2018年11月	新建	湖南湘江智能科技创新中心有限公司
11	自动驾驶封闭场地测试基地(北京)	北京	交通运输部	2018年7月	改建	交通运输部公路科学研究院
12	自动驾驶封闭场地测试基地(重庆)	重庆	交通运输部	2018年7月	改建	重庆车辆检测研究院有限公司
13	自动驾驶封闭场地测试基地(西安)	陕西西安	交通运输部	2018年7月	改建	长安大学
14	智能网联汽车自动驾驶封闭场地测试基地(泰兴)	江苏泰兴	工信部 交通运输部	2019年9月	改建	江苏中质智通检测技术有限公司
15	智能网联汽车自动驾驶封闭场地测试基地(襄阳)	湖北襄阳	工信部 交通运输部	2019年9月	改建	襄阳达安汽车检测中心有限公司
16	智能网联汽车自动驾驶封闭场地测试基地(上海)	上海	工信部 交通运输部	2019年9月	新建	上海临港智能网联汽车研究中心有限公司
17	国家智能网联汽车封闭测试基地(海南)	海南琼海	工信部	2022年2月	新建	海南热带汽车试验有限公司

资料来源：CAICV。

从功能来看，测试区测试功能已从单纯的自动驾驶测试进入综合功能测试，如上海、北京、长沙、武汉、重庆、广州6个城市的示范区不仅具有自动驾驶测试，还具有5G+V2X测试及Robotaxi开放试验。同时，国家在江苏（无锡）、天津（西青）、湖南（长沙）、重庆（两江新区）设立国家级车联

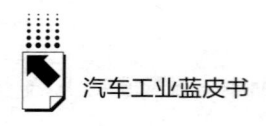

网先导区。四大先导区按照国家统一部署，朝着既定的目标展开探索，5G+V2X探索应用的步伐加快（见表7）。

表7 国家级车联网先导区发展情况

先导区	任务和目标	比较优势
江苏（无锡）车联网先导区（2019年9月）	-规模部署C-V2X网络、路侧单元，装配一定规模的车载终端，完成重点区域交通设施车联网功能改造和核心系统能力提升（规模部署） -建立车联网测试验证、安全管理、通信认证鉴权体系和信息开放、互联互通的云端服务平台（云平台） -开展相关标准规范和管理规定探索，构建开放融合、创新发展的产业生态，形成可复制、可推广的经验做法（模式/经验）	工信部、公安部和江苏省共建的国家智能交通综合测试基地，有全球首个城市级车联网（LTE-V2X）应用项目
天津（西青）国家车联网先导区（2020年6月）	-探索跨行业标准化工作新模式，加快行业关键急需标准制定和验证，加强测试评价体系建设，促进行业管理制度和规范的完善（标准化） -规模部署蜂窝车联网C-V2X网络，完成重点区域交通设施车联网功能改造和核心系统能力提升（规模部署） -建立车联网安全管理、通信认证鉴权体系和信息开放、互联互通的云端服务平台（云平台） -探索丰富车联网应用场景，构建开放融合、创新发展的产业生态，形成可复制、可推广的经验做法（模式/经验）	成立了智能网联汽车质量监督检验中心，在共性技术研发、标准制定/修订、测试验证服务等方面具有优势
湖南（长沙）车联网先导区（2020年11月）	-在重点高速公路、城市道路规模部署蜂窝车联网C-V2X网络，完成重点区域交通设施车联网功能改造和核心系统能力提升，带动全路网规模部署（规模部署） -构建丰富的场景创新环境，有效发展车载终端用户，推动公交、出租等公共服务车辆率先安装使用（技术创新和产品应用） -探索新型业务运营模式，完善安全管理、认证鉴权体系，建设信息开放、互联互通的云端服务平台（云平台） -构建开放融合、创新发展的产业生态，形成可复制、可推广的经验做法（模式/经验）	出台了"头羊计划""火炬计划""新基建三年行动计划"，大力推动景区、园区、港口等城市道路和公交车、校车、环卫车、渣土车等重点车辆的车联网改造
重庆（两江新区）车联网先导区（2021年1月）	-在重点高速公路、城市道路规模部署蜂窝车联网C-V2X网络，完成重点区域交通设施车联网功能改造和核心系统能力提升，带动全路网规模部署（规模部署） -构建丰富实用的车联网应用场景，有效发展车载终端用户，带动产业转型升级和高质量发展（技术创新和产品研发） -建立健康可持续的建设和运营模式，打造信息开放、互联互通的云端服务平台（云平台） -完善安全管理体系，形成可复制、可推广的经验做法（模式/经验）	两江新区拥有丰富的车联网先导区示范应用场景、实体产业基础和数字转型实践等

2. 商业化场景

2022年自动驾驶Robotaxi赛道遭遇寒冬，诸多玩家为求生存降维进入ADAS赛道，但Robotaxi在商业化运营方面还是取得了一些突破。4月24日，小马智行宣布中标广州市南沙区2022年出租车运力指标，这是国内首个颁发给自动驾驶企业的出租车经营许可。4月28日，小马智行率先取得北京市智能网联汽车政策先行区首批"无人化示范应用道路测试"通知书，获准向公众提供"主驾位无安全员、副驾有安全员"的自动驾驶出行服务（Robotaxi）。北京成为国内首个开启乘用车无人化运营试点的城市，也为自动驾驶无人化测试后续发展提供了政策创新及支持。11月21日，北京市智能网联汽车政策先行区颁发了自动驾驶无人化第二阶段测试许可，百度和小马智行成为首批获准在京开启"前排无人，后排有人"的自动驾驶无人化测试资格的企业。

无人配送车由于场景相对简单和低速行驶，商业化前景日益看好，受到了众多关注。2022年，菜鸟无人车在全国400多所高校增至700多辆，菜鸟无人车"小蛮驴"自2021年开始在大学校园运行，2022年天猫"双11"期间，"小蛮驴"配送量超过400万件，同时这些无人车在解决抗疫物资"最后100米"配送中也发挥了重要作用。2022年4月，为推动末端无人配送的快速规模化商用，自动驾驶企业毫末智行发布了第二代无人配送车"小魔驼2.0"。该车不仅在配置、用户体验、智能驾驶等方面进行了重要升级，在售价上也以12.88万元成为业内首款面向商用市场10万元级别的末端物流自动配送车。

自动驾驶公交车（Robobus）测试与运营进入快车道。1月，文远知行宣布正式在广州国际生物岛对外开放运营全无人驾驶小巴，为市民提供无人驾驶微循环公交服务。11月，轻舟智航获准在北京市高级别自动驾驶示范区开展智能网联客运巴士示范应用，目前，轻舟智航已在国内10余座城市开展测试及运营。

商用车自动驾驶一直被行业内认为是最有可能实现商业化的赛道。干线物流方面，世界首条自动驾驶干线物流专线道路——"酒泉至明水绿色数字专用公路"项目开工建设，项目位于河西走廊腹地，起于酒泉肃州区与

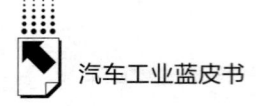

S06酒嘉绕城高速公路衔接，经瓜州柳沟工业园、马鬃山工业园，至明水甘新界与国道G331新疆段连接，路线全长428公里。该项目是"交通+能源"和"交通+数字"的全球第一个商用级示范工程，为我国绿色交通创新发展提供了新的探索路径，也为促进我国新旧动能转换和创新发展构建出一个重要的交通运输服务载体。港口自动驾驶方面，1月，飞步科技无人驾驶集卡在宁波舟山港开始撤下安全员，全程精准感知自动化轮胎吊等场内设备，向真正无人化规模运营再进一步。7月，上海将东海大桥双向最外侧车道规定为自动驾驶测试专用车道，这是上海首条为自动驾驶开辟的专用车道，推动上海港的无人驾驶集卡迈入实质性"无人化"商业运营阶段。

三 我国智能网联汽车重点细分领域分析

2022年智能网联汽车各细分领域都有快速的发展，激光雷达、自动驾驶芯片等细分领域受到行业的重点关注。

（一）激光雷达

2021年9月，随着全球首款搭载激光雷达的小鹏P5正式上市，激光雷达行业飞速发展，据统计，截至2022年底，国内已有30多款量产车型搭载了激光雷达（见表8）。据咨询机构沙利文公司预测，2025年全球激光雷达市场规模为135.4亿美元，较2019年可实现64.5%的年均复合增长率，全球无人驾驶和ADAS应用将分别占整个市场的25.8%和34.0%，中国市场占全球总市场的31.8%。

表8 已搭载激光雷达的部分车型

序号	车型	供应商	颗数（颗）	量产时间（或预计）
1	小鹏P5	大疆览沃	2	2021年9月
2	小鹏G9	速腾聚创	2	2022年9月
3	威马M7	速腾聚创	3	2021年10月
4	广汽埃安Aion LX Plus	速腾聚创	3	2022年1月

续表

序号	车型	供应商	颗数（颗）	量产时间（或预计）
5	智己 L7	速腾聚创	2	2022 年 4 月
6	智己 LS7	速腾聚创	2	2023 年 2 月
7	哪吒 S	华为	3	2022 年 7 月
8	蔚来 ET7	图达通	1	2021 年 1 月
9	蔚来 ET5	图达通	1	2021 年 12 月
10	极狐阿尔法 S HI 版	华为	3	2022 年 5 月
11	阿维塔 11	华为	3	2022 年 8 月
12	沙龙机甲龙	华为	4	2022 年 12 月
13	WEY 魔卡	Ibeo	3	2021 年 5 月
14	理想 L9	禾赛科技	1	2022 年 6 月
15	离合 HiPhi Z	禾赛科技	1	2022 年 8 月
16	飞凡 R7	Luminar	1	2022 年 9 月
17	极星 3	Luminar	2	2022 年 10 月

在智能驾驶的感知层面，车端感知主要有两条技术路线，以特斯拉为代表的纯视觉路线和以 waymo 为代表的强感知技术路线，两条路线最明显的差异在于是否使用激光雷达。由于纯视觉方案对算法的要求很高，并且在安全冗余方面不如激光雷达方案，因此国内整车厂一般采用摄像头+激光雷达+毫米波雷达+超声波雷达的强感知方案。随着 L2+自动驾驶的推广，以及激光雷达价格的进一步下探，未来将会有越来越多的车型选择前装激光雷达。

国内供应商方面，速腾聚创、禾赛科技位于第一梯队，华为、图达通、大疆览沃等实力也不容小觑，构成激光雷达的第二梯队。2021 年 3 月，国内首条车规级固态激光雷达产线在速腾聚创落成，目前，速腾聚创已获得小鹏、埃安、智己、长城、奇瑞等车企的 50 余款车型的定点订单。禾赛科技成立于 2014 年，截至 2022 年底，禾赛科技激光雷达累计交货量已超过 10 万台，其中 2022 年销量达 8 万台，发展迅速。

（二）自动驾驶芯片

自动驾驶芯片，是让车辆能够实现自动驾驶的计算单元，是人工智能芯

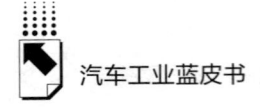

片的一种。从自动驾驶技术层级来看，由激光雷达、地图、摄像头等组成的感知层通过搜集车身周边的环境信息，将其传导到决策层，通过算法和计算平台得到控制决策，最终由执行层根据控制决策完成车辆行驶中的各种操作。自动驾驶芯片是自动驾驶决策层的重要组成部分，是实现自动驾驶最重要的硬件支撑。

自动驾驶芯片领域，国外巨头英伟达、英特尔、高通等公司实力强劲，占据绝大部分市场份额。近年来，国内芯片公司如地平线、黑芝麻、华为等依托国内智能网联新能源汽车市场大发展的有利环境，利用自身创新优势加速开拓市场，展现出了较强竞争力。

国外方面，英伟达在2022年秋季GTC大会上发布了新一代自动驾驶芯片Thor，算力达2000TFLOPS@ FP8、4000TOPS@ INT8，取代了之前发布的算力达1000TOPS的Altan。英特尔在收购Mobileye后成为自动驾驶芯片行业重要力量，2022年英特尔推出了新型EyeQ Ultra，它采用5nm工艺，将10个EyeQ5的处理能力集成在一个封装中，算力可达到170TOPS。

国内方面，地平线推出了第三代车规级芯片征程5，它基于最新的地平线BPU贝叶斯架构设计，可提供高达128TOPS算力。2022年4月，比亚迪与地平线正式宣布达成定点合作，比亚迪将在其部分车型搭载征程5，打造更具竞争力的行泊一体化方案，实现高等级自动驾驶功能。9月，搭载征程5的理想L8正式上市。华为基于自研的达芬奇架构3D Cube技术，开发的昇腾910芯片算力高达640TOPS，可以支持云边端全栈全场景应用。4月，黑芝麻推出的A1000Pro系列芯片，INT8算力达到106TOPS，INT4算力高达196TOPS，能够支持L4级自动驾驶功能，可实现从泊车、城市道路到高速场景的无缝衔接。

（三）高精度定位

随着自动驾驶产业发展进步，5G通信、北斗导航应用日渐成熟，高精度定位市场迎来发展机遇。2022~2025年，自动驾驶等级将由L2/L2+逐步向L3/L3+演进，高等级自动驾驶对定位精度的要求更高，定位精度需达厘米级，推动高精度组合定位技术持续发展（见表9）。

2022年智能网联汽车发展报告

表 9 部分搭载高精定位技术的车型

主机厂	车型	上市时间	其中配置高精度定位的车款	定位方案	传感器配置
小鹏	P7	2020年4月	智尊版和鹏翼版	高精度地图（高速）+GNSS+RTK+IMU	12个超声波雷达,5个毫米波雷达,13个驾驶辅助摄像头和1个车内摄像头
	P5	2021年9月	460E/550E搭载XPILOT3.0 550P/600P搭载XPILOT3.5	高精度地图（高速&城市）+GNSS+RTK+IMU	13个摄像头,5个毫米波雷达,12个超声波雷达,2个激光雷达
蔚来	EC6	2020年7月	签名版标配,其他车款选装（精选包1.5万元,全配包3.9万元）		前向三目摄像头,4个环视摄像头,5个毫米波雷达,12个超声波传感器
	ES6	2020年5月			前向三目摄像头,4个环视摄像头,5个毫米波雷达,12个超声波传感器
	ES8	2020年4月		GPS+高精度地图	前向三目摄像头,4个环视摄像头,1个前向中距毫米波雷达,4个角雷达,12个超声波雷达
	ET7	2021年1月	消费者选装,每月支付680元的方式,按月订阅NAD	高精度地图+高精度定位终端+V2X	2个前视,4个侧视,1个后视,4个环视,1个激光雷达,6个毫米波雷达,12个超声波雷达
华人运通	高合HiPhi X	2020年9月	标配	RTK+GNSS+IMU+高精地图+V2X	8个摄像头,24个超声波雷达,5个毫米波雷达
理想	2021款理想ONE	2021年5月	2021款标配	RTK+GNSS+IMU+高精地图	1个单目摄像头,4个环视摄像头,5个毫米波雷达,12个超声波雷达
一汽红旗	E-HS9	2020年12月	标配	高精度地图+GNSS+RTK+IMU+5G-V2X	26个车身传感器（包括3个摄像头+5个毫米波雷达）

359

续表

主机厂	车型	上市时间	其中配置高精度定位的车款	定位方案	传感器配置
广汽	埃安 V	2020年6月	80Max版	高精度地图+GNSS+RTK+IMU	12个超声波传感器+4个高清全景摄像头
	埃安 LX	2020年11月	70智领版、80智尊版、80DMax版配置、80D智臻版选装		12个超声波雷达、5个毫米波雷达、4个全景摄像头、1个前视摄像头
	埃安 V Plus	2021年9月	80智享科技版选配、80领航智驾版、90超长续航版标配		摄像头、毫米波雷达、超声波雷达
	埃安 LX Plus	2022年1月	80D旗舰版标配 ADiGO3.0、80D Max版标配 ADiGO4.0	高精度地图+GNSS+RTK+IMU+5G-V2X	6个毫米波雷达、12个超声波雷达、8个自动驾驶高清摄像头、4个环视摄像头、3个第二代智能可变焦激光雷达

资料来源：佐思汽研。

2022年中国L2级自动驾驶乘用车的装配率将近30%，部分L2级车型通过搭载高精定位和高精地图实现了高速领航自动驾驶。如小鹏P7，蔚来EC6、ES6、ES8，广汽埃安V、埃安LX，长城WEY摩卡等车型可以选装高精定位模块，一汽红旗E-HS9、高合HiPhi X、2021款理想ONE等车型标配高精定位模块。

受政策支持，L2级自动驾驶车辆装配率会继续提高，亚米级组合定位模块的装配率将持续上涨；L3、L4级自动驾驶车辆也将逐步推向市场，单车价值更高的厘米级组合定位模块也将开始放量。因此，可以预测未来几年高精定位的市场空间非常广阔。

随着L2+、L3自动驾驶功能装车率的提高，高精度定位市场前景可期，行业也获得资本认可。2022年2月，GNSS高精度定位服务提供商六分科技宣布完成6.2亿元B轮融资，本轮融资的资金将主要用于加大高精度定位技术的研发投入，推动更多场景规模化落地。11月，戴世智能宣布完成A轮融资，融资总额近亿元人民币，由光速中国独家投资。融资资金将用于加强供货交付能力，进一步拓展产品线布局、增强市场拓展能力。

四 我国智能网联汽车产业发展趋势

（一）智能网联汽车和智慧交通、智慧城市将进一步协同发展

智能网联汽车是前沿创新技术的聚集高地，也是建设智慧城市的基本单元。目前，国家大力倡导的"智能网联汽车与智慧城市协同发展"，实际上需要"三智"——智能网联、智慧交通和智慧城市的深度协同。智能汽车和智慧交通的数字化发展，正在从解决单一场景问题，向实现大规模的群体智慧转变。随着技术、政策、市场的驱动，我国在促进智能汽车快速发展的同时，正在形成与之相匹配的车、路、城协同的基础设施体系；未来，汽车、交通、城市一体化发展将成为必然趋势，这也将是我国汽车产业升级和交通强国战略实现的核心动力。

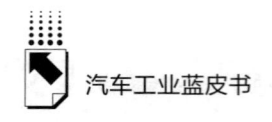

（二）智能网联新技术在特定场景优先得到商业化应用

自动驾驶的落地，将会遵照从封闭场景到开放场景、从载物到载人、从商用到乘用的一个渐进式的发展规律。从封闭场景到开放场景，可以实现技术上的渐进发展；通过载物到载人，可以实现安全性与政策支持上的渐进发展；通过从商用到乘用，可以实现商业模式的渐进发展。通过这样的渐进式滚动发展模式，自动驾驶企业能够快速实现商业闭环、数据闭环和模式闭环，在风险可控的情况下实现快速的落地与赢利。商用车在成本、市场接受度、技术成熟度和法律法规四个维度下均呈现更好的落地性，L3级及以上自动驾驶将率先在商用车中落地已逐渐成为各方共识。

（三）关键技术瓶颈是产业布局重点方向

打破关键核心技术瓶颈，提升科技支撑，是我国智能网联汽车发展的核心竞争力。我国智能网联汽车需要将突破关键技术瓶颈上升为国家战略，依靠自主创新、持续创新突破关键技术瓶颈。从全国到地方，以关键技术瓶颈为未来产业布局的重点方向。从2022年各地方"十四五"规划中可以看出，各地都在加紧布局智能网联汽车关键技术产业。从整车智能看，突破雷达、视觉等传感器的技术局限，实现多传感器融合算法是产业技术突破的重点。从车路协同看，车辆决策系统、车路协同系统以及云平台系统相关的基础硬件架构以及配套的软件算法是产业的核心与关键。从核心技术看，毫米波雷达、激光雷达、云计算平台、汽车芯片、V2X通信技术等智能网联汽车的核心技术领域将成为关注重点。

（四）汽车信息安全愈显重要

伴随汽车网联化、智能化大趋势，汽车信息安全已成为保障车辆行驶安全的重要问题。不同于传统的主动安全和被动安全，汽车信息安全问题一旦爆发，轻则造成驾乘人员隐私泄露、财产安全风险，重则危及生命安全、社会稳定。国家也高度重视智能网联汽车信息安全问题，并将汽车信息安全上升为国家网络安全的重要组成部分，高度重视信息安全带来的风险，加快推进智能网联汽车信息安全技术的研发及应用，建立标准法规，制定相应的测试规范。可以预见，未来将有越来越多的软件企业涉足汽车信息安全领域，行业也会迎来大的发展。

供 应 链 篇

B.9
2022年汽车供应链发展报告

摘　要： 本报告简要分析全球及我国汽车供应链发展总体情况，研制我国供应链发展态势，总结产业存在的问题，提出发展建议。2022年，中国汽车供应链产业在国家重大工程和技术专项的支持下，通过企业自主研发、合资合作及技术人才引进，持续加强技术攻关和创新体系建设，部分领域核心技术逐步实现突破；尤其在动力电池技术、内燃机技术、智能网联软硬件技术等方面都取得了不小的进步。2023年，我国汽车供应链将进入深度国产化新阶段，汽车零部件开发将全面平台化发展，供应链走向节能、新能源大规模发展应用。

关键词： 汽车供应链　汽车零部件　动力电池

一 汽车供应链发展综述

（一）全球汽车供应链概况

2022年，全球汽车供应链头部企业营收基本保持稳步增长，得益于全球疫情的有效控制。博世发布2022年全球业绩，全年销售额达884亿欧元（约合人民币6466.7亿元），同比增长约12%；而博格华纳2022年的营收和利润均超过预期，全年营收同比增长6.5%，达到158亿美元；毛利润同比增长7%，达到31亿美元。从区域市场的形势看，以美国、欧洲等为代表的成熟市场，汽车供应链产业正在逐渐恢复，增长速度加快。而日本汽车供应链企业，尤其是电子类零部件企业出现了近年来的首次利润下滑。

《汽车新闻》（Automotive News）根据上一年汽车行业配套市场的营业收入/销售额对供应商进行排名，发布了2022年全球汽车零部件配套供应商百强榜。随着供应链问题缓解，汽车产量不断恢复，2022年全球汽车零部件百强榜中，84家企业2021年营收较2020年实现增长。2022年全球TOP10汽车零部件供应商中，第1~5名供应商排名基本保持不变，第6~10名的排名较2021年发生一定的变化。TOP10企业的销售总额达3215亿美元，来自德国的博世和来自日本的电装营收均超过400亿美元，前5名营收均超过300亿美元（见表10）。

表1 2022年全球汽车零部件供应商营收TOP10

2022年排名	2021年排名	名次变化	公司名称（中文）	公司名称（英文）	国家
1	1	0	罗伯特·博世	Robert Bosch	德国
2	2	0	电装	Denso Crop.	日本
3	3	0	采埃孚	ZF Friedrichshafen	德国
4	4	0	麦格纳	Magna International Inc.	加拿大
5	5	0	爱信精机	Aisin Crop.	日本
6	7	1	现代摩比斯	Hyundai Mobis	韩国

续表

2022年排名	2021年排名	名次变化	公司名称(中文)	公司名称(英文)	国家
7	—	—	佛瑞亚	Forvia	法国
8	6	-2	大陆	Continental	德国
9	13	4	巴斯夫	BASF	德国
10	9	-1	李尔	Lear Corp	美国

资料来源：Automotive News。

从排名来看，2022年，博世依旧不可动摇地稳居第一把交椅，其累计营收为491.44亿美元，连续12年蝉联冠军。TOP10中巴斯夫累计营收213.53亿美元，成功入围TOP10，排在该榜单第九位。而佛瑞亚由前身佛吉亚在2022年1月完成对海拉公司控股收购后，于2月宣布新集团名字为Forvia（佛瑞亚），佛瑞亚以全新的公司排在本榜单第七名。

从国家维度来看，2022年上榜的企业共来自14个国家，其中日本企业数量排在第一名，共有22家企业上榜；美国共21家上榜，排名第二；德国排名第三，共有18家企业上榜。除日、美、德三个国家之外，中国和韩国各有10家企业上榜；加拿大、法国、西班牙、英国分别有5家、4家、3家、2家企业上榜，而瑞士、印度、瑞典、墨西哥和巴西则各有1家企业入围（见图1、图2）。

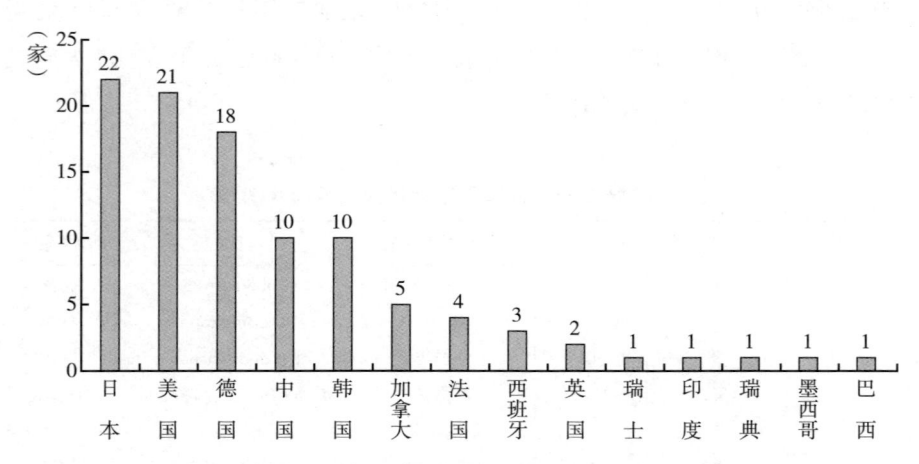

图1 2022年全球汽车零部件供应商百强主要国家企业数量

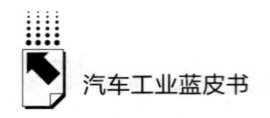

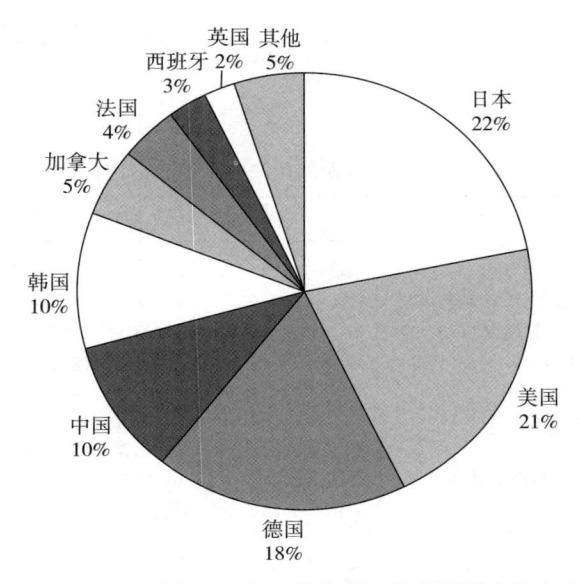

图 2　2022 年全球汽车零部件供应商百强主要国家所占比例

2022 年，全球汽车供应链头部企业投资收购动作频繁，中外合资、整零合作以及产业上下游的兼并重组预示着新一轮的产业变革即将到来。供应链头部企业纷纷瞄准未来汽车进行先行布局和研发，为获得技术上的互补，博世、安波福、麦格纳等零部件巨头发起了自疫情以来的并购重组新热潮，尤其是博世这一年继续忙于扩充芯片产能、加快电气化布局、提升自动驾驶技术实力，以期巩固与强化自身的市场地位。与此同时，国际零部件巨头对中国市场的投资也在加速推进，采埃孚和广州市花都区合作、法雷奥和宁波四维尔合作等都表明了疫情管控降级后，外商对中国市场的投资正在复苏。

（二）我国供应链发展分析

政策方面，国家关于汽车零部件制造业相关的政策主要分布于汽车产业的相关国家政策中。从整体来看，国家正在促进汽车行业调整升级，鼓励研发高质量、高技术水平的自主品牌汽车，加大对新能源、智能网联汽车的扶持力度，这无疑对零部件产业提出了更高的要求。同时，为促进我国汽车零

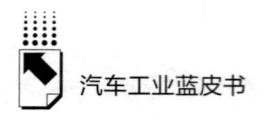

部件行业积极健康发展,近年来,我国相关部门颁布了行业相关政策发展规划(见表2)。

表 2　中国汽车零部件产业主要政策规划

时间	政策规划	主要内容
2012年6月	《节能与新能源汽车产业发展规划(2012—2020年)》	节能与新能源汽车及其关键零部件企业,经认定取得高新技术企业所得税优惠资格的,可以依法享受相关优惠政策。节能与新能源汽车及其关键零部件企业从事技术开发、转让及相关咨询、服务业务所取得的收入,可按规定享受营业税免税政策
2014年10月	《轮胎行业准入条件》	准入条件指出,在工艺、质量和装备方面,鼓励发展节能、环保、安全的绿色轮胎,轮胎生产企业应设立或具有可稳定依托的轮胎研发创新机构
2016年3月	《"十三五"汽车工业发展规划意见》	提出建立起从整车到关键零部件的完整工业体系和自主研发能力,形成中国品牌核心关键零部件的自主供应能力。加强整零合作,整车骨干企业要培育战略性零部件体系,促进形成一批世界级零部件供应商,积极发展整机和零部件再制造业务,促进提高资源循环利用水平
2016年9月	《智能制造发展规划(2016—2020年)》	企业为生产国家支持发展的重大技术装备或产品,确有必要进口的零部件、原材料等,可按重大技术装备进口税收政策有关规定,享受进口税收优惠
2019年3月	《"十三五"国家战略性新兴产业发展规划》	到2020年,形成一批具有国际竞争力的新能源汽车整车和关键零部件企业。加快推进电动汽车系统集成技术创新与应用,重点开展整车安全性、可靠性研究和结构轻量化设计,提升关键零部件技术水平、配套能力与整车性能
2019年10月	《关于对进口汽车零部件产品推广实施采信便利化措施的公告》	对涉及CCC认证的部分进口汽车零部件产品,海关在检验时采信认证认可部门认可的认证机构出具的认证证书,原则上不再实施抽样送检。对涉及重大质量安全风险预警措施需实施抽样送检的,按照海关实际风险布控指令执行
2019年12月	《机动车零部件再制造管理暂行办法(征求意见稿)》	管理办法明确了再制造的概念,即按照国家标准,对功能性损坏或技术性淘汰等原因不再使用的旧机动车零部件进行专业化修复或升级改造,使其性能特征和安全环保性能不低于原型新品。同时,明确了参与企业的"门挫"条件,界定了再制造的零部件范围,并建立了追溯体系,加大管理力度

续表

时间	政策规划	主要内容
2020年8月	《汽车零部件再制造管理暂行办法（征求意见稿）》	再制造企业应当构建合理的逆向物流体系及旧件回收网络。鼓励汽车整车生产企业通过售后服务体系回收旧机动车零部件用于再制造。鼓励专业化旧件回收公司从维修渠道为再制造企业提供符合要求的旧件等
2021年3月	《机动车运行安全技术条件》（最新版）	自2022年1月1日开始，新生产的乘用车需要强制安装EDR
2021年4月	《汽车零部件再制造规范管理暂行办法》	国家倡导消费者使用再制造产品，鼓励政府机关、部队等公共机构在汽车维修中优先使用再制造产品
2021年4月	《智能网联汽车生产企业及产品准入管理指南（试行）》（征求意见稿）	具备有条件自动驾驶、高度自动驾驶功能的智能网联汽车生产企业应加强安全保障能力，强化数据安全、网络安全、产品在线升级以及智能网联产品管理，智能网联汽车产品应满足数据安全、网络安全、软件升级等方面的功能与规范要求
2021年8月	《内燃机产业高质量发展规划（2021-2035）》	到2025年，补齐产业短板，实现产业链关键技术安全可控，达到国际先进水平；到2030年，产业链自主协调发展，达到国际领先水平；到2035年，产业链创新引领发展，产业达到国际引领水平，建成内燃机产业强国
2021年10月	《国务院关于印发2030年前碳达峰行动方案的通知》	促进汽车零部件、工程机械、文办设备等再制造产业高质量发展。加强资源再生产品和再制造产品推广应用
2022年1月	《关于加快废旧物资循环利用体系建设的指导意见》	提升汽车零部件、工程机械、机床、文办设备等再制造水平，推动盾构机、航空发动机、工业机器人等新兴领域再制造产业发展
2022年8月	《关于开展财政支持中小企业数字化转型试点工作的通知》	重点向医药和化学制造、通用和专用设备制造、汽车零部件及配件制造、运输设备制造、电气机械和器材制造、计算机和通信电子等行业中小企业倾斜

资料来源：根据公开信息整理。

中国汽车供应链产业在国家重大工程和技术专项的支持下，通过企业自主研发、合资合作及技术人才引进，持续加强技术攻关和创新体系建设，部分领域核心技术逐步实现突破。尤其是动力电池技术、内燃机技术、智能网联软硬件技术等方面都取得了不小的进步。

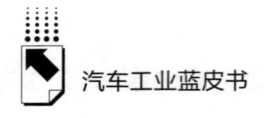

动力电池技术呈现百家争鸣的态势，2022年以来，麒麟电池、大圆柱电池、龙鳞甲电池、CTB电池、积木电池、钠离子电池、固液混合半固态电池等产品陆续亮相或投入应用，不断缓解消费者对电动汽车行驶里程、充电、安全及成本方面的焦虑。其中，采用第三代CTP技术的麒麟电池在体积利用率方面突破72%，能量密度可达255Wh/kg，可实现1000公里的续驶里程。

在"双碳"目标的指引下，发展内燃机燃料多元化技术路线，推动内燃机应用低碳清洁新能源，已成为内燃机行业的广泛共识。针对国Ⅵ排放标准，乃至今后的国Ⅶ排放标准，大部分发动机企业均加快了技术探索的步伐并在研发上重点布局、投入重金，以期在激烈的竞争中占得一席之地。

面对智能化的发展趋势，汽车零部件企业进入自动驾驶、智能座舱及软件产品市场，旨在实现软硬件一体化集成与产品结构的转型升级。从2022年下半年开始，多家厂商都将争取落地高速领航、城区领航等准L3自动驾驶功能，不少零部件企业已经瞄准L3蓄势待发。

随着我国零部件产业逐步实现结构优化和产品升级，我国汽车零部件行业年销售收入规模由2015年的3.2万亿元增长至2021年的4.9万亿元，整体行业都处于高速增长状态。随着新能源汽车的快速发展，新能源单车零部件价值高于传统燃油车，零部件产业规模有望迎来新的爆发期。

自2014年以来，中国汽车零部件行业稳步发展，进出口也得到良好发展。2017~2020年，中国汽车零部件进出口金额均呈波动下降趋势，虽然2021年进出口总额均有较高的提升，但受新一轮疫情的影响，2022年中国汽车零部件进口额再次呈现下降的态势。2022年中国汽车零部件进口金额达到340.85亿美元，同比下降19.32%；出口金额920.71亿美元，同比增长4.82%（见图3）。

从四大类汽车零部件产品进出口结构来看，汽车零部件、附件及车身在进出口市场占比均为第一，占比分别为82.70%和66.48%；汽车、摩托车轮胎出口金额占比达18.17%，进口金额占比仅为1.83%；发动机在汽车零部件产品进出口市场中占比均在10%以下。

Automotive News发布的2022年全球汽车零部件配套供应商百强榜中，

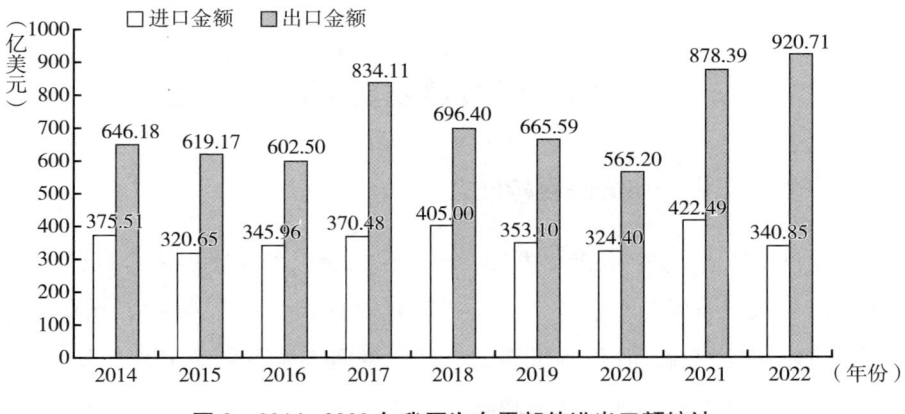

图 3　2014~2022 年我国汽车零部件进出口额统计

上榜的中国企业数量逐渐提升，从 2012 年仅有 1 家企业上榜，到 2019 年和 2020 年各有 7 家企业上榜，2022 年共有 10 家企业上榜，分别为延锋、北京海纳川、中信戴卡、德昌电机、五菱工业、诺博汽车系统、敏实集团、安徽中鼎密封件股份有限公司、宁波拓普集团和德赛西威，排名分别为第 16、40、50、69、77、81、82、85、90、93 位，其中诺博汽车系统和宁波拓普集团为新上榜企业（见表 3）。

表 3　2022 年全球零部件百强企业中国企业

2022 年排名	2021 年排名	公司名称（中文）	公司名称（英文）	2022 年营收（亿美元）
16	17	延锋	Yan Feng	137.57
40	42	北京海纳川	BHAP	59.68
50	58	中信戴卡	CITIC Dicastal Co.	43.11
69	74	德昌电机	Johnson Electric Group	26.44
77	81	五菱工业	Wuling Industry	23.57
81	—	诺博汽车系统	Nobo Automotive Systems	22.62
82	79	敏实集团	Minth Group	22.09
85	87	安徽中鼎密封件股份有限公司	Anhui Zhongding Sealing Parts Co.	18.49
90	—	宁波拓普集团	Ningbo Tuopu Group	16.56
93	97	德赛西威	Huizhou Desay SV Automotive Co.	14.84

资料来源：Automotive News。

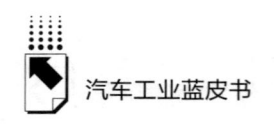

二 中国汽车供应链发展面临的问题

（一）汽车供应链面临重构压力

中国汽车工业经过60多年发展，汽车供应链已经深度融入全球化体系，在本土形成区域布局和专业分工，全行业具有强相关性，牵一发而动全身。然而新冠疫情发生后，让原本成熟的全球化供应链体系遭受质疑。由于全球经济萎靡，各国之间出现了越来越频繁的贸易摩擦，导致近两年汽车供应链出现一些"断点""堵点""卡点"等现象，其中既有全球疫情和突发事件的自然因素，也有贸易摩擦和资源错配的人为干扰。特别是人为干扰因素，造成了停工停产，供给端严重受挫；物流受阻，人流受限，市场停滞。芯片错配，原材料价格大幅上涨，打破收益平衡。这些因素均对供应链安全健康发展造成了不利影响。

与此同时，当前新能源汽车加速向智能化、网联化发展，与之匹配的供应链也面临重构。过去整车企业只关注一级供应商，对上游产业的技术情况、供应链情况掌握甚少，尤其是对芯片的掌握更是微乎其微，两大工业领域的体系互不跨界。未来供应链使命重大，新能源和智能网联汽车供应链正在向软件和硬件集成发展，将成为汽车技术创新最活跃的阵地。

随着新冠疫情逐渐消退，经济社会全面恢复正常，确保中国汽车供应链健康发展是当前重要的工作任务。打造更具创新力、附加值、安全可靠性的汽车产业链，对于构建我国新发展格局、实现高水平对外开放以及确保国家经济安全具有重要意义。

（二）核心零部件竞争力不足

当前我国汽车核心零部件竞争力不足，核心技术仍有待突破，关键零部件还存在"卡脖子"问题。发动机核心技术仍掌握在国外供应商手中，国产化程度不高，如汽油机的先进涡轮增压器、预燃室、稀薄燃烧、可变压缩比、电控技术、排放后处理等技术，致使开展发动机新技术研究将承受巨额的开发费用和较长的开发周期。

目前我国新能源汽车动力总成，相比国外先进技术存在体积大、重量大、最高转速低、集成化程度低的问题，不利于车辆布置、整车 NVH 调校等。亟须研发并推广先进的动力总成系统，高功率密度、高扭矩密度、高集成度、低成本的动力总成，能够利用电机高效工作区，可进一步提高车辆续航里程，对新能源汽车的发展有重要的意义。相关零部件技术也落后于国外先进技术，如 IGBT、控制器、减速器、高效驱动电机等。

电机系统方面，我国的高效高密度驱动电机系统等关键技术，相较国际先进水平仍有差距。新能源汽车的高品质电机要求高效节能，目前电机效率达到 97% 的高品质电机主要还是由欧美日的供应商提供，国内大多数主机厂无法生产。电控系统中硬件的控制器方面，中高端车型对算力和电子架构的要求比较高，中国车企的技术和国外先进技术相比仍有差距。

汽车核心芯片主要依赖进口，以 Mobileye 为例，在 L1~L3 智能驾驶领域具有绝对优势，对 Tire1 和 OEM 非常强势，其算法和芯片绑定，不允许更改，严重制约自主品牌产品研发。由于国际局势错综复杂、全球半导体原材料和产能日益紧张、汽车芯片存在随时断供风险，芯片短缺已经影响了我国汽车的产能，将作为阶段性和结构性问题长期存在。

除了车用芯片，高速轴承、高端材料、智能汽车所需的毫米波雷达、软件、传感器，都是关键零部件，但我国目前与世界先进水平相比仍有差距。我国智能汽车的操作系统、高端检测设备等方面同样存在差距。

（三）制造工艺存在明显差距

整体来看，我国汽车供应链上的制造工艺水平与国外先进技术相比存在较大的差距。同样的节油技术，国外可利用其实现较高的节油效果，而我国的加工工艺水平往往会制约该技术的应用效果。为防止一致性偏差、油品差异大等问题，我国在标定中多采用较大余量的标定措施，难以达到预期节油效果；零部件的一致性偏差往往会导致偶发性质量故障，可靠性也难以

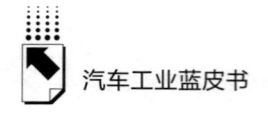

保证。

在汽车装配工艺上，虽然经历了多年的快速发展，但技术相较于发达国家依然落后，思想层面上也存在不可忽视的偏差，某些生产方仍然将汽车设计研发作为唯一核心工作，对汽车装配工艺的发展重视程度较低，对其投入的资金和人力都相对较少，从而导致汽车的装配工艺跟不上汽车制造行业高速发展的工艺需求，从而导致汽车装配过程整体水平落后，影响整车性能。当前，很多汽车制造企业缺乏先进的汽车装配工艺技术及智能化高端装配设备，导致汽车装配工艺行业难以发展，这一情况随着经济全球化的不断发展愈发严重，汽车制造行业的竞争力也由于汽车装配工艺的相对落后而严重不足。

同样的智能制造问题存在于汽车零部件表面处理技术方面，汽车零部件表面处理技术与汽车整车制造技术存在脱节现象。国内汽车零部件表面强化工艺以传统工艺为主，且自动化程度较低。随着工业机器人、工业互联网等新技术，机器人静电喷涂、激光表面处理、离子注入、分子膜等新工艺在行业内部逐渐推广，行业整体技术水平将迈入新台阶。

国产芯片的短板和不足同样存在于生产制造方面，芯片设计和封测方面，国内已经不输于国外了。但是，在芯片制造领域，国内仅有中芯国际，而它的工艺水平与顶尖技术水平相比还有一定的差距。当前，中芯国际的工艺水平达到14nm制程，国际顶尖技术工艺水平达到5nm制程。由于最高端EUV光刻机甚至普通DUV光刻机的短期，我国车载芯片供应问题短时间内或无法解决。

（四）高端技术人才缺口较大

汽车零部件行业有知识、技术密集的特点，在产品同步设计开发、自主研发、生产工艺、质量管控等方面都需要高端人才来保证产品能够满足整车厂的配套需求。高端技术人才紧缺是自主零部件企业高质量发展面临的一个重要问题。零部件行业人才流向自主企业的数量比较少，只占10%，流向外资企业的占27%，流向合资企业的占63%。自主零部件企业受困于人才招聘难和流失严重，尤其是复合型、技术型、技能型高端人才短缺已成为自主零部件企业创新发展和发展壮大的重要瓶颈。

特别是随着汽车产业逐步进入智能制造时代，科技革命进步的速度前所未有，将加快人才知识结构的调整进度，互联网、大数据、云计算、人工智能、3D打印等技术不断创新并应用于汽车产业，将使汽车技术的迭代速度加快，对人才的知识结构提出了新的要求。在汽车产业由垂直线型产业供应链向交叉网络状生态圈转变的过程中，汽车产业的边界变得模糊，大量其他行业的人才将跨入汽车行业，汽车产业人才的跨界协调能力将更被关注。汽车零部件企业对人才的需求也向多元化、高端化发展。然而，目前符合汽车零部件行业需求的高端人才缺口较大，相关人才仍主要依靠企业内部培育，对行业的发展有一定的不利影响。

此外，全球经济一体化和中国进一步对外开放要求中国汽车产业必须拥有一批活跃在世界舞台的领军者、科学家和工程师，要求汽车企业拥有一批具有国际视野和跨文化交流能力的各层次人才。

三 中国汽车供应链发展趋势研判

（一）汽车供应链将进入国产化新阶段

随着汽车制造行业竞争日趋激烈，以及美国、欧洲和日本等发达国家和地区的汽车消费市场逐渐饱和，为了有效降低生产成本并开拓新兴市场，汽车整车及零部件企业开始加速向中国、印度、东南亚等国家和地区进行产业转移，给我国汽车零部件市场带来了广阔的增长空间。虽然与传统汽车工业强国相比，我国汽车零部件企业的设计、研发和生产能力仍存在较大的差距，但近年来随着国内零部件供应商与整车厂和大型跨国零部件企业的合作日益增多，我国零部件企业开始具备成熟的同步开发能力与自主研发技术，在一些汽车零部件领域国产零部件已经开始替代进口件，国产替代进口的趋势逐步显现。中国汽车供应链行业正迈入新一阶段"深度国产替代"的时

代。虽然近10年我国汽车工业已实现整车装配的国产化,并逐渐在一些基础零部件领域有所突破,也涌现出如福耀玻璃等全球巨头,但仍有不少核心零部件包括一些高壁垒的细分领域掌握在外资公司手中,如车载芯片、毫米波雷达等。

随着技术积累与客户信任建立,不少优质民营零部件厂商已突破原先产业壁垒较高的细分领域。另一部分自主优质零部件企业依靠成本优势和配套能力,从国产替代过渡到全球供货,已成为具有国际竞争力的厂商。而随着疫情对全球供应链的冲击,国内汽车供应链面临着前所未有的考验,供应链全球化的理念正在被质疑,供应链本土化、国产化被越来越多的行业人士所关注。因此,随着疫情的全面放开,我国汽车供应链将进入深度国产化新阶段。

(二)汽车零部件开发将全面平台化

目前,国外汽车工业已经广泛采用平台化战略。平台化战略实际上是将汽车从单车型的开发转向系列化、共享化。平台战略的核心是提高零部件的通用性,尽最大限度实现零部件共享,即可以实现通用零部件更大规模的生产,以减少不断增多的车型数量和不断缩短的产品生命周期而导致的高昂开发成本。平台战略能够使降低成本与产品多样性取得很好的统一,通过实施平台战略既可满足客户个性化需求,又可达到一定规模效应从而降低单件成本。

平台化主要体现在零部件的系列化,设计共用接口通用化,生产辅具、模具共用。①零部件的系列化:最熟知的即发动机、变速箱等零部件单体产品系列。而随着新能源汽车、智能网联汽车的发展,滑板底盘技术、通用软硬件架构、控制平台等供应链上的新部件将更多地应用平台化来发展。②设计共用接口通用化:如在大众MQB平台里,固定了前轴到防火墙之间的距离,通过前后悬长度、轮距、轴距等参数的可变化设计,实现了在一个平台上可以设计出从AO级、A级到B级的轿车、SUV、MPV等任意车型。具体设计的时候,因为有很多零部件系列化、通用化,所以就会有更多细节上的参数共享,譬如发动机和变速箱的固定位置、悬架与副车架的连接点。甚至有一些厂商，直接把整个车的部分底盘、车架打包成一个系列化的总成，设计的时候直接调用。③生产辅具、模具共用：不但是车本身的设计、零部件可以共用，而且生产所需的各种周边设备也可以通用，如 MQB 系列托架，分为前、中、后三个部分，就像搭积木一样模块化。生产中相近等级的车型可以共用部分乃至整个安装托架。于是托架本身也可以大批量地做同样的款式，成本自然就下来了。

（三）汽车供应链走向节能、新能源大规模发展

在全球节能环保趋势下，汽车以及汽车零部件行业逐渐呈现节能减排和新能源化的发展趋势。在汽车节能减排领域，主机厂一方面通过改进发动机、变速箱以及优化车身空气动力学结构，提高发动机燃烧效率，降低油耗，减少汽车行驶过程中污染物的排放；另一方面，推动汽车的轻量化发展，通过减少车身自重的方式来降低油耗、减少碳排放。有关数据表明，汽车自重每下降 10%，油耗可以降低 6%~8%，因此，减少汽车及汽车零部件重量是汽车节能减排重要的措施之一。具体而言，目前减少车身自重的主流方式包括用塑料、铝合金等材质的零部件替代主流的钢材零部件，通过优化车身整体布局形式减轻自重等。

而随着国家对新能源汽车各项扶持政策的推出，我国新能源汽车产业近年来发展势头强劲。根据中国汽车工业协会的数据，2022 年新能源汽车产销分别完成 705.8 万辆和 688.7 万辆，同比分别增长 96.9% 和 93.4%，市场占有率达到 25.6%，高于上年 12.1 个百分点。随着新能源汽车渗透率的提升，新能源汽车零部件产品在汽车零部件市场中的占比也将进一步提升，动力电池迎来大规模发展应用。仅 2022 年上半年，我国动力电池装车量同比增长 109.8%。同时，我国已形成强大的动力电池产业链，叠加制造优势，将共同推动我国新能源汽车产业链参与全球竞争。

（四）政策赋能氢能产业链加速布局

在"双碳"目标指引下，我国氢能产业发展正步入快车道。2019 年两

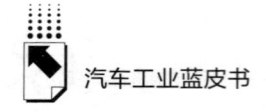

会期间氢能及燃料电池首次被写入政府工作报告，2021年氢能被正式写入"十四五"规划。2021年10月，国家发改委等十部门联合印发《"十四五"全国清洁生产推行方案》，支持开展煤炭清洁高效利用、氢能冶金等领域清洁生产技术集成应用示范。2021年8月，财政部、工信部、科技部、国家发改委、国家能源局联合发布《关于开展燃料电池汽车示范应用的通知》，燃料电池示范城市群政策正式落地，首批京津冀城市群、上海城市群、广东城市群获批。2022年初，第二批示范城市群——河南城市群、河北城市群获批。

2022年3月，国家发展改革委、国家能源局联合印发了《氢能产业发展中长期规划（2021—2035年）》，这是我国首个氢能产业中长期规划，首次明确氢能是未来国家能源体系的重要组成部分，并明确氢能是用能终端实现绿色低碳转型的重要载体，氢能产业是战略性新兴产业和未来产业重点发展方向。该规划提出：到2025年，基本掌握核心技术和制造工艺，燃料电池车辆保有量约5万辆，部署建设一批加氢站，可再生能源制氢量达到10万~20万吨/年，实现二氧化碳减排100万~200万吨/年。到2030年，形成较为完备的氢能产业技术创新体系、清洁能源制氢及供应体系，有力支撑碳达峰目标实现。到2035年，形成氢能多元应用生态，可再生能源制氢在终端能源消费中的比例明显提升。同时，该规划强调了氢燃料电池车与锂电池纯电动汽车的互补发展。该规划为行业明确了在交通领域的定位，氢燃料电池车的发展与锂电池纯电动汽车不是竞争关系，而是各自适应不同的领域，燃料电池车将在中重型的客车、货车中发挥优势，与锂电形成互补。

在政策的强力推动下，氢能产业链布局迎来了快速发展的窗口期，氢燃料电池汽车产业链企业正加速冲刺资本市场。而氢内燃机也打开了氢能在汽车行业落地的又一扇窗。随着燃料电池技术的不断完善，新兴燃料电池核心产业将最大限度地利用氢能，主要集中在氢燃料电池汽车、分布式发电、氢燃料电池车辆和应急电源的产业化。未来，在"十四五""双碳"计划的推动下，氢能的使用范围将进一步扩大，市场规模将进一步扩大。

（五）数字化转型加速产业链变革

当前阶段，以物联网、大数据、云计算等为代表的硬核技术构成了数字技术。数字化是利用现有及新兴数字化技术，将数字基因全方位融入企业，从而发掘全新商业与价值机遇，优化并重构价值链，同时建立与用户和生态合作伙伴的数字化连接，增强企业与用户间的认知与互动，提高价值创造效率，提升企业精益化运营与管理水平的全过程。随着基于场景的业务与数字技术深度融合与创新，第三波"数字化升级"浪潮席卷而来。汽车行业作为复杂度高，人员、技术、资金密集的制造业，对智能制造需求强烈，是数字化技术应用的重要场景之一。对于汽车行业来说，如何迎接数字化、智能化带来的新发展趋势，帮助汽车企业从容应对时代变革下的重重挑战，赢得市场机遇，成为重要课题。

数字化转型加速汽车产业链价值转移，核心优质龙头亮点频出。从汽车产业链价值来看，数字化下未来汽车价值体量加大。"造好车"使"微笑曲线"上移，"用好车"使价值内涵得到拓展。国内车企应乘智能网联之风，通过数字化转型升级，从传统整车销售业务向"产品+服务"模式转变。汽车行业优质龙头从前端的研发、生产、管理，到中端营销，再到后端车内生活、后市场服务，全流程纷纷进行数字化转型。数字技术的成熟推进智能驾驶时代的到来，Robotaxi 成为共享出行的高阶形态，不同车企与时俱进、亮点频出。针对汽车传统供应链存在的执行不灵活、业务效率低、数据碎片化困局，数字技术可以有效地与业务流融合，打通信息孤岛，实现产、供、销、售后以及回收等环节的全程可追溯；增强各节点企业以及各部门的协调能力和应急能力。

数字化数据在汽车行业的广泛应用，为行业创收增加新动能。基于制造工业特性，汽车行业企业数字化技术应用需求较大，汽车行业数字化转型中对部分数字化技术的应用比例远超过其他行业。根据北大光华数字化研究信息，目前汽车行业较其他行业数字化技术应用比例更高的是物联网（20.4%）、机器人（12.0%）和 3D 打印技术（4.6%），汽车行业数字化技

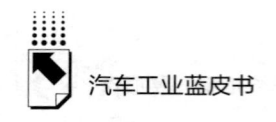

术应用最多的是物联网（20.4%）、大数据（18.5%）、云计算（14.8%）和移动技术（14.8%）。数字化有望彻底变革行业价值链，汽车或将成为数字化技术应用最深的行业之一。据麦肯锡预测，2030年数字化为汽车行业创造10%~30%的行业收入，为行业创收增加新动能。

四 我国汽车供应链发展建议

（一）强化本地供应链体系打造

产业链供应链安全稳定是构建以国内大循环为主体、国内国际双循环相互促进的新发展格局的基础。增强产业链供应链现代化能力是我国贯彻新发展理念的必然要求，既要善于运用产业发展成果夯实产业链安全的实力基础，又要善于塑造有利于产业链供应链优化与稳定运行的安全环境。需要把安全发展贯穿到产业链供应链发展全环节，实现重要产业、基础设施、战略资源等关键环节的安全可控。

地方政府应全面梳理本地汽车产业供应链情况，聚焦本地配套体系的短板和弱项，来强链、补链和延链，扎实开展招商工作，进一步完善供应链的产业布局。围绕整车制造基地，加快区域延伸，建议依托整车企业，系统梳理本地供应链各层级的构成，尤其是基础材料，要进一步延伸本地区的供应链，打造相对闭环的区域小循环，从而实现产业链的联动与协同。

大力培育行业细分领域的领军企业，用好用足已有政策，鼓励和支持培育单项冠军、小巨人、专精特新类供应链企业。向差异化产业链上下游延伸，打造头部企业配套园和重点特色工业园区等零部件工业集群，重点建设一批配套产业园区，实现关键零部件配套聚集发展。

（二）集中突破核心技术短板

关键核心技术是国之重器。关键核心技术上的短板，与之带来的随时可能面临被"卡脖子"的风险，困扰着我国经济社会发展。随着新能源汽车、智能网联汽车的发展，未来我国汽车产业发展不能再走老路，必须培育出自身强大的零部件产业链。政府应该在新能源汽车、智能网联汽车的核心技术上有一个整体布局，政策支持关键零部件技术突破，在车用芯片、高速轴承、高端材料、智能汽车所需的毫米波雷达、软件、传感器等关键零部件领域进行扶持，出台专门的支持政策。

突破核心技术问题并非纯粹的技术问题，而是一项系统工程，一方面要加强创新要素供给，保障产业基础能力提升；另一方面要以解决战略领域重大需求为牵引，对产业创新能力提升进行系统部署；还需要在创新环境和创新主体之间构建一个完善的创新生态系统，实现多领域、多主体的协作，使创新资源能够持续积累并有效配置，从而打破国外的技术垄断，集中力量解决我国汽车产业链发展中面临的核心技术短板问题。

（三）树立全新汽车人才发展观

面向未来，我们需要全新的汽车人才发展观，整个人才系统工程从育才、引才到用才、留才等一系列环节都将发生变化。为了培养可持续满足未来汽车供应链需求变化的人才，高校端、汽车供应链端都需要明确新定位、确立新战略。

从高校端来看，需要重新审视教育的范畴与侧重。我们必须从汽车产业的边界倒推汽车知识的边界、汽车人才的边界，最终确定汽车人才教育的边界。一方面，要充分认识到汽车供应链人才的范畴必将扩大，未来凡是从事与汽车相关工作的工程师，都应该定义为汽车工程师，例如，从事电化学、新材料、IT等领域工作的人才。另一方面，要坚持教育有所侧重，产业链越是复杂就越需要有清晰的人才定位，对不同的学生施以不同的培养侧重和全新的培养内容。传统的汽车专业教育，在加强传统汽车知识的同时，适度扩大知识范围，尤其是在汽车电子、控制逻辑和系统工程类课程上。

从汽车供应链端来看，产业无边界，但企业经营必须有边界，而解决经营边界的最好方式就是创造一个"无边界的平台"。未来企业最重要的核心竞争力就是资源组合能力，特别是在多地域、广范围内调动使用资源有效经

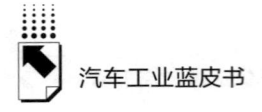

营的能力。未来企业的结构错综复杂，员工多种多样，需要全新的组织架构（超扁平、区块链）、工作模式（更灵活的工作时间、方式与支付手段）、管理机制（考核奖惩、知识产权）、运营流程（分工协作、资源组织）以及创新理论与企业文化。为此，企业必须建立"招之即来、来之能战"的人才资源库，将人力资源管理向外延展，覆盖内部和外部员工，最大限度地实现未来人才需求。

（四）增强供应链应急管理能力

自2020年初开始，汽车产业供应链面临着前所未有的挑战，从新冠疫情、芯片危机到地缘政治冲突，"黑天鹅"不断飞出，刺激着汽车人的神经。整个行业在2021年遭受了较大损失。

越来越多的车企高管及供应链负责人意识到尽早发现下一个重大危机的重要性及必要性，以及需要通过多重手段提升整体供应链韧性、增强供应链应急管理能力。改善供应链结构韧性，明确供应链稳定性和成本之间的权衡关系；建立由高层管理者参与的产销协调和集成业务规划机制，将产销协调机制作为企业高管会议的重要议程，制定影响企业绩效和风险的关键决策；进一步加强与供应商的协作和数据透明化，改善与供应商的合作关系，与供应商共担风险；打造新一代规划工具，包括风险预警、端到端数据透明、集成规划平台，通过控制台确保端到端的数据透明；完善危机响应规划，提升跨部门快速决策能力，制定风险应对手册，明确不同风险的应对措施。

只有将风险监控与运营模式融为一体，才能实现价值最大化。打造更具韧性的汽车供应链将是一个具有挑战但又无法避免的课题，持续对风险监控进行投入将有效帮助企业应对未来的风险，并将成为汽车行业供应链管理的新常态。

标准化篇

B.10
2022年汽车行业标准化发展报告

摘　要： 本报告介绍了2022年中国汽车行业标准化工作开展的基本情况，概述了汽车行业重要领域的标准制定、修订及标准化活动并分析了标准的发展趋势；同时介绍了汽车行业团体标准工作的开展情况。汽车标准化工作继续加强制度建设和信息化建设，着力加强重点领域标准研究制定，统筹开展国际标准法规协调，在标准技术支撑、体系建设、标准研究、标准国际化等各方面取得积极进展。

关键词： 汽车标准化　汽车标准体系　汽车行业标准

一　汽车行业标准化发展概述

2022年，在工信部、国家标准委等政府主管部门指导和行业的支持下，汽车行业深入贯彻落实《国家标准化发展纲要》部署要求和党的二十大精

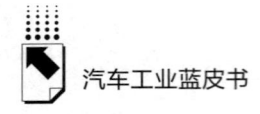

神，在标准化工作方面继续加强制度建设和信息化建设，提升管理效能和工作质量，主动适应新形势，深入开展汽车标准化需求调研和对接服务，有力支撑政府开展汽车标准相关技术研究，全面完善汽车标准体系建设，着力加强重点领域标准研究制定，统筹开展国际标准法规协调，在标准技术支撑、体系建设、标准研究、标准国际化等各方面取得积极进展。

二　汽车行业标准化主要工作

（一）标准制定与修订

2022年，汽车行业共完成103项标准复审结论上报，确认79项为继续有效，22项需要修订，2项需要废止；全年新获批发布标准106项（国家标准59项、行业标准45项、修改单2项）；报批标准144项（国家标准报批稿75项、行业标准报批稿67项、外文版1项、修改单1项）；上报标准制定/修订项目120项（国家标准53项、外文版5项、行业标准61项、修改单1项）；获批80项（国家标准18项、行业标准62项）标准制定/修订计划和10项标准外文版计划；标准公开征求意见116项（国家标准86项、行业标准27项、修改单3项）。

（二）标准国际化

1. 国际标准法规协调

中国成功连任自动驾驶与网联车辆工作组副主席及自动驾驶功能要求、电动汽车安全、电动车辆与环境、氢燃料电池汽车、多工况噪声5个非正式工作组联合主席或副主席，牵头上述组织相关技术法规及指导性文件起草。与法国共同牵头了自动驾驶系统法规适用性审查任务组（TF-FADS）。完成对3项全球技术法规及修正本的投票表决，完成对多项指南文件、联合国决议、法规制定/修订申请、列入候选纲要申请等的投票表决。两项中国标准正式列入候选纲要。新参与更安全更洁净新车和二手车等5个非正式工作组及专项组活动。全年参加会议约 110 次，新增专家 21 人，专家队伍数量扩充至 100 人。

2. 国际标准工作

以 100%的投票率完成 ISO 投票 229 项、IEC 投票 25 项。新推荐国际标准注册专家 59 名，全年累计组织汽车行业参加 ISO/IEC 各层级会议 134 次。中国牵头完成自动驾驶场景等 3 项国际标准获发布，负压救护车、燃料电池及被动安全领域 7 项新国际标准立项。

3. 支持标准国际化发展战略

中国汽车标准国际化中心（日内瓦）克服复杂国际形势影响，协助中国巩固在智能网联、新能源等领域国际法规上的引领地位。组织建立近 90 人的国际标准法规协调专家库，有序参与国际标准法规会议及技术评议活动；参与世界贸易组织"突破监管瓶颈"专题研讨会，并与相关国际组织、行业机构及法国、德国、瑞士等各国代表积极开展国际交流合作。

4. 贯彻共建"一带一路"倡议

参与俄罗斯创新车辆技术委员会 TCO56 标准化活动；举办中国-乌兹别克斯坦电动汽车研讨会、电动汽车标准系列培训；举办"第四届中国-东盟汽车标准法规交流合作对话会""MARii-CATARC 中马下一代汽车（NxGV）专家组"工作会议。

5. 技术性贸易措施（TBT）评议

承担汽车领域技术性贸易措施评议相关工作，与行业共同完成 13 个国家 46 项法规的年度评议工作，有效支撑国家市场监督管理总局、国家标准技术审评中心的技贸措施评议工作。

三 重要领域标准制定/修订情况

（一）新能源汽车标准

整车领域，加快推进电动汽车动力性、远程服务与管理标准研究；动力

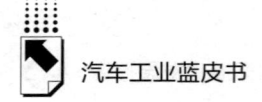

电池领域，启动动力电池安全强标修订，推进电性能要求、热管理系统等标准征求意见；电驱动系统领域，完成驱动电机系统可靠性标准审查和报批，推进电动汽车用驱动电机系统标准公开征求意见；充换电领域，完成《电动汽车传导充电用连接装置》第1部分、第3部分标准审查及报批，全面推进《纯电动乘用车车载换电系统互换性》等14项行业标准制定；燃料电池汽车领域，完成燃料电池电动汽车能量消耗量及续驶里程测量方法等3项标准审查并报批，推进燃料电池电动汽车动力性、碰撞后安全、车载氢系统等国家标准研究。

（二）智能网联汽车标准

2022年修订形成《国家车联网产业标准体系建设指南（智能网联汽车）（2022年版）》，加快推进重点标准研制进程，强化支撑准入管理需求。《智能网联汽车 自动驾驶功能场地试验方法及要求》《驾驶员注意力监测系统性能要求及试验方法》等7项国家标准发布，《智能网联汽车 自动驾驶功能道路试验方法及要求》等6项国家标准报批，《智能网联汽车 数据通用要求》等8项国家标准公开征求意见。其中，强制性国家标准《汽车软件升级通用技术要求》已完成公开征求意见，《汽车整车信息安全技术要求》《智能网联汽车 自动驾驶数据记录系统》2项强制性国家标准形成公开征求意见稿。

（三）汽车节能标准

2022年，《乘用车循环外技术/装置节能效果评价方法 第1部分：换挡提醒装置》《电动汽车能量消耗量和续驶里程试验方法 第2部分：重型商用车辆》2项标准发布，《轻型汽车能源消耗量标识》《重型商用车辆燃料消耗量限值》等3项标准报批，进一步补充完善了中国汽车节能标准体系。以"2025年达到国际先进水平"规划目标及"2030年碳达峰"发展目标为核心，全面推进商用车第四阶段燃料消耗量标准制定，持续推进下一阶段乘用车燃料消耗量、电动汽车电能消耗量限值相关标准修订，结合行业需要启动乘用车车载能源消耗量监测规范、电动汽车运行碳减排量评估方法等标准预研。

（四）汽车绿色低碳标准

开展汽车行业"双碳"标准体系建设，重点开展道路车辆温室气体管理通用要求、术语定义、碳中和实施指南等基础通用标准研究和立项，推进车辆生产企业及产品碳排放及核算办法相关标准研究和立项。完成《道路车辆产品碳足迹 产品种类规则 乘用车》《道路车辆产品碳足迹 产品种类规则 动力蓄电池》《道路车辆 企业碳排放核算及报告 动力蓄电池制造企业》等多项碳排放管理标准立项申报。

（五）汽车安全标准

被动安全领域，统筹推动汽车碰撞安全、约束系统、车辆防盗等子领域标准体系建设工作；稳步推进汽车侧面碰撞、后碰撞安全要求等关键强制性标准技术指标升级，完成乘用车前后端保护装置、顶部抗压强度、汽车防盗装置、机动车乘员用安全带和约束系统、机动车乘员用安全带和约束系统安装固定点、机动车儿童乘员用约束系统等6项强标征求意见；完成GB 13057《客车座椅及其车辆固定件的强度》和GB 24406《专用校车学生座椅系统及其车辆固定件的强度》标准修订报批；完成GB 24550《汽车对行人的碰撞保护》报批；完成QC/T 566《轿车的外部防护》征求意见；推进国家标准《道路车辆 儿童约束系统以及与车辆固定系统配装的使用性评价方法和规则》第2、3、4部分的编制；开展汽车安全新技术研究，完成汽车预紧式电动安全带等标准预研。

主动安全领域，推进灯光强标整合工作，完成GB《汽车道路照明装置和系统》、GB《汽车和挂车光信号装置及系统》、GB《机动车和挂车回复反射装置》3项强标的审查工作。

一般安全领域，深入开展GB 1589修订预研工作；跟踪GB 7258标准修订预研情况；组织完成GB 1589、GB 7258标准配套的汽车最小转弯直径和

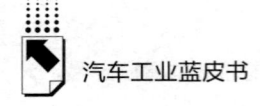

通道圆外摆值测量、装备空气悬架的商用车辆弹性效果评价、装备提升桥的重型商用车及列车特殊要求等标准的立项申报；完成 GB/T 26778《汽车列车性能要求及试验方法》标准报批工作；推进 GB 21668《危险货物运输车辆结构要求》强标修订；开展《危险货物运输车辆电子铅封系统》行业标准的预研工作；就《封闭式货车 货物隔离装置及系固点技术要求和试验方法》关键技术开展探讨，组织封闭式货车隔离装置观察窗相关强度试验；完成 GB/T 12428《客车装载质量计算方法》、QC/T 1030《客车外推式应急窗》审查工作；开展 GB 24407《专用校车安全技术条件》标准修订预研。

（六）汽车电子标准

加快推进电磁兼容、功能安全、车载电子、电子环境可靠性和汽车芯片标准制定/修订。超声波传感器总成、基于 K 线的诊断通信、CAN 总线共 9 项标准发布。预期功能安全、车载无线通信终端、电磁兼容混响室法等 31 标准报批。全面推进车载事故紧急呼叫、激光雷达、车辆电气系统性能、零部件电磁抗扰等关键部件和基础通用类标准的预研和立项；编制完成《国家汽车芯片标准体系建设指南》，根据项目优先级分批启动标准预研工作，完成《不停车收费系统车载电子单元芯片技术要求及试验方法》等近 10 项标准立项申报。

四 汽车行业主要标准化活动

（一）联合国家技术标准创新基地（汽车）探索标准化改革新路径

开展首次主题沙龙"HUD 标准与产业发展研讨"，联合举办"首届汽车碳中和专刊研讨会"；召开汽车标准验证试验交流会；成功举办第一届大学生标准创新大赛及第二届中国汽车标准化青年专家选培活动；与国家技术标准创新基地（化工新材料）、国家技术标准创新基地（广州）开展深入合作。

（二）深入开展标准化专项研究

开展标准实施效果评估工作，完成134项强制性国家标准或强制使用的推荐性国家标准评估；启动汽车强制性标准体系规划及建设路径研究工作；推动标准数字化转型发展，完成整车、电动车以及部分商用车标准拆解，进一步积累标准比对和标准解读文件，实现数据库平台试运行。

（三）开展标准法规研讨会、宣贯活动及公益活动

组织召开智能网联汽车、新能源、被动安全、智能底盘、车载以太网等在行业具有较高品牌知名度的标准法规专题研讨会；召开汽车行业标准法规信息交流会；面向行业开展标准宣贯会议，累计宣贯千余人次。继续开展汽车标准化走进企业活动；发起2022年汽车标准公益性开放课题征集、申报。

五 汽车行业团体标准化工作进展

（一）中国汽车工业协会团体标准化工作情况

1. 着力开展体系建设

自2020年起，中国汽车工业协会（简称"中汽协会"）依托分支机构，组建了中国汽车工业协会标准法规工作委员会及相关专业委员会。截至2022年末，已完成29个专业委员会的组织和建立工作，覆盖汽车产业各个领域，构建了600余名标准专家组成的团队，与会员体系形成立体构架。同时，以产品为划分标准，组建了乘用车领域和商用车领域的标准工作组。

2. 稳步做好团体标准研究制定

2022年，中汽协会共完成96项团体标准立项，发布团体标准60项。覆盖新能源汽车、智能网联汽车及零部件领域，特别是新能源汽车及动力电池和燃料电池、智能网联汽车、专用汽车和旅居车、燃气汽车、甲醇汽车、"领跑者"标准评价、北斗产品标准的预研和标准制定。

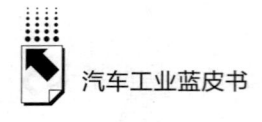

3. 持续推进标准工作创新

（1）做好节能和清洁汽车转型升级发展需求

在甲醇汽车领域，2022年中汽协会有14项标准立项、8项标准发布，涉及甲醇汽车的系统、零部件、安全等方面。在燃气汽车领域，2022年中汽协会有5项标准立项、2项标准发布，涉及加气装置、碳排放等方面。

（2）积极促进新兴领域发展需求

目前，中汽协会在新能源汽车、智能网联汽车、动力电池、燃料电池、汽车大数据、北斗应用等领域已开展了70余项标准研究和制定工作。在新兴领域的标准研究中，中汽协会团体标准注重填补行业空白、体现标准的先进性和代表性。

（3）满足行业细分领域发展需要

中汽协会注重细分领域的标准化研究，了解各细分领域的标准制定需求，组织各领域的专项研究。在旅居车和越野车领域，2022年中汽协会有3项标准立项、2项标准发布，涉及整车、试验场地、车辆评价等方面。在系列标准研究方面，中汽协会组织开展了《质量分级及"领跑者"评价要求》系列标准的研究，研究内容包括电动汽车、载货车、半挂车、发动机、照明系统等汽车行业的各个细分领域。

（二）中国汽车工程学会团体标准化工作情况

1. 团体标准制定/修订工作有序推进

2022年，共发布CSAE团体标准51项，完成80项标准项目立项。来自1140家单位3155名技术人员参与标准起草，涉及新能源汽车、智能网联汽车、轮胎动力力学、轻量化、车身、材料、基础等多领域。

2. 进一步推动标准应用转化

基于《燃料电池电动汽车　低温冷起动性能试验方法》（T/CSAE 122-2019）成果，成功转化为国家标准，目前已形成报批稿，2022年相关ISO立项提案获批（ISO TR 17536）；《电动汽车高压连接器技术条件》（T/CSAE 178-2021）和《轻型汽车道路行驶工况》（T/CSAE 180-2021）两项标准入选工信部 2022 年团体标准应用示范项目；《商用车手动变速箱油》（T/CSAE 110-2019）等 3 项标准被企业产品执行并在全国平台备案；7 项标准被政府政策/标准（GB、QC、DB）引用；北京市生态环境局采信《重型车排放远程监控数据一致性测试技术规范》，重型车生产企业依据该标准提供车载终端平台上传数据与实际运行数据一致性检查报告；10 余项标准被第三方采信，用于产品认证服务。

3. 进一步优化组织架构

完成第二届中国汽车工程学会标准化工作委员会换届方案，拟由来自 53 家单位 58 名专家担任委员，覆盖重要行业机构、学会理事单位等会员代表；2022 年 11 月，国家市场监督管理总局（标准委）正式批准成立第一届"全国标准数字化标准化工作组"（SAC/SWG 29），主要负责标准数字化基础通用、建模与实现共性技术、应用技术等领域国家标准制定/修订工作，中国汽车工程学会获批成为第一届委员单位。

（三）汽车电子元器件团体标准化工作情况

1. 顺利完成组建工作

2021 年 1 月，中国电子工业标准化技术协会正式批复设立汽车电子元器件标准工作委员会（简称"汽电标工委"），中电标协汽电标工委秘书处设在中国电子技术标准化研究院。2022 年末，已完成汽电标工委的组织和建立工作，并在北京召开汽车电子元器件标准工作委员会成立大会。汽电标工委是由致力于汽车电子元器件标准工作关键技术研究、应用和服务的实体机构等组成的非营利性社会组织，开展中国汽车电子元器件标准化技术发展领域的战略及策略研究，支撑形成汽车电子元器件标准化发展的顶层设计，开展汽车电子元器件标准化关键技术、标准制定、发展路线等相关研究。

2. 持续完善组织架构

第一届汽电标工委共 52 家委员单位，其中副主任委员单位共 8 家，包括中国电子技术标准化研究院、中国汽车技术研究中心有限公司、中国汽车工程研究院股份有限公司、中芯国际集成电路制造（上海）有限公司、华

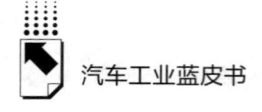

为技术有限公司、紫光同芯微电子有限公司、重庆长安汽车股份有限公司、北京经纬恒润科技股份有限公司。委员单位涵盖了整车企业、零部件供应商、零部件标准机构、集成电路设计企业、集成电路制造企业、芯片标准及检测机构等单位。当前正在开展第二批汽电标工委委员的征集工作，同时对重点企业进行标准需求调研，通过与相关企业合作开展汽车电子元器件的标准研究和制定工作。

3. 稳步推进重点工作

梳理现有汽车电子元器件国际、国内标准，建立并持续完善适用于中国汽车电子元器件技术和产品需求的相关标准体系，引导和推动中国汽车电子元器件技术的发展和产品应用，支撑汽车电子产业链的健康可持续发展。主要围绕车用电子元器件的环境适应性、可靠性和安全性开展标准化工作。根据实际发展需求，加大汽车电子元器件的技术攻关，尽快推动一批急需的团体标准的立项工作，并加快标准的制定过程。助力解决产业的痛点问题，加强半导体和汽车行业之间的合作，促进中国新能源和智能网联汽车产业快速发展。

六　汽车标准化发展趋势

（一）面临的新形势和新挑战

当前，中国汽车产业正处于由汽车大国迈向汽车强国的关键窗口期，新的发展形势赋予了标准化工作新的内涵，提出了新的要求。

1. 产业发展面临新趋势

目前，汽车电动化、网联化、智能化发展加快推进，汽车与能源、交通、信息通信等领域加速融合，供应链、产业链、价值链加速重构，不仅大大扩展了汽车标准化工作本身的范围，也进一步加深了跨领域跨行业的融合。

2. 行业管理带来新需要

随着"放管服"改革措施全面推进，汽车行业管理法制化进程进一步加快，管理重心从事前审批向事中事后监管转移，技术标准在行业监管中的规范作用日益凸显。

3. 全球竞争呈现新格局

随着新一轮科技革命和产业变革不断深入，汽车成为多种先进技术的集中应用载体，产业生态深刻变革，竞争格局面临重塑。国际上对加强汽车标准协调统一的需求日益强烈，但对标准主导权的争夺也将愈发激烈，需加快标准布局、加强统筹谋划、掌握主动权。

（二）汽车行业标准化发展趋势

1. 新能源汽车标准

全面推进电动汽车远程服务与管理系统技术规范系列标准制定/修订，推进插电式混合动力商用车技术条件标准立项及起草，启动并推进混合动力汽车最大功率测试方法、电池耐久性整车测试方法两项国际法规转化；加快推进动力电池安全强标修订及动力蓄电池电性能要求、热管理系统、循环寿命、热特性等标准的研究及制定；推进动力电池回收利用通用要求、可梯次利用设计指南以及动力电池及其梯次利用、再生利用企业、产品碳足迹量化核算等标准立项和制定/修订工作；完成电动汽车用驱动电机系统、纯电动汽车用减速器总成、电动汽车用电机控制器等标准工作；推动《电动汽车传导充电用连接装置》第1部分、第3部分标准发布，完成"2015+"方案控制导引和通信协议两部分方案研究和技术文件编制，基于"2015+"方案开展电动汽车传导充电互操作性、通信协议一致性测试研究，开展电动汽车传导充电性能测试方法、纯电动商用车兆瓦充电标准预研；完成《纯电动乘用车车载换电系统互换性》等9项乘用车换电标准审查，推进电动商用车换电安全要求、纯电动商用车换电通用平台、纯电动商用车换电兼容性测试规范等标准研究；加快推进燃料电池电动汽车动力性、车载氢系统、加氢枪、空气压缩机、氢气循环泵、燃料电池发动机耐久性、燃料电池电动汽车碰撞后安全要求、加氢通信协议、氢燃料电池电动汽车示范运行等标准研究和制定/修订。

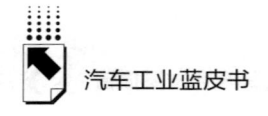

2. 智能网联汽车标准

完成软件升级、组合驾驶辅助系统、整车信息安全、自动驾驶数据记录系统、自动驾驶系统通用技术要求、数据通用要求等国家重点标准的审查与报批；持续推进实际道路及模拟仿真等自动驾驶功能试验方法类标准的制定或发布；持续开展首批智能网联汽车标准领航项目的研究，推动L2功能标准体系等标准化研究工作；全面启动紧急制动系统（AEBS）强制性国家标准的预研工作；推动自动泊车、设计运行条件、车载定位系统等L3及以上级别车辆通用要求类标准和信息安全工程、数字证书及密码应用等安全保障类重点标准制定；持续推进基于LTE-V2X的车载信息交互系统、基于网联功能的汽车安全预警场景应用、车用数字钥匙等标准的研究和数据安全管理体系标准的研究；分阶段推进智能网联汽车操作系统、芯片等关键核心技术标准制定，开展基于人脸识别的车端身份认证功能标准以及智能网联汽车软硬件、网络通信接口标准体系、智能座舱、人机交互相关标准的研究。

3. 汽车电子标准

推进GB 34660、整车天线OTA、智能网联EMC场景、EMC试验方法系列标准修订；推动复杂电磁环境适应性、车辆雷电效应标准研制；推进安全相关系统理论过程分析（STPA）标准研制；推进紧急呼叫、免提通话及语音交互、卫星定位、激光雷达、抬头显示、车载以太网标准研制；推进48V供电系统电气要求、低压电气系统性能标准研究工作，推进IP防护等级标准研制；批次开展基础通用芯片标准和芯片产品标准的预研及立项申报。

4. 汽车节能标准

全面落实国家"双碳"目标及产业发展规划，推进下一阶段乘用车及商用车节能标准制定。加快推进轻型商用车第四阶段燃料消耗量标准修订；持续推进乘用车第六阶段燃料消耗量标准及电动汽车能量消耗率限值标准研究；加快乘用车车载能源消耗量监测规范标准立项；推进高效电机等乘用车循环外技术装置评价方法标准研究；根据双积分等未来配套实施需求，协同开展电动汽车运行碳减排量评估方法标准研究。

5. 汽车绿色低碳标准

开展道路车辆温室气体管理术语和定义、碳中和实施指南、产品碳足迹标识等基础通用标准立项。推进整车、关键部件生产和回收利用相关企业及产品碳排放、碳足迹量化核算标准研究。启动汽车企业碳排放管理体系、碳排放信息披露以及碳排放核查等标准预研。

6. 汽车安全标准

开展间接视野装置性能与安装标准行业宣贯和解读；完成照明装置、光信号装置、回复反射装置、安全带及约束系统、乘用车前后端保护装置、顶部抗压强度、汽车防盗装置等强制性标准审查或报批；完成危险货物运输车辆相关强制性标准整合修订并提交送审；加快乘用车制动系统、机动车和挂车用光源、侧面碰撞、后碰撞、外部凸出物等强制性标准制定/修订；启动轻型车 ESC、商用车制动、照明及信号装置的安装规定、转向管柱、前方视野、除霜除雾、指示器标志、客车结构、校车安全等标准立项预研。在汽车行业内开展 GB 7258 实施效果评估，收集行业意见，研究形成修订技术建议及方案；推进 GB 1589 配套标准通道圆、空气悬架、提升桥制定/修订进程；围绕新装置、新结构、新技术，开展新发展趋势下汽车产品（如线控底盘、零重座椅、智能灯具等）安全标准技术研究。

（三）下一步汽车行业标准发展重点

2023 年，汽车行业标准化工作将继续以党的二十大精神为指引，深入贯彻落实《国家标准化发展纲要》及相关产业政策文件要求，依托全国专业标准化技术委员会，创新标准工作及服务模式，强化标准体系建设，加强重点领域标准研究，优化完善汽车标准的有效供给，加强国际标准法规协调，不断支撑行业加快构建形成以国内标准研究为主体、国内国际标准协调配合的新发展格局。

1. 统筹推进标准体系建设

持续优化完善汽车行业"十四五"技术标准体系，发布 2023 年汽车标准化工作要点，推动发布第二版智能网联汽车标准体系建设指南和汽车芯片

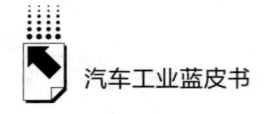

标准体系，有序推进"双碳"、新能源汽车等重点领域标准体系落实工作，深入分析现行强制性国家标准项目的适用性及其未来体系规划和建设路径，强化国内国际标准联动、国行标与团体标准协调以及跨行业跨领域协同，建成适应技术产业发展及行业管理需要、技术架构科学、内容覆盖全面、衔接配套并与国际协调兼容的新型汽车标准体系，有效服务汽车产业转型升级和汽车产业高质量创新发展。

2. 加强关键技术标准制定/修订

落实国家相关产业战略规划，强化汽车标准化需求调查与对接响应，密切跟踪、统筹调度重大标准项目相关进展，进一步增加标准有效供给；着重加强新能源汽车、智能网联汽车、汽车电子等战略性新兴领域及行业急需重点标准研究和制定/修订；落实国家"双碳"战略和制造强国战略目标，持续完善传统汽车与基础领域标准，统筹推进车辆安全、健康、环保、节能等领域标准工作，引领和促进汽车产品质量提升及品牌向上。

3. 深化国际协调合作

统筹开展标准国际化工作，加快建立中国标准与国际标准法规协调联动、相互促进的新型工作机制，全面跟踪 WP.29、ISO/TC22、IEC/TC69 等国际组织的法规和标准的动态和趋势，积极履行中国担任《1998 年协定书》缔约国职责，承担其相关工作组的职务。积极落实标准联通共建"一带一路"行动计划，依托官方及民间多/双边对话交流机制，与欧美日等汽车产业发达国家和地区加强对话交流，面向中国主要出口目的地国家开展汽车标准化培训，策划举办"世界汽车标准创新大会"，介绍中国经验、分享中国成果，促进中国标准与国际标准、国外标准"软联通"，以中国标准"走出去"支持和服务中国汽车产业"走出去"。

附　录　2022年汽车工业大事记

1月

1月5日　东风汽车有限公司宣布,将东风英菲尼迪作为一个独立的事业总部纳入东风日产的管理体系。继日产和启辰之后,英菲尼迪成为东风日产的第三个子品牌。

1月8日　哪吒汽车第10万辆量产车下线。

1月9日　国家第二批燃料电池汽车示范应用城市群获批,由郑州市牵头的河南城市群、张家口市牵头的河北城市群正式获批。河南、河北示范城市群加入后,氢燃料电池示范城市群"3+2"的格局形成。

1月10日　国家发展改革委、国家能源局等多部门联合印发《国家发展改革委等部门关于进一步提升电动汽车充电基础设施服务保障能力的实施意见》。其中提到,到"十四五"末,中国电动汽车充电保障能力进一步提升,形成适度超前、布局均衡、智能高效的充电基础设施体系,能够满足超过2000万辆电动汽车充电需求。

1月21日　国家发展改革委、工信部等七部门发布《促进绿色消费实施方案》。其中在交通领域提出鼓励绿色交通,大力推广新能源汽车,逐步取消各地新能源车辆购买限制。

岚图汽车第1万辆量产车在岚图4.0数字工厂正式下线。

1月24日　2021年汽车知识产权统计结果发布。2021年,中国汽车专利公开量为32万件,同比增长4.2%,发明专利授权量为8.4万件,同比增长23.3%。中国汽车专利公开量持续保持增长,专利质量大幅提升。

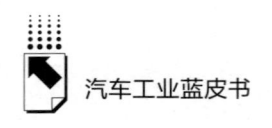

2月

2月10日 工信部等八部门联合印发《关于加快推动工业资源综合利用的实施方案》。其中提出，完善管理制度，强化新能源汽车动力电池全生命周期溯源管理。推动产业链上下游合作共建回收渠道，构建跨区域回收利用体系。推进废旧动力电池在备电、充换电等领域安全梯次应用。

2月11日 奥迪一汽新能源汽车项目获吉林省发展改革委产业处投资项目备案公示。该项目位于长春市汽车经济技术开发区，总产能15万辆/年，总投资约209.3亿元，将生产三款纯电动新能源车型，预计于2024年12月竣工。

2月17日 岚图汽车宣布正式进军欧洲市场，首站登陆挪威，成为新能源国家队首个出海品牌。

2月22日 宁德时代联合三一重工在福建宁德举办了福建省换电重卡应用示范投运仪式，中国首条电动重卡干线——福宁干线正式投入运营。

2月24日 国际独立第三方检测、检验和认证机构TÜV莱茵向斑马智行智能驾驶操作系统内核颁发了ISO 26262功能安全产品认证证书，该产品达到汽车功能安全最高等级ASIL-D要求。

3月

3月1日 上汽集团宣布将全面整合旗下五大信息技术中心（软件、人工智能、大数据、云计算、网络安全）、乘用车技术中心、海外创新中心（英国、以色列、北美）等资源，打造上汽集团创新研究开发总院，组建超万人规模自主研发人才队伍。

3月5日 在十三届全国人大五次会议开幕式上，国务院总理李克强作政府工作报告中提出，继续支持新能源汽车消费。

3月8日 上汽通用五菱发布"两个百万、五个百亿"新能源战略，即打造百万纯电新能源平台、百万混动新能源平台和电池、电驱、电控、商贸服务、机器人五个百亿产业。

3月10日 蔚来汽车采取"介绍上市"的方式登陆港交所。

3月18日 梅赛德斯-奔驰宣布在上海成立研发中心，进一步扩大在华研发布局。

3月23日 小鹏汽车宣布小鹏P7第10万辆量产车下线，成为首个突破10万辆量产的纯电新势力车型。

3月25日 交通运输部、科技部印发了《交通领域科技创新中长期发展规划纲要（2021—2035年）》。其中指出，推动新能源汽车和智能网联汽车研发，突破高效安全纯电驱动、燃料电池与整车设计、车载智能感知与控制等关键技术及设备。

宁德时代宣布，认证机构SGS为宁德时代全资子公司四川时代颁发PAS2060碳中和认证证书，宁德时代宜宾工厂成为全球首家电池零碳工厂。

3月29日 广汽本田全新电动品牌e：NP正式发布，中文名为极湃。

4月

4月3日 比亚迪宣布自2022年3月起停止燃油汽车的整车生产。未来，将专注于纯电动和插电式混合动力汽车业务，成为全球首家宣布停止燃油车生产的传统车企。

4月13日 在长安汽车全球伙伴大会上，长安发布新能源汽车品牌"深蓝"。同时，长安汽车宣布，到2025年将在新能源等重点领域投入800亿元，2025年前推出30款新车。

远景动力宣布，将投资20亿美元，在美国肯塔基州新建一座动力电池超级工厂，规划年产能30GWh，并具备扩容至40GWh的潜力。工厂将于2025年投产。

4月15日 工信部装备工业发展中心发布《关于开展汽车软件在线升级备案的通知》，要求整车生产企业对其生产的具备OTA升级功能的汽车整车产品实施 OTA 升级活动前，应按要求进行备案，备案后方可进行升级。

4月21日 广汽埃安宣布其首个超级充换电中心在广州落成。

4月24日 小马智行宣布中标广州市南沙区 2022 年出租车运力指标，获得国内首个颁发给自动驾驶企业的出租车经营许可。

4月26日 蔚来汽车第 20 万辆量产车在江淮蔚来合肥先进制造基地下线。

5月

5月9日 神龙汽车第 623 万辆整车生产下线。同时，神龙汽车成都基地、襄阳基地同步举行了第 6230001 辆整车和第 683 万台发动机的下线仪式。

5月10日 吉利汽车宣布与法国雷诺集团的韩国子公司雷诺韩国汽车签订股份认购协议。根据协议，吉利汽车拟认购雷诺韩国汽车 34.0% 的股份。

5月14日 上汽通用五菱宣布，其首个自主产权控制器下线，并签署了公司第一份关键控制器零件的知识产权协议。

5月19日 宁德时代获得德国交通部颁发的全球首张欧洲经济委员会 R100.03 动力电池系统证书。

5月25日 百度 Apollo 宣布，重庆市永川区已发放《智能网联汽车政策先行（永川区）自动驾驶车辆无人化测试通知书》，百度成为首个在重庆获得"方向盘后无人"自动驾驶车辆测试许可的企业。

5月28日 第 26 届粤港澳大湾区车展在深圳开幕。该车展是 2022 年国内第一个大型车展，吸引了近千款新车集中亮相。

5月31日 工信部办公厅、农业农村部办公厅、商务部办公厅、国家能源局综合司发布关于开展 2022 年新能源汽车下乡活动的通知，鼓励各地出台更多新能源汽车下乡支持政策，改善新能源汽车使用环境，推动农村充换电基础设施建设。

6月

6月10日 午盘开盘后，比亚迪A股市值首次破万亿元。截至当日收盘，比亚迪总市值为1.0万亿元，当日成交金额突破百亿元，为147.9亿元。成为首个达到万亿元市值的中国汽车自主品牌。

6月13日 奔驰宣布第400万辆国产奔驰下线。

6月15日 北汽集团发布"BLUE卫蓝计划"，宣布将推进全面新能源化与智能网联化，打造乘用车、商用车全系列绿色低碳产品，在2025年实现碳达峰，2050年实现产品全面脱碳、运营碳中和。

6月17日 2022年全国新能源汽车下乡活动首站在江苏昆山举行，参与昆山站活动的新能源汽车品牌达到52个，车型超过100多款。

6月23日 华晨宝马生产基地大规模升级项目——里达工厂开业。该项目总投资150亿元，从动工到投产用时两年多，全新宝马i3已经正式投产。

宁德时代发布CTP3.0麒麟电池，系统集成度创全球新高，体积利用率突破72%，能量密度可达255Wh/kg，实现整车1000公里续航。

6月24日、27日 嬴彻科技与阿里巴巴分别宣布，获得浙江德清颁发的L4级"主驾无人"自动驾驶卡车公开道路测试牌照，德清也成为全国首个颁发"主驾无人"卡车公开道路测试牌照的城市。

6月28日 广汽集团在"2022广汽科技日"上发布基于微晶技术的新一代超能铁锂电池技术（SmLFP）。

7月

7月12日 一汽红旗宣布，旗下纯电动SUV车型E-HS9在挪威实现第1000辆交付。

7月15日 电动汽车极速充电行业全国首个产业联盟——"电动汽车

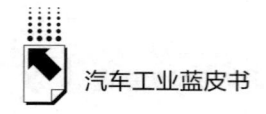

产业极速充电生态联盟"正式成立。

7月18日 远景科技集团与西班牙政府签署战略合作协议。双方约定在西班牙建设零碳产业园，并布局动力电池工厂、智能物联技术中心、绿氢工厂、智能风电装备等业务。

7月19日 蜂巢能源宣布，已研发出国内首批20Ah级硫系全固态原型电芯。该系列电芯能量密度达350~400Wh/kg，已顺利通过针刺、200℃热箱等实验。

7月20日 北京市正式开放国内首个无人化出行服务商业化试点，百度和小马智行成为首批获许企业，将在经开区核心区60平方公里范围内投入30辆主驾无人车辆，开展常态化收费服务。

7月26日 捷途品牌标志焕新品鉴会在北京举行，捷途全新图形品牌标志首发亮相。

7月29日 比亚迪海洋网旗下首款纯电轿车——海豹上市。车辆基于e平台3.0打造，首次搭载CTB电池车身一体化技术以及iTAC智能扭矩控制系统。

8月

8月1日 工信部、国家发展改革委、生态环境部联合印发《工业领域碳达峰实施方案》。其中提出，构建绿色低碳供应链；围绕电器电子、汽车等产品，推行生产者责任延伸制度；推动新能源汽车动力电池回收利用体系建设。

8月8日 中国五菱新能源汽车销量突破100万辆，成为全球最快达成新能源百万辆销量的汽车企业。

8月15日 宜春市政府、宜春经开区、宜丰县政府、宜春市矿业公司与比亚迪在南昌市签订战略合作框架协议，比亚迪拟在宜春市投资285亿元建设年产30GWh动力电池和年产10万吨电池级碳酸锂及陶瓷土（含锂）矿采选综合开发利用生产基地项目。

特斯拉上海超级工厂第100万辆中国制造特斯拉正式下线。

8月17日 理想汽车零部件产业园项目签约，理想汽车将在江苏常州武进国家高新区建设国际化新能源汽车核心零部件产业园。

8月26~28日 第四届世界新能源汽车大会在北京、海南以线上线下相结合的方式召开。大会以"碳中和愿景下的全面电动化与全球合作"为主题，共有来自14个国家和地区的1500多位代表参会。

8月27日 国家燃料电池技术创新中心在山东潍坊挂牌运营。

东风汽车集团有限公司在湖北武汉发布豪华电动越野品牌——猛士，并发布品牌专属"M"标识体系。

9月

9月2日 长城汽车泰国罗勇新能源工厂第10000辆新能源汽车下线。

哪吒汽车在泰国的首家3.0形象直营体验空间开业，这也是首家登陆泰国的"中国造车新势力直营店"。

9月5日 红旗品牌通过"云端"召开元宇宙盛典，并发布了红旗新能源战略、超级电动智能平台和三款新能源概念车——新红旗Sedan EV、新红旗SUV EV和新红旗E-LS。

9月8日 零跑汽车首批T03车型出口至以色列。

9月14日 中国电子工业标准化技术协会汽车电子元器件标准工作委员会在北京召开成立大会。

9月16日 奇瑞汽车在安徽芜湖奇瑞龙山实验中心举办"瑶光2025奇瑞科技DAY"，正式启动"瑶光2025"前瞻科技战略及奇瑞"瑶光实验室"。

9月28日 理想汽车宣布第10000辆理想L9于常州制造基地生产下线。

10月

10月10日 工信部正式确定杭州、武汉、成都、宁德、南通、潍坊、

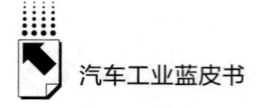

合肥、株洲、广州、深圳、包头、齐齐哈尔12个城市首批开展产业链供应链生态体系建设试点。

10月11日 极氪宣布第50000辆ZEEKR 001在宁波杭州湾极氪智慧工厂正式下线。

10月13日 工信部正式发布由中国牵头制定的首个自动驾驶测试场景领域国际标准ISO 34501《道路车辆自动驾驶系统测试场景词汇》。

10月21日 腾势汽车宣布，腾势D9的首台量产车正式生产下线。

10月24日 集度宣布汽车机器人ROBO-01的首台验证样车已于吉利汽车研究院试制中心正式下线。

10月25日 蔚来国际总部项目签约仪式在上海嘉定江桥镇举行。

10月29日 恒驰汽车宣布恒驰5正式开启交付，首批100辆。

11月

11月2日 工信部、公安部发布《关于开展智能网联汽车准入和上路通行试点工作的通知（征求意见稿）》。文件提出，拟遴选符合条件的道路机动车辆生产企业和具备量产条件的搭载自动驾驶功能的智能网联汽车产品，开展准入试点；对通过准入试点的智能网联汽车产品，在试点城市的限定公共道路区域内开展上路通行试点。

11月5日 北京现代启动"2025向新计划"，计划通过产品转型、品牌向新、服务创新，在2025年达成年销50万辆以上销售目标。

11月9日 吉利控股集团旗下雷达新能源汽车发布了国内首款纯电平台皮卡——雷达RD6。

11月16日 比亚迪第300万辆新能源汽车下线仪式在比亚迪全球总部举行，比亚迪成为首个达成这一里程碑的中国品牌。

中国汽车工业协会召开充换电分会成立大会。该分会将开展产业需求、应用场景和技术调研活动，推动行业共识形成，探索下一代充换电技术，在各技术领域形成统一的对行业具有指导意义的技术观点。

11月18日 工信部办公厅、国家市场监督管理总局办公厅发布《关于做好锂离子电池产业链供应链协同稳定发展工作的通知》。其中提出，严格查处锂电产业上下游囤积居奇、哄抬价格、不正当竞争等行为，并鼓励建设全国锂电统一大市场。

11月21日 北京市智能网联汽车政策先行区颁发自动驾驶无人化第二阶段测试许可，百度、小马智行等企业成为首批获准在北京开启"前排无人，后排有人"的自动驾驶无人化测试资格的企业。

11月28日 中国汽车标准化研究院在天津成立，是中国唯一的专业从事汽车标准化研究与应用的科研机构，将负责汽车领域的国家标准、行业标准的技术管理，对外代表中国参与联合国及其他国际汽车标准的法规协调及制定。

12月

12月6日 商务部、公安部、海关总署发布《关于进一步扩大开展二手车出口业务地区范围的通知》。其中提出，为贯彻落实国务院关于二手车出口工作的决策部署，积极有序扩大二手车出口，推动外贸保稳提质，决定新增辽宁省、福建省、河南省、河北省（石家庄市）等14个地区开展二手车出口业务。

12月13日 "中国汽车品牌强基工程"正式启动。"中国汽车品牌强基工程"由中国汽车工业协会牵头主导，清华大学（车辆学院）发展研究中心李显君教授团队承接，中国汽车企业首席品牌官联席会（CB20）提供支持，长安、广汽、吉利、比亚迪和小鹏汽车作为案例企业深度参与"强基工程"。

12月15日 蜂巢能源在其第三届电池日上发布全新一代高安全动力电池系统化解决方案——龙鳞甲电池。

12月25日 在"长安汽车科技成果展暨长安160周年系列活动"上，长安科技公司揭牌成立。根据规划，未来十年，长安将总投入2000亿元，

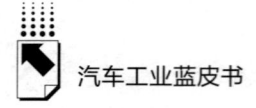

其中以长安科技为中心，在新汽车科技产业链累计投入超1500亿元，用于开发超级整车智能平台，布局控制器等科技产业。

12月28日　岚图汽车宣布在挪威正式开启用户交付。

12月29日　中国银保监会就《汽车金融公司管理办法（征求意见稿）》公开征求意见，拟将汽车附加品融资列入业务范围，允许客户在办理汽车贷款后单独申请附加品融资。

12月30日　第二十届广州国际汽车展览会开幕。作为2022年国内唯一举办的A级车展，广州车展吸引了全球89家汽车企业参与。

权威报告·连续出版·独家资源

皮书数据库
ANNUAL REPORT(YEARBOOK) DATABASE

分析解读当下中国发展变迁的高端智库平台

所获荣誉

- 2020年，入选全国新闻出版深度融合发展创新案例
- 2019年，入选国家新闻出版署数字出版精品遴选推荐计划
- 2016年，入选"十三五"国家重点电子出版物出版规划骨干工程
- 2013年，荣获"中国出版政府奖·网络出版物奖"提名奖
- 连续多年荣获中国数字出版博览会"数字出版·优秀品牌"奖

皮书数据库　　"社科数托邦"微信公众号

成为用户

登录网址www.pishu.com.cn访问皮书数据库网站或下载皮书数据库APP，通过手机号码验证或邮箱验证即可成为皮书数据库用户。

用户福利

- 已注册用户购书后可免费获赠100元皮书数据库充值卡。刮开充值卡涂层获取充值密码，登录并进入"会员中心"—"在线充值"—"充值卡充值"，充值成功即可购买和查看数据库内容。
- 用户福利最终解释权归社会科学文献出版社所有。

数据库服务热线：400-008-6695
数据库服务QQ：2475522410
数据库服务邮箱：database@ssap.cn
图书销售热线：010-59367070/7028
图书服务QQ：1265056568
图书服务邮箱：duzhe@ssap.cn

社会科学文献出版社　皮书系列
SOCIAL SCIENCES ACADEMIC PRESS (CHINA)
卡号：844645567512
密码：

S 基本子库
SUB DATABASE

中国社会发展数据库（下设 12 个专题子库）

紧扣人口、政治、外交、法律、教育、医疗卫生、资源环境等 12 个社会发展领域的前沿和热点，全面整合专业著作、智库报告、学术资讯、调研数据等类型资源，帮助用户追踪中国社会发展动态、研究社会发展战略与政策、了解社会热点问题、分析社会发展趋势。

中国经济发展数据库（下设 12 专题子库）

内容涵盖宏观经济、产业经济、工业经济、农业经济、财政金融、房地产经济、城市经济、商业贸易等 12 个重点经济领域，为把握经济运行态势、洞察经济发展规律、研判经济发展趋势、进行经济调控决策提供参考和依据。

中国行业发展数据库（下设 17 个专题子库）

以中国国民经济行业分类为依据，覆盖金融业、旅游业、交通运输业、能源矿产业、制造业等 100 多个行业，跟踪分析国民经济相关行业市场运行状况和政策导向，汇集行业发展前沿资讯，为投资、从业及各种经济决策提供理论支撑和实践指导。

中国区域发展数据库（下设 4 个专题子库）

对中国特定区域内的经济、社会、文化等领域现状与发展情况进行深度分析和预测，涉及省级行政区、城市群、城市、农村等不同维度，研究层级至县及县以下行政区，为学者研究地方经济社会宏观态势、经验模式、发展案例提供支撑，为地方政府决策提供参考。

中国文化传媒数据库（下设 18 个专题子库）

内容覆盖文化产业、新闻传播、电影娱乐、文学艺术、群众文化、图书情报等 18 个重点研究领域，聚焦文化传媒领域发展前沿、热点话题、行业实践，服务用户的教学科研、文化投资、企业规划等需要。

世界经济与国际关系数据库（下设 6 个专题子库）

整合世界经济、国际政治、世界文化与科技、全球性问题、国际组织与国际法、区域研究 6 大领域研究成果，对世界经济形势、国际形势进行连续性深度分析，对年度热点问题进行专题解读，为研判全球发展趋势提供事实和数据支持。

法律声明

"皮书系列"（含蓝皮书、绿皮书、黄皮书）之品牌由社会科学文献出版社最早使用并持续至今，现已被中国图书行业所熟知。"皮书系列"的相关商标已在国家商标管理部门商标局注册，包括但不限于LOGO（ ）、皮书、Pishu、经济蓝皮书、社会蓝皮书等。"皮书系列"图书的注册商标专用权及封面设计、版式设计的著作权均为社会科学文献出版社所有。未经社会科学文献出版社书面授权许可，任何使用与"皮书系列"图书注册商标、封面设计、版式设计相同或者近似的文字、图形或其组合的行为均系侵权行为。

经作者授权，本书的专有出版权及信息网络传播权等为社会科学文献出版社享有。未经社会科学文献出版社书面授权许可，任何就本书内容的复制、发行或以数字形式进行网络传播的行为均系侵权行为。

社会科学文献出版社将通过法律途径追究上述侵权行为的法律责任，维护自身合法权益。

欢迎社会各界人士对侵犯社会科学文献出版社上述权利的侵权行为进行举报。电话：010-59367121，电子邮箱：fawubu@ssap.cn。

社会科学文献出版社